普通高等职业教育“十三五”规划教材

21 世纪高职高专规划教材 ◆ 物流管理系列

物流运输管理实务

WULIU YUNSHU GUANLI SHIWU

主　编　王卫洁　范玉凤

中国人民大学出版社
·北京·

图书在版编目（CIP）数据

物流运输管理实务/王卫洁，范玉凤主编．—北京：中国人民大学出版社，2018.7
21 世纪高职高专规划教材．物流管理系列
ISBN 978-7-300-25964-2

Ⅰ.①物… Ⅱ.①王… ②范… Ⅲ.①物流-货物运输-管理-高等职业教育-教材 Ⅳ.①F252

中国版本图书馆 CIP 数据核字（2018）第 147852 号

普通高等职业教育“十三五”规划教材
21 世纪高职高专规划教材·物流管理系列
物流运输管理实务
主　编　王卫洁　范玉凤
副主编　韩世万　秦　蓁　牛国鹏　李中全　侯宝燕
Wuliu Yunshu Guanli Shiwu

出版发行	中国人民大学出版社		
社　址	北京中关村大街 31 号	**邮政编码**	100080
电　话	010－62511242（总编室）		010－62511770（质管部）
	010－82501766（邮购部）		010－62514148（门市部）
	010－62515195（发行公司）		010－62515275（盗版举报）
网　址	http://www.crup.com.cn		
	http://www.ttrnet.com(人大教研网)		
经　销	新华书店		
印　刷	中煤（北京）印务有限公司		
规　格	185 mm×260 mm　16 开本	**版　次**	2018 年 7 月第 1 版
印　张	19.5	**印　次**	2018 年 7 月第 1 次印刷
字　数	466 000	**定　价**	39.00 元

前言

现代物流被称作企业的“第三利润源”，而运输则是物流的重要组成部分。进入“互联网+”时代，运输业处在飞速变化的社会大环境中，其管理方式与技术水平也面临变革。运输作为物流系统的核心功能之一，其组织方式是否合理、操作技术是否先进、管理手段是否科学，直接决定了物流系统是否能够合理配置生产力要素、降低社会成本。运输管理在社会经济和物流系统中的突出作用是显而易见的，作为运输和物流行业的专业技术人员，不断研究、掌握运输管理的新理念、新技术、新方法，是做好物流运输管理工作的前提和基础。

本书以《国家中长期教育改革和发展规划纲要（2010—2020年）》提出的“职业教育要着力培养学生的职业道德、职业技能和就业创业能力”“满足经济社会对高素质劳动者和技能型人才的需要”为编写指导思想，以高等职业教育人才培养规格为立足点，以培养学生及相关从业人员的物流运输作业与管理能力为目标，以不同物流运输方式为模块，按照物流运输的组织流程，将物流运输管理的原理、组织环节、业务内容、操作方法、单证缮制、合同管理、货运保险等作为编写内容，能够更好地满足高等职业教育的培养目标和教学要求。

本书的主要特色如下：

（1）用工作任务引领专业知识。工作任务是核心，但并不否定专业知识，专业知识是围绕工作任务的需要而合理延伸部分。

（2）用典型服务引领工作任务。在课程开发过程中，先进行工作任务分析。在教学过程中，需要进一步选择典型运输服务提供的职业活动，来具体实施工作任务的教学。通过提供一次完整的服务，让学生体验整个物流运输工作过程，典型运输服务的选取结合了地方经济特点。

本书由佛山职业技术学院王卫洁、日照职业技术学院范玉凤担任主编，负责教材的结构和体例的架构、部分情境的撰写及全文的统稿。广东岭南职业技术学院韩世万、广西工商职业技术学院秦蓁、淮南联合大学牛国鹏、中山职业技术学院李中全和河北对外经贸职业技术学院侯宝燕担任副主编。佛山职业技术学院郑丽、李玲俐、陈晓利、王慧、杨进伟、陈勇参与了本书的编写工作。

本书在编写过程中得到海尔集团华南基地、苏宁物流有限公司、深圳市泰德胜物流、深圳市开元物流等企业的专家们的大力支持和帮助，同时也参阅了国内外大量的文献资料及网络信息，借鉴和吸收了众多学者的研究成果，引用了运输行业各领域的管理规章制度，在此我们一并表示最诚挚的谢意！

由于编者的经验和水平有限，书中难免存在错误或需改进之处，恳请广大读者批评指正。

编者

2018 年 5 月

目 录

项目一　走进运输

学习目标

知识目标：

1. 了解运输在国民经济中的地位。
2. 熟悉运输市场的竞争。
3. 掌握常见货物运输方式的特点。
4. 掌握运输型物流企业评估指标。

能力目标：

1. 能辨别不合理货运。
2. 能进行运输企业的界定。
3. 能运用所学运输知识分析运输市场。

本项目知识结构图：

- 走进运输
  - 选择适宜的运输方式
    - 运输的定义
    - 运输的功能
    - 运输在国民经济中的地位
    - 运输的基本方式
    - 运输合理化

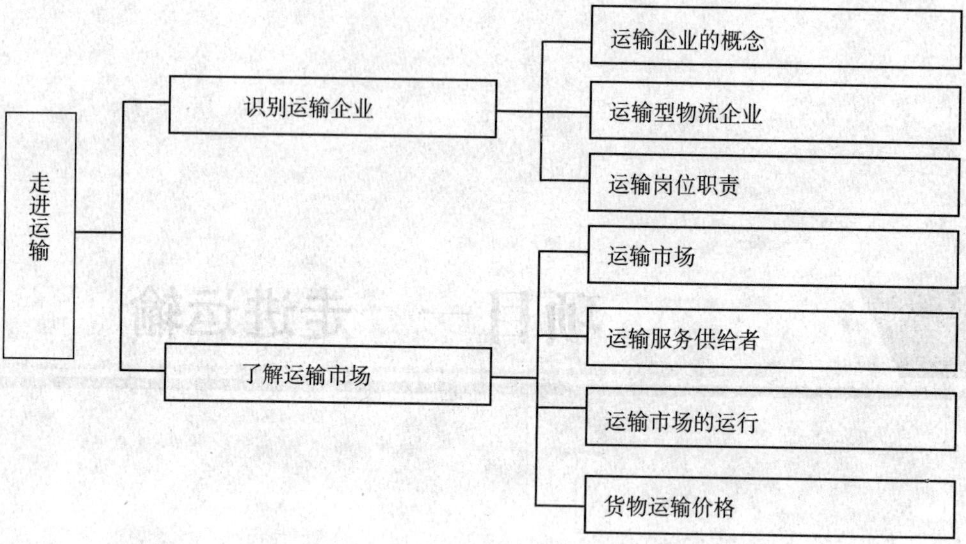

案例导读

“十三五”时期我国将完善现代综合交通运输体系

《中华人民共和国国民经济和社会发展第十三个五年规划纲要（草案）》里提及在“十三五”期间，我国将坚持网络化布局、智能化管理、一体化服务、绿色化发展，建设国内国际通道联通、区域城乡覆盖广泛、枢纽节点功能完善、运输服务一体高效的综合交通运输体系。

根据“十三五”规划草案，我国将从四个方面完善现代综合交通运输体系：

第一，构建内通外联的运输通道网络：构建横贯东西、纵贯南北、内畅外通的综合运输大通道，加强进出疆、出入藏通道建设，构建西北、西南、东北对外交通走廊和海上丝绸之路走廊。打造高品质的快速网络，加快推进高速铁路成网，完善国家高速公路网络，适度建设地方高速公路，增强枢纽机场和干支线机场功能。完善广覆盖的基础网络，加快中西部铁路建设，推进普通国省道提质改造和瓶颈路段建设，提升沿海和内河水运设施专业化水平，加强农村公路、通用机场建设，推进油气管道区域互联。提升邮政网络服务水平，加强快递基础设施建设。

第二，建设现代高效的城际城市交通。在城镇化地区大力发展城际铁路、市域（郊）铁路、鼓励利用既有铁路开行城际列车，形成多层次轨道交通骨干网络，高效衔接大中小城市和城镇实行公共交通优先，加快发展城市轨道交通、快速公交等大容量公共交通，鼓励绿色出行。促进网络预约等定制交通发展。强化中心城区与对外干线公路快速联系，畅通城市内外交通。加强城市停车设施建设，加强邮政、快递网络终端建设。

第三，打造一体衔接的综合交通枢纽。优化枢纽空间布局，建设北京、上海、广州等国际性综合交通枢纽，提升全国性、区域性和地区性综合交通枢纽水平，加强中西部重要枢纽建设，推进沿边重要口岸枢纽建设，提升枢纽内外辐射能力。完善枢纽综合服务功能，优化中转设施和集疏运网络，强化客运零距离换乘和货运无缝化衔接，实现不同运输方式协调高效，发挥综合优势，提升交通物流整体效率。

第四，推动运输服务低碳智能安全发展。推进交通运输低碳发展，节约集约利用资源，加强标准化、现代化运输装备和节能环保运输工具推广应用。加快智能交通发展，推广先进信息技术和智能技术装备应用，加强联程联运系统、智能管理系统、公共信息系统建设，加快发展多式联运。强化交通运输、邮政安全管理，提升安全保障、应急处置和救援能力，推进出租汽车行业改革、铁路市场化改革，加快推进空域管理体制改革。

为实现完善现代综合交通运输体系的目标，“十三五”期间，我国将实施高速铁路、高速公路、“四沿”通道、民用机场、港航设施、城市群交通、城市交通、农村交通、交通枢纽、智能交通等交通建设十大重点工程。其中，港航设施工程包括：优化提升环渤海、长三角、珠三角港口群，加快长江、珠江—西江、淮河、闽江等内河高等级航道建设，大力推进上海、天津、大连、厦门等国际航运中心建设，有序推进沿海港口集装箱、原油、液化天然气等专业化泊位建设，稳步推进海南凤凰岛等国际邮轮码头建设，提高港口智能化水平等。

请思考：

完善我国现代综合交通运输体系，对运输行业未来发展有哪些好处？

任务一 选择适宜的运输方式

任务描述

海迩货运公司注册资本人民币520万元，并通过ISO9001：2015质量管理体系认证。公司拥有四家全资子公司，20家分公司，5家合资企业。黎泽煌、陈洪敏、林美晴等人现在入职海迩货运公司做实习生。海迩货运公司作为专业的货物运输公司，实际运输业务涉及多种运输方式。为做好本职工作，实习生黎泽煌正深入了解各种货物运输方式的特点，以便更好地为客户服务。今天他遇见农户刘裕华托运20个纸箱（纸箱尺寸：25cm×18cm×16cm，每箱毛重：2.5kg）的新鲜荔枝，要求36小时送达目的地山东济南。

任务分析

运输是物流必不可少的基本功能，是物流过程中最主要的增值活动。运输是一项范围非常广泛的经济活动，是生产过程的前导和后续，是沟通产销两地的重要桥梁。

运输包含从生产地到消费地的运输，也包含消费地向消费者配送时的运输，包括供应商及销售物流中的车、船、飞机等方式的运输，也包括生产物流中的管道、传送带等方式的运输。

知识储备

一、运输的定义

国家标准《物流术语》对运输（Transportation）的定义是：用专用运输设备将物品从一地点向另一地点运送的物流活动，其中包括集货、分配、搬运、中转、装入、卸下、分散等一系列操作。本教材所讲的运输是专指物流系统中的运输，是指通过运输手段使货物在物流节点之间的流动，以改变物品的空间位置为目的的活动。在物流系统中，运输是其最重要的环节之一，它承担物流改变空间状态的主要任务。只有与包装、装卸搬运、储存保管、流通加工、配送和信息处理等功能有机结合，运输才能最终圆满完成改变物品的空间状态、时间状态和形质状态，实现从供应地到接收地的流动转移任务。

运输包括生产领域的运输和流通领域的运输。生产领域的运输一般在企业内部进行，称为企业内部物流。企业内部物流包括原材料、在制品、半成品和成品的运输，是直接为产品生产服务的，也称为物料搬运。流通领域的运输是在大范围内，将货物从生产领域向消费领域转移，或从生产领域向物流网点、物流网点向消费所在地移动的活动。流通领域的运输，运输空间范围较大，可以跨城市、跨区域、跨国界，一般为长途运输。而生产领域的运输仅限于一个部门内部，如车站内、港口内、仓库内或车间内，故称为“搬运”。而将小宗货物从物流网点到客户的短途、末端运输，称为“配送”。

二、运输的功能

运输虽不生产新的物质产品，但在物流管理过程中，运输具有场所效用与短时储存两大功能。

（一）场所效用

场所效用又称“空间效用”，“物”的供给者和需求者往往处于不同的场所，场所的改变可以创造效用。运输创造场所效用是由现代社会产业结构、社会分工所决定的，主要原因是商品在不同地理位置有不同的价值，需通过运输活动将商品转换场所。

运输创造空间效用的形式有以下几种：

1. 从集中生产场所流入分散需求场所创造效用

现代化大生产的特点之一，是通过集中的、大规模的生产以提高生产效率，降低成本。在一个小范围集中生产的产品可以覆盖大面积的需求地区，有时甚至可覆盖一个国家乃至若干个国家。通过物流将产品从集中生产的低价值区转移到分散于各处的高价值区有时可以获得很高的利益。例如，“西煤东运、北煤南运、北粮南调、南矿北运、西棉东送”就是将集中在我国西部地区的原材料如棉花、煤炭等，通过运输流入分散需求地区，以此获得更高的利益，这就是场所效用（空间效用）的创造。

2. 从分散生产场所流入集中需求场所创造效用

和上面情况相反，将分散在各地乃至各国生产的产品通过物流活动集中到一个小范围的需求有时也可以获得很高的利益。例如，粮食是在一小块、一小块地上分散生产出来的，而一个城市、地区的需求却相对大规模集中。一些大家电的零配件生产也分布得非常广，但却集中在一起装配。这种分散生产、集中需求也会形成场所效用（空间效用）。

3. 从供应当地流入需求外地创造场所效用

现代社会中，供应与需求的空间差比比皆是。除了大生产之外，有不少是自然条件、地理条件和社会发展因素决定的。例如，农村生产农作物而异地于城市消费；南方生长的水果而异地于北方消费……现代人每日消费的物品几乎都是相距一定距离甚至十分遥远的地方生产的。商品经过这么复杂交错的供给与需求的空间差都是靠运输来弥合的，运输也从中获得了利益。

（二）短时储存

运输的另一个功能就是对物品在运输期间进行短时储存，即利用运输工具（车辆、船舶、飞机、管道等）作为临时的储存设施。如果转移中的物品需要储存，而在短时间内（如过几天）还需重新转移，那么该产品在仓库卸下来后再装上去的总成本也许会超过物品储存在运输工具中每天支付的费用。因而在仓库空间有限的情况下，利用运输车辆储存也不失为一种可行的选择，有时甚至是必要的。

三、运输在国民经济中的地位

运输作为国民经济的一个产业部门，在整个国民经济中的重要地位如表 1－1 所示。

表 1－1　运输在国民经济中的地位

序号	地位	具体解析	举例说明
1	社会生活必备条件	在日常生活中，常常会出现物品所在地与消费地不一致的矛盾，这时往往需要用运输手段来解决。	在居民的搬家、旅游、馈送等活动中，现代邮政和包裹快递成为现代物流业的重要组成部分。
2	社会再生产必要条件	在社会化大生产的条件下，商品的生产和消费在空间位置上常常不一致，这种差异就需要通过运输手段来解决。	南菜北运，西棉东送。
3	影响商品成本的重要因素	运输作为基本的物流活动，占据了物流费用较大比重，而物流费用又是商品成本的主要组成部分。所以，运输成本直接关系着商品的价值。	若运输周期长或到货不及时，为了保证生产，就必须增大库存量，否则，易造成缺货而停产，而增大库存量或因缺货而停产都会导致商品成本上升。

续前表

序号	地位	具体解析	举例说明
4	实施物流合理化的关键	物流企业以尽可能低的成本创造更多的形式效用、时间效用和地点效用，为客户提供更多、更优质的物流服务。	物流合理化绝不是各物流要素局部最优，而是各职能相互协调，使总体功能达到最优。

运输职能在物流管理中处于核心地位，因此，运输环节是实施物流合理化的关键环节。

四、运输的基本方式

物流过程中运输方式多种多样，按照不同的划分标准，可以将运输方式划分为不同种类，如表 1-2 所示。

表 1-2　　运输方式的分类

分类标准	运输方式	特点
运输设备及运输工具	公路运输	机动灵活，适合中、短距离，小批量的货物运输。
	水路运输	运费成本低，适合大宗货物、低速度运输。
	铁路运输	适合大宗货物、长距离运输及没有水运条件的地区进行货物运输。
	航空运输	适用于对时效性要求高或高附加值的货物运输。
	管道运输	主要用于大宗流体的货物运输，如石油、天然气等。
运营主体	自营运输	多限于公路运输，以汽车为主要运输工具，以短距离、小批量的货物运输为主。
	经营性运输	运输业的主体，多见于公路、铁路、水路、航空等运输业务。
	公共运输	向社会公众提供运输服务的一种方式，回收期长，是一种基础性系统。
运输范围	干线运输	速度一般比同种工具的其他运输方式快，成本也比较低。
	支线运输	收货地、发货地之间的补充性运输，距离短，运量小。
	二次运输	经过干线与支线到站的货物，需再次从车站运往仓库、工厂或集贸市场等指定地点交货。
	厂内运输	一般在车间与车间、车间与仓库之间进行。
运输协作程度	一般运输	运输工具及服务方式单一，运输服务的适应性不强。
	联合运输	简化托运手续，方便客户；缩短货物的在途运输时间，提高运输速度，节约运费，提高运输工具的利用率。

续前表

分类标准	运输方式	特点
运输作用	集货运输	将分散的货物集聚起来集中运输的一种方式。因为，货物集中后才能利用干线进行大批量、远距离的运输，集货运输是干线运输的一种补充性运输，多是短距离、小批量的运输。
	配送运输	配送运输通常是一种短距离、小批量、高频率的运输形式，它以服务为目标，以尽可能满足客户要求为优先。它是对干线运输的一种补充和完善，属于末端运输、支线运输，主要由汽车进行运输。
中途是否换装	直达运输	缩短运输时间，加快车船周转，减低运输费用。
	中转运输	化整为零，集零为整，提高运输效率，方便客户。

（一）按运输设备及运输工具分类

1. 公路运输

公路运输是指利用一定的运输工具（人力车、畜力车、拖拉机、载货汽车等）在公路上进行货物运输的一种方式。它主要承担近距离（经济半径一般为 200km）、小批量货物运输，水运、铁路运输难以到达，长途、大批量货物运输，以及铁路、水运难以发挥优势的短途运输。

公路运输的主要优点是灵活性强，公路建设期短，投资较低，易于因地制宜，对运输设施要求不高。可以采取“门到门”运输形式，即从发货人门口直到收货人门口，而不需转运或反复装卸搬运。近年在有铁路、水路的地区，大批量的长途货物运输也开始使用公路运输。

2. 水路运输

水路运输是一种使用船舶、排筏和其他浮运工具，在江河、湖泊、海洋以及人工水道运送货物的运输方式。水路运输主要承担大批量、长距离的货物运输，在内河及沿海，水运也常作为小型运输方式使用，担任补充及衔接大批量干线运输的任务。

水路运输的主要优点是成本低、载运量大。其缺点主要是只能在有水道的地方和沿海加以利用，运输速度慢，受港口、水位、季节、气候影响较大。

3. 铁路运输

铁路运输是使用铁路列车运送货物的一种运输方式。铁路运输主要承担长距离（经济半径一般在 200km 以上）、大批量的货物运输，在没有水运条件地区，几乎所有大批量货物都是依靠铁路，是在干线运输中起主力作用的运输形式。

铁路运输的优点是速度快，基本不受自然条件限制，载运量大，运输成本较低。缺点是灵活性差，只能在固定线路上实现运输，需要与其他运输方式配合和衔接。

4. 航空运输

航空运输是使用飞机或其他航空器进行货物运输的一种形式。航空运输的单位成本很高，主要适合运载的货物有两类：一类是价值高、运费承担能力强的货物，如贵重设备的零部件、高档产品等；另一类是时效性强、紧急需要的物资，如救灾抢险物资等。

航空运输的主要优点是速度快、机动性大，不受各种地形的限制，运载货物破损率小，节省包装、保险和储存费等。其主要缺点是飞机机舱容积和载重量都比较小，运载成本和运价比地面运输高。由于飞行受气象条件一定限制，影响其正常准点性。此外，航空运输速度快的优点在短途运输中难以充分发挥。因此，航空运输比较适宜于500km以上的长途运输。

5. 管道运输

管道运输是利用管道输送气体、液体和粉状固体的一种运输方式，其原理是运输物品在管道内顺着压力方向循环流动，以实现输送目的。它与其他运输方式的主要区别在于管道设备是静止不动的。

管道运输的主要优点是由于采用密封设备，在运输过程中可以避免散失、丢失等货损问题，也不存在其他运输设备本身在运输过程中消耗动力所形成的无效运输问题。另外，其具有运输速度快、流量大、环节少、运费低等优点，非常适合大量连续不断的气体、液体、固体浆料等物资的运送。

（二）按运营主体分类

1. 自营运输

自营运输是指货主自己承担运输业务，即自备车辆、自行承担运输责任，从事货物的运输活动。多见于公路运输，以汽车为主要运输工具，且多以近距离（单程多在100km以内）、小批量货物运输为主。

2. 经营性运输

经营性运输是以运输服务作为经营对象，为他人提供货物运输服务，并收取运输费用的一种运营方式。经营性运输是与自营运输相对应的，它可以在公路、水路、铁路、航空等运输中广泛开展，是运输业的发展方向。

3. 公共运输

公共运输是政府投资或主导经营的各自运输工具（如火车等）及相关的基础设施（如公路、铁路、港口、机场及相关信息系统等）组成的统一体系。由于其涉及因素相当多，因此又称为综合运输体系。这种体系的构筑投资相当大，回收期长，风险大，与国民经济的发展息息相关，是一种基础性系统，在我国一般没有相应的企业投资经营公共运输。

（三）按运输范围分类

1. 干线运输

干线运输是利用铁路、公路的干线或大型船舶的固定航线进行的长距离、大数量的运输，是进行远距离空间位置转移的重要运输形式。干线运输一般速度较同种工具的其他运输方式快，成本也比较低，是运输的主体。

2. 支线运输

支线运输是与干线运输相接的分支路线上的运输。支线运输是干线运输与收、发货地点之间的补充性运输形式，其路程较短，运输量相对较小。

3. 二次运输

这是一种补充性的运输形式，指的是干线、支线运输到站后，站与客户仓库或指定地点之间的运输。由于二次运输的货物一般为某个单位所需要，一般运输量较小。

4. 厂内运输

厂内运输是在工业企业范围内，直接为生产过程服务的运输。一般在车间与车间、车间与仓库之间进行。但小企业及大企业车间内部、仓库内部的这种货物位移不称为运输，而叫作“搬运”。

(四) 按运输协作程度分类

1. 一般运输

单独采用不同的运输工具或同类运输工具而没有形成有机协作关系的为一般运输，如汽车运输、火车运输等。

2. 联合运输

联合运输简称联运，它是将两种或两种以上运输方式或运输工具连接起来，实行多环节、多区段相互衔接的接力式运输。利用每种运输方式的优势，充分发挥各自的效率，是一种综合性的运输方式。采用联合运输，可以缩短货物的在途运输时间，加快运输速度，节省运费，提高运输工具的利用率，同时简化托运手续，方便客户。

(五) 按运输作用分类

1. 集货运输

集货运输是将分散的货物集聚起来集中运输的一种运输形式。承运人根据自己的业务覆盖范围，集中、汇总所承运的货物，然后再由干线与支线完成长距离及大批量运输，以充分发挥运输的规模效应，因此集货运输是干线运输的一种补充形式，多是短距离、小批量的运输。

2. 配送运输

配送运输通常是一种短距离、小批量、高频率的运输形式，它以服务为目标，以尽可能满足客户要求为优先。如果单从运输的角度看，它是对干线运输的一种补充和完善，属于末端运输、支线运输，主要由汽车运输进行，具有城市轨道货运条件的可以采用轨道运输，对于跨城市的地区配送可以采用铁路运输进行，或者在河道水域通过船舶进行。配送运输过程中，货物可能是从工厂等生产地仓库直接送至客户，也可能通过批发商、经销商或由配送中心、物流中心转送至客户手中。

（六）按运输中途是否换装分类

1. 直达运输

在组织货物运输时，利用一种运输工具从起运站（港）一直到到达站（港），中途无须换装、不入库储存的运输形式。直达运输可以避免中途换装所出现的运输速度减缓、货损增加、费用增加等一系列弊端，从而缩短运输时间，加快车船周转，降低运输费用。

2. 中转运输

在组织货物运输时，在货物运往目的地的过程中，在途中的车站、港口、仓库进行转运换装，称为中转运输。中转运输可以将干线、支线运输有效衔接，可以化整为零或集零为整，提高运输效率，方便客户。

五、运输合理化

（一）运输合理化的意义

运输是经济发展的基本需要和先决条件，也是现代社会的发展基础和文明标志。运输还是资源配置和宏观调控的重要工具，在扩大国际经贸合作中发挥着重要作用。由于运输是物流中最重要的功能要素之一，物流合理化在很大程度上依赖于运输合理化。合理的运输从运输企业角度来看，就是在完成相同货物运输量的情况下，投入运力最少、服务质量最好、运输费用最低的运输。运输合理化的意义体现在以下几个方面。

1. 提高运输效率

运输合理化可以充分利用运输能力，提高运输效率，促进各种运输方式的合理分工，以最小的社会运输消耗，及时满足国民经济的运输需要。

2. 消除浪费现象

运输合理化可以消除运输中的种种浪费现象，提高商品运输质量，充分发挥运输工具的效能，节约运力和劳动力。否则，不合理运输将造成大量人力、物力、财力浪费，并相应地转移和追加到产品中去，人为地将加大了产品的价值量，提高产品价格，从而加重需求的负担。

3. 加速货物流通

运输合理化可以使货物走最合理的路线，经最少的环节，以最快的时间，最短的里程到达目的地，从而加速货物流通，既可及时供应市场，又可降低物资部门的流通费用，加速资金周转，减少货损货差，取得良好的社会效益和经济效益。

（二）运输合理化要素

影响运输合理化的因素很多，起决定性作用的有如下六个方面的因素，如表 1 - 3 所示。

表 1-3　运输合理化要素

影响因素	具体解析	举例说明
运输距离	在运输过程中，运输时间、运输货损、运输费用、车辆或船舶周转等运输的若干技术经济指示，都与运距有一定比例关系，运距长短是运输是否合理的一个最基本因素。	如迂回运输与过远运输都会拉长运输距离，浪费运力，占用运力时间，使运输工具周转慢，占压资金时间长，又易出现货损，增加了费用支出。
运输环节	每增加一次运输，不但会增加起运的运费和总运费，而且必须要增加运输的附属活动。所以，减少运输环节，尤其是同类运输工具的环节，对合理运输有促进作用。	如每增加一次运输，会增加装卸、搬运、包装等作业，各项技术经济指标也会依次下降。
运输工具	各种运输工具都有其使用的优势领域，对运输工具进行优化选择，按运输工具特点进行装卸运输作业，最大限度地发挥所用运输工具的作用，是运输合理化的重要一环。	如集装箱将货物集合组装成集装单元，在现代流通领域内运用大型装卸机械和大型载运车辆进行装卸、搬运作业和完成运输任务，能高效率和高效益地实现门到门运输。
运输时间	运输是物流过程中需要花较多时间的环节，尤其是远程运输，在全部物流时间中，运输时间占绝大部分，运输时间的长短对整个流通时间的缩短有决定性作用。	如青岛啤酒的新鲜度管理，像送鲜花一样送啤酒，让消费者品尝到最新鲜的啤酒。
运输费用	运费高低在很大程度上决定整个物流系统的竞争力。运输费用的降低，无论对货主企业还是对物流经营企业来讲，都是运输合理化的一个重要目标。	如货物代理节省货物运输费用的措施主要有巧妙设计包装，熟悉运输路线，精打细算，善于与船舶公司配合。
运输一致性	若干次装运中履行某一特定的运输所需的时间与原定时间或与前几次运输所需时间的一致性，也是运输合理化的反映。	如给定的一项运输服务第一次用时两天，而第二次用时十天，这无疑需要设置安全储备存货，以防预料不到的物流服务滞后，必须增加供需双方承担的运输义务和有关风险。

考虑运输是否合理，除了考虑上述六要素外，还要考虑六要素之间的平衡关系。例如，运输时间和运输费用的关系，主要表现在能够提供更快速服务的运输企业实际要收取更高的运费。运输服务速度越快，运输途中的存货越少，无法利用的运输间隔时间就越短。如何平衡运输服务的速度与成本，最低的运输费用并不意味着最低的运输总成本，最低的运输总成本也并不意味着合理化的运输。

(三) 不合理运输表现形式

在现有条件下可以达到而未达到的运输水平，从而造成了运力浪费、运输时间增加、运费超支等问题的运输形式统称为不合理运输。其主要表现在以下几方面：

1. 空载

空载是不合理运输最严重的形式，主要表现为双程无载货行驶、返程或起程空驶等空载，其示意图如图 1-1 所示。

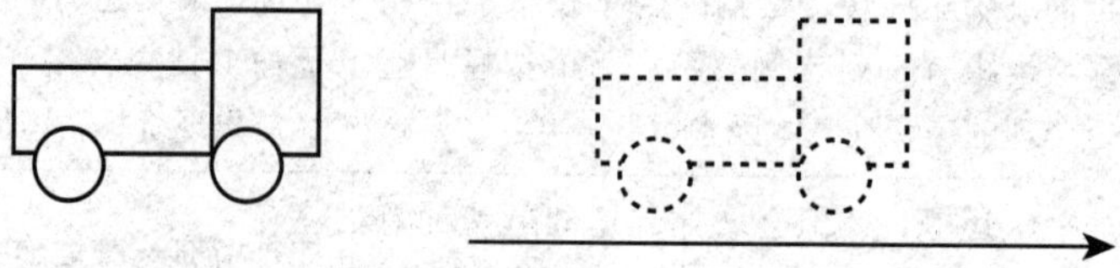

图 1-1　空载示意图

当然，在实际运输组织中，有时候必须调运空车，从管理上不能将其看成不合理运输。造成空载的不合理运输主要有以下几种原因：

（1）能利用社会化的运输体系而不利用，却依靠自备车送货提货，这往往出现单程重车、单程空驶的不合理运输。

（2）由于工作失误或计划不周，造成货源不实，车辆空去空回，导致双程空驶。

（3）由于车辆过分专用，无法搭运回程货，只能单程实车，单程回空周转。

2. 对流运输

对流运输亦称“双向运输”“交错运输”，指同一种货物，或彼此间可以相互代用而又不影响管理、技术及效益的货物，在同一线路上或平行线路上作相对方向的运送，而与对方运程的全部或一部分发生重叠交错，或货物从销售地或中转地向生产地或起运地回流的运输现象，其示意图如图 1-2 所示。已经制定了合理流向图的产品，一般必须按合理流向的方向运输，如果与合理流向图指定的方向相反，也属对流运输。在判断对流运输时需注意的是，有的对流运输是不很明显的隐蔽对流，例如不同时间的相向运输，从发生运输的那个时间看，并无出现对流，可能做出错误的判断，所以要注意隐蔽的对流运输。

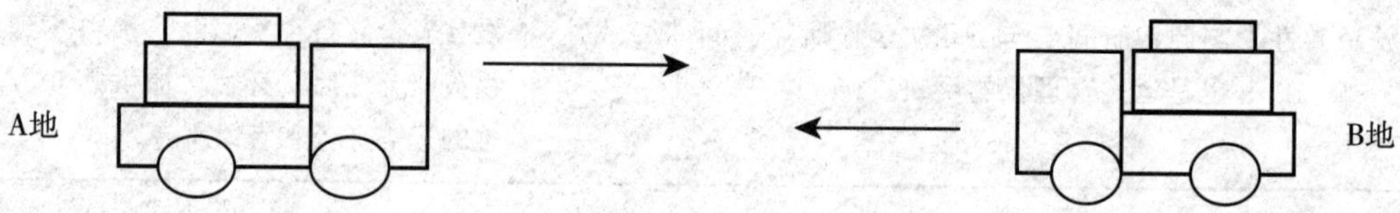

图 1-2　对流运输示意图

另外，如果同一种产品，商标不同，价格不同，所发生的对流不能绝对看成不合理，因为其中存在着市场机制引导的竞争，优胜劣汰，如果强调因为表面的对流而不允许运输，就会起到保护落后、阻碍竞争甚至助长地区封锁的作用。

3. 重复运输

本来可以直接将货物运到目的地，但是在未达目的地之处的其他场所将货卸下，再重复装运送达目的地，这是重复输运的一种形式。另一种形式是，同品种货物在同一地点一面运进，同时又向外运出。重复运输的最大缺点是增加了非必要的中间环节，这就延缓了流通速度，增加了费用，增大了货损。重复运输的示意图如图 1－3 所示。

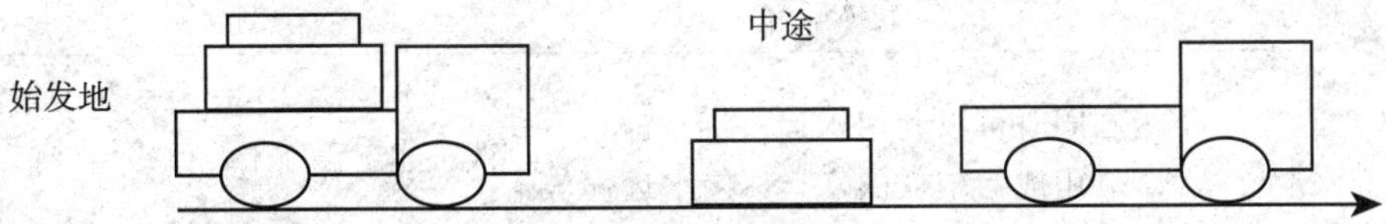

图 1－3　重复运输示意图

4. 过远运输

过远运输是指调运物资舍近求远，近处有资源不调而从远处调运，这就造成未采取近程运输而拉长货物运距的浪费现象。过远运输占用运力时间长、运输工具周转慢、占压资金时间长、远距离自然条件相差大等，又易出现货损，增加了费用支出。过远运输的示意图如图 1－4 所示。

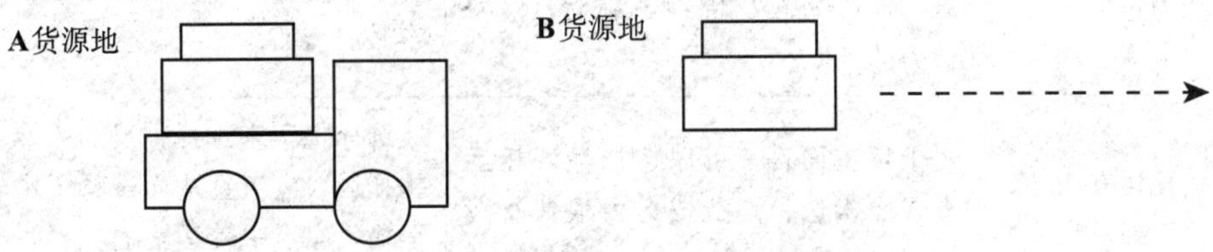

图 1－4　过远运输示意图

5. 迂回运输

迂回运输是舍近求远的一种运输，是可以选取短距离却选择路程较长路线进行运输的一种不合理形式，其示意图如图 1－5 所示。迂回运输有一定复杂性，不能简单处理，只有当计划不周、地理不熟、组织不当而发生的迂回，才属于不合理运输，如果最短距离由交通阻塞、道路情况不好或有对噪音、排气等特殊限制而不能使用时发生的迂回不能称为不合理运输。

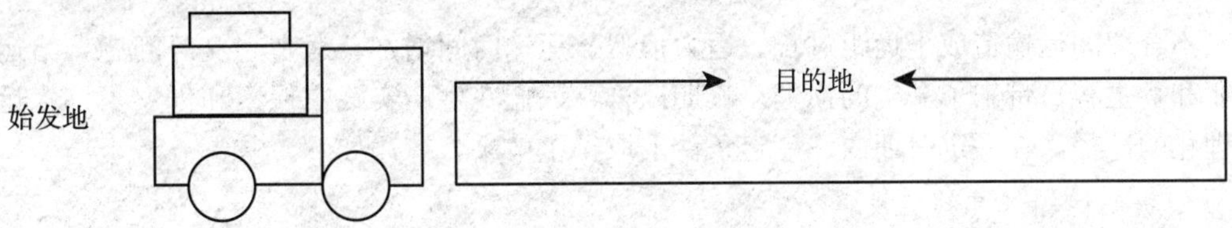

图 1－5　迂回运输示意图

迂回运输与过远运输虽然都属于拉长距离、浪费运力的不合理运输，但两者不同的是，过远运输是因为商品或物资供应地舍近求远地选择延长了运输距离，而迂回运输则是因为运输线路的选择错误延长了运输距离。

6. 运输方式选择不佳

运输方式选择不佳的表现如表 1－4 所示。

表 1-4　运输方式选择不佳的表现

序号	表现方式	具体解释	举例说明
1	弃水走陆	在同时可以利用水运及陆运时，不利用成本较低的水运，使水运优势不能发挥。	2011 年 2 月 24 日，长江巴东港改扩建工程施工，原来由港口经营的货运业务大量弃水走陆，解决运输成本过高问题。
2	铁路、大型船舶的过近运输	由于火车及大型船舶起运及到达目的地的准备、装卸时间长，且机动灵活性不足，在过近距离中利用，由于装卸时间长，会延长运输时间。	铁路运输的经济里程一般为 200km 以上，不足经济里程的运输，往往准备时间长于有效运输时间。
3	运输工具承载能力选择不当	不根据承运货物数量及重量选择，而盲目决定运输工具，造成过分超载、损坏车辆及货物不满载、浪费运力的现象。	“大马拉小车”现象发生较多。由于装货量小，单位货物运输成本必然增加。
4	托运方式选择不当	对于货主而言，可以选择最好托运方式而未选择，造成运力浪费及费用支出加大。	应选择整车未选择，反而采取零担托运，应当直达而选择了中转运输，应当中转运输而选择了直达等。

上述的各种不合理运输形式都是在特定条件下表现出来的，在进行判断时必须注意其不合理的前提条件，否则就容易出现判断失误。在实际中，必须将其放在物流系统中做综合判断，在不做系统分析和综合判断时，很可能出现“效益背反”现象，即单从一种情况来看，避免了不合理，但它的合理却使其他部分出现不合理。只有从系统角度，综合进行判断才能有效避免“效益背反”现象，从而优化全系统。

(四) 合理化运输组织措施

不合理的运输造成了运距过长、运力浪费、运输时间增加、运费超支等问题，给运输企业和货主客户带来了一定的损失。长期以来，人们在生产实践中探索和创立了许多运输合理化的途径，在一定时期内、一定条件下取得了效果，综述如下。

1. 提高运输工具的实载率

提高实载率的意义在于充分利用运输工具的额定能力，减少车船空驶和不满载形式的时间，减少浪费，从而求得运输的合理化。实载率有两个含义：一是单位运输工具实际载重与运距的乘积和标定载重与行驶里程乘积的比率，这在安排单位运输工具运输时，是判断装载合理与否的重要指标；二是车船的统计指标，即一定时期内车船实际完成的货物周转量（以吨公里计）占车船载重吨位与行驶公里乘积的百分比。

我国曾在铁路运输上提倡“满载超轴”，其中，满载的含义就是充分利用货车的容积和载重量，多载货，不空驶，从而达到合理化的目的。这个做法对推动当时运输事业发展起到了积极作用。当前，国内外开展的“配送”形式，优势之一就是将多家需要的货物和一家需要的多种货物实行配装，以达到运输工具容积和载重的充分合理运用，比之以往自家提货或一家送货车辆大部分空驶的状况，这是运输合理化的进展。在铁路运输中，采用整车运输、合理装车、整车分卸及整车零卸等具体措施，都是提高实载率的有效措施。

2. 减少动力投入，增加运输能力

这种合理化的要点是，少投入、多产出，走高效益之路。运输的投入主要是能耗和基础设施的建设，在设施建设已定型和完成的情况下，尽量减少能源投入，是少投入的核心。做到了这一点就能大大地节约运费，降低单位货物的运输成本，达到合理化的目的。国内外在这方面的有效措施有：

（1）在机车能力允许的情况下加挂车皮。

在机车动力能力允许的基础上，采取加长列车、多挂车皮的办法，在不增加机车情况下增加运输量。

（2）水上运输托排和拖带法。

竹、木等物资的运输，利用竹、木本身浮力，不用运输工具载运，采取拖带法运输，可省去运输工具本身的动力消耗从而求得合理；将无动力驳船编成一定队形，一般是纵列，用拖轮拖带形式，具有比船舶载乘运输运量大的优点，求得合理化。

（3）顶推法。

顶推法是我国内河货运采取的一种有效方法，是将内河驳船编成一定队形，由机动船顶推前进。其优点是航行阻力小，顶推量大，速度较快，运输成本较低。

（4）汽车列车。

汽车列车的原理和船舶拖带、火车加挂基本相同，都是在充分利用动力能力的基础上，增加运输能力。汽车列车和单车相比，可以采用甩挂的办法，提高效率，降低油耗。根据测定，在汽车列车中，半挂汽车列车又比全挂汽车列车更为优越。

（5）选择大吨位汽车。

在运量比较大的路线上，采用大吨位汽车进行运输，比小吨位汽车运输节约。例如，美国货运汽车平均吨位为12.5t，每百吨千米油耗为3.01L，我国平均载重吨位为4.6t，每百吨千米油耗为8t。

3. 发展社会化的运输体系

运输社会化的含义是发展运输的大生产优势，实行专业分工，打破一家一户自成运输体系的状况。

一家一户的运输小生产，车辆自有，自我服务，不能形成规模，且一家一户运量需求有限，难于自我调剂，因而经常容易出现空驶、运力选择不当（因为运输工具有限，选择范围太窄）、不能满载等浪费现象，且配套的接发货设施、装卸搬运设施也很难有效地运行，所以浪费颇大。实行运输社会化，可以统一安排运输工具，避免对流、倒流、空驶、运力不当等多种不合理形式，不但可以追求组织效益，而且可以追求规模效益，所以发展社会化的运输体系是运输合理化的重要措施。

我国在利用联运这种社会化运输体系时，创造了“一条龙”货运方式。对产、销地及产、销量都较稳定的产品，事先通过与铁路、公路货运等社会运输部门签订协议，规定专门收、到站，专门航线及运输路线，专门船舶和泊位等，有效地保证了许多工业产品的稳定运输，取得了很大的成绩。

4. 发展直达运输

直达运输是追求运输合理化的重要形式，其对合理化的追求要点是通过减少中转、过载、换载，提高运输速度，省却装卸费用，降低中转货损。直达的优势，尤其是在一次运输批量和客户一次需求达到了一整车时表现最为突出。此外，在生产资料、生活资料运输中，通过直达，建立稳定的产销关系和运输系统，也有利于提高运输的计划水平，考虑用最有效的技术来实现这种稳定运输，从而大大提高运输效率。特别要注意，如同其他合理化措施一样，直达运输的合理化也是在一定条件下才会有所表现，不能绝对认为直达一定优先中转。这要根据客户的要求，从物流总体出发做综合判断。如果从客户托运量看，批量大到一定程度，直达是合理的，批量较小时中转是合理的。

5. 配载运输

配载运输往往是轻重商品的混合配载，在以重质货物运输为主的情况下，同时搭载一些轻泡货物，如海运矿石、黄沙等重质货物时，在舱面捎运木材、毛竹等；铁路运矿石、钢材等重货物时，在上面搭运轻泡农、副产品等，在基本不增加运力投入及不减少重质货物运输的情况下，解决了轻泡货物的搭运，因而效果显著。

6. 发展特殊运输技术和运输工具

依靠科技进步是合理化运输的重要途径。例如，专用散装及罐车，解决了粉状、液状物运输消耗大、安全性差等问题；袋鼠式车皮、大型半挂车解决了大型设备整体运输问题；“滚装船”解决了车载的运输问题，集装箱船比一般船能容纳更多的箱体等，都是通过采用先进的科学技术实现合理化的。

7. 开展联合运输

联合运输简称联运，是指使用两种或两种以上的运输方式，完成一项货物运输任务的综合运输方式。即各种运输方式在运输过程中遵照统一的规章或协议，使用同一种运输凭证或通过代办中转业务，将各种运输方式紧密协调与衔接起来，共同完成两项以上的运输工具的联合运输。联运组合方式有铁公水联运、铁公联运、铁水联运、公水联运和公航联运。

联运可以提高运输效率，简化手续，方便货主，保证货物流通过程的畅通。它把分阶段的不同运输过程，联结成一个单一的整体运输过程，不仅给托运人或货运人带来了方便，而且加速了运输过程，有利于降低成本，减少货运货差的发生，提高运输质量。因此，发展联合运输是充分发展我国运输方式的优势，使之相互协调、配合，建立起现代运输体系的重要途径。

任务实施

步骤一：货物运输方式的比较

经营性运输企业常见货物运输方式有公路运输、铁路运输、水路运输和航空运输。公路运输机动灵活且载货能力有限，适合中、短距离，小批量的货物运输；铁路运输设备体形较大，载货能力较大，适合大宗货物、长距离运输及没有水运条件的地区进行货物运输；水路运输受自然环境影响明显，载货能力强，适合大宗货物、低速度运输；航空运输设备轻巧且载货能力有限，适用于对时效性要求高或高附加值的货物运输。

步骤二：合理选择货运方式

客户刘裕华托运的货品新鲜荔枝有“一日色变，二日香变，三日味变，四日色香味尽去”的特点，以前的运输条件相对落后，荔枝从南方产地到北方销售大概需要 3 天时间，如今随着运输设施设备的升级换代，海迩货运公司通过运输方式合理组合，实现客户托运的荔枝从托运地广东到收货地山东最快只需要 1 天的运输时间。

步骤三：避免不合理运输场景

客户刘裕华托运的货品总数为 20 个纸箱（纸箱尺寸：25cm×18cm×16cm，每箱毛重：2.5kg）。要充分考虑运输设备载货容积、运输工具衔接等情况，避免出现不合理运输场景。

任务评价（见表 1－5）

表 1－5　　任务评价表

被考评人			考评任务	选择适宜的运输方式	
评价标准	具体内容	分值	自我评价（30%）	小组评价（40%）	教师评价（30%）
	认识货物运输的作用	10			
	了解托运货品特性	30			
	运输方式选择的合理性	30			
	熟悉不合理运输表现	30			
合计		100			

任务二　识别运输企业

任务描述

运输企业是运输功能的供给者，运输企业的组织形式、组织机构适用于我国《公司法》的规定。人事经理张伟告诉实习生黎泽煌、陈洪敏和林美晴，作为海迩货运公司一员，不仅要了解自身企业的实际情况，运用运输型物流企业标准进行评估，还要认识企业各工作岗位职责，更好地为客户服务。

任务分析

运输企业应当以保证货物及时到达目的地、提供良好服务为准则，采取有效措施，提高运输服务水平。运输企业员工应严格履行职责，用热情周到的服务获得顾客的满意。

知识储备

一、运输企业的概念

运输企业是指以营利为目的，使用汽车、火车、轮船、民用航空器等交通工具运送旅客、行李、邮件或货物的企业法人。设立运输企业，应当向有关部门申请领取经营许可证，并依法办理工商登记；未取得经营许可证的，工商行政管理部门不得为其办理工商登记。

二、运输型物流企业

一般企业分类的依据和方法都可以应用于物流企业。在《物流企业分类与评估指标》（GB/T 19680－2013）中，根据物流企业以某项服务功能为主要特征，并向物流服务其他功能延伸的不同状况，将物流企业分为运输型物流企业、仓储型物流企业和综合服务型物流企业三类。

运输型物流企业应同时符合以下要求：

（1）以从事货物运输业务为主，包括货物快递服务或运输代理服务，具备一定规模。

（2）可以提供门到门运输、门到站运输、站到门运输、站到站运输服务和其他增值服务。

（3）企业自有一定数量的运输工具和设备。

（4）具备网络化信息服务功能，应用信息系统可对运输货物进行状态查询、监控。

对于具备一定综合水平的运输型物流企业，按照不同评估指标分为 AAAAA、AAAA、AAA、AA、A 五个等级。其中 AAAAA 级最高，然后依次降低。物流企业评估工作可由全国性物流行业组织设立评估机构具体实施。运输型物流企业评估指标见表 1－6。

表 1－6　运输型物流企业评估指标

评估指标		级别				
		AAAAA 级	AAAA 级	AAA 级	AA 级	A 级
经营状况	1. 年物流营业收入/元 *	16.5 亿以上	3 亿以上	6 000 万以上	1 000 万以上	300 万以上
	2. 营业时间 *	5 年以上	3 年以上		2 年以上	
资产	3. 资产总额/元 *	11 亿以上	2 亿以上	4 000 万以上	800 万以上	300 万以上
	4. 资产负债率 *	不高于 70%				
设备设施	5. 自有货运车辆/辆 *（或总载重量/t） *	1 500 以上（7 500 以上）	400 以上（2 000 以上）	150 以上（750 以上）	80 以上（400 以上）	30 以上（150 以上）
	6. 运营网点/个	50 以上	30 以上	15 以上	10 以上	5 以上

续前表

评估指标		级别				
		AAAAA 级	AAAA 级	AAA 级	AA 级	A 级
管理及服务	7. 管理制度	有健全的经营、作业、财务、统计、安全、技术等机构和相应的管理制度				
	8. 质量管理	通过国家或行业相关认证			具有规范的质量管理体系	
	9. 业务辐射面 *	跨省区以上			—	
	10. 物流服务方案与实施	提供物流系统规划、资源整合、方案设计、业务流程重组、供应链优化、物流信息化等方面服务			提供整合物流资源、方案设计等方面的咨询服务	
	11. 客户投诉率（或客户满意度）	≤0.05%（≥98%）		≤0.1%（≥95%）	≤0.5%（≥90%）	
人员管理	12. 中高层管理人员 *	80%以上具有大专及以上学历，或全国性行业组织物流师认证		60%以上具有大专及以上学历，或全国性行业组织物流师认证	30%以上具有大专及以上学历，或全国性行业组织物流师认证	
	13. 基层物流业务人员	60%以上具有中等及以上学历或物流职业资格		50%以上具有中等及以上学历，或物流职业资格	30%以上具有中等及以上学历或物流职业资格	
信息化水平	14. 信息系统 *	物流经营业务信息全部信息化管理			物流经营业务信息部分信息化管理	
	15. 电子单证管理	90%以上	70%以上		50%以上	
	16. 货物物流状态跟踪	90%以上	70%以上		50%以上	
	17. 客户查询 *	建立自动查询和人工查询系统			建立人工查询系统	

注：① 标注 * 的指标为企业达到评估等级的必备指标项目，其他为参考指标项目。
② 物流营业收入指企业通过物流业务活动所取得的收入总额，包括提供运输、仓储、装卸、搬运、包装、流通加工、配送、信息等基本服务及其他相关增值服务所取得的业务收入。
③ 运营网点是指在企业市场覆盖范围内，可以承接并完成企业基本业务的分支机构和联盟伙伴。
④ 客户投诉率是指在年度周期内客户对不满意业务的投诉总量与企业业务总量的比率。
⑤ 客户满意度是指在年度周期内企业对顾客满意情况的调查统计。
⑥ 基层物流业务人员是指从事物流企业执行活动的企业成员。

三、运输岗位职责

（一）公路运输岗位

公路运输的岗位包括驾驶员、调度员、运输经理等。

1. 驾驶员

这里指汽车的驾驶员，驾驶员的工作职责主要包括出车前检查、行车途中检查和收车后检查，见表1-7。

表1-7 驾驶员工作职责

工作环节	工作内容
出车前检查	检查燃料、润滑油、冷却液、电液是否充足，制动器、离合器、油泵、气泵是否符合要求；检查轮胎气压是否合乎标准，轮胎螺丝是否紧固，轮胎外表是否有扎伤；检查手、脚制动器性能是否良好有效，各连接管道是否漏油、检查车门、货箱、货柜门开启是否灵活，能否锁定；检查方向机、转向盘、传动轴及转向横直杆连接是否紧固有效；检查喇叭、灯光、雨刮器是否正常，电器搭线是否牢固清洁；检查随车工具、各种证照件是否齐全有限，货车雨布、绳索是否带齐、冬季还应检查油、液系统是否冻结。
行车途中检查	驾车要平稳；运行中如遇塞车，应先征得领导的同意，才能绕道行驶；驾驶员不能违反行车速度规定而超速行驶，以免发生意外；文明行驶、守章守纪、各行其道，集中精力，保持安全出行距离，不争道、不闯红灯、不开赌气车；行驶中，如遇所驾驶车辆发生熄火等故障，先将车停靠在安全地段，若故障一时无法排除时，应立即报告主管领导派车支援；货车驾驶员要主动帮助装卸货物并注意现场安全。
收车后检查	按车容标准，清洗车辆，把车开到指定的停车场（库）；熄灯、入排档位、拉紧手制动器，检查轮胎气压是否正常，轮胎螺丝是否松动；补充机油、燃料、冷却水或电源；货车应将货箱清除干净；关好车窗，锁好车门、尾箱；停放在非车场、车库的车辆应加防盗锁，采取必要的防盗措施；货车驾驶员应向调度汇报当日出车执行任务情况。

2. 调度员

调度员主要负责车辆调度、司机安排和线路选择工作，调度员岗位职责包括以下几条：

（1）在运输中心经理领导下进行工作。

（2）按照车辆使用管理规定，合理处理轻重缓急的事情。

（3）负责车辆预约登记，做到服务热情周到，工作细致、不出差错。

（4）有计划地调配使用车辆，做好新旧车辆行驶里程的统计，保证大修、报废、更新等工作的进行。

（5）掌握每台车辆的技术情况和驾驶人员的思想情况，杜绝病车上路，对驾驶员进行“四交代”（出车时间、路线、任务、注意事项），及时了解用户的反映和驾驶员完成任务的情况。

（6）负责对申请用车的单车任务、性质等情况的登记上报。

（7）负责完成运输中心经理安排的各种临时性的任务。

3. 运输经理

运输经理是车辆调配的指挥官。车辆如何调配才能发挥它的最大优势？这一问题看似简单，实则需要周密的考虑，对大局的整体把握，如此一来才能做到万无一失。运输经理对货运车辆的有序有效运行有着不可忽视的巨大作用。运输经理岗位职责包括如下内容：

（1）车队管理：包括驾驶员管理、车辆管理、调度管理和安全管理，调配运输车辆，监控物流作业，保证货物及时完好送达，组织评审，选择第三方物流，负责管理第三方物流的业务操作，负责车辆的安全、成本管理。

（2）事故的协调处理：及时处理运输中出现的紧急问题，保证运输任务完成。

（3）制定运输组织、人员的管理流程、方法。

（4）草拟运输年度费用预算。

（二）铁路运输岗位

铁路货物运输的工作岗位主要有调度、车站值班、调车、检车等。

1. 调度员

铁路分局各工作调度人员种类很多，包括货运调度员、计划及列车调度员、行包专列（包括“五定”班列）调度员、机车调度员、供电调度员、预报调度员、篷布调度员、特运（包括军运）调度员、客运调度员和其他各工种调度员。调度员岗位具体工作内容详见表1-8。

表1-8　调度员岗位工作内容

序号	工作内容
1	检查、落实当日运输生产情况，布置、审批次日计划。
2	保持调度工作的连续性，各级调度应建立完善的交接班制度。
3	保持各级调度间的联系，准确掌握工作进度和及时处理问题，车站向分局调度，下级各工种调度向上级各工种调度报告工作。
4	加强铁路局（铁路分局）间的协作，保证分界站畅通，铁路局（铁路分局）间分界站会议每年至少召开一次，由两铁路局（铁路分局）轮流主持，必要时由铁道总公司（铁路局）组织，研究改进列车交接工作，制定、修改分界站协议。
5	提高调度人员组织指挥水平，加强各级调度之间、调度与站（段）有关人员的工作联系，各级调度人员每年深入现场应不少于10天，熟悉设备、人员情况，交接工作意见，改进工作作风，解决好日常运输生产中存在的问题。深入现场行前要有计划，返回后有报告。深入现场的活动方式可采取添乘机车、列车，召开座谈会、同班会、跟班劳动、专题调查研究等多种形式。调度人员添（登）乘机车、列车时，应发给机车添（登）乘证，并准许在乘务员公寓食宿。

2. 车站值班员

在每个车站上都有一位手持信号旗（夜间持信号灯）接发列车的值班人员，他们的职名是“车站值班员”（或助理值班员、值班站长）。车站值班员是铁路运输列车工作的统一组织者，直接担负着铁路运输行车指挥协调、组织管理的重要职责，是铁路运输生产管理中技术与含量、岗位素质要求平均较高的一个非常重要、关键的岗位。铁路车站值班员队伍素质的高低，直接影响到铁路的安全和效益。

3. 调车员

调车员就是从事编组场铁路列车车辆解体，重新对编好的车辆进行连接、调车工作等工作的人员。铁路调车员工作的主要内容：编组场列车车辆解体，提车钩，解风管；重新对编好的车辆进行连接、对位；调车工作等。

4. 检车员

检车员是火车车辆的大夫，是维修火车车辆的工作人员。检车员对火车车辆进行全面检查，采用“一钻、一跨、三蹲、三敲、四伏、五确认、一试验”的检查方法。“一钻”指从转向架外端钻入检查；“一跨”指从转向架内端跨轨检查；“三蹲”指对车体中部以及另一转向架外端进行蹲式检查；“三敲”指对钩尾销、钩尾框托板、轴箱盖螺母采取锤敲检查；“四伏”指对车轮踏面底部、闸瓦处伏身检查；“五确认”指确认各缸、阀、拉杆、支管吊架及安装座螺母和关门车是否完好；“一试验”指试验列车制动机是否正常。

（三）水路运输岗位

水路运输管理包括船长、轮机长、大副、二副、三副、引水员（引航员）等岗位。

船舶驾驶分为驾驶、轮机两个部分。驾驶主要把握船舶航向、航速等要素；轮机主要是伺服机器的。航行驾驶台一般需要一名驾驶员（大副、二副或三副）和1～2名水手（也称舵工），驾驶员主要根据仪器和即时环境等因素向水手发布航向和航速等命令，重要航段船长也会到驾驶台。航行时机舱一般需要一名轮机员（大管轮、二管轮或三管轮），主要根据驾驶台的命令执行车速指令，并维护机器正常运转，有时轮机长也会去机舱指导。

1. 船长

船长是依法取得船员资格，取得适任证书并受船舶所有人雇佣或聘用，主管船上的行政和技术事务的人。船长必须通过专门的考试，由相应的国家机关颁布证书。在我国，包括船长在内的所有船员证书均由中国海事局颁发。

船长是船上的最高行政长官。船长负责船舶的驾驶和管理，在我国大中型国有企业的船上，还设有政治委员一职，负责党和国家的各项政策在船上认真贯彻落实，同时负责领导船上的共青团组织（国有船一般以船长、政委、轮机长三人成立党支部，政委任党支部书记，有的船上大副则是团支部书记）。船长和政委不属于船舶的任何一个部门，是“自由人”。船长在我国与轮机长、大副、二副、三副、大管轮、二管轮、三管轮等并称高级船员。德国、日本等国也是如此。在英美等国，船长不属于船员，而单独作为一种职业。船长在我国同时是一个职称，“船长”是中级职称，“高级船长”是高级职称。现在我国有很多非船员的职业也多由或者必须由具有船长资质的人来担任，比如海事调查官、航运公司或国际船舶管理公司的海务部、船务负责人以及制定人员等。

2. 轮机长

轮机长是机动船上机舱的行政和技术负责人，也称正司机，俗称老轨。轮机长必须有轮机管理专业或航海专业大专以上学历，须持有轮机长适任证书。身体健康，尤其是视力、听力和口语表达能力应符合相应的要求，具备迅速、果断、准确地分析故障、判断故障并及时排除故障能力。

3. 大副、二副、三副

大副是船长的主要助手。在船长的领导下，主持甲板部的日常工作；履行航行值班职责并协助船长搞好安全航行；主管货物的配载、装卸、交接和其他运输管理工作，以及甲板部所属设备的维护保养工作。二副在船长、大副的领导下履行航行和停泊所规定的值班职责，并主管驾驶设备、图书资料。三副主管船舶救生、消防设备。在船长、大副的领导下认真执行公司综合管理体系的各项规定，履行规定的船舶航行和停泊值班职责。

4. 引航员（引水员）

引航员是指持有资格证件在固定水域受雇为船舶引航的航海技术人员，又称引水、引水员。引航员按引航水域不同可分港口引航员、内河引航员和沿海引航员三种。在我国，海港引航员俗称领港，长江引航员俗称领江。船舶在港区、内河、沿岸航行，为了避免发生搁浅、触礁、碰撞等事故，要求驾驶人员能及时控制船位和进行避让。因此引航员必须对所在水域的地理特点、航道、水深、水流、航标设置和当地规章制度了如指掌，并具有熟练的船舶驾驶操纵技术。国家对引航员分等级进行考核，合格者发给许可其在某水域引航的证书。大多数国家从有经验的船长中选拔和培训引航员。各国引航员组织有的为官方组织，有的为民间组织。官方组织一般隶属港口管理部门，民间组织必须得到航运主管机关的认可。

引航有强制引航和非强制引航两种。大多数国家为了维护国家主权，保障港口和船舶的安全，在一定水域对外籍船舶实施强制引航。有的国家规定载重量超过一定吨位，或上次引航后超过一定期限的船舶，均须有当地引航员引航。国家对进出本国港口的外籍船舶实施强制引航的主权叫引航权。非强制的服务，由船方提出申请。中国实施强制引航，外籍船舶不得自行进出港或在港内航行、移泊。引航员在船上执行任务时，系代表船长操纵船舶。不论是否强制银行，引航员均受船长监督。双方应紧密合作，交换有关航行情况。船长对船舶航行安全负有全责，必要时可纠正引航员的不正当操纵。引航员对不适航船舶或当环境条件对人命或船舶安全构成威胁时，应拒绝或暂停引航；对船长提出的违反法规的要求也可以拒绝执行。引航员在引航过程中，如因过失发生海损事故，除个别国家外，在法律上仅负技术责任，而不负经济责任。引航员引航按规定收取引航费。

（四）航空运输岗位

航空运输管理是一项系统工程，下面主要介绍运行值班主任（经理）、机组运行、运行监控、地面服务、信息与通信系统维护等岗位。

1. 运行值班主任（经理）

运行值班主任（经理）的工作职责包括根据航班运行计划组织实施运行生产、监控航班运行、监督 AOC 各岗位的决策过程、对航班运行调整做出最终决策等。

2. 机组运行

机组运行需要机组成员加以执行。机组成员泛指飞行期间在航空器执行任务的航空人员，常见的有航空器驾驶舱内的机长、驾驶员、机械师、助理、舱中理货员等。

3. 运行监控

运行监控的主要职责包括航站监管、技术支援、信息通报、要货运输、货物监控等。

4. 地面服务

航空运输地面服务是指在航空港的地面设施内为行李、货物及邮件运输提供服务的工作人员、航空运输地面服务人员所做的包括配载服务、枢纽监控、客户服务、货物运输、应急处置等。

5. 信息与通信系统维护

航空运输过程需要信息与通信系统的维护，具体职责包括通信系统维护、系统运行维护、网络运行维护、数据库运行维护、应急处置等。

任务实施

步骤一：界定运输企业

运输企业从事货物运输的专业化优势不同，实习生黎泽煌通过企业内部网掌握公司在货运站场、运输设备等硬件资源和企业员工结构数据，运用运输型物流企业标准对海迩货运公司进行评估。

步骤二：熟悉各运输岗位职责

人事经理张伟告诉实习生黎泽煌，海迩货运公司作为专业的货物运输公司，实际运输业务涉及多种运输方式。公路货运岗位有驾驶员、调度员、运输经理等；铁路货运岗位主要有调度、车站值班、调车、检车等；水路货运岗位包括船长、轮机长、大副、二副、三副、引水员（引航员）等岗位；航空货运岗位有运行值班主任（经理）、机组运行、运行监控、地面服务、信息与通信系统维护等岗位。

任务评价（见表1-9）

表1-9

任务评价表

被考评人			考评任务	识别运输企业	
评价标准	具体内容	分值	自我评价（30%）	小组评价（40%）	教师评价（30%）
	了解运输企业的概念	10			
	熟悉运输型物流企业评估指标	40			
	熟悉运输岗位工作职责	50			
合计		100			

任务三　了解运输市场

任务描述

运输市场是市场的重要组成部分，受市场规律支配。运输市场是运输生产者和运输需求者之间进行运输产品交易的场所或领域，是运输活动的客观反映。运输市场由多方主体构成，共同实现运输功能。

实习生黎泽煌等人通过公司岗前培训，认识了企业经营发展现状，但也发现公司在同行的竞争中压力越来越大，公司应如何建立自身竞争优势呢？

任务分析

迈克尔·波特的竞争优势理论指出，管理者必须就增大组织产品价值的两种基本举措做出选择：一是通过差异化使产品增值；二是降低创造价值的成本。运输企业要在竞争激烈的市场脱颖而出，势必要运用波特的竞争优势理论来指导企业可持续发展。

知识储备

一、运输市场

（一）含义

货物运输的需求和供给构成了运输市场，狭义的运输市场是指运输承运人提供运输工具和运输服务，来满足客户对货运需要的交易活动场所及进行运输能力买卖的场所。广义的运输市场是指一定地区对货运需求和供给的协调与组织，运输市场不仅是运输劳务交换的场所，而且还包括运输活动的参与者之间、运输部门与其他部门之间的经济关系。

（二）特征

运输市场具有第三产业服务性市场的特征，这些特征如表 1-10 所示。

表 1-10　运输市场的特征

特征	具体解释	举例说明
劳务性	运输市场是为社会提供没有实物形态的运输劳务。运输劳务是一种看不见、摸不着的服务产品，它既不能储存也不能调拨，而且它的生产与消费具有同步性，它的所有权具有不可转移性。	山东寿光蔬菜产业集团苹果配送中心提供的是无形的运输服务，而不是生产苹果本身。

续前表

特征	具体解释	举例说明
劳动密集型	运输服务业技术构成相对较低，特别是公路运输行业。在企业劳动成果中，活劳动所占比重较大。	公路运输行业从业人员多，就业人员占有的固定资产较低。
强区域性	在市场的空间布局上存在着不同程度的自然垄断，其具有一定的服务半径，超出这个半径范围，企业的经济效益就会急剧下降。	公路运输可实现“门到门”运输，其经济里程为200km以内。
波动性	运输市场波动性较强。由于运输劳务没有实物形态，运输市场受各种因素影响后变动较大，因此波动性较强。	出口的季节性以及国家进出口政策等都可波及集装箱运输市场。
自给自足性	运输市场收到企业自给自足运输力量的潜在威胁，但随时都可能进入运输市场参与竞争，是一支不可忽视的经济力量。	在汽车运输行业，社会企事业单位自用车辆占整个社会汽车拥有量的85%以上。

（三）运输市场的构成

运输市场是一个多层次、多因素的集合体，构成运输市场的主要组成部分如表1-11所示。

表1-11　运输市场的构成

序号	构成要素	具体解释	作用
1	运输需求方	运输市场的买方。包括各客货运输需求单位与个人。	运输需求方的总体数量以及单个运输需求者的需求状况决定运输市场的总体需求规模。
2	运输供给方	运输市场的卖方，向市场提供各种客货运输服务，满足需求者空间位移要求的各类运输者。在我国有部属运输企业、地方国有运输企业、集体运输企业、外资运输企业、个体运输企业及运输者的行业协会等。	每个运输供给者所提供的运输产品数量和质量，决定于他们所拥有的相关运输资料的数量和质量，形成有效运输。
3	运输中介	运输中介方为客货运输需求与供给提供各种客货运输服务信息及运输代理业务的企业或经纪人。包括各种客货代理企业、经纪人和信息服务公司等。	运输中介者是专门负责从事专业化的中介服务，因此，其工作效率相对更高，运输供给者可通过这个专业化的中介机构来扩大它的市场。
4	政府方	代表国家即一般公众利益对运输市场进行调控的工商、财政、税务、物价、金融、公安、监理、城建、标准、仲裁等机构和各级交通运输管理部门。	在运输市场中，过度的垄断和竞争对运输市场都是不利的，有时甚至是灾难性的。运输市场不能解决所有问题，政府需要发挥必要的作用。

政府在多数情况下并不直接参与企业的具体经营活动，而是通过制定有关法律法规、政策来规范和影响这一市场。

二、运输服务供给者

运输服务是由各种运输提供者综合提供的，运输服务提供者主要包括以下四种。

（一）单一方式运输服务供给者

这种运输服务供给者是仅利用一种运输方式提供服务的单一方式经营人，这种集中程度使承运人高度专业化，有足够的能力和高效率。航空公司就是单一方式的货运或客运承运人的例子，它们只提供机场到机场的服务，托运人或乘客必须自己前往机场和离开机场。

（二）专业运输服务供给者

由于小批量货物装运和交付在运输中存在很多问题，一般的运输服务提供者很难提供价格合理的小批量装运服务，而且服务质量较低。于是那些提供专门化服务的公司就乘机进入小批量装运服务市场或包裹递送服务市场，在美国有 UPS 公司、联邦快递、DHL 等，在我国也出现了很多这样的承运人，如中国邮政、EMS 和一些快递公司等。

（三）联运服务供给者

联运服务供给者使用多种运输方式，利用各自的优势，在最低的成本条件下提供综合性服务，组成托运人眼中的“一站式”服务。对于每一种多式联运的组合，其目的都是要综合各种运输方式的优点，以实现最优化的绩效。现在人们越来越强烈地意识到多式联运成为提供高效运输服务的一种重要的手段。

（四）中间商

运输服务的中间商通常不拥有或经营运输设备，但向其他厂商提供经纪服务，他们的职能类似于营销渠道中的批发商。中间商通常向托运人提供的费率在相应的装运批量上低于专业承运人的费率，中间商的利润是向托运人收取的费率和向承运人购买的运输服务成本的差额。货运中间商可以使托运人和承运人有机结合起来，既方便了小型托运人的托运活动，同时也简化了承运人的作业行为，并且可以通过合理安排运输方式来避免物流运输的浪费。运输服务中间商主要有货运代理人、经纪人以及托运人协会。

三、运输市场的运行

（一）运输市场竞争

竞争是商品经济发展的客观规律，是不以人的主观意志为转移的。市场运行机制能得以正常运行的关键因素之一就在于完善市场竞争机制，保护公平竞争，限制垄断。

竞争的方式，是指竞争的途径、竞争所采用的手段和形式等。具体的竞争方式不仅反映了商品经济的一般要求，而且还集中反映了商品经济特殊的要求。具体来讲，运输市场竞争方式的一般性主要表现在以下几方面：

1. 运输价格竞争

在同一时间里，同一市场上，面对同一运输需求，运输价格较低的一方就能吸引运输需求，占领并扩大市场。运输价格竞争是运输市场竞争的主要方式之一，以降低价格为基本特征的价格竞争就成为运输市场竞争的普遍形式。

2. 质量竞争

在运输价格等因素不变或运输质量的提高足以抵消运输价格上升给运输需求者带来的影响的情况下，某种运输质量越高、越稳定，就越能提高满足人们对运输需求的效用程度，不仅能长久地占领市场，还能在市场竞争中处于优势地位。因此，在运输市场中以提高运输质量为特征的质量竞争愈加激烈。但是对于企业来说，运输质量的提高过程，意味着企业新的费用发生过程，也就是说质量的提高不是一朝一夕能完成的。

3. “新产品”竞争

在运输市场上，“新产品”竞争主要是通过开设新的运输服务项目来进行竞争。怎样使运输服务多样化，推出新的运输服务项目，不断满足人们对运输业的要求，是企业在市场竞争中立于不败之地的一个重要因素，这也是推动整个运输业不断发展的外来压力。

（二）运输协作

各种运输方式各有其特点，在完成整个运输过程中，要求各个环节相互配合和协作。随着科学技术的进步与发展，运输业采用新技术设备日益增加，直接影响到运输方式的分工。

四、货物运输价格

（一）货物运输价格的含义和种类

货物运输价格是指运输企业对特定货物所提供的运输劳务的价格，简称运价。通常由承运人以运输费率的形式制定，运输费率是在两地间运输某种具体产品时的每单位运输里程或每单位运输重量的运价。

不同运输方式的运输费率取决于货物种类、重量、运输距离、服务水平和其他选择性要求，运输费率的基本形式有以下几种。

1. 基于重量的费率

这种费率随着运输货物的重量变化，而不是随距离变化，例如邮政费率。这种费率简单、易用。采取这种费率的服务费用主要和搬运费用有关，费率在特定的重量点处变化。

这种情况下一般有一个最小费用。如果根据货物重量算出的费用小于最低费用，按最低费用收费。

2. 基于距离的费率

这种费率随距离和重量变化而变化，对一给定的重量以线性或非线性形式变化，如整车运输费率。因为这种运输的主要费用与燃料和人力有关，而燃料费随距离的增加而增加，人员费用随时间的增加而增加，所以大多数长途运输费率直接随距离变化。

3. 和需求相关的费率

这种费率既不取决于重量，也不取决于距离，只是和外部市场需求有关。

4. 合同费率

也称契约费率，这种费率是在货主和承运商之间进行协商的费率。它们一般根据允许的容积、运货时间、服务可靠性、对承运商的印象、商品类型、运输线路等进行协商。

5. 等级费率

等级费率是根据运输距离、商品类型而定。根据商品价值危险程度、不利因素、搬运要求将运输货物分级。不同的运输方式都有不同的运输费率表。等级费率不包括提供选择性服务如要求集货、存贮等的费率。对物流从业人员，应更可能获得企业所装运的全部货物的费率等级。尽管铁路货物分级表和公路货物分级表中存在差别，但各系统的分级标准都是由类似的规则指导的。不过，铁路的规则比汽车货运的规则更全面，也更详细。对于运输部门的成员来说，彻底了解这些分级系统也是有益的。

6. 其他特殊费率

特殊费率是指一定的时期、对某些特殊地区或商品实行的费率，它可能比正常费率高或低。特定起点到某终点的费率或某些特殊商品费率都是特殊费率的例子。大宗货运费率一般比非整车装载的费率低。较轻但体积庞大的货物运输费率比正常的或密度小的货物运输费率高。服务水平低的货物运输费率比服务水平高的货物运输费用低。额外服务也将使正常运输费率提高，如半途中要改变目的地、到达目的地后改变收货人、变更卸货地、变更收货人、运输中途存贮及在中间站点部分货物进行装卸等，都会使运输费率提高。

（二）货物运输价格的影响因素

影响货物运输价格的因素主要有运输成本、运输供求关系、运输市场结构模式、国家经济政策以及各种运输方式之间的竞争等。

1. 运输成本

运输成本是指运输企业在进行运输生产过程中发生的各种耗费的总和。在正常情况下，运输企业为能抵偿运输成本而不至于亏本并能扩大再生产，要求运输价格不低于运输成本。

2. 运输供求关系

运输供给和需求对运输市场价格的调节通常是由于供求数量不同程度的增长或减少引起的。

3. 运输市场结构模式

根据市场的竞争程度，运输市场可大体分为四种类型，即完全竞争运输市场、完全垄断运输市场、垄断竞争运输市场和寡头垄断运输市场。不同类型的市场有不同的运行机制和特点，对运输价格的形成会产生重大影响。

4. 国家经济政策

国家对运输业实行的税收政策、信贷政策、投资政策等均会直接或间接地影响运输价格水平。长期以来，我国为扶持运输业，在以上诸方面均实行优惠政策。例如，目前我国对运输业所征营业税是第三产业中最低的，其税率仅为3%。从运输价格的理论构成看，包括运输成本、利润和营业税三部分。

5. 各种运输方式之间的竞争

影响运输价格水平的竞争因素有运输速度、货物的完好程度以及是否能实现“门到门”运输等。以运输速度为例，若相同起止地的货物运输可采用两种不同运输方式进行，此时运输速度较慢的那一种运输方式只能实行较低的运价。就货主而言，它增加了流动资金的占用和因货物逾期、丧失市场机会而造成的市场销售损失。与运输速度较快的那一种运输方式相比，其理论降价幅度为上述两种费用之和。

（三）货物运输定价

货物运输企业可以应用以下三种定价方法对提供的运输服务进行定价。

1. 基于成本的运输定价

这种定价方法包括三种方式：

（1）向客户收取发生运输服务的实际成本费用。这种情况大都发生在使用公司内部运输部门提供的运输服务。这种方式可能造成运输部门把无效的运输费用和不合理的运输费用全部转嫁给客户。

（2）按标准费用收取。在这种情况下，无效的运营费用不会转嫁给客户。

（3）收取边际费用。不考虑固定费用（作为日常开支），只收取变动费用。当运能很大时，这种方法比较有效。

2. 基于市场的运输定价

这种定价方法一般有两种执行方式：

（1）按市场上相互竞争的承运人相似服务的费用收取，市场价格可能比实际价格高，也可能比实际价格低，如市场中过剩的运输能力可能会降低运输价格，这就需要经常进行测算。

（2）按调整后的市场价格进行收费，如果运输组织效率高，调整后的市场价格就会低，反之就高。

3. 二者相结合的运输定价

这种定价包括两种执行方式：

（1）承运人和客户之间先签署一份价格协议，为了使协议更有效，必须有一个可以比较的市场价格，客户也有选择其他承运人的灵活性。

（2）根据承运人的目标利润定价。采用这种方法，价格等于实际或标准费用加上企业的目标利润。

任务实施

步骤一：认识运输市场的构成

运输市场是多层次、多要素的综合体，实习生黎泽煌等人通过了解运输市场的构成，对整个运输市场有了宏观了解，能够帮助加深市场观念，培养和提升自身从业观念。

步骤二：清楚运输服务提供者的分类

黎泽煌等人认识了运输市场的构成，清楚运输服务提供者的分类，明确自身企业在运输市场的角色。

步骤三：熟悉运输市场的竞争

运输市场的竞争主要体现为三方面：运输方式竞争、运输价格竞争和运输质量竞争。人事经理张伟鼓励实习生黎泽煌等人结合海迩货运公司的运输资源，充分发挥自身专业优势和业务能力，进一步拓展运输业务方向。

任务评价（见表1－12）

表1－12　任务评价表

被考评人			考评任务	了解运输市场	
评价标准	具体内容	分值	自我评价（30%）	小组评价（40%）	教师评价（30%）
	清楚运输市场的构成	20			
	认识运输服务的供给者	20			
	熟悉货物运输定价方法	30			
	掌握运输市场竞争方式	30			
合计		100			

项目小结

本项目主要讲述物流运输管理的相关理论，介绍了运输的概念、功能和运输在国民经济中的地位，阐述货物运输方式的特点、运输合理化的意义与不合理运输表现形式，运输型物流企业特点和运输岗位，运输市场的特征和运输市场的运行等。

思考与练习

一、判断题

1. 物流就是运输，可见运输在国民经济中的重要地位。（　　）

2. 运输工具在运输网络上流动的情况，与交通工具上的人员及物资的有无和多少无

关。（ ）

3. 运输作为一种现代的流通方式集经营、服务、社会集中库存、分拣、装卸搬运为一身，应被视为独立物流功能要素。（ ）

4. 在市场经济条件下，运输价格是由运输产品的成本价格决定的。（ ）

5. 实现一体化运输服务的关键是拥有跨区域、综合性的跨区域的运输企业。对政府来说就需要其积极推动培育形成这种跨区域、综合性的跨区域的运输企业。（ ）

二、选择题

1. 按运营的主体运输分为（ ）。

A. 自营运输　B. 干线运输　C. 经营性运输　D. 公共运输

2. 运输方式应遵循的选择条件有（ ）。

A. 品类　B. 运输量
C. 运输距离　D. 运输时间
E. 运输成本

3. 不合理的运输表现形式有（ ）。

A. 空载　B. 对流运输
C. 重复运输　D. 过远运输
E. 迂回运输

4. 运输需求须具备的基本条件是（ ）。

A. 实现运输唯一的愿望　B. 运输基础的实施条件
C. 基本的运输工具　D. 基本的运输路线
E. 支付能力

5. 运输市场的构成包括（ ）。

A. 运输市场的需方　B. 运输市场的供方
C. 使用者　D. 政府方
E. 中介方

6. 汽车运输的经济里程一般为（ ）。

A. 300km 以内　B. 300～500km　C. 500～1 000km　D. 1 000～2 000km

三、简答题

1. 简述运输与物流的区别。

2. 简述不合理化运输的表现场景。

3. 运输企业不仅面临不同运输方式和同类运输方式的竞争，还要投入多元经济市场竞争中，运输企业应该如何建设自身竞争优势？

项目二　公路货物运输

学习目标

知识目标：

1. 熟悉公路货运特点。
2. 掌握公路货运单证填写要求。
3. 掌握公路运输费用的核算步骤。
4. 掌握公路整车、零担运输的工作程序。
5. 熟悉公路特种货物运输要求。

能力目标：

1. 能制作并填写公路货物运输单证。
2. 能计算公路运输费用。
3. 能组织公路货物运输作业。

本项目知识结构图：

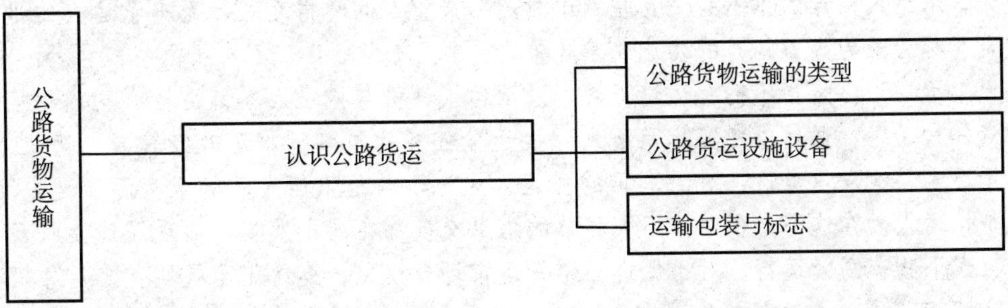

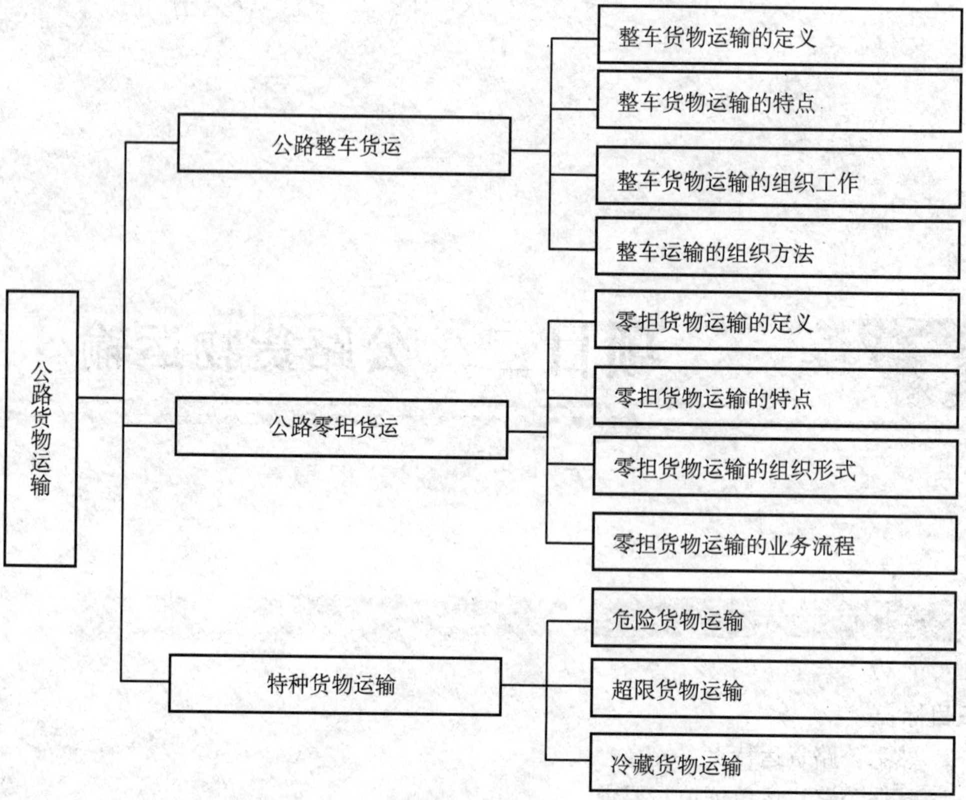

案例导读

“无车承运人”开启道路货运新时代

2016 年 9 月，交通运输部印发《关于推进改革试点加快无车承运物流创新发展的意见》，正式在全国范围内开展道路货运无车承运人试点工作，旨在鼓励无车承运物流创新发展，打破传统公路货运“多、小、散、乱”掣肘局面，提升服务能力，推进物流供给侧结构性改革。

无车承运人试点的推出是“互联网+物流”最重要的举措之一，无车承运人的推出被物流企业称为最为大刀阔斧的物流改革政策之一。

无车承运人，是指不拥有运输工具，以承运人身份与托运人签订运输合同，承担承运人的责任和义务，通过委托实际承运人完成运输任务的道路货物运输经营者。简单来说，无车承运人具有双重身份，对于真正的托运人来说，其是承运人；对于实际承运人而言，其又是托运人。在这个过程中，不少环节的信息交换都在网上发生，实现了线上资源合理配置、线下物流高效运行，对于促进公路货运市场规模化、集约化发展具有重要意义。

2017 年 3 月，交通运输部公布全国 283 家无车承运试点企业，试点名单里，既有为业内熟知的传统货代企业、物流园区，也不乏信息平台企业、第三方物流企业。各路英雄齐上阵，让原本沉静的行业变得沸腾起来。从试点企业的业务类型上来看，大部分是在干线领域，以零担和整车合同物流居多，也有城市配送业务。

2018年2月初交通运输部办公厅发布《无车承运人试点考核合格企业名单的通知》，共有229家无车承运试点企业考核合格。考核合格的试点企业要在现有无车承运人运单的基础上，增补资金流水单，并于2018年3月31日前完成与部、省两级监测平台的对接，4月1日起上传资金流水单。对考核合格的试点企业延续试点期一年，向符合相关规定的试点企业颁发经营范围为道路普通货运（无车承运）的《道路运输经营许可证》，许可证有效期至2019年2月28日，对不在考核合格试点企业名单内的企业，终止无车承运人试点资格。

物流运输包含货主、货车司机以及货物三个角色，人、货分离。无车承运人平台发展与网约车发展并不相同，其核心是“有货、有车、安全”，并非疯狂烧钱就能吸引用户。无车承运人行业在物流行业转型升级的推动和相关政策及资金的拉动下，已进入发展快车道。但由于发展时间较短，实践经验缺乏，行业根基薄弱，导致了该行业离发展成熟还有较大差距，较发达地区和国家尚处在发展初级阶段。

对于无车承运人企业而言，未来究竟该如何进行模式创新？应特别关注三点，即关注服务、运输和货源。关注服务，包括对托运人的服务和实际承运人的服务；关注运输，需要通过管控运输来增强发展的可持续性；关注货源，指应以货源为基础进行稳步扩张。

请思考：

（1）为什么说无车承运人具有“互联网＋物流”的特征？

（2）为何交通运输部要进行无车承运人试点企业考核？

任务一　认识公路货运

任务描述

海尔商贸委托海迩货运公司运送600台滚筒洗衣机（型号EG7012B29W）从佛山三水工厂到长沙雨花仓。滚筒洗衣机每台外包装尺寸（毫米）：510×595×850，毛重64kg。实习生陈洪敏入职后在公路货运部工作，为了让他尽快熟悉业务流程，业务经理王清耘让他作为助理一起跟进这票业务。

任务分析

公路货物运输系统支撑着物流业的发展，是现代物流运输系统的重要组成部分。陈洪敏接到任务后，积极了解公司的公路货物运输设备，掌握公路货物运输分类，熟悉货物储运包装标志含义，在业务经理王清耘指导下，根据运输量、运输地点，选择了合适的半挂车运送。

知识储备

公路货物运输是实现“门到门”运输中唯一不可替代的现代化运输方式，近年来，随着公路建设规模的飞速增长，公路货物运输也快速发展，促进了“货尽其流”这一目标的实现。

一、公路货物运输的类型

（一）按照货物性质不同进行分类

1. 普通货物运输

货物在运输、装卸、保管等作业过程中没有特殊要求，无须采用特殊措施和方法。普通货物又可分为一等、二等、三等三个级别。

2. 特种货物运输

这是货物在运输、装卸、保管等作业过程中，需要采用特殊措施和方法的货物运输，又可以分为：

（1）超限货物运输。因货物的体积、重量的要求，需要大型或专用汽车运输的货物运输。

（2）危险货物运输。具有爆炸、燃烧、腐蚀、毒害或放射性危害性质，在运输途中能引起人身伤亡，使生命财产受到损毁而需要特别防护的货物运输。

（3）鲜活货物运输。包括易腐货物和有生命的动植物等的运输，其运输条件主要有：托运需冷藏保温的货物，托运人应提出货物的冷藏温度和在一定时间内的保持温度要求；托运鲜活货物，托运人应提供最长运输期限及途中管理、照料事宜的说明书。货物允许的最长运输期限应大于汽车运输能够达到的期限。运输途中需要饲养、照料的有生物、植物，托运人必须派人押运。

知识拓展

轻泡货物

货物密度小于 333kg/m^3，体积大，堆码重心高，运输中稳定性差。轻泡货物体积按最长、最宽、最高部位的尺寸计算。

（二）按运输组织方法分类

1. 整车货物运输

托运人一次托运货物计费重量 3 吨以上或虽不足 3 吨，但其性质、体积、形状需要一辆汽车运输的货物运输为整车货物运输。

2. 零担货物运输

托运人一次托运货物计费重量 3 吨及以下的货物运输为零担货物运输。

3. 集装箱运输

采用集装箱为容器，使用汽车运输的货物运输为集装箱运输。

(三) 按照货物运送速度分类

1. 一般货物运输

按普通速度运输的货物，普通速度的运输期限从起运日起，按 200km 为一日运距，用运输里程除以每天运距进行计算。

2. 快件货物运输

快件货物运输，它要求货物位移的各个环节上要体现一个“快”字，运输部门要在最短的时间内将货物安全、及时、完好无损地送到目的地。快件零担货运是指从货物受理的当天 15 时起算，300km 运距内，24 小时内运达；1 000km 运距内，48 小时内运达；2 000km 运距内，72 小时内运达。

3. 特快专运

应托运人要求在约定时间内送达。货物运送时间的计算，按托运人将货物交给承运人起运的具体时刻起算，不得延误。

二、公路货运设施设备

(一) 公路

1. 公路的基本构成

公路是连接城市、乡村和工矿基地之间，供汽车行驶并具备一定技术标准的工程设施。包括路基、路面桥梁、涵洞、排水系统、防护工程设施、交通服务设施。

2. 我国公路分级

(1) 根据公路技术等级划分，分为高速公路、一级公路、二级公路、三级公路、四级公路五个等级，见表 2-1。

表 2-1　　我国公路技术等级的划分标准

等级	高速公路	一级公路	二级公路	三级公路	四级公路
设计交通量/日(辆)	25 000 以上	15 000 以上	5 000～15 000	2 000～6 000	双车道：2 000 以下 单行道：400 以下
车型标准	小客车	小客车	小客车	小客车	小客车
出入口控制	完全控制	部分控制	无控制	无控制	无控制

(2) 根据公路在政治、经济、国防上的重要意义和使用性质，划分为 5 个行政等级：

1) 国家公路（国道），指具有全国性政治、经济意义的主要干线公路，包括重要的国际公路、国防公路，连接首都与各省、自治区、直辖市首府的公路，连接各大经济中心、港站枢纽、商品生产基地和战略要地的干线公路。

2）省公路（省道），指具有全省（自治区、直辖市）政治、经济意义，连接各地市和重要地区以及不属于国道的干线公路。

3）县公路（县道），指具有全县（县级市）政治、经济意义，连接县城和县内主要乡（镇）、主要商品生产和集散地的公路，以及不属于国道、省道的县际间公路。

4）乡公路（乡道），指主要为乡（镇）村经济、文化、行政服务的公路，以及不属于县道以上公路的乡与乡之间及乡与外部联络的公路。

5）专用公路，指专供或主要供厂矿、林区、农场、油田、旅游区、军事要地等与外部联系的公路。

我国部分主要高速公路见表 2-2。

表 2-2　　我国部分主要高速公路

编号	路线简称	主控点	里程
G1	京哈高速	北京—唐山—秦皇岛—锦州—沈阳—四平—长春—哈尔滨	1 280km
G2	京沪高速	北京—天津—沧州—德州—济南—泰安—临沂—淮安—江都—江阴—无锡—苏州—上海	1 245km
G3	京台高速	北京—天津—沧州—德州—济南—泰安—曲阜—徐州—蚌埠—合肥—铜陵—黄山—衢州—南平—福州—台北	2 030km
G4	京港澳高速	北京—保定—石家庄—邯郸—新乡—郑州—漯河—信阳—武汉—咸宁—岳阳—长沙—株洲—衡阳—郴州—韶关—广州—深圳—香港（口岸）	2 285km
G4W	广澳高速	并行线：广州—中山—珠海—澳门（口岸）	
G5	京昆高速	北京—保定—石家庄—太原—临汾—西安—汉中—广元—绵阳—成都—雅安—西昌—攀枝花—昆明	2 865km
G6	京藏高速	北京—张家口—集宁—呼和浩特—包头—临河—乌海—银川—中宁—白银—兰州—西宁—格尔木—拉萨	3 710km
G7	京新高速	北京—张家口—集宁—呼和浩特—包头—临河—额济纳旗—哈密—吐鲁番—乌鲁木齐	2 540km

部分公路指示标志如图 2-1 所示。

图 2-1　公路指示标志

(二) 公路站（场）

公路站（场）是办理公路货运业务、仓储保管、车辆保养维修以及为用户提供相关服务的场所，一般包括货运站、停车场和食宿楼等设施。

1. 货运站

公路运输的货运站主要承担货物的组织与承运、中转货物的保管、货物的交付、货物的装卸以及运输车辆的停放、保修等内容。目前，我国汽车运输企业的货运站大致可分为整车货运站、零担货运站、集装箱货运站。简易的货运站点，则仅有供运输车辆停放与货物装卸的场地。

2. 停车场

停车场主要功能是停放与保管运输车辆。现代化的大型停车场还具有车辆维修、加油等功能。停车场内的布置要方便运输车辆驶入、驶出和进行各类维护作业，多层车库或地下车库还需设有斜道或升降机等，以便车辆进出。

(三) 载货汽车

载货汽车也叫载重汽车，是专门用于运送货物的汽车。载货汽车的分类如表 2-3 所示。

表 2-3　　载货汽车分类表

车辆种类	载货汽车分类标准	分类内容
普通货车	载重能力	微型（总载重质量＜1.8t）、轻型（总载重质量 1.8～6t）、中型（总载重质量 6～14t）、重型（总载重质量＞14t）货车。
	有无车厢挡板	平板车、标准挡板车、高档板车。
厢式货车	开门方式	后开门式、侧开门式、两侧开门式，侧、后双开门式、顶开式、翼式等多种。
	车体附设装置	带吊车货车、带尾部自动升降板货车、翻卸式货车等。
专用载货汽车	车厢结构	冷藏车、罐车等。
牵引车	有无牵引座	牵引车是有动力而无装载空间的车辆，主要用来牵引挂车，通常分为半挂牵引车和全牵引车。半挂牵引车后部设有牵引座，用来牵引和支撑半挂车前部。
挂车	拖挂方式	全挂车指拥有独立四轮的牵引车厢，有牵引架连接牵引车。半挂车指只有后轮的牵引车厢，前段由牵引鞍座与牵引车相连接。

牵引车和挂车结合在一起组成汽车列车进行货物运输。

三、运输包装与标志

(一) 运输包装

运输包装是为了降低货物运输过程中对产品造成的损坏，保障产品的安全，方便储运装卸，加速交接点验，以运输储运为主要目的的包装，又称为外包装。运输包装主要作用在于保护商品，防止在储运过程中发生货损货差，并最大限度地避免运输途中各种外界条件对商品可能产生的影响，方便检验、计数和分拨。货物的运输包装按照包装形式和包装材料可分为以下几种：

1. 箱状包装

这是一种六面体形状的包装，由天然木板、胶合板或瓦楞纸板等材料构成。箱状包装是一种常用的包装形式，其中，木板箱较为坚实，适用于包装各种较重的货物；纸板箱坚实程度较差，适用于包装较轻的货物。

2. 捆包状包装

这是一种直接贴附在货物外表的包装，通常使用棉、麻等织物作为包装材料，需要加以捆扎，它适用于纤维及其织品的包装，可以防止包装内货物松散或沾染污物。

3. 袋状包装

这种包装可由多层牛皮纸、麻织物、布料、塑料、化纤织料和人造革等材料组成。袋状包装的适用范围很广泛，可用于盛装粉状、结晶状和颗粒状的货物。不同材料的包装袋均应满足防止货物洒漏的要求，同时要具有不同程度的防湿能力和坚韧程度。

4. 桶状包装

这是一种圆柱形密封式包装，有钢制桶、胶合板桶、纸板桶、塑料桶和鼓形木桶等，适用于装载块状或粉状固体、糊状固体、液体以及浸泡于液体中的固体物质。

5. 裸状包装

通常将不加包装而成件的货物称为裸装货物，但实际上相当数量的裸装货物须有简单的捆扎。

6. 成组包装

它是按照货物成组的标准所构成的包装。这种包装通常附有成组设备（托盘、网罩等），并符合一定的重量和尺寸要求。

7. 其他形式的包装

这是指除去上述基本包装形式以外的其他形式的包装，如卷筒装、编筐装、坛瓮罐瓶装等。

（二）运输标志

运输标志是指贴在货物或运输包装表面，记载有一定含义的图形、文字和数字。其主要作用是在储运过程中识别和区分货物，说明装运作业要求，合理操作方法，保护货物完整和人身及运输工具的安全。按照标志所起的作用可分为识别标志、重量体积标志、指示标志、警告标志和原产地标志。

1. 识别标志

它包括主标志、副标志、件号标志和目的地标志，用于运输过程中辨认同批货物。

2. 重量体积标志

这种标志在运输包装上标明包装的体积和毛重，以方便储运过程中安排装卸作业和舱位。

3. 指示性标志

它也称保护标志（见图 2－2），根据商品的特性，对一些容易破碎、残损、变质的商品，在搬运装卸操作和存放保管条件方面所提出的要求和注意事项，用图形或文字表示的标志。

图 2－2　货物运输指示标志

4. 警告标志

它又称危险品标志，是指在装有爆炸品、易燃物品、腐蚀物品、氧化剂和放射物质等危险货物的运输包装上用图形或文字表示各种危险品的标志，旨在警告有关装卸、运输和保管人员按货物特性采取相应的措施，以保障人身和物资的安全。

5. 原产地标志

一般在商品的内外包装上均注明产地，作为商品说明的一个重要内容，以便海关统计和征税。

扫二维码了解中国高速路况（中国高速）、货运汽车分类（卡车之家）。

中国高速　　卡车之家

任务实施

步骤一：掌握公路货物运输的类型

客户托运货物数量较多，陈洪敏粗略计算后这批货物总重 38.4 吨，体积约 155 立方米，符合整车货物运输条件。

步骤二：熟悉公路货运设施设备

陈洪敏积极了解公司现有的公路货物运输设备，知道公司有 5 吨、8 吨、10 吨及 12 米、10 米、9.6 米等型号载货汽车，各种货车都有自己的特点。

步骤三：熟悉运输包装与标志

在业务经理王清耘指导下，陈洪敏查看了货物托运时提供的外包装照片，熟悉货物储运包装标志含义后，根据运输量、运输地点，选择了合适的半挂车进行装运。

任务评价（见表 2－4）

表 2－4　　任务评价表

被考评人			考评任务	认识公路货运	
评价标准	具体内容	分值	自我评价（30%）	小组评价（40%）	教师评价（30%）
	掌握公路货物运输的类型	50			
	熟悉公路货运设施设备	25			
	熟悉运输包装与标志	25			
合计		100			

任务二　公路整车货运

任务描述

海尔商贸托运的 600 台滚筒洗衣机（型号 EG7012B29W）已确定按公路整车进行运输，王经理让陈洪敏跟进此票货物，借此机会深入了解整车货运业务流程。

任务分析

整车运输是公路运输作业中常用的一种货物组织方式，货物批量大小不同，各种货物对装运车辆要求也不同，因而需要公路货运企业以整车货物运输等多种运输类型满足货物托运人的需求。

知识储备

一、整车货物运输的定义

公路整车货物运输，根据交通运输部的《汽车货物运输规则》规定，托运人一次托运的货物在3吨（含3吨）以上，或虽不足3吨，但其性质、体积、形状需要一辆3吨及以上汽车运输的，为整车货物运输，也称整批货物运输。

货物性质适用于整车运输的主要有以下几类：

（1）鲜活货物，如冻肉、鲜鱼、活的牛、羊、猪、兔、蜜蜂等。

（2）需要专车运输的货物，如石油、烧碱等危险货物，粮食、粉剂的散装货等。

（3）不能与其他货物拼装运输的危险品。

（4）易于污染其他货物的不洁货物，如炭黑、皮毛、湿毛皮等。

（5）不易于计数的散装货物，如煤、焦炭、矿石、矿砂。

二、整车货物运输的特点

整车货物运输是公路货物运输中重要的运输形式之一，其主要包括以下特点：

（1）一车货物一张货票，并且只有一个发货人。

（2）整车货物多点装卸，按全程合计最大载重量计重，当最大载重量不足车辆额定载重量时，按车辆额定载重量计重。

（3）托运整车货物一般由托运人自行装车，未装满货物车辆额定标记载重量，按车辆额定标记载重量核收运费。

（4）整车货物运输一般不需要中间环节或中间环节很少，送达时间短，相应的货运集散成本较低，主要涉及城市间或过境贸易的长途运输与集散。

三、整车货物运输的组织工作

（一）整车货物运输的作业流程

在整车货物运输中，运输环节的设计是节约运输成本的关键，合理准确地将货物组织运输是整车运输流程的目标。其作业流程如图2-3所示。

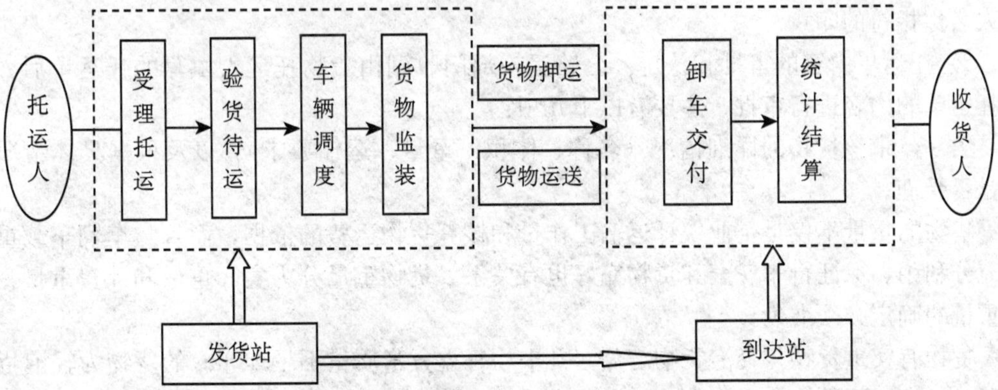

图2-3　整车货物运输作业流程图

（二）整车货物运输的准备工作

1. 托运货物的受理

（1）托运受理方法。

1）登门受理。即由运输企业派人员去客户单位办理承托手续。

2）到产地受理。在农产品上市时节，运输企业到产地联系运输事宜。

3）现场受理。在省、市、地区召开物资订货、展销、交流会议期间，运输企业在会场设立临时托运或服务点，现场办理托运。

4）驻点受理。对生产量大、货物集中，对口供应，以及货物集散的车站码头、港口、矿山、油田、基建工地等单位，运输企业可设点或巡回办理托运。

5）电话、传真、信函、上网等方式托运。经运输企业认可，本地或外地的货主单位可用电话、传真、信函、上网等方式托运，由运输部门的业务人员受理登记、代填托运单。

6）签订年度、半年、季度或月度运输合同。根据承运托运双方的运输合同或协议，办理货物运输。

7）站点受理。货物托运单位派人直接到运输企业办理托运。

（2）托运单的填写。

1）货物托运单的作用。货物托运单（见表2-5）（无论整车、零担、集装箱）是承运托运双方订立的运输合同或运输合同证明，它明确规定了货物承运期间双方的权利、责任。货物托运单的主要作用是：

第一，托运单是公路运输部门开具货票的凭证。

第二，托运单是调整部门派车、货物装卸和货物到达交付的依据。

第三，托运单是运输期间发生运输延滞、空驶、运输事故时判定双方责任的原始记录。

第四，托运单是货物收据、交货凭证。

整车货物的托运单一般由托运人填写，也可委托他人填写，并应在托运单上加盖与托运人名称相符的印章。

2）托运单内容的审批和认定。公路运输部门收到由货物托运人填写的托运单后，应对托运单的内容进行审批，主要有以下几项：

第一，审核货物的详细情况（名称、体积、重量、运输要求），以及根据具体情况确定是否受理。

货物的重量不仅是企业统计运输工作量和核算货物运费的依据，而且与车辆车载重量的充分利用、保证行车安全和货物完好也有关系。货物重量分为实际重量和计费重量，货物重量的确定必须准确。

货物有实重货物与轻泡货物之分。凡平均每立方米质量不足333kg的货物为轻泡货物（简称泡货），否则为实重货物（简称重货）。公路货物运输经营者承运有标准重量的整车实重货物，一般由发货人提出重量或件数，经车站认可后承运。

表 2-5

××货运有限公司货物托运单

托运日期： 年 月 日　　起运站：　　到达站：　　No

<table>
<tr><td>收货单位</td><td colspan="4"></td><td>联系人</td><td colspan="3"></td></tr>
<tr><td>详细地址</td><td colspan="4"></td><td>电话/手机</td><td colspan="3"></td></tr>
<tr><td>货物名称</td><td>件数</td><td>包装</td><td>重量</td><td>体积</td><td>保险金额</td><td>保险费</td><td>运费</td><td>合计</td></tr>
<tr><td></td><td></td><td></td><td></td><td></td><td></td><td></td><td></td><td></td></tr>
<tr><td></td><td></td><td></td><td></td><td></td><td></td><td></td><td></td><td></td></tr>
<tr><td></td><td></td><td></td><td></td><td></td><td></td><td></td><td></td><td></td></tr>
<tr><td>总运费金额</td><td colspan="8">万　仟　佰　拾　元整　¥：</td></tr>
<tr><td>付款方式</td><td colspan="4">预付：　到付：　回结：</td><td>送货方式</td><td colspan="3">送货〔 〕自提〔 〕</td></tr>
<tr><td>备　注</td><td colspan="8"></td></tr>
<tr><td>运输协议</td><td colspan="8">1. 请托运方认真阅读以下运输协议，在您签字后说明您已无异议。
2. 托运人应如实申报货物名称和重量，不得夹带易燃、易爆、剧毒等违禁物品。否则所引起的一切后果由托运方全部负责。
3. 承运方不开箱验货，交接货物时以外包装完好为准，在外包装完好的情况下内包装缺损和丢失与承运方无关。
4. 收货人收获时应对货物认真清点验收，如发现货物丢失、损坏（不可抗力除外）应当场要求索赔，收货人在收到货物签收后，货损、丢失承运方概不负责。
5. 托运人或收货人不按时支付运杂费，承运方有权拒运或留置其货物。若一个月后仍不提货，按无主货物处理。
6. 托运人需变更到货地点或收货人，应在货物未运达目的地之前书面通知承运方，并承担由此增加的费用。
7. 托运人对所托运货物必须参加保险，如不参加保险承运方在运输中若发生重大货损，其最高赔偿额按照运费的 3 倍理赔。</td></tr>
<tr><td>托运单位
联系电话
托运方签章</td><td colspan="4"></td><td>承运人签章</td><td colspan="3"></td></tr>
</table>

第一联存根（白）第二联客户（黄）第三联跟车（蓝）

第二，检验有关运输凭证。

第三，审批有无特殊运输要求。

通常下列情况运输部门不予受理：1）法律禁止流通的物品，或各级政府部门指令不予运输的物品；2）属于国家统管的货物，或经各级政府部门列入管理的货物，必须取得准运证明方可出运；3）不符合《危险货物运输规则》的危险货物；4）托运人未取得卫生检疫合格证明的动、植物；5）托运人未取得主管部门准运证明的超长、超高、超宽货物；6）必须由货物托运人押送、随车照料，而托运人未能做到的货物；7）由于特殊原因，以致公路无法承担此项运输的货物。

2. 运输车辆的准备

（1）选择合适的车辆。

我国现有的货运车辆以厢式车、平板车和罐车为主，分别适合不同货物的装载。汽车运输企业应选择额定载重量与托运量相适应的车辆装运整车货物。整车货物的形式选择主要取决于车辆的大小，也就是车辆的装载能力。运输企业可根据需要整车运输的货物数量来选择合适的车辆。

（2）对车辆进行全方位检查。

货运车辆在行驶时，发动机、轮胎、制动系统及其他部件都在高负荷条件下工作，燃料消耗也显著增加，尤其是在进入高速公路前未认真检查和维护车辆，途中发生故障的可能性比在一般道路上要大得多。何况在高速公路上发生机械类故障是非常危险的，极可能诱发重大交通事故，所以货物运输行驶前汽车要做全面的检查。检查轮胎磨损情况、轮胎气压、蓄电池液面高度、制动性能、燃料是否充足等。

3. 运输线路的选择

根据托运人要求的送货目的地，运输企业应提前设计合理的行驶路线，尽力做到合理化运输。整车运输是从出发地到目的地的直达运输，线路的设计相对简单，但要注意沿途的路况、桥梁、隧道对车辆通行能力的限制，以及临时限行的道路信息，提前绕道行驶。

（三）运费核收工作

对货物运输的计费里程和运杂费由货物受理人员在审核货物托运单的内容后确定。发货人办理货物托运时，应按规定向车站缴纳运杂费，并领取承运凭证——货票（见表 2-6）。

1. 确定运输里程和运杂费

公路运输规定，凡一次托运同一起讫地点的货物，其重量在 3t 或其以上者，按整批货物运价计费。整批货物运输以吨为计费重量单位，整批货物吨以下计至 100kg，尾数不足 100kg 的，四舍五入。以元/(t·km) 为运价单位，对整批货物运输运距在 40km 以内，在计算运费的同时，按货物重量加收吨次费。货物重量一般以起运地过磅为准。起运地不能或不便过磅的货物，由承托运双方协商确定计费重量。货物运输计费里程以 km 为单位，尾数不足 1km 的，进整为 1km。

运杂费的计算公式是：

表 2-6

××省汽车运输货票

№

托运人：　　　　车属单位：　　　　自编号：

牌照号：　　　　年　月　日

<table>
<tr><td>装货地点</td><td colspan="6"></td><td>发货人</td><td></td><td>地址</td><td></td><td>电话</td><td></td></tr>
<tr><td>卸货地点</td><td colspan="6"></td><td>收货人</td><td></td><td>地址</td><td></td><td>电话</td><td></td></tr>
<tr><td>运单或货签号码</td><td colspan="2"></td><td>计费里程</td><td colspan="3"></td><td>付款人</td><td></td><td>地址</td><td></td><td>电话</td><td></td></tr>
<tr><td rowspan="2">运费金额</td><td rowspan="2">包装形式</td><td rowspan="2">件数</td><td rowspan="2">实际重量（吨）</td><td colspan="2">计费运输量</td><td colspan="3">吨公里运价</td><td rowspan="2">运费金额</td><td colspan="2">其他收费</td><td rowspan="2">运杂费小计</td></tr>
<tr><td>吨</td><td>吨公里</td><td>货物等级</td><td>道路等级</td><td>运价率</td><td>费目</td><td>金额</td></tr>
<tr><td></td><td></td><td></td><td></td><td></td><td></td><td></td><td></td><td></td><td></td><td>装卸费</td><td></td><td></td></tr>
<tr><td></td><td></td><td></td><td></td><td></td><td></td><td></td><td></td><td></td><td></td><td></td><td></td><td></td></tr>
<tr><td></td><td></td><td></td><td></td><td></td><td></td><td></td><td></td><td></td><td></td><td></td><td></td><td></td></tr>
<tr><td colspan="8">运杂费合计金额（大写）：</td><td colspan="5">¥</td></tr>
<tr><td>备注</td><td colspan="7"></td><td colspan="2">收货人签收盖章</td><td colspan="3"></td></tr>
</table>

开票单位（盖章）：　　　　开票人：　　　　承运驾驶员：

〔说明〕

1. 本货票适用于所有从事营业性运输的单位和个人的货物运输费结算。

2. 本货票共分 4 联：第一联（黑色）存根；第二联（红色）运费收据；第三联（浅蓝色）报单；第四联（绿色）收货回单经收货人盖章后送车队统计。

3. ××省含自治区、直辖市。

4. 票面尺寸为 220mm×130mm。

5. 货票第四联右下端设“收货人签收盖章”栏，在其他联中不设。

整车（批）货物运杂费＝整车（批）货物运价×计费里程×计费重量＋吨次费×计费重量＋货物运输其他费用

【例 2-1】某货主托运一批瓷砖，重 4 538kg，一级普货费率为 1.2 元/(t·kg)，吨次费为 16 元/吨，该批货物运输距离为 30km，瓷砖为普货三级，计价加成 30%，途中通行费 35 元，计算货主应支付运杂费共多少元？

解：(1) 确定计费重量：瓷砖重 4 538kg，超过了 3 吨，按整车货物运输办理。

计费重量 4 538kg≈4.5 吨；

(2) 确定运价：瓷砖为普货三级，计价加成 30%，则运价＝1.2×(1＋30%)＝1.56 元/(t·kg)

(3) 计费里程为 30km；

(4) 运费＝16×4.5＋1.56×4.5×30＋35＝317.6≈318（元）

答：货主应支付运费 318 元。

2. 货票

货票是一种财务性质的票据，是根据货物托运单填记的。在发货站，它是向发货人核收运费的收费依据；在到达站，它是与收货人办理货物交付的凭证之一。此外，货票也是企业统计完成货运量、核算营运收入及计算有关货运工作指标的原始凭证。始发站在货物托运单和货票上加盖承运日期之时起即算承运，承运标志着企业对发货人托运的货物开始承担运送义务和责任。

（四）整车货物的核实理货工作

1. 整车货物的核实

货物的核实理货工作一般有受理前的核实和起运前的验货。

受理前的核实是在货主提出托运计划并填写货物托运单后，运输企业派人会同货主进行，核实的主要内容有以下几点：

(1) 托运单所列的货物是否已处于待运状态。

(2) 装运的货物数量，发送日期有无变更。

(3) 连续运输的货源有无保证。

(4) 货物包装是否符合运输要求，危险货物的包装是否符合《危险货物运输规则》的规定。

(5) 确定货物体积、重量的换算标准及其交接方式。

(6) 装卸场地的机械设备、通行能力。

(7) 运输道路的桥涵、沟管、电缆、架空电线等详细情况。

2. 整车货物的理货

货物起运前的核实工作称为理货或验货，其主要内容包括：

(1) 承托双方共同验货。

(2) 落实货源、货流。

(3) 落实装卸、搬运设备。

（4）查清货物待运条件是否变更。

（5）确定装车时间。

（6）通知发货、收货单位做好过磅、分垛、装卸等准备工作。

（五）整车货物的装载工作

车辆到达装货地点，监装人员应根据货票及货运单填写的内容、数量与发货单位联系发货，并确定交货办法。散货货物根据体积换算标准确定装载量，计件杂货一般以件计算。

在货物装车前，监装人员应注意并检查货物包装有无破损、渗漏、污染等引起的货损，如有则应在随车同行的单证上加盖印章或作批注，以明确其责任。

1. 装载工具的准备

整车货物的装载工具有叉车、托盘等（如图 2－4 所示）。

图 2－4　叉车与托盘进行货物卸车作业

2. 装载注意事项

（1）整车运输装载货物应注意码放货物，货物质量不超过车辆核定的装载质量，也就是不能超过行驶证上标注的允许装载的质量。

（2）货物的长度和宽度不可超出车厢。货物高度规定分两种情况：一是重型、中型货车和半挂车载物，从地面起不超过 4 米，载运集装箱的车辆不超过 4.2 米；二是除第一种情况以外的其他货车载物，从地面起不超过 2.5 米。

（3）装载货物不得遗洒、飘散。

（4）载货汽车车厢不得载客。在城市道路上，货运机动车在留有安全位置的情况下，车厢内可以附载临时作业人员 1～5 人；载物高度超过车厢栏板时，货物上不得载人。

（5）装车完毕后，应清查货物，检查有无错装、漏装，并与发货人员核对实际装车的件数，确认无误后，办理交接签收手续。

（六）整车货物的卸货交付工作

货物监卸人员在接到卸货预报后，应立即了解卸货地点、货位、行车道路、卸车机械等情况。在车辆到达卸货地点后，应会同收货人员、驾驶员、卸车人员检查车辆装载有无异常，一旦发现异常，则应在作出卸车记录后再开始卸车。

卸货时应根据运单及货票所列的项目与收货人点件或监秤记码交接。如发现货损、货差，则应按有关规定编制记录并申报处理。收货人可在记录或货票上签署意见但无权拒收货物。交货完毕后，应由收货人在货票及收货回单联上签字盖章，公路承运人的责任即告终止。

（七）整车货物的运输变更

整车货物的运输变更通常是货物托运人或收货人就运输中的货物因特殊原因而对运输提出的变更要求，主要有：

（1）取消运输要求，即货物已申请托运，但尚未装车。

（2）停止装运，即已开始装车或正在装车，但尚未起运。

（3）中途停运，即货物未运抵目的地前，并能通知停运的。

（4）运回起运站，即货物已运抵到站，收货人提货之前收回。

（5）变更到达站，即在车辆运输所经过的站别范围内或在原运程内。

（6）变更收货人。

运输变更无论是整车或零担，均以一张货票记载的全部货物为限。

整车货物运输变更的手续，应由货物托运人提出运输变更的申请书和其他有效的证明文件，填写变更申请书，说明货物运输变更原因，加盖与原托运单上相同的公章，审查只有在货物运输变更内容不违反有关规定时才予以办理。

四、整车运输的组织方法

从运输企业运输组织角度看，整车运输组织方式主要有双班运输、拖挂运输等形式，具体选用哪种形式进行整车运输组织，需要根据实际情况进行。

（一）双班运输

1. 双班运输的特征

双班运输的基本思想就是“人休车少休”，在一辆或两辆长途运输车上，配备 2～3 个驾驶员，一辆车出车工作两个班次（8 小时为一个班次）或三个班次，2～3 个人轮流驾驶，充分提高车辆的利用率。

组织双班运输时，原则上应满足以下几点要求：

（1）最大限度地发挥车辆的运输效能，努力提高驾驶员的劳动生产率。尽量满足货物运输需要，争取最大的经济利益。

（2）加强劳动组织，科学安排好驾驶员的工作、学习和休息时间，保证劳逸结合；加强技术管理，合理安排车辆的保修时间，保证较高的完好率。

（3）加强企业内外的协调与配合，保证双班运输的正常进行。

（4）必须贯彻安全第一的方针，注意行车安全，尽可能做到定车、定人，确保作业计划的执行。

2. 双班运输的组织形式

根据驾驶员劳动组织的不同，双班运输主要有以下几种组织形式，见表2-7。

表2-7　双班运输的组织形式

组织形式	具体形式	优点	缺点
一车两人，日夜双班	每车固定配备两名驾驶员，每隔一定时期（如每周或每旬），日夜班驾驶员互换一次。驾驶员可以在正常编制情况下加倍配备。	做到定人、定车，能保证车辆有比较充裕的保修时间；驾驶员的工作、休息均能得到正常安排；行车时间安排也比较简单，伸缩性大，易于得到相关部门配合。	车辆在时间上的利用还不够充分，驾驶员不能完全做到当面交接。
一车三人，两工一休	每车配备三名驾驶员，每个驾驶员工作两天，休息一天，轮流担任日夜班，并按规定地点定时进行交接班。这种组织形式适用于一个车班能完成一个或几个运次的短途运输路线，因此，在城市出租汽车运输中采用较多。	做到定车、定人，车辆出车时间较长，运输效率较高。	每车班驾驶员一次工作时间较长，容易疲劳；安排车辆和保养时间比较紧张；需要配备驾驶员数量也较多。
一车两人，日夜双班，分段交接	每车配备两名驾驶员，分段驾驶，定点（中间站）交接。每隔一定时期驾驶员对换行驶路线，确保劳逸结合。这种形式一般适用于运距比较长，车辆在一昼夜内可以到达或往返的运输路线。	做到定人、定车，驾驶员的工作、休息均能得到正常安排；行车时间安排也比较简单，驾驶员能做到当面交接。	车辆几乎全日运行，车辆保养时间比较紧张。
一车三人，日夜双班，分段交接	每车配备三名驾驶员，分日夜两班行驶，驾驶员在中途定点、定量进行交接，中途交接站可设在离终点站较近（约全程的1/3），并在一个车班时间内能往返一次的地点，在起点站配备的两名驾驶员采用日班制，每隔一定时期可使三名驾驶员轮流调换行驶路线或时间。	车辆在时间上利用充分，运输效率较高，能做到定车、定人运行；驾驶员工作时间均匀。	车辆几乎全日运行，如不能做到快速保养，则保养时需要其他车顶替。因此这种形式在保养力量很强，驾驶员充足，或为完成短期突击性运输任务的情况下适合采用。

续前表

组织形式	具体形式	优点	缺点
两车三人，日夜双班，分段交换	每两辆车配备三名驾驶员，分段驾驶。其中两人各负责一辆车，固定在起点和交接站之间行驶，另一个每天交换两辆车，驾驶员在固定站定时交接。交接站同样设在离起点站或到达站较远的地点，这种组织形式适用于两天可以往返一次的行驶路线上。	做到定人、定车，驾驶员的工作、休息均能得到正常安排；行车时间安排也比较简单，驾驶员能做到当面交接。	需要配备驾驶员数量较多。
一车两人，轮流驾驶，日夜双班	一辆车上同时配备两名驾驶员，在车辆全部周转时间内，由两人轮流驾驶，交替休息。这种组织形式适用于运距很长，货流不固定的运输线路或长途干线货运线路上。	定人、定车，最大可能地提高车辆时间利用率。	驾驶员在车上得不到正常的休息。随着道路条件的不断改善，车辆性能的不断提高，这种组织形式已越来越多地被采用。

（二）拖挂运输

1. 汽车列车与拖挂运输

汽车货运所采用的车辆，通常分为汽车、牵引车和挂车三大类。不同用途的车辆按照一定的要求进行组合，便构成了各类汽车列车。比较常见的搭配形式，一种是载货汽车和挂车两部分组成的汽车列车；一种是由牵引车和半挂车组成的汽车列车。

拖挂运输也称“汽车运输列车化”，它是以汽车列车形式参加生产活动的一种运行方式。拖挂运输是一种有效的运行组织方式，根据汽车列车的运行特点和对装卸组织的不同要求，一般可分为定挂运输和甩挂运输两种。不论哪一种组织形式，只要在适宜的条件下运用，都会有助于车辆生产率的提高。

2. 定挂运输的组织

定挂运输是指汽车在完成运行和装卸作业时，汽车（或牵引车）与全挂车（或半挂车）一般不予分离。这种定车定挂的组织形式，在运行组织和管理工作方面基本上与单车运行相仿，易于推广，它是拖挂运输开展之初被采用的一种主要形式。

汽车列车的运输组织工作与单辆货车作业相比，必须在货物装卸和车辆运行调度方面加以注意，否则无法收到预期的效果。

拖带的挂车，虽然增加了货物的装载量，但同时也增加了货物的装卸作业量。如不相应改善装卸条件，提高装卸作业的效率，就会使汽车列车装卸工作停歇时间大为延长。组织定挂运输时，一方面应加强现场调度与指挥工作；另一方面应合理组织装卸作业，尽可能地采用机械化装卸，压缩汽车列车停歇时间。

定挂运输中，汽车列车总长度与单辆货车相比显著增加，必须保证有足够长度的装卸作业线。汽车列车停妥时与装卸作业线的相互位置，以平行排列较为合适，这样有利于拖车同时进行货物的装卸作业。装卸现场应具备平坦而宽阔的调车场地和畅通的出入口，否则会增加汽车列车的调车作业时间，甚至可能造成货场拥挤和堵塞现象。

挂车上货物的装载要求，必须按照有关交通法规以及《汽车货物运输规则》等有关内容办理。鉴于汽车列车行驶稳定性不如汽车，挂车上货物的装载高度和质量应适当限制，以确保汽车列车行驶的安全性。

3. 甩挂运输的组织

(1) 甩挂运输特征。

甩挂运输是带有动力的机动车将随车拖带的承载装置，包括半挂车、全挂车甚至货车底盘上的货箱甩留在目的地后，再拖带其他装满货物的装置返回原地，或者驶向新的地点。这种一辆带有动力的主车，连续拖带两个以上承载装置的运输方式被称为甩挂运输。它是利用汽车列车的行驶时间来完成甩下挂车的装卸作业，从而使原来整个汽车列车的装卸停歇时间缩短为主车的装卸作业时间和摘甩挂作业时间。因此，甩挂运输可加速车辆周转，提高运输效率。

一般情况下，对于货源稳定、货运量较大、装卸货地点比较固定、运输距离较短的"一线两点"之间的整批货物运输，适宜在装货点和卸货点两端进行甩挂作业。对于整批货物的长途运输和短途零散客户的货物运输一般不适宜采用甩挂运输。因为运距大到一定程度，由于装卸停歇时间或汽车列车运行时间的比重很小，反而使得汽车列车的生产率不一定高于同等载货汽车的生产率，而且还增加组织工作的复杂性。

(2) 甩挂运输组织形式。

根据汽车挂车的配备数量、线路网的特点、装卸作业点的装卸能力等，甩挂运输可有不同的组织形式。而且随着运输组织工作的日益发展和完善，甩挂运输的概念和技术也在不断发展。一般来说，甩挂运输有以下几种形式，见表 2-8。

表 2-8　　甩挂运输的组织形式

组织形式	具体形式
一线两点甩挂运输	汽车列车往返于两装卸作业点之间，在整个系统中配备一定数量的挂车，汽车列车在线路两端根据具体条件做甩挂作业（装卸）。根据货流量或装卸能力不同，可以组织"一线两点，一端甩挂"（即装甩卸不甩或卸甩装不甩）和"一线两点，两端甩挂"两种形式的作业。在短途往复式运输线路上常采用这种甩挂运输形式。对于装卸点固定、运量较大的地区，只要组织得合理，效果就比较显著。在运量大或运输任务比较紧急的情况下，还可以增加主车的数量，在一个复式甩挂系统内进行两头甩挂作业，这对于车辆运行组织工作要求较高，必须根据汽车列车的运行时间、主挂车的装卸作业时间等资料，预先编制汽车列车甩挂运行图，以保证均衡生产。这种形式被广泛用于集装箱甩挂作业。

续前表

组织形式	具体形式
循环甩挂运输	车辆在环形行驶路线上进一步组织甩挂作业的一种方式，要求在闭合循环回来的各装卸点上，配备一定数量的周转集装箱或挂车，汽车列车每到达一个装卸点后甩下所带集装箱或挂车，装卸工人集中力量完成主车的装（或卸）车作业，然后装（挂）上事先准备好的集装箱（挂车）继续行驶。
一线多点，沿途甩挂	要求汽车列车在起点站按照卸货作业地点的先后顺序，本着“远装前挂，近装后挂”的原则编挂汽车列车。采用这一组织形式时，在沿途有货物装卸作业的站点，甩下汽车列车的挂车或挂一预先准备好的挂车继续运行，直到终点站。汽车列车在终点站整列卸载后，沿原路返回，经由先前甩挂作业点时，挂上预先准备好的挂车或甩下汽车列车上的挂车，继续运行直到返回始点站。
多点一线，轮流拖挂	这种组织方式是指在装（卸）点集中的地点，配备一定数量的周转挂车，在汽车列车未到达的时间内，预先装（卸）好周转挂车的货物，当在某线行驶的列车到达后先甩下挂车，集中力量装卸主车，然后挂上预先装（卸）好的挂车返回原卸（卸）点，进行整列卸（卸）的甩挂运输组织形式。

扫二维码了解福佑卡车（城际整车运输互联网交易平台）、货拉拉（同城即时整车货运互联网交易平台）、《汽车货物运输规则》。

福佑卡车　　货拉拉　　《汽车货物运输规则》

任务实施

步骤一：了解整车货物运输的定义

陈洪敏在跟进海尔商贸托运的600台滚筒洗衣机时发现原来不是货物量大就属于整车运输，交通运输部的《汽车货物运输规则》还规定了部分特定货物即使托运量少也必须按照整车货运业务来办理。

步骤二：熟悉整车货物运输的特点

对制造企业客户而言，整车货物运输是其主要办理的运输业务，主要涉及城市间或过境贸易的长途运输与集散。

步骤三：掌握整车货物运输的组织工作

王经理安排陈洪敏跟进海尔商贸托运的滚筒洗衣机业务，并告诉他整车运输准备工作很多，让他主动去学习和协助同事们的工作。

步骤四：熟悉整车运输的组织方法

海迩货运公司拥有一支专业的运输车队，多种型号的货车充足，公司积极发展甩挂运输，努力提高运输效率，降低企业经营成本。

任务评价（见表 2-9）

表 2-9　　任务评价表

被考评人			考评任务	公路整车货运	
评价标准	具体内容	分值	自我评价（30%）	小组评价（40%）	教师评价（30%）
	了解整车货物运输的定义	30			
	熟悉整车货物运输的特点	10			
	掌握整车货物运输的组织工作	30			
	熟悉整车运输的组织方法	30			
合计		100			

任务三　公路零担货运

任务描述

海尔商贸委托海迩货运公司运送 10 台滚筒洗衣机（型号 EG7012B29W）到海口经销商处，滚筒洗衣机每台外包装尺寸（毫米）：510×595×850，毛重 64kg。王经理安排陈洪敏跟随业务员老萧一起跟进这票货物的运输业务。

任务分析

在零担货运中，随着客户需求的不同，零担货运中的营运形式也多种多样，适应了市场需求，提高了运输效率，节约了运输成本，有效地保证了运输质量。

知识储备

一、零担货物运输的定义

我国汽车运输管理部门制定的《公路汽车货物运输规则》规定：托运人一次托运的货物，其重量不足 3t 的为零担货物。按件托运的零担货物，单件体积一般不得小于 $0.01m^3$（单件重量超过 10kg 的除外）不得大于 $1.5m^3$；单件重量不得超过 200kg；货物长度、宽度、高度分别不得超过 3.5m、1.5m 和 1.3m。不符合这些要求的，不能按零担货物托运、承运。各类危险货物，易破损、易污染和鲜活货物，一般不能作为零担货物办理托运。

二、零担货物运输的特点

零担货物绝大多数是由汽车运输部门确定重量、负责保管和组织装卸，组织工作比整车复杂。这样就对零担货运组织工作提出了更高的要求。零担货物运输的特点见表 2-10。

表 2-10 零担货物运输的特点

序号	特点	具体表现
1	计划性差	货物流量、货物数量、货物流向具有一定的不确定性，多为随机性发生，难以通过运输合同方式将其纳入计划管理范围。
2	组织工作复杂	运输货物来源、货物种类繁杂，环节多，作业工序细致，设备条件繁杂，对货物配载和装载要求较高。
3	单位运输成本比较高	货运站要配备一定的仓库、货棚、站台，以及相应的装卸、搬运、堆置的机具和专用厢式车辆，零担货物周转环节多，更易于出现货损、货差，赔偿费用较高。
4	适应千家万户的需要	适应商品流通过程中种类繁多、小批量、多批次、价格较贵、时间紧迫、到站分散的特点。
5	运输安全、迅速、方便	承担一定行李、包裹的运输，零担班车一般都有固定的车厢，所装货物不至于受到日晒雨淋，一方面成为客运工作的有力支持者，另一方面也体现了安全、迅速、方便的优越性。

三、零担货物运输的组织形式

(一) 固定式

固定式也称汽车零担货运班车，即所谓的“四定运输”，是指车辆运行采取定线路、定班期、定时间的一种组织形式。这种组织形式要求根据营运区内零担货物流量、流向等调查资料，结合历史统计资料和实际需要，在适宜的线路上开行定期零担货货运班车。零担货运班车主要有以下几种方式运行。

1. 直达式

直达式指在起运站，将各发货人的货物托运到同一到达站，而且性质适合配装的零担货物，同一装运车直接送至到达站，途中不发生装卸作业的一种组织形式，直达式零担货运的货物在中途无须倒装，因此具有较好的经济性：节约了中转装卸作业设备以及劳动，节省了中转费用，有利于减少货损货差；有利于提高运送速度，减少货物的在途运输时间；有利于降低运输成本和提高运输服务质量。直达式示意图如图 2-5 所示。

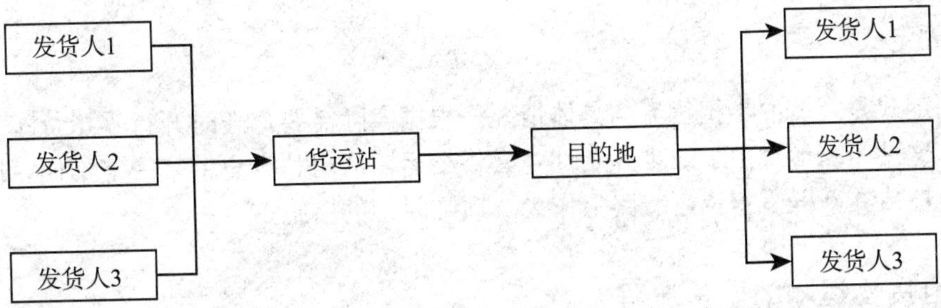

图 2-5　直达式零担运输

2. 中转式

中转式是指在起运站将各托运人的货物发往同一方向，不同到达站，而且性质适合于装配的零担货物，同车装运到规定的中转站中，卸货后另行配装，重新组成新的零担班车运往各到达站的一种组织形式，如图 2-6 所示。以上只是简单的中转形式，如运行线路很长，还要发生多次中转。

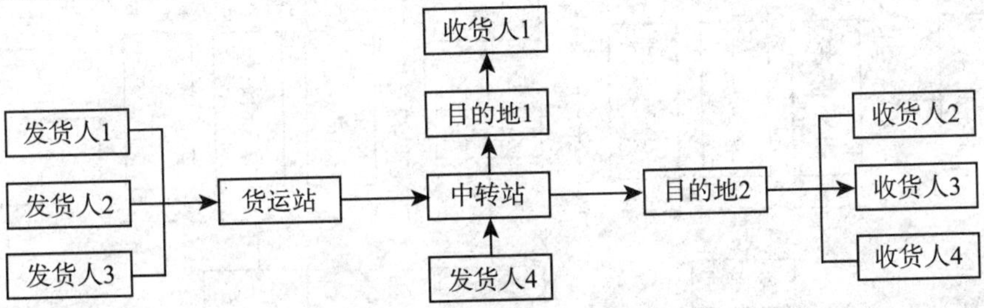

图 2-6　中转式零担运输

中转式和直达式是互为补充的两种不同的组织形式。直达式效果较好，但它受到货源数量、货流及行政区域的限制，而中转式可使那些运量较少、流向分散的货物通过中转及时运送，所以它是一种不可或缺的组织形式。但中转式耗费的人力、物力较多，作业环节也比较复杂。

3. 沿途式

沿途式是指在起运站将各个托运人发往同一线路，不同到站，且性质适宜配装的各种零担货物，同车装运，按计划在沿途站点卸下或装上零担或再继续前进，运往各到达站的一种组织形式，如图 2-7 所示。这种组织形式工作较复杂，车辆在途中运行时间也较长，但它更好地满足沿途各站点的需要，充分利用车辆的载重和容积，是一种不可或缺的组织形式。

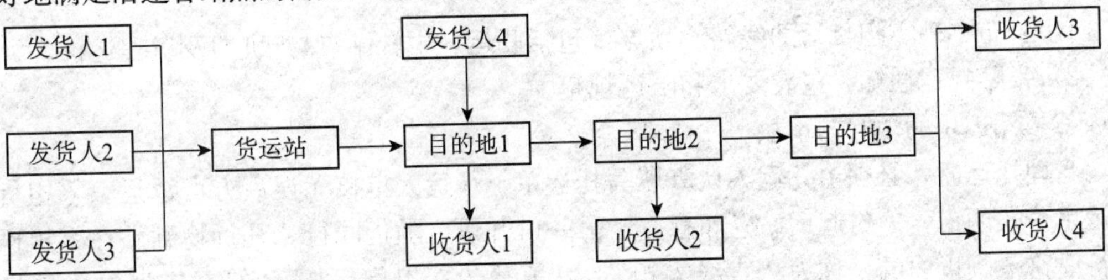

图 2-7　沿途式零担运输

（二）非固定式

非固定式是指按照零担货流的具体情况，根据实际需要，随时开行零担货车的一种组织形式。这种组织形式由于缺少计划性，必将给运输部门和客户带来一定不便，因此只适宜在季节性或在新辟零担货运线路上作为一项临时性的措施。

四、零担货物运输的业务流程

（一）业务流程图

零担货运企业承托、仓储、配装、发送、交接零担货物，按照相关规定办理业务手续，统称为零担货物运输商务作业。零担货物运输业是根据零担货运工作的特点，按照流水作业构成的一种作业程序，其作业流程如图 2-8 所示。

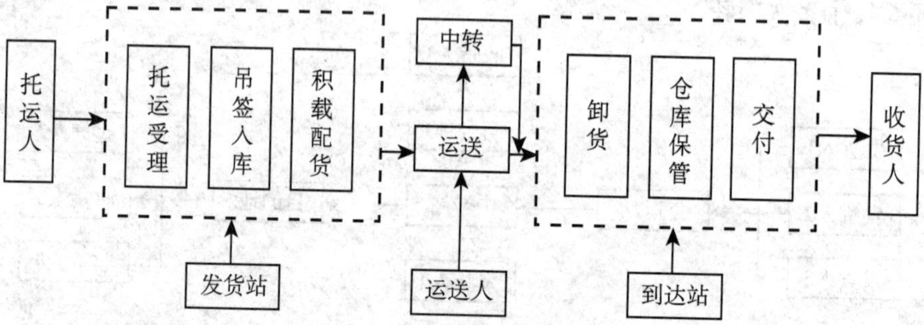

图 2-8　零担货物运输作业流程图

（二）业务流程步骤

1. 受理托运

受理托运是指零担货物承运人根据营运范围内的线路、站点、运距、中转范围、各车站的装卸能力、货物的性质及收运限制等业务规则和有关规定接受零担货物，办理托运手续。由于零担货运线路站点多，或物品类繁杂，包装形状各异，性质不一，因此受理人必须熟知营运范围内的线路、站点、运距、中转范围、车站装卸能力、货物的理化性质及收运限制等一系列业务规则及有关规定。

（1）受理托运的必备条件。

1）公布办理零担货运的线路、站点（包括联运、中转站点）、班期及里程运价。

2）张贴托运通知、包装要求和限运规定。

（2）托运单的填写与审核。

受理托运时，必须由托运人认真填写托运单，承运人审核无误后方可承运。零担货物托运单一式两份，一份起运站仓库存查，另一份开票后随货同行。凡货物到站在零担班车运行线路范围以内的，称为“直线零担”，可填写“零担货运托运单”；需通过中转换装的，称为“联运零担”，可填写“联运零担托运单”。

受理人员在收到托运单后，审核托运单填写内容与货物实际情况是否相符，检查包装，过磅量方，扣、贴标签和标志，填写零担运输货票，查看公路汽车零担货物托运单、行李、包裹、零担标签，零担运输货票样式如表 2-11 所示。

表 2-11　　　　公路汽车零担运输货票　　　　年　月　日

<table>
<tr><td>起点站</td><td colspan="2"></td><td>中转站</td><td></td><td>到达站</td><td></td><td>里程</td><td colspan="3"></td></tr>
<tr><td>托运人</td><td colspan="2"></td><td>详细地址</td><td colspan="3"></td><td>电话</td><td colspan="3"></td></tr>
<tr><td>收货人</td><td colspan="2"></td><td>详细地址</td><td colspan="3"></td><td>电话</td><td colspan="3"></td></tr>
<tr><td rowspan="2">货物名称</td><td rowspan="2">包装</td><td rowspan="2">件数</td><td rowspan="2">体积/m³
长×宽×高</td><td rowspan="2">实际质量/kg</td><td rowspan="2">计费质量/kg</td><td rowspan="2">运价率</td><td rowspan="2">运费金额</td><td colspan="2">其他收费</td><td rowspan="2">运杂费小计</td></tr>
<tr><td>项目</td><td>金额</td></tr>
<tr><td></td><td></td><td></td><td></td><td></td><td></td><td></td><td></td><td></td><td></td><td></td></tr>
<tr><td></td><td></td><td></td><td></td><td></td><td></td><td></td><td></td><td></td><td></td><td></td></tr>
<tr><td>合计</td><td></td><td></td><td></td><td></td><td></td><td></td><td></td><td></td><td></td><td></td></tr>
<tr><td>备注</td><td colspan="6"></td><td colspan="2">收货人签收盖章</td><td colspan="2"></td></tr>
</table>

开票单位：（盖章）　　开票人：　　复核人：　　承运驾驶员：

［说明］　本货票 4 联：第一联（黑色）存根；第二联（红色）运费收据；第三联（浅蓝色）报单；第四联（绿色）收货回单，经收货人盖章后送车队统计。

2. 过磅量方

货物质量分为实际质量、计费质量和标定质量。

（1）实际质量。

货物的实际质量是根据货物过磅后（包括包装在内）的毛重来确定的。

（2）计费质量。

计费质量可分为不折算质量和折算质量。不折算质量就是货物的实际质量，折算质量的计算可参考相关规定。

（3）标定质量。

标定质量是对特定的货物所规定的统一计费标准。同一托运人一次托运轻泡和实重两种货物至同一到站的，可以合并称重或合并量方折重计费（不能拼装的例外）。过磅或量方后，应将质量或体积填入托运单内。一张托运单的货物分批过磅、量方时，应将每批质量和长、宽、高体积尺寸记在托运单内，以备查考。然后将总质量和总体积填入托运单并告知货主。

3. 验收入库

验收时必须逐件查收，按指定货位堆放，零担货物仓库应严格划分货位，一般可分为待运货位、集运货位、到达待运货位等。堆码整齐，经复点无误后在托运单上注明货位，经办理人签章后生效。

4. 开票收费

开票收费环节的作业内容有：

(1) 运费的计算。

一次托运的一批货物不足 3t 的为零担运输，零担货物运输以千克为计费重量单位，以元/(kg·km) 为运价单位。一般来说，由于零担货物批量小，到站分散，货物种类繁多，因而在运输中承运方需要支出的成本费用要比整车运输多，所以同一品名的零担货物运价高于整车同等货物的运价。运费的计算有既定的计算公式，在计算时可以套用，零担货运的杂费如表 2-12 所示。

表 2-12 零担货运杂费项目表

序号	项目	定 义
1	渡费	零担运输车辆如果需要过渡运行，由起运站代收渡费
2	联运服务费	通过两种以上运输工具的联合运输以及跨省（市）的公路联运，核收联运服务费
3	标签费	仓库经营者根据客户需求提供货物加贴标签或者刷唛头收取标签费或者刷唛头费
4	中转包干费	联运中转换装所产生的装卸、搬运、仓储、整理包装劳务等费用，实行全程包干，起运站一次征收
5	退票费	受理承运后货主要求退运，按规定收取已发生的劳务费用及消耗票证的印刷成本费用
6	保管费	对堆存在港口仓库、堆场的货物，按规定向货方计收的费用
7	快件费	应货主要求办理快件运输，收取快件费
8	保价（保险）费	对贵重物品实行收费标准按货物价值的百分比核收

零担货物运杂费的计算公式为：

零担货物运杂费（元）＝计费重量（kg）×计费里程（km）×零担货物运价（元/kg·km）＋货物运输其他费用（元）

【例 2-2】 某商贸公司托运两箱毛绒玩具，毛重 185.3kg，每箱规格为 1.0m×0.8m×0.8m，一级普货运价为 0.002 5 元/(kg·km)，毛绒玩具属于三等货物，运距为 120km，货主要支付多少运费？

解： 货物 185.3kg/(2×1.0m×0.8m×0.8m) ＜333kg/m³，属于轻泡货物；

计费重量 2×1.0m×0.8m×0.8m×333＝426.24≈426kg

运价＝0.002 5×(1＋30%)＝0.003 25 元/(kg·km)

运费＝426×0.003 25×120＝166.14≈166（元）

(2) 营收报解与营收审核。

每日工作完毕，必须将当天开出货票核联中的营收进款累计数与所收的现金、支票金额进行核对。

5. 配载装车

装车前必须根据车辆的吨位、体积、货物性质和货物运送方向、中转、直达等，做好货物配载工作。

（1）零担货物配载的注意事项。

零担货物配载的注意事项如表 2-13 所示。

表 2-13　　零担货物配载注意事项表

配载注意事项	配载原则
(1) 整理各种随货同行单据，包括提货联、随货联、托运单、零担货票及其他附送单据，按中转、直达离开。	(1) 中转先行、急件先行、先托先运、合同先运。
(2) 在组织中转时应考虑发运到中转次数最少的中转站进行中转，不得任意中转，更不能迂回中转。	(2) 尽量采用直达运输方式，必须中转的货物，则应合理安排流向。
(3) 凡中转货物一律不得分批运送。	(3) 充分利用车辆的载货量和容积，严格执行货物混装限制规定。
(4) 根据车辆核定吨位、车厢容积和起运货物的质量、理化性质、长度、大小、形状等，合理配载，编制货物交接单。	(4) 加强预报中途各站的待运量，并尽量能使同站装卸的货物在质量及体积上相适应。

（2）组织装车。

组织装车流程如表 2-14 所示。

表 2-14　　组织装车流程表

序号	主要流程	注意事项
1	备货	接到“货物装车交接清单”后，应逐批核对货物台账、货位、货物品名、到站，点清件数，检查包装标志、票签或贴票。
2	交代装车任务	货物装车前，仓库保管人员要将待装货物按货位、批量向承运车辆的随车理货员或驾驶员和装车工人交代货物品名、件数、性能及具体装车次序、装载要求、防护要领、消防方法等。
3	监装	实行装车时，可采用“点筹对装法”，由仓库保管员发筹，随车理货员或驾驶员收筹，按筹点数核对。零担货物配送运员与随车理货员（或驾驶员）根据零担货物配送计划监装，并以随货同行的托运单及附件为凭证按批点交。

完成上述工作后，即可按交接清单的顺序组织装车。

（3）货物交接。

起运站与承运车辆，依据“零担货物装车交接清单”办理交接手续，按交接清单有关栏目，在监装时逐批点交，逐批接收。交接完毕后，由随车理货员或驾驶员在交接清单上签收。交接清单应一站一单，以利于点收点交和运杂费结算。公路汽车零担货物及结算清单样式如表 2-15 所示。

表 2-15　　公路汽车零担货物交接及结算清单

年　　月　　日　　　　　　编号：

车属单位					车号			吨位				
原始记录			中转记录		票号	收货人	品名	包装	承运路段			
原票起站	到达站	里程	中转站	到达站					件数	里程	计费重量	运费
合计												
附件	零担货票：					发票：			证明：			
上述货物已于　月　日经点件验收，收讫无误。												
中转站：						到达站：（盖章）　年　月　日						
填发站：						填单人：			驾驶员盖章：（盖章）			

零担货运班车必须严格按照发车日期发车，按照规定行驶线路行驶，在中转站要由值班人员在行车路单上签字。

6. 货物中转

对于需要中转的货物则以中转零担班车或沿途零担班车的形式规定的中转站进行中转。零担货物中转作业是按货物流向或到站进行分类整理的，先集中再分散的过程，将来自各方向仍需继续运输的零担货物卸车后重集结待运，继续运至终点站。零担货物中转作业的基本方法如表 2-16 所示。

表 2-16　　零担货物中转作业的基本方法

方法名称	含　义	应用优点	应用缺点
落地法	将到达车辆上的全部零担货物卸下入库，按方向或到达站在货位上重新集结，再重新配送。	这种方法简便易行，车辆载货量利用较好。	装卸作业量大，作业速度慢，仓库和场地的占用面积也较大。
坐车法	将到达车辆上运往前面同一个到站，其中中转数量较多或卸车困难的那部分核心货物留在车上，将其余货物卸下后加装同一到站的其他货物。	这种方法其核心货物不用卸车，减少了装卸作业量，加快了中转作业速度，节约了装卸劳动力和货位。	对留在车上的核心货物的装卸情况和数量不易检查和清点，加装货物较多时也难免发生卸车和倒装等附加作业。

续前表

方法名称	含 义	应用优点	应用缺点
过车法	当几辆零担车同时到站进行中转作业时，将车内部分中转货物由一辆车直接换装到另一辆车上。组织过车时，可以向空车上过，也可以留有核心货物的车上过。	这种方法在卸车作业的同时即完成了装车作业，减少了零担货物的装卸作业量，提高了作业效率，加快了中转速度。	对到车、发车时间衔接要求较高，容易遭受意外因素的干扰。

7. 货运到达

(1) 到站卸货。

1) 要认真办好承运车与车站的交接工作。班车到站时，车站货运人员应向随车理货员或驾驶员索阅货物交接清单以及随附的有关清单，两者要注意核对，如有不符，应在交接清单上注明不符情况。

2) 要检查车门、车窗以及敞车的篷布覆盖、绳索捆扎有无松动、漏雨等情况，确认货物在运送过程中的状态和完整性，以便在发生货损货差时划清责任并防止误卸。

3) 发现货票不符时，按下列原则处理：有票无货，原票退回；流向错运，越站错运，原车带回；货物缺少、损坏以及有货无票，均不得拒收，应在交接清单上签注并做商务记录。有货无票的应确认货物到站，收货后签发收货清单，双方盖章，清单寄回起运站。

(2) 到货通知。

零担到货卸载验收完毕后，到达本站的货物，应登入“零担货物到货登记表”，并迅速以“到货布告”形式、“到货通知单”形式或电话发出通知，催促收货人提货，同时将通知的方式和日期记到货登记簿内备查。对合同运输单位的货物，应立即组织送货上门。

(3) 收票交货。

收票交货是零担货物运输的最后一道工序。货物交付完毕，收回货票提货联，公路汽车的责任运输才宣告结束。它包括内交付（随货同行交付）和外交付（现货交付）。为了防止误交，应做到：

1) 不得白条提货，信用交付。凭货票提货联交付者，由收件人在提货联上加盖与收货人名称相同的印章并出示有效身份证件交付。凭到货通知交付的，由收货人在到货通知单上加盖与收货人名称相同的印章并验看提货经办人有效身份证件，在货票提取联上签字交付。

2) 凭电话通知交付的，凭收货单位提货介绍信经车站认可后由提货经办人在货票提货联上签字交付。委托其他单位代提的，应有收货人盖有相同印章向车站提出的委托书，经车站认可后，由代提单位在货票提货联上签章交付。零担货物交付时，应认真核对货物品名、件数和票签号码，如货件较多，要取货后集中点交，以免差错。

知识拓展

道路零担运输业务的开办条件

零担货物运输的基础工作主要是指其物质条件，物流运输企业开办和发展零担业务必须做好如下基础工作：(1) 建立零担货物仓库；(2) 开办零担货运站点；(3) 开辟班车和建立零担货运网络；(4) 配备零担货车；(5) 组织零担货物联运。

扫二维码了解德邦物流（中国零担物流上市公司）。

德邦物流

任务实施

步骤一：了解零担货物运输的定义

陈洪敏估算了一下客户托运的10台滚筒洗衣机总重640kg，体积约2.58立方米，符合我国汽车运输管理部门制定的《公路汽车货物运输规则》有关零担货物运输条件。

步骤二：熟悉零担货物运输的特点

老萧告诉陈洪敏零担货物品种多、批量小，组织工作比整车复杂，单位运输成本比较高，是货运公司目前主营业务之一。

步骤三：熟悉零担货物运输的组织形式

零担货物运输需要集零为整，站点、线路较为复杂，陈洪敏从老萧的介绍中得知只有合理采用车辆运行组织形式，才能保持公司的服务水平和利润。

步骤四：掌握零担货物运输的业务流程

陈洪敏协助老萧进行零担货物的配载装车工作，因为这是零担货物运输关键一环，涉及能否合理利用车辆装载能力和卸车作业的便利程度。同时他也在工作中认识了零担货物运输的技术性要求。

任务评价（见表2-17）

表2-17　　任务评价表

被考评人			考评任务	公路零担货运	
评价标准	具体内容	分值	自我评价（30%）	小组评价（40%）	教师评价（30%）
	了解零担货物运输的定义	10			
	熟悉零担货物运输的特点	25			
	熟悉零担货物运输的组织形式	25			
	掌握零担货物运输的业务流程	40			
合计		合计	100		

任务四　特种货物运输

任务描述

广东佳明重工委托海迩货运公司将 3 台挖掘机运到湖南长沙，老萧告诉陈洪敏不是所有货运公司都有资质运输这种大件货物，陈洪敏可以借此次机会，认真了解特种货物运输的注意事项。

任务分析

特殊货物是指货物的本身性质、体积、质量和价值等方面有特别之处，在运输、保管或装卸等环节上必须采取特别措施才能保证其完好地实现运送货物，一般分为三大类：危险货物、超限货物和冷藏货物。

知识储备

一、危险货物运输

凡具有燃烧、爆炸、腐蚀、毒害、放射射线等性质，在运输过程中能引起人身伤亡、使人民财产受到毁损的货物，均称为危险货物。我国颁布的《危险货物品名表》(GB 12268－2012) 将危险品分成九类，其分类序列和名称依次是：第 1 类：爆炸品；第 2 类：气体；第 3 类：易燃液体；第 4 类：易燃固体、易于自燃的物质、遇水放出易燃气体的物质；第 5 类：氧化性物质和有机过氧化物；第 6 类：毒性物质和感染性物质；第 7 类：放射性物质；第 8 类：腐蚀性物质；第 9 类：杂项危险物质和物品。

(一) 危险货物运输业务组织

(1) 危险货物一般应单独包装。同一件包装内的货物必须是同一项或同一配装号（除爆炸品外），而且消防方法不相抵触的物品。

(2) 包装的种类、材质、封口等应适合所装货物的性质。

(3) 包装规格、形式及单位包装质量应便于装卸、搬运和保证运输过程中的安全。

(4) 包装应有规定的标志。

(二) 危险货物运输作业流程

危险货物是特种货物运输的重要组成部分，危险货物运输的组织流程具体如下。

1. 受理托运

(1) 受理前必须对货物名称、性能、形态、包装、单件质量、安全措施等情况进行详细了解并注明。

(2) 及时问清包装、规格和标志是否符合国家规定要求，必要时要到现场进行了解。

(3) 对新产品应检查随附的《技术鉴定书》是否有效。

(4) 按规定检查需要的“准运证件”是否齐全。

(5) 做好运输前准备工作，使装卸现场、环境符合安全运输条件，必要时赴现场勘察。

(6) 到达车站、码头的爆炸品、剧毒品、一级氧化剂、放射性物品（天然铀、钍类除外），在受理前应赴现场检查包装等情况。对不符合安全运输要求的，应请托运人改善后再受理。

2. 货物运送

(1) 详细审核托运单内容，发现问题要及时弄清情况，再安排运行作业。

(2) 必须按照货物性质和托运人的要求安排车辆、车次，如无法按要求安排作业时，应及时与托运人联系进行协商处理。

(3) 要注意气象预报，掌握天气和气温的变化。

(4) 运输大批量烈性易燃、易爆、剧毒和放射性物质，须作重点安排，必要时召开专门会议，制定运输方案。

(5) 安排大批量爆炸物品与剧毒物品跨省运输时，应安排有关负责人员带队指导装卸和运行，确保其安全。

(6) 遇到特殊注意事项时，应在行车单上注明。

3. 交接保管

(1) 自货物交付承运起至运达止，承运单位及驾驶、装卸人员应负保管责任。托运人派有押运人员的，应明确各自责任。

(2) 装货时发现包装不良或不符合安全要求，应拒绝装运，待改善后再运；卸货时发生货损货差，收货人不得拒收，并应及时采取安全措施，以避免扩大损失，同时在运输单证上批注清楚。

(3) 严格货物交接，危险货物必须点收点交，签证手续完善。

(4) 若因故不能及时卸货，在待卸期间行车人员应负责对所运危险货物的看管，同时应及时与托运人取得联系，恰当处理。

(5) 如所装货物危及安全，承运人应立即报请当地运管部门会同有关部门进行处理。

(三) 危险货物运输必备资质

《道路危险货物运输管理规定》（中华人民共和国交通运输部令 2016 年第 36 号）的规定申请从事道路危险货物运输经营，应当具备下列条件。

1. 有符合下列要求的专用车辆及设备

(1) 自有专用车辆（挂车除外）5 辆以上；运输剧毒化学品、爆炸品的，自有专用车辆（挂车除外）10 辆以上。

(2) 专用车辆的技术要求应当符合《道路运输车辆技术管理规定》的有关规定。

（3）配备有效的通信工具。

（4）专用车辆应当安装具有行驶记录功能的卫星定位装置。

（5）运输剧毒化学品、爆炸品、易制爆危险化学品的，应当配备罐式、厢式专用车辆或者压力容器等专用容器。

（6）罐式专用车辆的罐体应当经质量检验部门检验合格，且罐体载货后总质量与专用车辆核定载质量相匹配。运输爆炸品、强腐蚀性危险货物的罐式专用车辆的罐体容积不得超过 20 立方米，运输剧毒化学品的罐式专用车辆的罐体容积不得超过 10 立方米，但符合国家有关标准的罐式集装箱除外。

（7）运输剧毒化学品、爆炸品、强腐蚀性危险货物的非罐式专用车辆，核定载质量不得超过 10 吨，但符合国家有关标准的集装箱运输专用车辆除外。

（8）配备与运输的危险货物性质相适应的安全防护、环境保护和消防设施设备。

2. 有符合下列要求的停车场地

（1）自有或者租借期限为 3 年以上，且与经营范围、规模相适应的停车场地，停车场地应当位于企业注册地市级行政区域内。

（2）运输剧毒化学品、爆炸品专用车辆以及罐式专用车辆，数量为 20 辆（含）以下的，停车场地面积不低于车辆正投影面积的 1.5 倍，数量为 20 辆以上的，超过部分，每辆车的停车场地面积不低于车辆正投影面积；运输其他危险货物的，专用车辆数量为 10 辆（含）以下的，停车场地面积不低于车辆正投影面积的 1.5 倍；数量为 10 辆以上的，超过部分，每辆车的停车场地面积不低于车辆正投影面积。

（3）停车场地应当封闭并设立明显标志，不得妨碍居民生活和威胁公共安全。

3. 有符合下列要求的从业人员和安全管理人员

（1）专用车辆的驾驶人员取得相应机动车驾驶证，年龄不超过 60 周岁。

（2）从事道路危险货物运输的驾驶人员、装卸管理人员、押运人员应当经所在地设区的市级人民政府交通运输主管部门考试合格，并取得相应的从业资格证；从事剧毒化学品、爆炸品道路运输的驾驶人员、装卸管理人员、押运人员，应当经考试合格，取得注明为“剧毒化学品运输”或者“爆炸品运输”类别的从业资格证。

（3）企业应当配备专职安全管理人员。

4. 有健全的安全生产管理制度

（1）企业主要负责人、安全管理部门负责人、专职安全管理人员的安全生产责任制度。

（2）从业人员安全生产责任制度。

（3）安全生产监督检查制度。

（4）安全生产教育培训制度。

（5）从业人员、专用车辆、设备及停车场地安全管理制度。

（6）应急救援预案制度。

（7）安全生产作业规程。

（8）安全生产考核与奖惩制度。

（9）安全事故报告、统计与处理制度。

二、超限货物运输

（一）超限货物特征

超限货物是指单件货物外形尺寸或重量超过常规，即超长、超宽、超高、超重的货物，有时也称为大件货物。

超限货物是指符合下列条件之一的货物：

（1）货物外形尺寸，长度在14米以上或宽度在3.5米以上或高度在3米以上的货物。

（2）质量在20吨以上的单体货物或不可解体的成组（捆）货物。

超限货物运输是公路运输中的特定概念，指使用非常规的超重型汽车列车（车组）载运外形尺寸和重量超过常规车辆装载规定的大型物件的道路运输。

（二）超限货物运输的特点

货物运输的最基本要求就是保证所运货物能够安全可靠、准确经济地到达目的地。由于超限货物运输对象的特殊性，在这一点上更需要"精益求精"，必须保证将货物"完整无损、万无一失"地由装车地运到装卸车点，超限货物与普通货物运输相比，超限货物运输具有以下特殊性：

1. 特殊的装载要求

超限货物要用超重型挂车作载体，用超重型牵引车牵引和顶推。而这种超重型车组是非常规的特种车组，车组装上超限货物后，其重量和外形尺寸大大超过普通车。因此，超重型挂车和牵引车都是用高强度钢材和大负荷轮胎制成的，价格昂贵，而且要求行驶平稳、安全可靠。

2. 特殊的运输条件

运载超限货物的超重型车组要求通行的道路有足够的宽度和净空、良好的道路线形，桥涵要有足够的承载能力，有时还要分段封闭交通，让超重型车组单独通过。这些要求在一般道路上往往难以满足，必须事先进行勘察，运输前采取必要的工程措施，运输中采取一定的组织技术措施，超重型车组才能顺利通行。这就牵涉到公路管理、公安交通、电信电力、园林等专管部门，必须得到这些部门的同意、支持和配合，采取相应措施，才能进行超限货物运输。

3. 特殊的安全要求

超限货物运输必须确保安全，万无一失。大型设备都是涉及国家经济建设的关键设备，重中之重，稍有闪失，后果不堪设想。为此要有严密的质量保证体系，任何一个环节都要有专职人员检查，按规定要求严格执行，未经检查合格，不得运行。由于超限货物运输要求严、责任重，所运大件价值高、运输难度大、牵涉面广，所以受到各级政府和领导、有关部门、有关单位和企业的高度重视。

(三) 超限货物运输作业流程

超限货物运输的特殊性，其组织工作环节主要包括办理托运、理货、验道、制定运输方案、签订运输合同、线路运输工作组织，以及运输统计与结算等环节。

1. 办理托运

托运人在办理托运时，必须向已取得道路超限货物运输经营资格的运输企业或其代理人办理托运；必须在运单上如实填写超限货物的名称、规格、件数、件重、起运日期、收货人姓名及地址以及运输过程中的注意事项。托运人还应向运输单位提交货物说明书，必要时应附有外形尺寸的三面视图（以"+"表示重心位置），核实计划装载加固等具体意见及要求。凡未按以上规定办理托运或运单填写不明确，而由此发生运输事故的由托运人承担全部责任。

2. 理货

理货是超限运输企业对货物的几何形状、重量和重心位置事先进行了解，取得可靠数据和图纸资料的工作过程。通过理货工作分析，可为确定超限货物级别及运输形式、查验道路以及制定运输方案提供依据。

3. 验道

验道工作的主要内容包括：查验运输沿线全部道路的路面、路基、纵向坡度、横向坡度及弯道超高处的横坡坡度、道路的竖曲线半径、通道宽度及弯道半径，查验沿线桥梁涵洞、高空障碍，查看装卸货现场、倒载运现场，了解沿线地理环境及气候情况。根据上述查验结果预测作业时间，编制运行路线图，完成验道报告。

4. 制定运输方案

在充分研究、分析理货报告及验道报告的基础上，制定安全可靠、可行的运输方案。其主要内容包括：配备牵引车、挂车组及附件，配备动力机组及压载块，确定限定的最高车速，制定运行技术措施，配备辅助车辆，制定货物装卸与捆扎固定方案，制定和验算运输方案，完成运输方案的书面文件。

5. 签订运输合同

根据托运方填写的委托运输文件及承运方进行理货分析、验道，制定运输方案，承托双方签订书面形式的运输合同，其主要内容包括：明确托运与承运甲乙方、超限货物数据及运输车辆数据、运输起讫地点、运距与运输时间，明确合同生效时间、承托双方应负责任、有关法律手续及运费结算方式、付款方式等。

6. 线路运输工作组织

线路运输工作组织包括：建立临时性的超限运输工作领导小组负责实施运输方案，执行运输合同和相应对外联系。领导小组下设行车、机务、安全、后勤、材料供应等工作小组及工作岗位并健全相关工作岗位责任制，组织超限货物运输工作所需牵引车驾驶员、挂车操作员、修理工、装卸工、工具材料员、技术人员及安全员等依照运输工作岗位责任及整体要求认真操作、协调工作，保证超限运输工作全面、准确完成。

7. 运输统计与结算

运输统计指完成公路超限货物运输工作各项技术经济指标统计，运输结算即完成运输工作后按运输合同有关规定结算运费及相关费用。

（四）公路运输超限货物的管理规定

根据《超限运输车辆行驶公路管理规定》（中华人民共和国交通运输部令 2016 年第 62 号）第八条的规定：大件运输车辆行驶公路前，承运人应当按下列规定向公路管理机构申请公路超限运输许可：

（1）跨省、自治区、直辖市进行运输的，向起运地省级公路管理机构递交申请书，申请机关需要列明超限运输途经公路沿线各省级公路管理机构，由起运地省级公路管理机构统一受理并组织协调沿线各省级公路管理机构联合审批，必要时可由交通运输部统一组织协调处理。

（2）在省、自治区范围内跨设区的市进行运输，或者在直辖市范围内跨区、县进行运输的，向该省级公路管理机构提出申请，由其受理并审批。

（3）在设区的市范围内跨区、县进行运输的，向该市级公路管理机构提出申请，由其受理并审批。

（4）在区、县范围内进行运输的，向该县级公路管理机构提出申请，由其受理并审批。

第十条规定：申请公路超限运输许可的，承运人应当提交下列材料：

（1）公路超限运输申请表，主要内容包括货物的名称、外廓尺寸和质量，车辆的厂牌型号、整备质量、轴数、轴距和轮胎数，载货时车货总体的外廓尺寸、总质量、各车轴轴荷，拟运输的起讫点、通行路线和行驶时间。

（2）承运人的道路运输经营许可证，经办人的身份证件和授权委托书。

（3）车辆行驶证或者临时行驶车号牌。

车货总高度从地面算起超过 4.5 米，或者总宽度超过 3.75 米，或者总长度超过 28 米，或者总质量超过 100 000 千克，以及其他可能严重影响公路完好、安全、畅通情形的，还应当提交记录载货时车货总体外廓尺寸信息的轮廓图和护送方案。

护送方案应当包含护送车辆配置方案、护送人员配备方案、护送路线情况说明、护送操作细则、异常情况处理等相关内容。

三、冷藏货物运输

（一）冷藏运输货物的概念

冷藏运输货物是指在运输过程中，对外界高温或低温需要采取制冷措施，以防止死亡和腐烂变质的货物，或托运人认为须按冷藏运输条件办理的货物。

公路常运的冷藏货物主要有：鲜鱼虾、鲜肉、瓜果、蔬菜、牲畜、观赏野生动物、蜜蜂、花木秧苗、冷冻食品、药品等，见表 2－18。

表 2-18　冷藏货物类型

分类标准	类别	具体特征
自然属性	易腐货物	肉、鱼、蛋、奶、鲜水果、鲜蔬菜、冰、鲜活植物等
	活动物	禽、畜、兽、蜜蜂、活鱼以及鱼苗等
运输过程的温度要求	冰冻货	指需在冻结状态下进行运输的货物，运输温度的范围一般在－20℃～－10℃
	低温货	指在还未冻结或表面有薄薄的冻结层状态下进行运输的货物，一般允许的温度范围为－5℃～＋16℃

冷藏运输的优点是能很好地保持食物原有的品质，包括色、味、香、营养物质和维生素；保藏时间长，能进行大量保藏及运输。

（二）冷藏货物的温度要求

货物要求低温运输的目的，主要是维持货物的呼吸，以保持货物的鲜度。

在运输冷藏货过程中，为了防止货物变质需要保持一定的温度，该温度一般称作运输温度。温度的高低应根据具体的货种而定，即使是同一货物，由于运输时间、冻结状态和货物成熟度的不同，对运输温度的要求也不一样，见表 2-19。

表 2-19　冷藏货物的温度要求

货名	运输温度（℃）	货名	运输温度（℃）
鱼、虾	－17.8～－15.0	蛋	－15.0～－13.3
黄油	－12.2～－11.1	苹果	－1.1～＋16.0
葡萄	＋6.0～＋8.0	橘子	＋2.0～＋10.0
梨	0.0～＋5.0	柚子	＋8.0～＋15.0

温度固然是保藏和运输鲜活易腐货物的主要条件，但通风的强弱和卫生条件的好坏也直接影响货物的质量。只有妥善处理好温度、湿度、通风、卫生四个条件之间的关系，才能保证鲜活易腐货物的运输质量。连续冷藏是用冷藏方法来保藏和运输鲜活易腐货物的一个突出特点。若储运中某个环节不能具备连续冷藏的条件，微生物活动和呼吸作用都将随着温度的升高而增强，货物就可能在这个环节中开始腐烂变质，因此要求协调组织好物流的各个环节，为冷藏运输提供必要的物质条件。就运输环节来讲，应尽可能配备一定数量的冷藏车或保温车，尽量组织"门到门"的直达运输，提高运输速度，确保鲜活易腐货物的完好。

（三）冷藏货物运输的特点

（1）季节性强、运量变化大。水果蔬菜大量上市的季节、沿海渔场的鱼汛期，运量会随着季节的变化而变化。

（2）运送时间要求严格。大部分鲜活易腐货物极易变质，要求以最快的速度、最短的时间运到。

（3）运输途中需要特殊照料。如牲畜、家禽、蜜蜂、花木秧苗等的运输，需配备专用车辆和设备，沿途进行专门的照料。

（四）冷藏货物运输的组织

良好的运输组织工作是保证鲜活易腐货物质量的前提，冷藏货物运输组织需要注意的事项如下：

1. 注意运输时限

托运人托运冷藏货物时，应当提供最长运输时限和运输注意事项，并在合同或运单中注明。

2. 做好装车工作

在鲜活易腐货物装车前，必须认真检查车辆及设备的完好状态，注意清洗和消毒。装车时应根据不同货物的特点确定装载方法。如为保持冷冻货物的冷藏温度，可紧密堆码；水果、蔬菜等需要通风散热的货物，必须在货物之间保留一定空隙；怕压的货物必须在车内加隔板，分层装载。

3. 合理配载

配载运送鲜活易腐货物时，应对货物的质量、包装和温度进行认真检查，包装应合乎规范，温度符合规定，装卸合乎要求。应根据货物的种类、运送距离、运送地点和运送季节确定相应的运输服务方式，及时地组织适宜的车辆进行装运。

4. 及时运输

及时运输是鲜活易腐货物的特殊要求。应充分利用公路运输快速直达的特点，协调好仓储、配载、运送各环节，及时送达。

5. 认真负责

运输过程中要严格要求驾驶员或押运人员对冷藏机温度进行控制和记录。出发前要告知驾驶员或押运人员温度要求，并进行设定。如果出现事故（包括交通事故、机械事故、冷藏机故障等），要及时报告并修复。

扫二维码了解中华人民共和国交通运输部 2016 年版《道路危险货物运输管理规定》《超限运输车辆行驶公路管理规定》。

《道路危险货物运输管理规定》　　《超限运输车辆行驶公路管理规定》

任务实施

步骤一：熟悉危险货物运输装卸要求

危险货物由于自身特殊性，需要在运输中采取特别防护措施，危险货物的装卸作业应当遵守安全作业标准、规程和制度，并在装卸管理人员的现场指挥或者监控下进行。

危险货物运输托运人和承运人应当按照合同约定指派装卸管理人员；若合同未予约定，则由负责装卸作业的一方指派装卸管理人员。

步骤二：掌握超限货物运输作业流程

客户托运的挖掘机属于超限货物，即超长、超宽、超高、超重的货物。为顺利进行在途运输，陈洪敏了解到需要提前做好理货、验道，制定好运输方案，与客户签订运输合同后才进行线路运输工作组织，最后是运输统计与结算工作。

步骤三：熟悉冷藏货物运输组织注意事项

老萧告诉陈洪敏，随着近年冷链物流的快速发展，不少物流公司进军冷藏货物运输市场。这类货物运送要注意运输时限，做好装车工作，合理配载。

任务评价（见表 2-20）

表 2-20　　任务评价表

被考评人			考评任务	特种货物运输	
评价标准	具体内容	分值	自我评价（30%）	小组评价（40%）	教师评价（30%）
	熟悉危险货物运输装卸要求	30			
	掌握超限货物运输作业流程	40			
	熟悉冷藏货物运输组织注意事项	30			
合计		100			

项目小结

本项目主要讲述了公路货物运输相关业务及流程，介绍了公路货物运输的类型、特点，阐述了公路整车与公路零担货物的运输组织，还介绍了特种货物包括危险货物、超限货物、冷藏货物的运输组织。

思考与练习

一、判断题

1. 公路运输的特点是运输的量较小，运输成本高，运行持续性差，掌握车辆的驾驶技术容易，在长途运输中，运送速度较快。（　　）

2. 零担运输是指凡同一托运人一次托运货物的计费重量在 3 吨以上。（　　）

3. 凡是具有燃烧、爆炸、腐蚀、毒害、放射线性质的，在运输过程中能引起人身伤亡、使人民财产受到损毁的货物，均称为危险物品。（　　）

4. 由于汽车体积较小，中途一般不需要换装，除了可沿分布较广的路网运行外，还可离开路网深入到工厂企业、农村田间、城市居民住宅等地，即可以把旅客和货物从始发地门口直接运送到目的地门口。（　　）

5. 无论整车、零担货物，计费重量均按毛重计算。轻泡货物是指每立方米重量不足33.3千克的货物。（　　）

二、不定项选择题

1. 灵活性强，常用来承运近距离、小批量货运的运输方式是（　　）。

A. 水路运输　　B. 铁路运输　　C. 公路运输　　D. 管道运输

2. 相对其他运输方式，公路运输的最大特点是（　　）。

A. 速度快　　B. 成本低　　C. 货损率低　　D. 门到门服务

3. 整车货运业务流程的第一步是（　　）。

A. 受理托运　　B. 调度员调度车辆

C. 验货　　D. 押运

4. 零担货物中转作业的基本方法是（　　）。

A. 落地法　　B. 坐车法　　C. 过车法　　D. 基本法

5. 超限货物运输的基本技术条件是（　　）。

A. 使用适宜的装卸机械　　B. 用相应的大型平板车等专用车辆

C. 将货物安置在纵横垫木上　　D. 严格控制横向移位和纵向移位

三、简答题

1. 公路整车运输的特点是什么？请画出公路整车运输的流程图。

2. 零担货物运输的特点表现在哪些方面？

3. 公路运输中特种货物是哪些？

4. 结合实例说明鲜活易腐货物包装运输应注意的事项。

项目三　铁路货物运输

学习目标

知识目标：

1. 了解铁路货物运输的概念、类型及我国铁路运输的发展趋势。
2. 熟悉铁路货物运输的基础设施与设备。
3. 掌握铁路货物运输的作业流程。
4. 掌握货物运到期限的计算方法。
5. 掌握铁路货物运输费用的计算。

能力目标：

1. 会填制铁路运单。
2. 会计算运到期限及运输费用。
3. 能管理铁路运输业务。

本项目知识结构图：

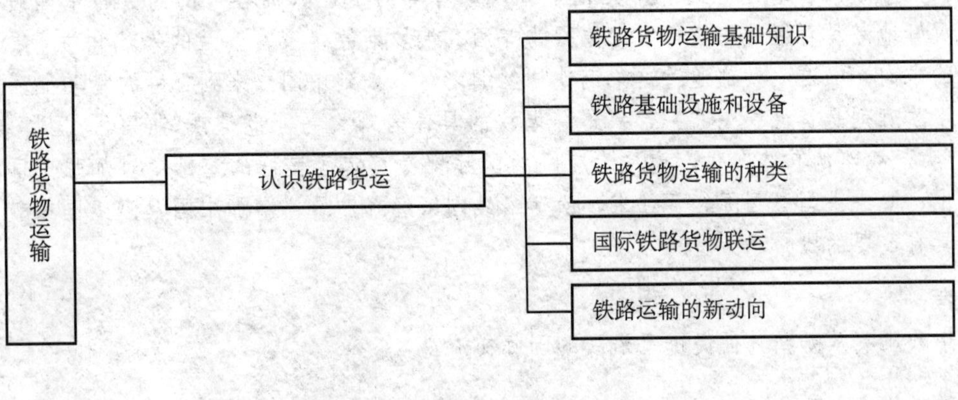

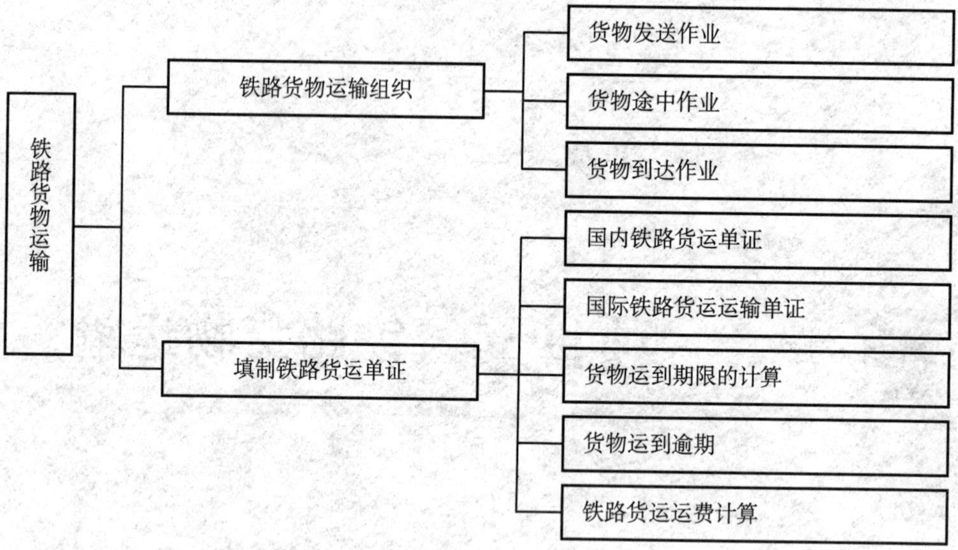

案例导读

中欧班列给我们带来了什么?

至 2017 年 12 月份，中欧班列共开行了 6 000 多列，安排班列运行线 57 条，国内开行城市达到 35 个，顺畅连接欧洲 12 个国家 34 个城市，运输的货物品类日益丰富，回程班列数量已超去程班列的一半，呈现出良好的国际品牌效应和发展前景。

中欧班列以其运距短、速度快、安全性高的特点，以及安全快捷、绿色环保、受自然气候影响小的优势，已经成为国际物流中陆路交通的骨干方式。中欧班列物流组织日趋成熟，班列沿线国家经贸往来日趋活跃，国家间铁路、口岸、海关等部门的合作日趋密切，为铁路进一步发挥国际物流骨干作用创造了良好的条件，成为新时代的“丝绸之路”。

近年来，中欧班列一步一个脚印地成长。让“中国造”通过班列走出国门；中欧班列运回的商品，丰富了百姓衣食住行，让百姓的生活质量进一步提高。这进一步证明中欧班列不仅仅与欧洲各地进行经济、文化交流，更可喜的是让欧洲各地的商品与中国货物互通，更好地满足百姓的物质需求。德国的啤酒、俄罗斯的蜂蜜、波兰的果汁和饼干、白俄罗斯的牛肉……这一切都通过这条钢铁“丝绸之路”来到中国，来到百姓的餐桌上。

中欧班列是贯彻中央“一带一路”倡议的具体表现之一，也是铁路部门与国际接轨、“走出去”战略的具体实践，为更为广阔的国际贸易奠定了良好的基础，对加强中国的国际地位，促进中国与国际经贸往来，激活沿线国家经济发展，增加中国及沿线国家就业机会，具有重要的战略意义。

请思考：

中欧班列从哪些方面促进了沿线的国际交流?

任务一　认识铁路货运

任务描述

随着“一带一路”的发展，在海迩货运公司实习的陈洪敏发现越来越多客户咨询中欧班列业务，他特地向业务经理王清耘申请去当地铁路局了解这方面的办理要求。

任务分析

铁路货物运输是现代运输主要方式之一，也是构成陆上货物运输的两个基本运输方式之一。它在整个运输领域中占有重要的地位，在“一带一路”宏伟构想的框架下，铁路运输作为货物联运通道的窗口，正帮助越来越多的中国企业将生意做到海外，拓展新的地理区域。

知识储备

一、铁路货物运输基础知识

（一）铁路运输概述

铁路货物运输是现代陆路货物运输方式之一，是使用在轨道上运行的列车载运货物的运输方式，在国际货运中的地位仅次于海洋运输。它适宜担负远距离的大宗货物运输。在我国这样一个幅员辽阔、人口众多、资源丰富的大国，铁路运输不论在目前还是在可以预见的未来，都是综合运输网中的骨干和中坚力量。

（二）铁路货物运输的特点

铁路是国民经济的大动脉，铁路货物运输是现代化运输业的主要运输方式之一，它与其他运输方式相比较，特点如表 3-1 所示。

表 3-1　铁路货物运输的特点

序号	特点	解释说明
1	准确性和连续性	铁路运输几乎不受气候影响，一年四季可以不分昼夜地进行定期的、有规律的、准确的运转。
2	速度比较快	铁路货运速度每昼夜可达几百公里，一般货车可达 100km/h，远高于海上运输。

续前表

序号	特点	解释说明
3	运输量大	铁路一列货物列车一般能运送 3 000～5 000t 货物，高于航空运输和汽车运输。
4	运输成本比较低	铁路运输费用仅为汽车运费的几分之一到十几分之一；耗油约是汽车运输的 1/20。
5	运输安全可靠	风险远比海上运输小。
6	初期投资大	需铺设轨道、建造桥梁和隧道，建路工程艰巨复杂；需要消耗大量钢材、木材；占用土地，其初期投资大大超过其他运输方式。

二、铁路基础设施和设备

铁路基础设施和设备主要包括铁路线路、铁路车站以及铁路机车、铁路车辆和信号设备。

(一) 铁路线路

铁路线路是为了进行铁路运输所修建的固定线路，是铁路固定基础设施的主体，是列车运行的基础，起着承受列车巨大重量、引导列车运行方向等作用。铁路是由路基、桥隧建筑物（包括桥梁、涵洞、隧道等）和轨道（包括钢轨、轨枕、连接零件、道床、防爬设备和道岔等）组成一个整体的工程结构。可参看图 3-1。

图 3-1　铁路线路

(二) 铁路车站

车站是办理货运的基地，货物的装卸车以及相关的作业都在车站进行，它是铁路与货主之间的纽带。车站也是铁路运输的基层生产单位。在车站里，除了办理客货运各项作业，还要办理与列车运行有关的各项作业，例如列车的接发、会让、越行，车列的解体、编组，机车的换挂、整备，车辆的检查、修理等。

车站有多种分类法，按照车站所担负的任务量，以及它在国家政治、经济方面的地位来划分，车站可分为特等站、一等站、二等站、三等站、四等站、五等站共六个等级。按车站技术作业的不同来划分，可分为编组站、区段站和中间站，编组站和区段站又统称为技术站。如果按业务性质来划分，可分为客运站、货运站和客货运站。

1. 中间站

中间站是为提高铁路区段通过能力，保证行车安全和沿线城乡旅客及工农业生产服务而设的车站。其主要任务是办理列车到发、会让、越行和客货运业务。中间站按办理货物作业量的大小，可分为无货场的中间站和有货场的中间站。中间站的主要作业内容如表 3 - 2 所示。

表 3 - 2　　中间站的主要作业内容

序号	内　容
1	列车的到发、通过、会让、越行
2	旅客运输和行包的承运、保管与交付
3	货物的承运、装卸、保管与支付
4	本站作业车的摘挂作业，向货场、专用线取送车辆和调车作业
5	客货运量较大的中间站，还有始发、终到客货列车的作业

2. 区段站

区段站主要任务是改编区段到发的车流，为邻接的铁路区段供应机车，或更换货运机车及乘务员，为无改编中转列车办理规定的技术作业，办理一定数量的列车编解作业和客货运业务。区段站的作业内容及特点如表 3 - 3 所示。

表 3 - 3　　区段站的主要作业内容及特点

序号	内容	特　点
1	客运业务	与中间站基本相同，但数量较大
2	货运业务	与中间站基本相同，但作业量较大
3	运转业务	主要办理旅客列车接发、货运列车的中转作业，区段、摘挂列车的编组与解体、向货场及专用线取送车作业等
4	机车业务	主要是机车的更换或机车乘务组的换班，对机车进行整备、检修
5	车辆业务	办理列车的技术检查和车辆检修业务

3. 编组站

编组站有列车工厂之称，办理大量列车解编作业，编组直达、直通和其他列车的车站，还承担更换货运机车和乘务人员，对货物列车中的车辆进行技术检修和货运检查整理工作，一般设有专用的接车、发车和调车场，驼峰调车设备，以及机车整备和车辆检修等设备。按其在铁路干线和枢纽的位置，以及所担当的作业任务，分为路网编组站和地区编组站。

区段站以办理无改变中转货物列车为主，仅解编少量的区段、摘挂列车；而编组站主要办理各类货物列车的改编作业，且多数是直达列车和直通列车。主要任务是解编各类货物列车；组织和取送本地区车流；整备、检修机车；货车的日常技术保养等事项。

4. 铁路枢纽

铁路枢纽是在铁路网的交汇点或中端地区，由各种铁路线路、专业车站及其他为运输服务的有关设备组成的总体，是铁路网的一个组成部分。铁路枢纽内一般都配备有成套技术设备，如铁路线路、车辆（包括客运站、货运站、编组站、工业站、港湾站等）、疏解设备和其他设备如机务段、车辆段、客车整备所等。

（三）铁路机车

铁路机车是牵引货物列车和在车站进行调车作业的基本动力，其自身不装载货物。铁路机车用途可分为速度较高的客运机车、牵引力较大的货运机车和机动灵活的调车机车。按机车原动力可分为蒸汽机车、内燃机车和电力机车三种。

（四）铁路车辆

铁路车辆是运送货物的工具。它本身没有动力装置，需要把车辆连挂在一起由机车牵引，才能在线路上运行。铁路车辆可分为客车、货车两大类。铁路货车的种类很多，按照用途或车型可分为通用货车或专用货车两大类。通用货车分为棚车、敞车和平车；专用货车分为保温车、罐车、家畜车、矿石车等。铁路车辆分类如表 3-4 所示。

表 3-4　铁路车辆分类

车辆类型	基本型号	型号	用途及特点
通用货车	棚车	P	主要装运怕日晒、雨淋、雪浸的货物（粮食、日用品、贵重仪器设备等），部分棚车还可运送人员和马匹。
	敞车	C	主要装运煤炭、矿石、木材、钢材等，也可装运重量不大的机械设备，苫盖篷布可装运怕雨淋的货物。
	平车	N	大部分平车只有一平底板。供装运特殊长大重型货物，因而也称作长大货物车。
专用货车	保温车	B	车内设有冷却、加温等装置，具有制冷、保温和加温三种性能。用于运送新鲜蔬菜、水果、鱼、肉等易腐的货物。
	罐车	G	车体为圆筒形，罐体上设有装卸口。罐车主要用于运送液化石油气、汽油、酒精等液态货物或散装水泥等。
	专用敞车	C	主要用于装运块粒状货物且采用机械化方式装卸。

续前表

车辆类型	基本型号	型号	用途及特点
专用货车	专用平车	X，SQ	运送集装箱（型号X）与小汽车（型号SQ）的平车。运送小汽车的平车车体一般分为2～3层，并设有跳板，以便汽车自行上下。
	漏斗车	K	用于装运块粒状散装货物，主要运送煤炭、矿石、粮食等。
	水泥车	U	用来运送散装水泥的专用车。
	家畜车	J	用于运送活家禽、家畜等的专用车。车内有给水、饲料的储运装置，还有押运人乘坐的设施。

（五）信号设备

机车信号是铁路信号设备向司机发出各种指示，报告线路和道岔情况，帮助司机安全正点地运行。铁路信号设备是铁路信号、联锁设备、闭塞设备的总称。铁路信号技术的发展逐步实现集成化和智能化，做到迅速、准确、安全、可靠，使全国铁路的通信系统能成为一个完善与先进的铁路通信网。

三、铁路货物运输的种类

（一）按照运输条件分类

按照运输条件对铁路货物运输的分类如表3-5所示。

表3-5　按照运输条件对铁路货物运输的分类

分类	具体内容	解释说明
普通货物运输	普通货物	指在铁路运送过程中，按一般条件办理的货物，如煤、粮食、钢材、矿建材料等。
特殊货物运输	超长、超限货物	超长货物是指一件货物的长度，超过用以装运的平车的长度，需要跨装的货物；超限货物是指一件货物装车后，车辆在平直的线路上停留时，货物的高度和宽度有任何部分超过机车车辆的限界。
	危险货物	指具有爆炸、易燃、毒蚀、放射性等特性，在运输、装卸和保管过程中，容易造成人身伤亡和财产损毁而需要特殊防护的货物。
	鲜活货物	指在铁路运输过程中需要采取制冷、加温、保温、通风、上水等特殊措施，以防止腐烂变质或死亡的货物，以及其他托运人认为按鲜活货物运输条件办理的货物。

（二）按货物的重量、体积、性质、形状分类

按一批货物的重量、体积、性质、形状的不同，可将铁路运输划分为整车货物运输、零担货物运输和集装箱货物运输。

知识拓展

铁路货物运输中“一批”货物的概念

“一批”是指货物承运、交付和计算运输费用所用的单位。按一批托运的货物必须收发货人、发到站和装卸地点相同（整车分卸货物除外）。由于货物性质、运输的方式和要求不同，下列货物不能作为同一批进行运输：(1) 易腐货物和非易腐货物；(2) 危险货物和非危险货物；(3) 根据货物的性质不能混装的货物；(4) 投保运输险的货物和未投保运输险的货物；(5) 按保价运输的货物和不按保价运输的货物；(6) 运输条件不同的货物。不能按一批运输的货物，在特殊情况下，如不致影响货物安全、运输组织和赔偿责任的确定，经铁路有关部门承认也可按一批运输。

1. 整车运输

根据一批货物的重量、体积、性质或形状需要使用一辆或一辆以上铁路货车装运（用集装箱装运除外）即铁路整车运输。整车运输装运载量大，运输费用较低，运输速度较快，能承担的运量也较大，是铁路的主要运输形式。整车运输应符合以下条件：

(1) 货物的重量或体积。

我国现有的货车以棚车、敞车、平车和罐车为主。标记载重量（简称为标重）大多为50t和60t，棚车容积在100m^3以上，达到这个重量和容积条件的货物，应按整车运输。有一些专为运输某种货物的专用货车，如散装水泥车、家畜车等，要按专用货车的标重、容积确定货物的重量与体积是否需要一辆货车装载。

(2) 货物的性质和形状。

有些货物，虽然其重量、体积不够一车，但按性质与形状需要单独使用一辆货车时，应按整车运输。下列货物除按集装箱运输外，应按整车运输办理（不得按零担运输的货物），具体如表3-6所示。

表3-6　整车运输货物内容

序号	内　容
1	需要冷藏、保温或加温运输的货物
2	规定按整车运输的危险货物（装入铁路批准使用爆炸品保险箱运输的除外）
3	易污染其他货物的污秽品（经过卫生处理不致污秽其他货物的除外）
4	蜜蜂
5	不易计算件数的货物

续前表

序号	内　容
6	未装容器的活动物（铁路局管内零担运输办法允许者除外）
7	单件重量超过 2t、体积超过 $3m^3$ 或长度超过 9m 的货物（经发站确认不影响中转站和到站装卸作业的除外）

2. 零担运输

一批货物的重量、体积、性质或形状不需要一辆铁路货车装运（用集装箱装运除外）即属于零担运输，简称零担。零担运输的条件如下：

（1）单件货物的体积最小不小于 $0.02m^3$（单件货物重量在 10kg 以上的除外）。

（2）每批货物的件数不得超过 300 件。

根据零担货物的性质和作业特点，零担货物分为以下四类：

（1）普通零担货物，简称普零货物或普零，即按零担办理的普通货物。

（2）危险零担货物，简称危零货物或危零，即按零担办理的可装棚车的危险货物。

（3）笨重零担货物，简称笨零货物或笨零，指单件货物重量在 1t 以上、体积在 $2m^3$ 以上或长度在 5m 以上需装敞车、吊装吊卸的货物。

（4）鲜活易腐零担货物，简称鲜零货物或鲜零，即按零担办理的鲜活易腐货物。

依据零担货物的流向流量、运距长短、集结时间和车站作业能力等因素，可将零担运输分为整装零担车与沿途零担车。装运零担货物的车辆称为零担货物车，简称零担车。零担车的到站必须是两个（普零）或三个（危零或笨零）以内的零担车，称为整装零担车，简称为整零车。沿途零担车简称沿零车，是指在指定区段内运行，装运该区段内各站发到的零担货物。见表 3－7。

表 3－7　**整零车的种类**

分类标准	整零车类型	具体说明
车内所装货物是否需要中转	直达整零车	指所装的货物不经过中转站中转，可以直接运送货物到站的一种零担班车。
	中转整零车	指在起运站将多个发货人托运的同一路径但不同到达站且允许配装的零担货物，装在同一车内运至规定中转站，卸后复装，重新组织成新的零担班车运往目的地的一种零担班车。
到站个数	一站整零车	一站整零车车内所装货物不得少于货车标重的 50%或容积的 90%。
	两站整零车	两站整零车第一到站的货物不得少于货车标重的 20%或容积的 30%第二到站的货物不得少于货车标重的 40%或容积的 60%，两个到站必须是在同一径路上且距离不得超过 250km，以下三种情况不受距离限制：（1）第二到站货物的重量达到货车标重的 50%或容积的 70%；（2）两个到站为相邻中转站；（3）第一到站是中转站，装至第二到站的货物符合第一到站的自然中转范围。
	三站整零车	危零、笨零货物不够条件组织一站或两站整零车时，可组织同一径路上三个到站的整零车，但第一到站与第三到站的距离不得超过 500km。

危零货物只能直接运至到站，不得经中转站中转。

3. 集装箱运输

铁路货物运输中，符合集装箱运输条件的可按集装箱托运。符合集装箱条件的货物为：以贵重、易碎、怕湿为主的“适箱货物”，如家电、仪器、仪表、小型机械，小五金和其他适合集装箱运输的货物。

4. 整车运输、零担运输和集装箱运输的区别

整车运输、零担运输和集装箱运输的区别如表 3－8 所示。

表 3－8　　整车运输、零担运输和集装箱运输的区别

运输类别 区别项目	整车运输	零担运输	集装箱运输
数量上	货物在 3t 以上，且适合整车装运	每件货物的体积最小不得小于 0.02m^3，每批货物的件数不得超过 300 件	每箱不得超过集装箱最大载重量
运输单位	以每车为一批，跨装、爬装及使用游车的货物，以每车组为一批	以每张运单为一批	以每张运单为一批。每批必须同一箱型、至少一箱，最多不得超过铁路货车一车所能装运的箱数
运费核收	不同批次的整车货物的运价号、运价率都不同	不同批次的零担货物的运价号、运价率都不同	整车集装箱按货车标重及其适用的整车运价率计费；零担集装箱按货物重量（低于起码重量的按起码重量），即其适用的零担运价率计算

四、国际铁路货物联运

国际铁路货物运输是一种利用铁路进行国际货物运输的方式。国际铁路货物联运指在两个或两个以上国家铁路运送中，使用一份运送单据，并以连带责任办理货物的全程运送，在一国铁路向另一国铁路移交货物时，无须发、收货方参加，铁路当局对全程运输负连带责任。

（一）国境站

国际铁路货物运输中，一国铁路与另一国铁路办理货物和车辆等交接作业的车站叫作国境站。国际铁路货物运输在国境站的交接工作非常重要，并非像我们设想的那样：从起运站到目的站一气呵成，而是要在每个国家国境站都需要做交接和转关工作。

国境站除办理一般车站办理的运转、货运、装卸及机车整备作业以外，主要是办理与

邻国铁路货物与机车车辆交接、国际联运票据的处理、货物运送费用的计算和复核等项工作，在与邻国不同轨距铁路相连的国境站，还有货物的换装或换车辆转向架的作业。

知识拓展

轨　距

轨距是铁路轨道两条铁轨（钢轨）之间的距离（以钢轨的内距为准），见图 3-2。现在全世界有 30 来种不同的轨距，分为普轨、宽轨、窄轨。国际铁路协会在 1937 年制定 1 435mm 为标准轨即普轨，目前全球约 60%的铁路轨距是标准轨。这普通轨距又称标准轨距或国际轨距。比标准轨宽的轨距称为宽轨，比标准轨窄的称为窄轨，宽轨与窄轨有很多型号，窄轨有 600mm、720mm（也称“寸轨”）、762mm、900mm、1 000mm（也称“米轨”）、1 067mm 等，宽轨有 1 524mm、1 676mm 等。双轨距铁路或多轨距铁路铺有三或四条钢轨，让使用不同轨距的列车都可行驶。

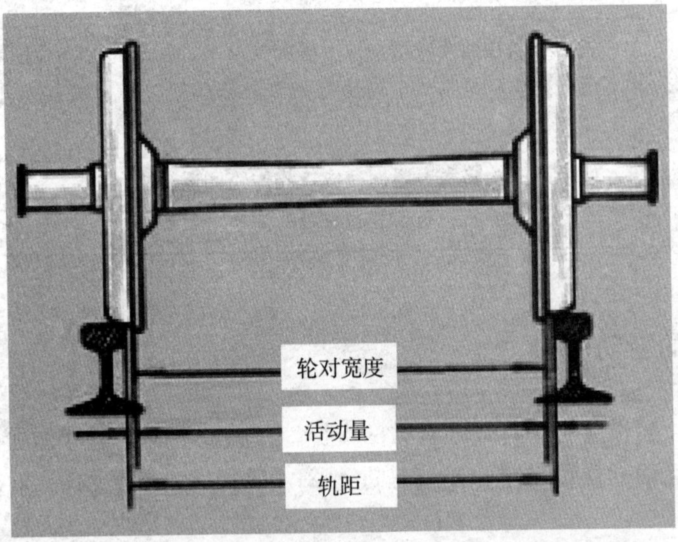

图 3-2　铁路轨距

我国边境地区有 9 个国境铁路口岸分别与俄、蒙、哈、朝、越 5 个国家铁路相通，并办理与邻国铁路国际铁路联运货物的交接业务。我国通往邻国铁路的国境站有：满洲里站、绥芬河站、二连站、阿拉山口站、丹东站、图们站、集安站、凭祥站、山腰站。

（二）港口站

港口是指设在港口附近，主要办理铁路和水路联运货物接运作业的车站，如我国的大连、天津新港、连云港、湛江等车站。

（三）联运站

参加“国际货协”（即《国际铁路货物联合运输协定》，1951年由苏联、波兰、中国、越南等八国在华沙成立的铁路合作组织所订立）的各国铁路在其国内开办货运业务的所有车站，都办理国际铁路货物联运，我国各站营业办理限制按国内“货物运价里程表”规定办理。

（四）国际铁路货物运输的特点

与其他运输方式相比，国际铁路货物运输的特点如表3-9所示。

表3-9　国际铁路货物运输的特点

序号	特点	内容
1	涉及面广	每运送一批货物都要涉及两个或两个以上国家、几个国境站。
2	运输条件高	要求每批货物的运输条件如包装、转载、票据的编制、添附文件及车辆使用都要符合有关国际联运的规章、规定。
3	办理手续复杂	货物必须在两个或两个以上国家铁路参加运送，在办理国际铁路联运时，其运输票据、货物、车辆及有关单证都必须符合有关规定和一些国家的合理要求。
4	一份联运单据	使用一份铁路联运票据完成货物的跨国运输。
5	运输责任简明	运输责任方面采用统一责任制。

五、铁路运输的新动向

经济的快速发展需要交通运输强有力的支持。目前，铁路的运输能力已无法满足社会经济发展对交通运输的质量需求，尤其是进入21世纪，客货运领域关于改善运输质量的呼声越来越高。

（一）五定班列

1. 五定班列的概念

货运五定班列（简称班列）是指铁路开行的发到站间直通、运行线和车次全程不变，发到日期和时间固定，实行以列、组、车或箱为单位报价、包干办法，即定点、定线、定车次、定时、定价的货物列车。

铁路部门根据社会需求确定列车装卸站，选择最佳路径，按照客车化组织方式编制列车运行图，从装车站到卸车站全程紧密衔接，努力确保快捷、及时运输货物。按照货运班列开行的速度等级，将班列划分为160公里/小时特快班列、120公里/小时快速班列、80公里/小时普快班列三大类，此外，随着新一轮的铁路货运改革，铁路货运开通了针对小件零散货物的零散货物快运班列。

2. 五定班列与直达列车的关系

货物列车一般分为直达列车、直通列车、区段列车和摘挂列车等。其中等级最高的是直达列车，由五定班列的概念可以看出，这是一种比直达列车等级更高的货物列车，可以更快、更便捷、更安全地输送货物。开行五定班列的主要制约因素是车站（港口）间的货源情况，如果货源充足且稳定就为班列车开行提供保证。现有一些班列运行线并非利用原有直达列车运行线，因此原来的直达列车并未取消，因为并不是所有的货物都适合采用五定班列车运送，如低附加值的大宗货物。

3. 五定班列车开行的充分条件

对于适合采用五定班列车运送的货物，可以在直达列车和五定班列车运输之间进行选择，比较指标是两种列车的运费和货物提前直达创造经济效益的代数和。若五定班列车运输大于直达列车运输，就应该开行五定班列，这即为五定班列车开行的充分条件。

“五定班列”具有“运行高速、手续简便、运期保证、安全优质、价格优惠”五大特点和优势，实行优先配车、优先装车、优先挂运、优先放行，优先卸车，除特殊情况报铁路部门批准外，不准停限装、不准分界口拒接、不准保留、不准中途解体、不准变更到站，严格按图行车，确保运输期限的直达快运货物列车，是名副其实的星级物流产品。

（二）客货分运

目前铁路实行的是客货混跑同条线路制度。由于客货共线，致使铁路运输机动性差，难以适应如今多层次、多变化的市场需求。现时客货共线弊端诸多。每年中国的春运、暑运、“五一”“十一”等客流集中的日子，铁路必须采取“压货保客”等非正常措施。

在客货共用同一条线路上，既要高速，又要重载，还要加大行车密度，客观上很难做到。高速和重载对线路基础的技术要求不尽相同，如果在同一条线路上既进行提速改造，又进行重载改造，成本很高，效果有限，造成投资浪费，并加大日常运营维护成本。

研究表明，对于解决区域路网内部客货繁忙，通常实行客货分运是一种有效途径。其优势如表 3-10 所示。

表 3-10 客货分运的优势

序号	优 势
1	不仅可以转移既有线上大部分客车，而且可以满足增量运输的需求，特别是能够腾出既有线上的能力用于发展货物重载运输，迅速形成高速度、能力强、安全畅通的运输通道，以适应日益增长的运输需要。
2	可以提升城市的凝聚功能和辐射能力，使大城市更好地发挥中心城市的作用，同时推动沿线中间地带现有城市的高速发展和功能升级。
3	使铁路速度和服务实现质的飞跃，提升中国铁路发展水平。客运可实现大容量、高速度、高频率，大大缩短旅行时间，特别是在运输高峰时期，可以每几分钟间隔密集发车，为旅客提供更安全、快捷、方便、舒适的服务；货运实现“大宗物资直达化，高值货物快速化”，降低铁路会成本，满足旅客、货主越来越高的多层次、多样化服务需求。

面对庞大的市场需求，铁路能否满足经济和社会快速发展的需要，客货分运将对中国运输现代化起举足轻重的意义。

（三）高速铁路

1. 高速铁路的概念

高速铁路是基础设施设计速度标准高、可供火车在轨道上安全高速行驶的铁路系统。

高铁在不同国家、不同时代以及不同的科研学术领域有不同规定。中国铁路局将中国高铁定义为设计开行时速250公里以上（含预留）、初期运营时速200公里以上的客运列车专线铁路，并颁布了相应的《高速铁路设计规范》文件。广义的高速铁路包含使用磁悬浮技术的高速轨道运输系统。

我国高速铁路一般采用无砟轨道，也有少部分采用有砟轨道。我国高铁线路统一运营构造速度达200km/h以上的电力动车组列车，车次分“G、D、C字母开头”三种，车辆分CRH和CR系列车型。

2. 高速铁路的优势

高速铁路是一个集各项最先进的铁路技术、先进的运营管理方式、市场营销和资金筹措于一体的复杂系统工程，具有高效率的运营体系，它包含了基础设施建设、机车车辆配置、站车运营规则等多方面的技术与管理。

随着高铁时代的开启，高速铁路与其他交通运输方式相比具有很大的优势，具体优势如表3-11所示。

表3-11　高速铁路的优势

序号	优势	解释说明
1	速度快	速度是高速铁路的技术核心，也是其主要的技术经济优势所在。近几年相继建成的高速铁路，其最高运行速度都在300～350km/h。
2	运输能力大	运输能力大是高速铁路的主要技术优势之一。
3	安全性能好	高速铁路由于在全封闭环境中自动化运行，又有一系列完善的安全保障系统，所以其安全程度是任何交通工具都无法比拟的。
4	正点率高	高速铁路是有轨交通系统，且取消了地面信号。因而，除可能危及行车安全的自然灾害外，几乎不受天气和气候条件的影响，可以全天候运营。
5	舒适方便	座席宽敞舒适，性能好，运行非常平稳。减震、隔音，车内安静。
6	能源消耗少	交通运输是能源消耗的大户，能耗标准是评价交通运输方式优劣的重要技术指标。高速铁路使用的是二次能源——电力，不消耗石油等液体燃料，可利用多种形式的能源。
7	环境影响轻	高速铁路采用电力牵引，因此消除粉尘、煤烟和其他废气污染，对环境影响小，高速铁路明显优于汽车和飞机。

扫二维码了解中国高速铁路及动车组运行线路示意图（2018 年 1 月版）与中国铁路货运网上营业厅服务。

高速铁路及动车组运行线路示意图　　中国铁路货运网上营业厅服务

任务实施

步骤一：了解铁路货物运输基础知识

中国铁路的年货物发送量居世界第一位，达 30 多亿吨。可见，货物运输在铁路运输中是非常重要的一部分。

步骤二：熟悉铁路基础设施和设备

货物运输是铁路运输的重要组成部分，把铁路上用于载运货物的车辆统称为铁路货车。按其用途不同，可分为通用货车和专用货车，主要类型有棚车、敞车、罐车、平板车等。

步骤三：掌握铁路货物运输的种类

铁路货物运输的种类按照运送条件的不同，可分为按普通运送条件办理的货物运输和按特殊条件办理的货物运输；后者又可分为超长、超限货物运输、危险货物运输（含放射性货物运输）和鲜活货物运输，其余的各种货物运输均按普通货物办理；按照运送速度的不同，又可分为按普通货物列车办理的货物运输、按快运货物列车办理的货物运输和按客运速度办理的货物运输三种。中欧班列是中国开往欧洲的快速货物班列，适合装运集装箱的货运编组列车。

步骤四：熟悉国际铁路货物联运

国际铁路联运是使用一份统一的国际联运票据，由铁路负责经过两国或两国以上的全程运送，并由一国铁路向另一国铁路移交货物，不需要发货人和收货人参加的货物运输组织方式。“一带一路”倡议提出道路联通和贸易畅通的近期目标，国际铁路货运联运成为新丝绸之路经济带国际经济走廊建设的主要物流方式。

步骤五：熟悉铁路运输的新动向

陈洪敏上网查到：2017 年中欧班列全年累计开行数量达 3 271 列，安排班列运行线 57 条，从国内出口货源地北起黑龙江、南至广州、西起青海、东至华东，开行城市达到 35 个；顺畅连接欧洲 12 个国家 34 个城市。运行时间比海运节省 3/4 的时间，价格约为航空的五分之一，能有效节约时限，提升物流效率。随着“一带一路”合作的深入，“时间就是金钱”，按照我国铁路货运的未来发展，运行时间可以更短，效率可以更高。

任务评价（见表 3－12）

表 3－12 任务评价表

被考评人			考评任务	认识铁路货运	
评价标准	具体内容	分值	自我评价（30%）	小组评价（40%）	教师评价（30%）
	了解铁路货物运输基础知识	10			
	熟悉铁路基础设施和设备	20			
	掌握铁路货物运输的种类	30			
	熟悉国际铁路货物联运	20			
	熟悉铁路运输的新动向	20			
合计		100			

任务二　铁路货物运输组织

任务描述

陈洪敏在铁路局了解中欧班列业务办理事项时，刚好遇到海尔商贸林明托运 100 箱海尔滚筒洗衣机到河南郑州，他抱着学习心态观摩了这批货物的受理过程。

任务分析

拥有全世界第一大铁路运输系统的中国，铁路运输是国家的经济大动脉，是一种重要的货物运输方式。铁路货物运输流程分为发送作业、途中作业和到达作业，任何一个环节都直接影响着货物运输的服务质量。

知识储备

铁路货物的发送作业包括托运、受理、进货和验收、货物保管、货物装车、制票和承运、送票等在发运站所进行的各项货运作业，如图 3－3 所示。整车货物与零担、集装箱货物的发送作业有所不同：整车货物的发送是先装车后承运，而零担货物是先承运后装车。

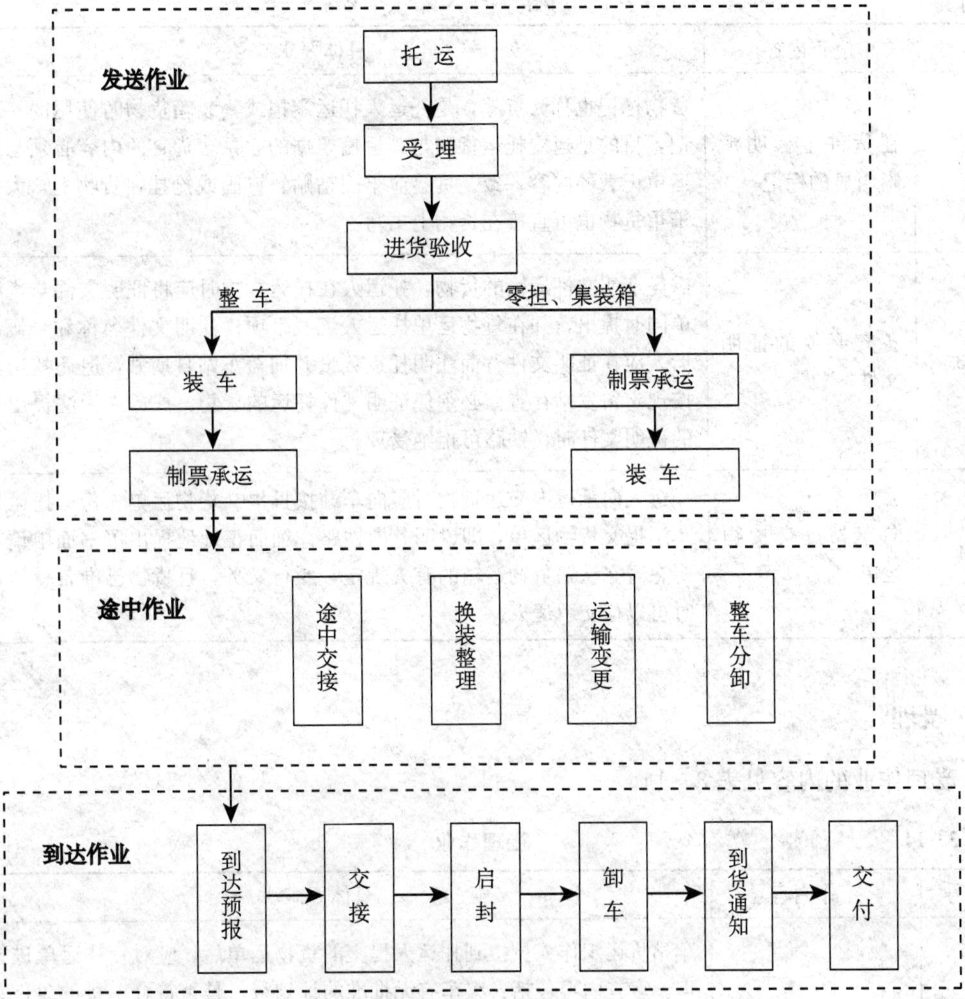

图 3-3　铁路货物运输的基本作业流程

一、货物发送作业

(一) 托运

托运作业的内容见表 3-13。

表 3-13　托运作业

序号	检查内容	具体要求
1	对货物进行符合运输要求的包装	货物包装应符合国家或行业标准。不符合包装标准的货物，应由托运人改善后再承运。暂无包装标准的货物经托运人要求，与承运人在保证运输安全的基础上，可商定包装条件。

续前表

序号	检查内容	具体要求
2	在货件上标明清晰明显的标记	货物标记也称为货签，是托运人托运零担或集装箱货物时使用的一种标记，目的是建立托运货物与其运输票据的联系。货签的内容必须与货物运单记载的内容一致。货签应牢固粘贴、钉固或拴挂在货物上，大件和笨重货物也可直接在货物上书写。
3	备齐必要的证明文件	需凭证明文件运输的货物，托运人在托运货物时应将证明文件与货物运单同时提出，并在货物运单托运人记载事项栏注明文件名称和号码。承运人应在证明文件背面注明托运数量并加盖车站日期戳，退还托运人或按规定留发站存查。必须凭证明文件托运的货物，托运人无法提出规定的证明文件时，铁路可拒绝受理。
4	向车站提交货物运单	托运人向承运人交运货物时应向车站按批提交货物运单一份。托运人向车站提交货物运单，即说明其向铁路详细而正确地提出了书面申请，并愿意遵守铁路货物运输的有关规定，履行义务，且货物已准备就绪，随时可以移交承运人。

（二）受理

受理作业的内容见表 3-14。

表 3-14　受理作业

序号	工作内容	具体要求
1	审查运单	车站货运工作人员接到托运人提交的货物运单后，应对货物运单进行评审。审查内容包括：整车有无批准的计划号，是否符合一批的条件；到站名及到站的办理限制；货物重量体积、长度是否符合铁路办理条件、车站起重能力；运单填写是否清晰、齐全、正确，领货凭证与运单相关联栏是否一致；技术资料、证明文件的必备性和齐全性等。
2	签发货物运单	（1）整车运输。若在车站内装车，则在货物运单上签订计划号码、货物搬入日期及地点，由经办人签字或盖章，交还托运人，作为将货物搬入车站的凭证；若在专用线装车，则在货物运单上签订计划号码及装车日期，将货物运单交给指定的包线货运员，按时到装车地点检查货物。 （2）零担和集装箱运输。在货物运单上签订运输号码、货物搬入日期及地点，由经办人签字或盖章，交还托运人，作为将货物搬入车站的凭证。

（三）进货验收

进货验收的内容见表 3-15。

表 3-15　　进货验收作业

<table>
<tr><th>序号</th><th colspan="2">工作内容</th><th>具体要求</th></tr>
<tr><td>1</td><td colspan="2">进货</td><td>托运人凭签证的货物运单按指定的搬入日期，将货物搬入车站，整齐堆放在指定货位，完好地交给承运人的作业。</td></tr>
<tr><td rowspan="2">2</td><td rowspan="2">验收</td><td>验收作业</td><td>(1) 货物名称、件数、重量是否与运单记载相符。整车、集装箱货物由托运人确定重量，零担货物除标准重量、标记重量或有过秤清单，以及一件重量超过车站衡器最大称量的货物外由承运人确定重量。对于托运人确定的货物重量，铁路部门有权进行抽查，如果抽查结果超过衡器最大公差时，托运人或收货人应支付过秤费。
(2) 货物的状态是否良好。
(3) 货物的运输包装和标志是否符合规定。
(4) 货物的标记（货签）是否齐全、正确。
(5) 货物上的旧标记是否撤除或抹消。
(6) 装载整车货物所需的货车装备物品或加固材料是否齐全。</td></tr>
<tr><td>堆码作业</td><td>(1) 货物堆码整齐、稳固，标记和标志向外，以便清点件数和进行交接。
(2) 一批货物不得堆放两处，对性质相抵的货物应隔离堆放，零担货物按去向堆放。
(3) 装车货物距离钢轨外侧不得小于 2m，货垛与站台边沿距离不得小于 1m，与电源开关、消火栓等设备的距离不得少于 2m。
(4) 堆放在露天货位的怕湿货物，上部要起脊并做好垫垛苫盖工作。</td></tr>
</table>

(四) 制票承运

制票承运的内容见表 3-16。

表 3-16　　制票承运作业

序号	工作内容	具体要求
1	制票	车站货运员根据货物运单填制货票。零担货物和集装箱货物验收后，即可由货运员将签证的货物运单移交货运室填制货票，整车货物则必须在货物装车后才能填制货票。
2	承运	制票后，货运员应向托运人核收运输费用，在运单、货票及物品清单上加盖发站日期戳，并在运单上填记货票号（整车货物包括车号、集装箱货物包括集装箱号），将领货凭证及货票丙联交给托运人，即为承运。承运标志着货物运输合同成立，货物正式进入运输过程，铁路部门开始对货物负责任。

(五) 装车

装车的内容见表 3-17。

表 3-17　　装车作业

序号	内容	具体解释
1	装车责任范围	(1) 在车站的公共装卸场所（货场）内开展装车组织工作，一般由承运人负责。 (2) 下列货物虽在车站公共装卸场所内进行装车作业，但由于在装车作业中需要特殊的技术或设备、工具，应由托运人或收货人负责组织。 1）罐车运输的货物。 2）冻结的易腐货物。 3）未装容器的活动物、蜜蜂、鱼苗等。 4）一件重量超过 1t 的放射性同位素。 5）用人力装卸带有动力的机械和车辆。 (3) 在专用铁道和铁路专用线开展的装车作业由托运人或收货人负责。
2	装车要求	货物的装车，应做到大不压小重不压轻、不偏载、不超载、不误装、不漏装，遵守装载加固技术条件，堆码紧密，捆绑牢固，在运输过程中不发生移动、倒垛等现象，能充分利用货车的载重量和容积，但不得超过货车的容许载重量；使用敞车装载怕湿货物应堆码成屋脊形，并盖好苫布，捆绑牢固；使用棚车时，货物应与车门保持适当的距离。
3	装车检查	(1) 装车前检查。监装货运员在装车前一定要认真做好以下“三检”工作： 1）检查货物运单：检查填记内容是否符合运输要求，有无漏填或错填现象。 2）检查待装货物：根据货物运单核对等待装车货物的品名、件数、重量、包装、标签等是否相符；集装箱货物还需检查箱体、箱号及封印。 3）检查货车：检查货车的技术状态和卫生状态是否符合运输要求。 (2) 装车后检查。 1）检查装载：检查有无超重、偏重、超限等现象，货物捆绑是否牢固，施封是否符合要求，表示牌插挂是否正确等。 2）检查运单：检查有无漏填、错填，车种、车号是否填记正确。 3）检查货位：检查有无漏装或误装现象。
4	装车后的辅助作业	(1) 施封。施封是划分责任，保证运输安全的重要措施。一般棚车、油罐车、冷藏车、集装箱都应施封，有押运人的可不施封。施封作业一般由组织装车或装箱单位负责，托运人可委托承运人施封，但必须在运单上注明“委托承运人施封”并核收施封费。 (2) 苫盖。使用敞车、平车装运怕湿货物时，应使用篷布苫盖严密并捆扎牢固。 (3) 填写运输票据。货车施封后，货运员应将车种、车号、货车标重、使用篷布张数、施封号码记入货物运单内并正确签写货运票据封套、装载清单。

知识拓展

铁路货运须凭证明文件运输的货物

必须凭证明文件运输的货物有：管制类货物，如麻醉品、枪支、民用爆炸品，须提供医药、公安部门的证明文件；卫生检疫类货物，如种子、苗木、动物和动物产品，须提供动、植物检疫部门的证明文件；物资运输归口管理类货物，如烟草、食用盐、酒类，须提供物资管理部门的证明文件；国家行政管理类货物，如进出口部门规定须凭运输许可证运输的货物，须提供运输许可证。

必须派人押运的货物

有些货物因性质特殊，在运输中需要有熟悉货物性质的人加以特殊保护和照料，才能保证货物在运输途中安全与完整。托运人必须派人押运的货物有：活动物、需要浇水运输的鲜活植物、生火加温运输的货物、挂运的机车和轨道起重机以及按特殊规定应派人押运的货物。除特定者之外，押运人数每批不得超过2人。

二、货物途中作业

托运人或收货人要求变更或解除时，应提出领货凭证和货物运输变更要求书，不能提出领货凭证时，应提出其他有效证明文件，即领货凭证以外的能够证明其是运输合同当事人的书面文件，如单位介绍信等，并在货物运输变更要求书内注明。

车辆安排妥当即可组织货物装车和发送。货物运输途中主要办理以下业务。

（一）铁路货运合同的变更

铁路货运合同的变更，是指经合同双方同意，对运输的货物、运期、到站及收货人等，在法律允许的范围内进行更改的法律行为。变更的内容如下：

1. 变更到站

货物已装车挂运，托运人与收货人可按批向货物所在的中途站或到站申请变更到站。但是为了保证运输安全，液化气体罐车不允许进行运输变更或重新起票办理新到站，如遇特殊情况需要变更或重新起票办理新到站，需要经铁路局批准。

2. 变更收货人

货物已装车挂运，托运人与收货人可按批向货物所在的中途站或到站申请变更收货人。

（二）货运合同变更的限制

铁路是按计划运输货物的，合同变更必然会给铁路运输的正常秩序带来一定影响。因此，铁路货运合同在下列情况下，不得办理变更：

（1）违反国家法律、行政法规、物资流量或运输限制。

（2）变更到站后的货物运到期限大于容许运输期限。

（3）第二次变更到站的，变更一批货物中的一部分。

（三）货运合同变更的处理

托运人或收货人要求变更时，应提出领货凭证、货物运输变更要求书，提不出领货凭证时，应提出其他有效证明文件，并在货物运输变更书要求内注明，以避免变更合同后原收货人向承运人提出领货要求而出现不必要的货运纠纷。

三、货物到达作业

货物到达作业就是货物在到站进行的货物作业，包括收货人向承运人的到站查询、缴费、领货、接受货物运单，与到站共同完成交付手续；到站向收货人发出货物催领通知，接受到货查询，收费。交货，交单，与收货人共同完成交付手续；由铁路组织卸车或收货人自己组织卸车，到站向收货人交付货物或办理交接手续，到达列车乘务人员的交接，亦为到达作业。

（一）货物到达查询

托运人在将货物托运后，将“领货凭证”寄交收货人。收货人接到“领货凭证”后，及时联系货物的到达情况。承运人组织卸车的货物，到站应不迟于卸车结束的次日内，用电话、短信或邮件等向收货人发出领货通知或送货通知，并在货票内记明通知方法和时间。

（二）货物的暂存

对到达的货物，收货人有义务及时将货物搬出，铁路也有义务提供一定的免费保管期间，以便收货人安排搬运车辆，办理仓储手续。免费保管期间规定为：承运人在车站公共装卸场所内组织卸车的货物，收货人应于承运人发出领货通知的次日（不能实行领货通知及送货通知或会同收货人卸车的货物为卸车的次日）起算，2 日内将货物搬出或接收。超过上述期间未将货物搬出或接收货物，对其超出的期间核收仓储费。

从承运人发出领货通知或送货通知次日起（不能实行领货通知时，从卸车结束的次日起），经过查找，满 30 日（搬家货物满 60 日）仍无人领取的货物或收货人拒领，托运人又未按规定期限提出处理意见的货物，承运人可按无法交付货物处理。

（三）货物交付

货物的交付工作内容见表 3-18。

表 3-18　货物的交付工作内容

序号	工作内容	备　注
1	票据交付	收货人领取货物必须凭“领货凭证”和相关证件到货运室办理货物领取手续。收货人为个人的，还应持有本人证件（户口簿或身份证）；收货人为单位的，应由单位出具所领取货物和领货人姓名的证明文件及领货人本人身份证。

续前表

序号	工作内容	备　注
2	费用结算	货物在运输中发生的费用（如包装整修费、托运人责任的整理或换装费、货物变更手续等）和到站发生的杂费，在到站应由收货人支付。铁路部门在收货人支付完费用，并在货票丁联盖章（或签字）后，留下领货凭证，在运单和货票上加盖到站交付日期戳，然后将运单交给收货人，凭此领取货物。
3	现货交付	现货交付即承运人向收货人点交货物。收货人持货运室交回的运单到货物存放点领取货物，货运员向收货人点交货物完毕后，在运单上加盖“货物交讫”戳记，并记明交付完毕的时间，然后将运单交还给收货人，凭此货物搬出货场。

【例 3-1】铁路零担接收程序示意图如图 3-4 所示。

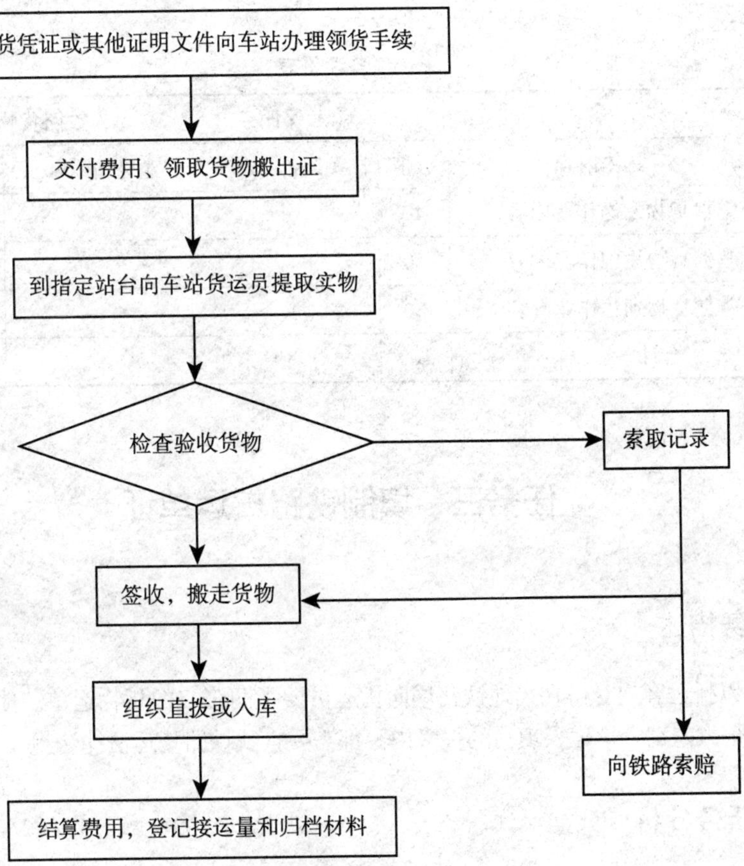

图 3-4　铁路零担接收程序示意图

任务实施

步骤一：掌握货物发送作业内容

铁路货物的发送作业包括托运、受理、进货和验收、货物保管、货物装车、制票和承运、送票等在发运站所进行的各项货运作业。陈洪敏遇见的客户对托运的货物进行了零担货物托运申请，零担货物是先承运后装车。

步骤二：掌握货物途中作业内容

铁路货物的途中作业包括货运交接检查、特殊作业及异常情况的处理。中国铁路现行的货运作业按照《铁路货物运输规程》的有关规定办理。

步骤三：掌握货物到达作业内容

货物在到站后进行的各种货运作业，称为到达作业。到达作业包括：重车和货运票据的交接、货物的卸车、保管和交付，以及运输费用的最后结算等。收货人应向到站查询、缴费、领货、接受货物运单，到站则需向收货人发出货物催领通知，接受到货查询、收费、交货、交单，彼此共同完成交付手续。货物经过到达作业后，运输合同即告终止。

任务评价（见表 3-19）

表 3-19 任务评价表

被考评人			考评任务	铁路货物运输组织	
评价标准	具体内容	分值	自我评价（30%）	小组评价（40%）	教师评价（30%）
	掌握货物发送作业内容	40			
	掌握货物途中作业内容	30			
	掌握货物到达作业内容	30			
合计		100			

任务三　填制铁路货运单证

任务描述

陈洪敏以托运客户身份在当地铁路局向货运员要了两张空白货物运单。他发现铁路运单与公路运单有很大差别，承运人填写的很多内容都需要查找铁路货运法律法规及规范性文件。

任务分析

货运票据在出发站是向托运人核收运输费用的收款收据，在到站是收货人办理交付手续的一种凭证，要求填记的内容和方法符合规定。

知识储备

铁路货物运输是指托运人委托承运人运输货物，并按照规定向承运人提交托运计划和运单的行为。

一、国内铁路货运单证

国内铁路货物运输的单证主要有货物运单和货票两种。

(一) 货物运单

1. 货物运单的概念

货物运单是铁路与发货人（货主或货运人代理人）之间为了运输货物而签订的一种运输合同，体现了在货物运输过程中承、托双方的权利、义务和责任，双方都应对所填内容负责。

货物运单和领货凭证按一式两联印制，上联为货物运单（见表 3－20），下联为领货凭证（见表 3－21）。

2. 货物运单的填制

货物运单的填写，分为托运人填写和承运人填写两部分。“托运人填写”和“领货凭证”有关各栏由托运人填写，“承运人填写”各栏由承运人填写。承、托方在填写时均应对运单所填记的内容负责。货物运单填写时，要求按规定完整地填写，字迹要清楚，使用的简体字要符合国家规定，不得使用自造字。运单有更改时，属于托运人填记事项，应由托运人盖章证明；属于承运人记载事项，应由车站加盖站名戳记。托运人对运单和物品清单内的所填记事项的真实性负责任。匿报、错报货物品名、重量时，托运人应按照规定承担责任。

为了分清承运人与托运人之间的责任，承运人对托运人填记事项，除承运变更到站或收货人时，由处理站根据托运人提出的货物变更要求书代为更正“到站（局）”“收货人”“收货人地址”栏内填记的内容，并加盖站名戳记外，其余项目不得更改。遇到以下三种情况，托运人在提交运单的同时，还须提供清单一式三份：

（1）一批托运的货物品名过多，不能在运单内逐一填记。

（2）搬家货物。

（3）同一包装内有两种以上的货物。

物品清单由车站加盖车站承运日期戳后，一份由发站存查，一份随同运输票据递交到站，一份退还托运人。

3. 货物运单的传递

货物运单的传递流程：托运人→发站→到站→收货人。

领货凭证的传递流程：托运人→发站→托运人→收货人→到站。

(二) 货票

货票是铁路货物运输凭证（见表 3－22），可以作为承运货物的依据和交接运输的凭证，是一种财务性质的货运票据，也是铁路运营的主要票据之一，它是有价证券并带有号码，须妥善保管，不得遗失。

表 3-20

××铁路局
货 物 运 单

货物约定于　年　月　日交接
货位
号码
运到期限　日

运单号：

承运人/托运人装车
承运人/托运人施封

货票号：

<table>
<tr><td>发站</td><td></td><td>专用线名称</td><td colspan="3"></td><td>专用线代码</td><td></td><td rowspan="2">车种车号</td><td rowspan="2"></td></tr>
<tr><td>到站（局）</td><td></td><td>专用线名称</td><td colspan="3"></td><td>专用线代码</td><td></td></tr>
<tr><td rowspan="3">托运人</td><td>名称</td><td colspan="6"></td><td rowspan="2">货车标重</td><td rowspan="3"></td></tr>
<tr><td>地址</td><td colspan="3"></td><td>邮编</td><td colspan="2"></td></tr>
<tr><td>经办人姓名</td><td></td><td>经办人电话</td><td></td><td>E-mail</td><td colspan="2"></td><td rowspan="2">货车施封号码</td></tr>
<tr><td rowspan="3">收货人</td><td>名称</td><td colspan="6"></td><td rowspan="3"></td></tr>
<tr><td>地址</td><td colspan="3"></td><td>邮编</td><td colspan="2"></td><td rowspan="2">货车篷布号码</td></tr>
<tr><td>经办人姓名</td><td></td><td>经办人电话</td><td></td><td>E-mail</td><td colspan="2"></td></tr>
<tr><td rowspan="4">选择服务</td><td colspan="3">□门到门运输：　□上门装车　□上门卸车
□门到站运输：　□上门装车
□站到门运输：　□装载加固材料　□上门卸车
□站到站运输：　□装载加固材料</td><td>取货地址</td><td colspan="5"></td></tr>
<tr><td colspan="3"></td><td>取货联系人</td><td colspan="2"></td><td>电话</td><td colspan="2"></td></tr>
<tr><td colspan="3">□保价运输</td><td>送货地址</td><td colspan="5"></td></tr>
<tr><td colspan="3">□仓储</td><td>送货联系人</td><td colspan="2"></td><td>电话</td><td colspan="2"></td></tr>
</table>

<table>
<tr><td>货物名称</td><td>件数</td><td>包装</td><td>集装箱箱型</td><td>集装箱箱号</td><td>集装箱施封号</td><td>货物价格</td><td>托运人填报重量（千克）</td><td>承运人确定重量（千克）</td></tr>
<tr><td></td><td></td><td></td><td></td><td></td><td></td><td></td><td></td><td></td></tr>
<tr><td></td><td></td><td></td><td></td><td></td><td></td><td></td><td></td><td></td></tr>
<tr><td></td><td></td><td></td><td></td><td></td><td></td><td></td><td></td><td></td></tr>
<tr><td>合计</td><td></td><td></td><td></td><td></td><td></td><td></td><td></td><td></td></tr>
<tr><td>托运人
记载事项</td><td colspan="4"></td><td>承运人
记载事项</td><td colspan="3"></td></tr>
</table>

<table>
<tr><td>托运人盖章或签字
年　月　日</td><td>发站承运日期戳
年　月　日</td><td>承运货运员签章
年　月　日</td><td>到站交付日期戳
年　月　日</td><td>交付货运员签章
年　月　日</td></tr>
</table>

表 3－21

领　货　凭　证

承运人/托运人装车 承运人/托运人施封

货物约定于　年　月　日交接

货位

号码　　　　　　运单号：　　　　　　货票号：

运到期限　日

发站		专用线名称		专用线代码		车种车号	
到站（局）		专用线名称		专用线代码			
托运人	名称					货车标重	
	地址			邮编			
	经办人姓名		经办人电话	E-mail		货车施封号码	
收货人	名称						
	地址			邮编		货车篷布号码	
	经办人姓名		经办人电话	E-mail			

选择服务					
□门到门运输：	□上门装车	□上门卸车	取货地址		
□门到站运输：	□上门装车		取货联系人		电话
□站到门运输：	□装载加固材料	□上门卸车	送货地址		
□站到站运输：	□装载加固材料		送货联系人		电话
□保价运输					
□仓储					

货物名称	件数	包装	集装箱箱型	集装箱箱号	集装箱施封号	货物价格	托运人填报重量（千克）	承运人确定重量（千克）
合计								
托运人记载事项			承运人记载事项					

托运人盖章或签字 年　月　日	发站承运日期戳 年　月　日	承运货运员签章 年　月　日	到站交付日期戳 年　月　日	交付货运员签章 年　月　日

表 3－22

××铁路局
货　票

号码
运单号码

甲联　发站存查

发站			专用线名称（代码）			车种车号			货车标重	
到站（局）			专用线名称（代码）			装车	费别	金额	费别	金额
经由			施封或篷布号码							
运价里程				运到期限						
托运人	名称		经办人		电话					
	地址				邮编					
	取货地址	里程	联系人		电话					
收货人	名称		经办人		电话					
	住址				邮编					
	送货地址		联系人		电话					
服务内容							费用合计			

货物名称	品名代码	件数	包装	保价金额	托运人填报重量（千克）	承运人确定重量（千克）	计费重量	运价号	运价率	集装箱箱型	集装箱箱号	集装箱施封号
合计												
记事												

发站承运日期戳

经办人章

铁路货票是铁路部门清算运输费用，统计铁路所完成的工作量、运输收入及有关货运工作指标的根据。在车站，货票具有货物运输合同运单副本的性质，是处理货运事故、向收货人支付逾期违约金和补退运杂费的依据；在发站，货票是向托运人核收运输费用的收款收据；在运输过程中，货票是货物运输凭证，跟随货物一直到达目的站；在到站，货票是与收货人办理交付手续的一种凭证。

车站货运室根据装车后送来的货物运单，经核算运费后填制货票。铁路车站已经普遍应用计算机进行货运的计费和制票工作。

二、国际铁路货运运输单证

国际铁路货运所涉及的运输单证主要有国际货协运单和运单的随附单据。

（一）国际货协运单

国际货协运单简称货协运单，是参加国际货协的各国之间办理铁路联运时所使用的单据，是一种国际铁路货物联运运单。货协运单是由发送国参加运送货物的各国铁路代表与发货人之间订立的运送契约。

（二）运单的随附单据

经国际铁路联运出口的货物通过国境站时，需要履行海关手续、商品检验、卫生检疫等法定手续，为此发货人必须将所需的文件附在运单上。这些文件主要有出口货物报关单、出口货物明细单，根据货物性质的需要还可能有出口许可证、品质证明书、商品检验证书、植物检验证书或兽医证明书等。其他有关单据，则视合同的规定和货物不同要求而定。

三、货物运到期限的计算

（一）铁路货物运到期限

铁路在现有技术设备条件和运输工作组织水平的条件下，根据货物运输种类和运输条件，将货物由发运至到站而规定的最长运输限定天数，称为货物运到期限。依据《中华人民共和国铁路法》的规定，铁路承运的货物应在与托运人签订的合同中规定的运到期限内运至到站，这是承运人履行运输合同应尽的义务，也是铁路运输部门的基本职责。

（二）运到期限的计算

货物运到期限按自然日计算。货物运到期限起码为 3 日，即计算出的运到期限不足 3 日时，按 3 日计算。运到期限由以下三部分组成。

1. 货物发送期间（T 发）

货物发送期间是指车站完成货物发送作业的时间，它包括发站从货物承运、装车到挂出的全部时间。货物发送期间为 1 天。

2. 货物运输期间（T 运）

货物运输期间是货物在途中的运输天数，运价里程每 250km 或其未满为 1 天；按快运办理的整车货物，运价里程每 500km 或其未满为 1 天。

3. 特殊作业时间（T 特）

特殊作业时间是为某些货物在运输途中进行作业所规定的时间，具体规定如下：

（1）需要中途加冰的货物，每加冰 1 次，另加 1 天。

（2）运价里程超过 250km 的零担货物和 1t、5t（6t）型集装箱，另加 2 天，超过 1 000km 加 3 天。

（3）单件货物重量超过 2t、体积超过 $3m^3$ 或长度超过 9m 的零担货物另加 2 天。

（4）整车分卸货物，每增加一个分卸站，另加 1 天。

（5）准、米轨间直通运输的整车货物，另加 1 天。

（6）需要上门装、卸货物，各另加 1 天；需要门到门发站、到站到门接取送达货物，各另加 1 天。

对于上述特殊作业时间应分别计算，当一批货物同时具备上述几项时，应相加计算。

若运到期限用 T 表示，则 T＝T 发＋T 运＋T 特。

【例 3-2】 广安门站承运到石家庄站（两地运价里程 274km）零担货物一件，重 2 300kg，计算运到期限。

解： 1）T 发＝1（天）。

2）T 运＝274/250＝1.069＝2（天）。

3）运价里程超过 250km 的零担货物另加两天，单件货物重量超过 2t 的零担货物另加 2 天，T 特＝2＋2＝4（天）。

所以，这批货物的运到期限为：T＝T 发＋T 运＋T 特＝1＋2＋4＝7（天）。

四、货物运到逾期

货物的实际运到天数超过规定的运到期限时，即为运到逾期。

（一）货物实际运到天数的计算

货物的实际运到天数是指从起算时间到终止时间的这段时间。

起算时间指从承运人承运货物的次日（指定装车日期的，为指定装车日的次日）起算。

终止时间指到站由铁路组织卸车的货物，到卸车结束时止；由收货人组织卸车的货物，至货车调到卸车地点或货车交接地点时止。

(二) 货物实际运到天数的扣除情况

如遇下列情况，造成货物在运输过程中的滞留时间，应从实际运到天数中扣除：因不可抗力的原因引起；由于托运人的责任致使货物在途中发生换装、整理所增加的时间；因托运人或收货人要求运输变更所增加的时间；运输活动物途中上水的时间；其他非承运人责任增加的时间。上述原因导致货物发生滞留时，发生货物滞留的车站应在货物运单“承运人记载事项”栏内写明滞留的时间及原因。到站应将各种情况所发生的滞留时间加总，如加总后的时间不足 1 日的，尾数进整为 1 日。

(三) 运到逾期违约金

如果货物逾期运到，不论收货人是否因此受到损害，铁路运输企业均应向收货人支付违约金。违约金的支付是根据逾期日数，按承运人所收运费的百分比计算。但超限货物、限速运行的货物、免费运输的货物，以及货物全部灭失时，若运到逾期，则承运人不支付违约金。从铁路发出催领通知次日起（不能实行催领通知或会同收货人卸车的货物为卸车的次日起），收货人于两天内未将货物领出，即失去要求铁路运输企业支付违约金的权利。

五、铁路货运运费计算

(一) 铁路货物运费项目的确定

1. 确定运价号

我国现行铁路货物运价实行分号运价制。整车（含冷藏车）货物运价号分为 8 个（1～7、机械冷藏车）；零担货物运价号分为 2 个（21、22）；集装箱货物运价号分为 2 个（20 英尺、40 英尺）。铁路货物运价种类如表 3－23 所示。

表 3－23　铁路货物运价种类

序号	分类标准	具体分类内容	概念
1	货物运输种类	整车货物运价 零担货物运价 集装箱货物运价	（略）
2	适用范围	普通货物运价	指铁路在全路正式营业线上都适用的统一运价，是货物运价的基本形式
		国际联运运价	指铁路对国际联运货物所规定的运价
		特定运价	指铁路对普通运价的补充

在计算运费时，必须根据货物运单上填写的正确货物名称查找《铁路货物运输品名分

类与代码表》，确定正确的运价号。

2. 确定货物运价率

铁路货物运价率是根据运价号制定出对应于每一运价号的发到基价和运行基价，见表 3-24。发到基价是与运送里程远近无关的始发和终到作业时单位重量（箱数）的运价，只与计费重量（箱数）有关。运行基价是指货物在途运输期间单位重量（箱数）每一运价千米的运价，它既与计费重量（箱数）有关，又与运价里程有关。货物运费的计算按承运货物当日实行的运价率计算。

表 3-24　　铁路货物运价率表（2015 年 1 月）

办理类别	运价号	发到基价		运行基价	
		单位	标准	单位	标准
整车	2	元/吨	9.50	元/吨公里	0.086
	3	元/吨	12.80	元/吨公里	0.091
	4	元/吨	16.30	元/吨公里	0.098
	5	元/吨	18.60	元/吨公里	0.103
	6	元/吨	26.00	元/吨公里	0.138
	7			元/轴公里	0.525
	机械冷藏车	元/吨	20.00	元/吨公里	0.140
零担	21	元/10 千克	0.22	元/10 千克公里	0.001 11
	22	元/10 千克	0.28	元/10 千克公里	0.001 55
集装箱	20 英尺箱	元/箱	500.000	元/箱公里	2.025
	40 英尺箱	元/箱	680.00	元/吨公里	2.754

3. 确定运价里程

运价里程根据《货物运价里程表》，按照发站至到站间铁路正式营业线最短路径计算，但《货物运价里程表》内或铁道部门规定有计费经路的，按规定的计费路径计算运价里程。运价里程不包括专用线、货物支线的里程。通过轮渡时，应将换装站至码头线的里程，加入运价里程内计算。

在运单内注明货物性质要求（如鲜活货物、超限货物等）必须绕路运输时，以及自然灾害或其他非铁路责任，托运人要求绕路运输时，运价里程按实际经由距离计算。

4. 确定计费重量

(1) 整车货物计费重量。

一般情况下，整车货物按货车标记载重量（简称标重）计算运费，货物实际重量超过标重时，按货物实际重量计费。计费以吨为单位，吨以下四舍五入。

在特殊情况下，按《铁路货物运价规则》的有关规定计费重量计费。

（2）零担货物计费重量。

零担货物以10千克为基本单位，不足10千克的以10千克计。

《铁路货物运价规则》有规定计费重量的货物按规定计费重量计费。一般情况下，零担货物的计费重量按货物重量或货物体积折合重量择大计费，即每立方米重量不足500千克的轻浮货物，按每1立方米体积折合重量500千克计算。折合重量根据托运人在货物运单“托运人记载事项”栏内填记的货物“长×宽×高”的尺寸按下式计算：

折合重量（kg）＝500（kg/m^3）×体积（m^3）

（二）计算铁路货物运输运费

1. 铁路货物运费的构成

铁路货物运费的确定通常受到货物运输组织形式、货物的种类、货物的计费重量及货物的运输距离等因素的影响。铁路货物运价由发到基价和运行基价两部分组成。

2. 铁路货物运费计算程序

（1）根据货物运单上填写的货物名称查找《铁路货物运输品名分类与代码表》《铁路货物运输品名检查表》，确定适用的运价号。

（2）根据运价号分别在《铁路货物运价率表》中查出适用的运价率（即发到基价和运行基价）。

（3）根据发站和到站，按《货物运价里程表》计算出发站至到站的运价里程。

（4）根据货物种类、重量，确定计费重量。

（5）货物适用的发到基价加上运行基价与货物的运价里程相乘后，再与计费重量（集装箱为箱数）相乘，计算出运费。

运杂费尾数按以下处理：计算出的每项运费、杂费均以元为单位，尾数不足1角时，按四舍五入处理。

3. 计算公式

整车运费＝（发到基价＋运行基价×运价里程）×计费重量

零担运费＝（发到基价＋运行基价×运价里程）×计费重量/10

集装箱货物每箱运价＝发到基价＋运行基价×运价里程

【例3-3】 客户肖敏从广安门发往包头图书一批，重450kg，货物总体积0.94立方米，按总重量托运，试计算运费。

解： 肖敏托运的货物属于铁路零担货物运输。根据发站和到站，从《货物运价里程表》查出发站至到站的运价里程：广安门—包头699km；查《铁路货物运输品名检查表》，图书的运价号为21号。再查《铁路货物运价率表》，运价号为21号，发到基价为0.22元/10千克，运行基价为0.001 11元/10千克。

折合重量＝500×0.94＝470（kg）＞实际重量450kg

计费重量＝470kg

零担运费=(发到基价+运行基价×运价里程)×计费重量/10
=(0.22+0.001 11×699)×470/10
=46.8(元)

因此，该批货物的运费为46.8元。

(三) 铁路货物运输的其他费用

1. 杂费的计算

铁路货运杂费是指铁路运输的货物自承运至交付时的全过程中，铁路运输企业向托运人、收货人提供的辅助作业和劳务，以及托运人或收货人额外占用铁路设备、使用用具和备品所发生的费用，简称货运杂费。如冷却费、D型长大货物车使用费、D型长大货物车空车回送费、取送车费、机车作业费、货车篷布使用费、集装箱使用费、货物装卸作业费、货物保价费、仓储费、货车延期占用费、货车篷布延期使用费、货物运输变更手续费等。具体的核收项目和收费标准按照国家公布的《国家铁路杂费收费项目和收费标准》核收。

杂费=杂费费率×杂费计费单位

2. 铁路建设基金

铁路建设基金（以下简称基金）是国家批准开征的用于铁路建设的专项资金。铁路建设基金由发站一次核收。

建设基金=费率×计费重量（箱数或轴数)×运价里程

铁路建设基金费率见《铁路货物运价规则》中的铁路建设基金费率表。

3. 铁路电气化附加费

铁路电气化附加费由发站一次核收，铁路电气化里程按该批货物经由国铁正式营业线和实行统一运价的运营临管线电气化区段的运价里程合并计算。电气化附加费计算公式为：

电气化附加费=费率×计费重量（箱数或轴数)×电气化里程

铁路电气化附加费费率见《铁路货物运价规则》中的铁路电气化附加费费率表。

4. 印花税

国家规定，铁路货运业务中运费结算凭证载明的承、托运双方，均为货运凭证印花税的纳税人。托运方和承运方所纳印花税由铁路分局汇总交当地税务机关。

印花税以每张货票计算，按运费的万分之五计收。不足1角（或运费不足200元）的免税，超过1角按实际收缴，计算到分。

(四) 铁路货物运费的收取

1. 铁路门到门运输一口价

铁路门到门运输一口价（简称门到门一口价，下同）是指货物从托运人指定上门取货地点装车开始、接运至发站、运输至到站、送达卸货至收货人指定到门收货地点止的全过程运输服务中发生的费用。

根据《铁路门到门运输一口价实施办法（暂行）》的规定，除国际联运过境运输、军运后付、米轨运输外，其他货物运输均实行门到门一口价。

2. 门到门一口价的内容

门到门一口价包括门到门运输服务全过程中按规定收取的所有费用，包含运费、铁路建设基金、电气化附加费、特定线路运费、特定加价运费和发站实际发生的接取送达费、取送车费、装卸费、抑尘费、保价费、集装箱使用费、货车篷布使用费、D型长大货物车使用费、押运人乘车费、集装箱延期使用费、装载加固材料费等杂费，以及到站发生的装卸费、取送车费、接取送达费、翻卸车维检费等。其中，上门装卸货物、两端的接取送达、车站货场的装载加固材料、保价运输等服务由托运人自愿选择，按规定收取相应费用。

扫二维码了解中国铁路客户服务中心网站有关铁路货物运费报价、货运服务法律法规及规范性文件的介绍资料。

铁路货物运费查询　　　　货运服务法律法规及规范性文件

任务实施

步骤一：掌握国内铁路货运单证

货物运单，是承运人与托运人之间，为运输货物而签订的一种运输合同；铁路货票是铁路运营的主要票据之一，是铁路部门运输统计、财务管理、货流货物分析的原始信息，也是运输高度指挥作业不可缺少的基础依据。

步骤二：了解国际铁路货运运输单证

陈洪敏积极了解公司现有的公路货物运输设备，知道公司有5吨、8吨、10吨及12米、10米、9.6米等型号载货汽车，各种货车都有自己的特点。

步骤三：掌握货物运到期限的计算

货物运到期限是指从发站承运货物的次日起，至到站卸车结束时止或货车调到卸车地点、货车交接地点时止的时间。货物运到期限＝货物发送期间＋货物运输期间＋特殊作业时间。货物运到期限起码为3日。

步骤四：熟悉货物运到逾期确定方法

货物的实际运到天数－规定的运到期限＝超过天数

与其他交通方式相比，铁路运输在安全、经济、舒适方面有自身的优势，但在快捷、方便上仍存在诸多问题，特别是在货物运输方面，主要表现为手续烦琐、速度慢、时效差、运到期限缺乏保证。这不仅影响运输质量，也是造成高附加值货运市场份额下降、货源流失的重要原因。在同等服务水平下，运输时间已经成为铁路运输适应社会需求、扩大运输市场份额的关键因素，铁路货物运输尤其要保证货物运到期限。

步骤五：掌握铁路货运运费计算步骤

陈洪敏查询《铁路货物运价规则》，了解到铁路货物运输分为整车、零担和集装箱，运价号也不同。运输费用包括运费和杂费。运费由三部分组成：(1) 整车每吨运价＝基价1＋基价2×运价公里；(2) 电气化附加费＝费率×计费重量×电气化里程；(3) 铁路建设基金＝费率×计费重量×运价里程。杂费包括取送车费、表格费、印花税等零碎费用及装卸费，有专门的计费标准，可以查询《铁路货物运价规则》，装卸费也有相应规定费率。

任务评价（见表3-25）

表3-25　任务评价表

被考评人			考评任务	填制铁路货运单证	
	具体内容	分值	自我评价（30%）	小组评价（40%）	教师评价（30%）
评价标准	掌握国内铁路货运单证	25			
	了解国际铁路货运运输单证	10			
	掌握货物运到期限的计算	25			
	熟悉货物运到逾期确定方法	15			
	掌握铁路货运运费计算步骤	25			
合计		100			

项目小结

本项目主要讲述了铁路货物运输相关业务及流程，介绍了铁路货物运输的类型、发展趋势，阐述了铁路货物的运输组织，并介绍了货物运到期限、运到逾期及货物运费的计算方法。

思考与练习

一、判断题

1. 零担货物一件体积不得小于0.02m^3（一件重量在10kg以上的除外），每批不得超过300件。（　　）

2. 托运人要求按快运办理时，铁路无限制条件。（　　）

3. 铁路货运起码日数为2天，即计算出的运到期限不足2天时，按2天计算。（　　）

4. 危险货物可办理途中装卸。（　　）

5. 按保价运输的货物和不按保价运输的货物可作为同一批进行运输。（　　）

二、不定项选择题

1. 将山西大同的1万吨煤炭运往北京，选择（　　）方式比较适合。

A. 公路运输　　B. 铁路运输　　C. 航空运输　　D. 水路运输

2. 铁路运输区别于其他运输方式的最显著的特点是（　　）。

A. 运量大　　B. 机动灵活　　C. 连续性强　　D. 速度快

3. 将铁路货物“领货凭证”及时交给收货人并通知有关收货单位或人员到站领取货物的义务方是（　　）。

A. 承运方　　B. 托运方　　C. 装卸公司　　D. 代理公司

4. 铁路货物装车前的检查包括（　　）。

A. 检查运单　　B. 检查货物　　C. 检查货车　　D. 检查货位

5. 铁路货票是（　　）。

A. 铁路运输货物的凭证　　B. 财务性质的票据

C. 承运货物的依据　　D. 交接运输的凭证

三、简答题

1. 简述铁路货物运输的主要业务环节。

2. 铁路货物到达交接工作有哪些内容?

3. 简述铁路整车货物与零担货物发送作业流程的区别。

4. 如何计算铁路货物的运到期限?

5. 五定班列的优势有哪些?

项目四　航空货物运输

学习目标

知识目标：

1. 了解航空货运相关术语。
2. 熟悉航空货运有关当事人。
3. 掌握航空货物运输方式。
4. 掌握航空货运运价计算。

能力目标：

1. 能根据货物选择合适的航空货运方式。
2. 学会填制航空货运单证。
3. 能正确核算航空货物运费。
4. 能组织航空货运业务。

本项目知识结构图：

- 航空货物运输
  - 认识航空货物运输
    - 航空货物运输的特点
    - 航空货运相关术语
    - 航空货运相关组织
    - 航空货运有关当事人
  - 航空货物运输方式及航空货运代理公司货物组织方式
    - 航空货物运输方式
    - 航空货运代理公司货物组织方式

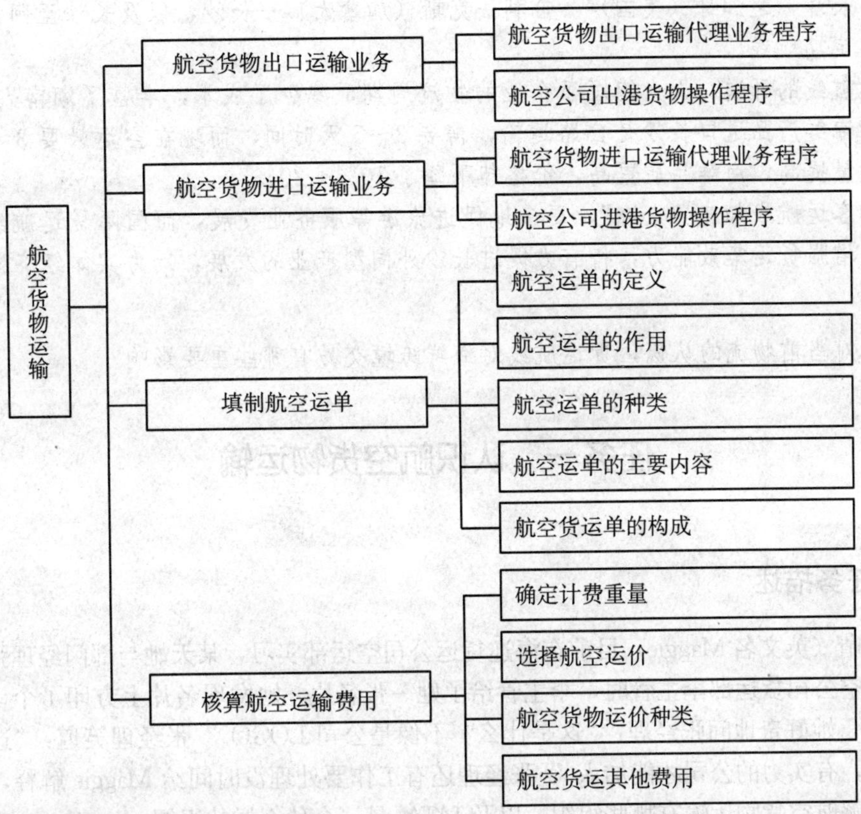

案例导读

东南亚海鲜3小时鲜活抵湘

2017年12月2日晚21时48分，一架载有2.6吨东南亚海鲜的货运包机抵达长沙黄花国际机场，这是湖南省首架进境货运包机，运载的鲜活水产品包括南美白对虾、草虾、青蟹、笋壳鱼等，共2 606千克。飞机从越南胡志明市起飞，经3个小时抵湘。这些鲜活水产品经湖南出入境检验检疫局现场查验及抽样监测合格后，于当晚快速放行，由进口商分销至消费市场。

湖南出入境检验检疫局工作人员介绍，近年长沙机场口岸先后获批进口冰鲜水产品、进口食用水生动物指定口岸，虽然市场消费需求大，但因为没有货运航线，进口食用水生动物、冰鲜水产品等只能采取客机带货的方式，在客运高峰时期，经常发生运能饱和而导致进口计划落空的情况，且客机的运载量无法满足大量进口的需要。2017年1—11月，长沙机场口岸共进口鲜活水生动物19.8吨，数量远远无法满足省内市场消费需求。包机直航实现了鲜活水产品的大批量直接进口，预计进口将大幅增加，也标志着湖南省国际航空货运和临空经济发展进入新阶段。

除了开通长沙至胡志明全货机定期国际航线外，长沙正在加快研究开通长沙至菲律宾马尼拉、长沙—芝加哥（美国）—哈利法克斯（加拿大）—长沙，以及长沙至阿姆斯特丹的全货机定期航线。

货运航线的开通，大大缩短了企业的物流周期，减少了成本，丰富了湖南人的餐桌。以前越南海鲜产品进口长沙是公路运输，需要3～5天时间，而现在空运只要3小时，损耗减少运量提高，海鲜品质更高，价格却下降了10%～20%。

国际客运航线加速“人流”，更多地促进旅游等服务业发展，而国际货运航线带来的“物流”，增强货运集散能力，将有力促进长沙外向型产业的发展，助力实体经济腾飞。

请思考：

以你对当前物流的认识，货运航线对海鲜跨境交易有哪些重要影响？

任务一 认识航空货物运输

任务描述

杨美晴（英文名 Maggie）目前在海迩货运公司空运部实习，某天她与部门经理张方奇拜访南方航空公司货运部李主管时，李主管给了她一张名片。她发现名片上方印了个“IATA”的LOGO，她好奇地问张经理：“这是什么？不像是公司LOGO。”张经理笑道：“这是一个运输组织，有实力的公司才能加入。”张经理还有工作要处理没时间给 Maggie 解释，她只能自己去了解航空货物运输有哪些组织，以及 IATA 是一个什么样的组织。

任务分析

航空货物运输是交通运输体系的一个重要组成部分，航空货物运输促进了经济的全球化发展。航空货物运输本身是经济领域的一个重要行业，除了其自身的经济效益外，还带动了一批相关产业的发展，如跨境电商等。总而言之，在整个物流业务活动中，航空货物运输具有很重要的地位。

知识储备

一、航空货物运输的特点

航空货物运输虽然起步较晚，但发展异常迅速，特别是受到企业客户的青睐，原因之一就在于它具有许多其他运输方式所不能比拟的优越性。

（一）航空货物运输的优点

1. 速度快

“快”是航空运输的最大特点和优势。现代喷气式客机，巡航速度为800～900km/h，比汽车、火车快5～10倍，比轮船快20～30倍。距离越长，航空运输所能节约的时间越多，快速的特点也越显著。当今国际市场商品竞争异常激烈，市场行情瞬息万变，为了抢行就市获得较高的经济效益，就必须争取时间把货物运到急需的市场，这就必须依赖航空运输，才有可能使商品形成在国际市场上的竞争力。

2. 机动性强

飞机在空中飞行，受航线条件限制的程度比汽车、火车、轮船小得多。它可以将地面上任何距离的两个地方连接起来，进行定期或不定期飞行。尤其对灾区的救援、供应，边远地区的急救等紧急任务，航空运输已成为必不可少的手段。

3. 舒适、安全

喷气式客机的巡航高度一般在10 000m左右，飞行不受低气流的影响，平稳舒适。与其他运输方式相比，航空运输的安全性较高。另外由于航空运输管理制度比较完善，空运时间短，货物破损率低，被窃机会少，如使用空运集装箱来运送，则更为安全。另外，飞机航行有一定的班期，可按时到达目的地。因此，航空运输是一种比较安全的运输方式，并且快速、准确。

4. 包装要求低

货物空运的包装要求通常比其他运输方式要低。空中航行的平稳性和自动着陆系统减少了货损的比率，空运中用一张塑料薄膜裹住托盘货物并不少见，因此航空货物运输可以适当降低包装要求。

(二) 航空货物运输的缺点

1. 受气候条件限制

因飞行条件要求很高（保证安全），航空货物运输在一定程度上受到气候条件的限制，从而在一定程度上影响运输的准点性与正常性。

2. 航线限制，可达性差

通常情况下，航空运输难以实现货物到达最终目的地的运输要求，必须借助其他运输工具（主要为汽车）转运。

3. 运输成本高

由于飞机机舱容积和载重量都比较小，运载成本和运价比地面运输高，因而不适合低价格商品的运送。

此外，国际航空货物运输还需要考虑国际关系和国际服务等因素。

二、航空货运相关术语

(一) 航空货运设施与设备

1. 航空港

航空港为航空运输的经停点，又称航空站或机场，是供飞机起飞、降落和停放及组织，保障飞机活动的场所。航空港按照所处的位置分为干线航空港和支线航空港。按业务范围分为国际航空港和国内航空港，其中国际航空港需要政府核准，可以供国际航线的航空器起降营运，航空港内配有海关、移民、检疫和卫生机构。而国内航空港仅供国内航线的航空器使用，除特殊情况外不对外国航空器开放。

通常来讲，航空港分为飞行区、客货运输服务区和机务维修区三部分。

（1）飞行区。

飞行区为保证飞机安全起降的区域。内有跑道、滑行道、停机坪和无线电通信导航系统、目视助航设施及其他保障飞行安全的设施，在航空港内占地面积最大。飞行区上空划有净空区，是规定的障碍物限制面以上的空域，地面物体不得超越限制面伸入。限制面需根据机场起降飞机的性能确定。

（2）客货运输服务区。

客货运输服务区为旅客、货主提供地面服务的区域。主体是候机楼，此外还有客机坪、停车场、进出港道路系统等。货运量较大的航空港还专门设有货运站。客机坪附近配有管线加油系统。

（3）机务维修区。

机务维修区为飞机维护修理和航空港正常工作所必需的各种机务设施的区域。区内建有维修厂、维修机库、维修机坪和供水、供电、供热、供冷、下水等设施，以及消防站、急救站、储油库、铁路专用线等。

2. 航空器

航空器主要是指飞机。按机身的不同，飞机可分为宽体飞机（主舱内至少有两条通道，且下货舱可以装载集装器的飞机）和窄体飞机（主舱每排座位不超过六座的单走道飞机，机身宽约3米）；按照用途的不同，飞机可分为客机、全货机和客货混合机。客机主要运送旅客，一般行李装在飞机的深舱。到目前为止，航空运输仍以客运为主，客运航班密度高，收益大，所以大多数航空公司都采用客机运送货物。不足的是，由于舱位少，每次运送货物数量十分有限。全货机运量大，可以弥补客机的不足，但经营成本高，只限在某些货源充足的航线使用。客货混合机（见图4-1）可以同时在主舱运送旅客和货物，并根据需要调整运输安排，是最具灵活的一种机型。

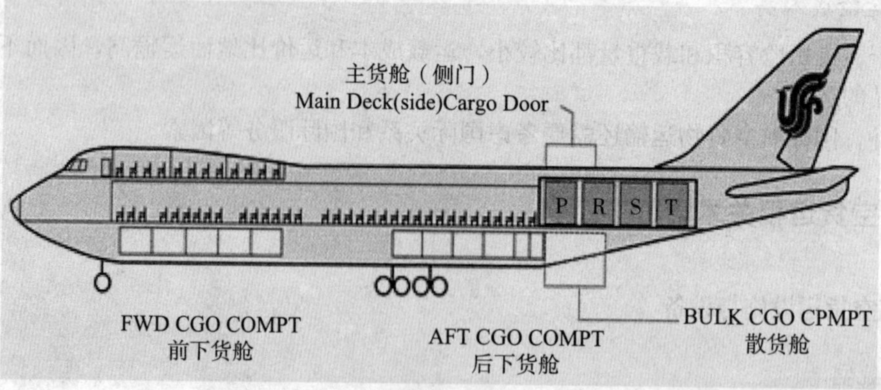

图4-1 B747-400 COMBI货舱分布图

3. 集装器（Unit Load Device，简称 ULD）

航空运输中的集装器主要是指为提高运输效率而采用的托盘和集装箱等成组装载设备。在航空运输中，除特殊情况外，货物均是以“集装箱”“集装板”形式进行运输。

集装箱主要是用铝板制作的封闭箱，它在保护货物方面是最好的，同时可以用于制冷和保鲜，一般鲜活产品一定要用到集装箱。还有一些集装箱有特殊的用途，比如悬挂衣服、危险品运输等。集装箱有多种形状，因为飞机有些舱位是弧形，甚至是一些不规则的形状，多种形状的集装箱可以充分利用飞机的空间。

集装板主要是一块铝制的平板，四周有用于固定网罩的网扣，中间略为凹入。货物摆放在集装板上后，要用薄膜缠绕整齐并加盖网罩用于固定。部分集装板型号信息见表 4－1。

车架主要在飞机运输汽车时使用。

表 4－1　部分集装板型号信息

代码	集装板类型	外形尺寸（cm）	实际可利用尺寸（cm）	最大毛重（千克）（含板重和套网重量）
P1P/PAG/PAJ	P1 板	318×224	308×214	6 804
PLA/FLA/PLB	PLA 板	318×153	300×136	3 175
P6P/PMC	P6 板	318×224	308×234	6 804
P7E/PGA	P7 板	606×244	596×234	13 608

航空集装器的规格受飞机的型号限制，全货机所有的集装器都可以使用，而客机就只能使用低板和集装箱。实际装载中，航空集装器长宽都要扣除网扣间距和集装箱壁的厚度 15cm 左右，高度要扣除 5～10cm 的集装板和集装箱底部及顶部的高度。因集装器的尺码的限制，在接受空运货物的时候，只能在集装器允许的尺码范围内接货。部分航空集装箱规格信息如图 4－2 所示。

知识拓展

航空货运对集装器货物的限制要求

1. 不同机型对各类集装器都有最大载重限制

部分机型装载要求见表 4－2；B747-400 COMBI 货舱分布图如图 4－1 所示。

2. 货物装载集中器后受飞机货舱体积、尺寸限制

（1）货物装载后的体积受货舱舱容限制。

（2）货物装载后的形状应与货舱内部形状相适应。

（3）货物装载后的尺寸受舱门尺寸限制。

3. 集装器内货物的限制

（1）货物品名限制；危险品、活动物、贵重物品、尸体不能放入集装器。

（2）货物集重不能超过对应机舱底板承重限制。

AKE集装箱规格

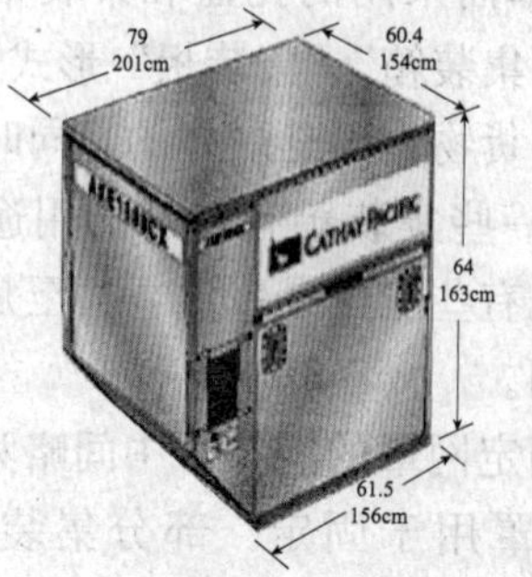

集装箱类型	AKE
ATA代码	LD3
集装箱容量	4.3m³
集装箱重量	100kg
集装最高可容重量（包括集装箱重量）	1 588kg(1 488kg)
适载机型	B-747、747F、777、Airbus

AMA集装箱规格

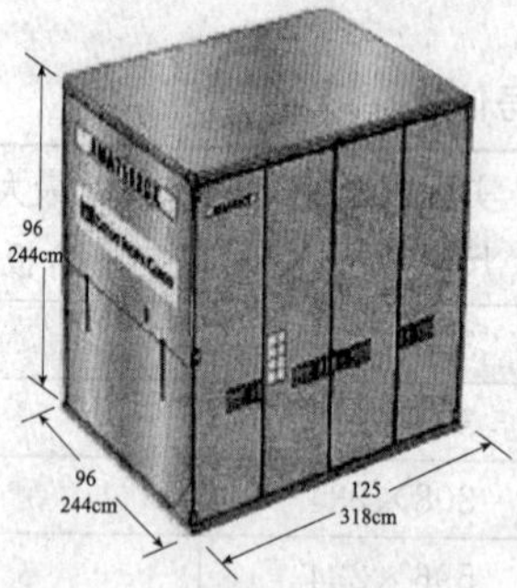

集装箱类型	AMA
ATA代码	M1
集装箱容量	17.6m³
集装箱重量	360kg
集装最高可容重量（包括集装箱重量）	6 804kg(6 444kg)
适载机型	B-747F

AAU集装箱规格

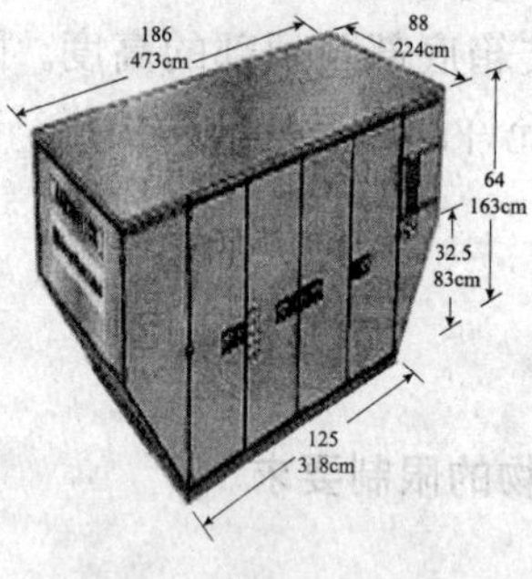

集装箱类型	AAU
ATA代码	LD29
集装箱容量	14.3m³
集装箱重量	355kg
集装最高可容重量（包括集装箱重量）	4 626kg(4 271kg)
适载机型	B-747、747F

AAU集装箱规格

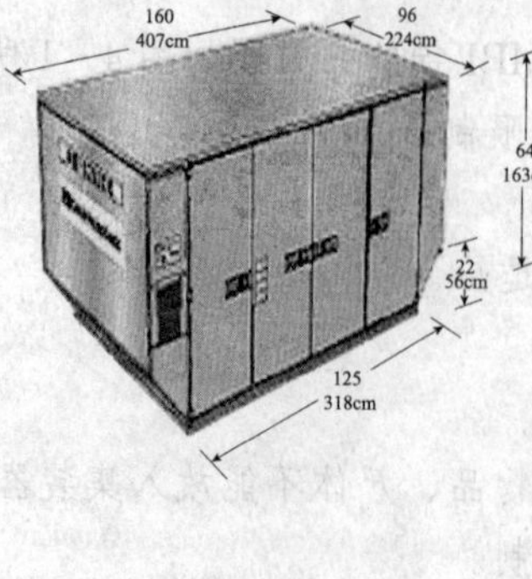

集装箱类型	AMF
ATA代码	n/a
集装箱容量	14.6m³
集装箱重量	330kg
集装最高可容重量（包括集装箱重量）	5 035(4 705kg)
适载机型	B-747、747F、777、Airbus

图4-2　部分航空集装箱规格信息

表 4-2　　部分机型装载要求

<table>
<tr><th>机型</th><th>舱门尺寸（cm）
（高×宽）</th><th>最大装载量（m^3）
（散舱容积）</th><th>动物舱位</th><th>危险品</th><th>地板承受力
（kg/m^3）</th></tr>
<tr><td rowspan="4">B747-400 COMBI</td><td>主货舱（侧门）
305×340</td><td>7 块 P6P/PMC 型集装器</td><td>可以＊</td><td rowspan="4">1～9 类</td><td>1 952</td></tr>
<tr><td>前下货舱 168×280</td><td>5 PAP/PMC 型集装器
（100 m^3）</td><td>不可以＊＊</td><td>976</td></tr>
<tr><td>后下货舱 168×280</td><td>4 PMC＋2 LD3 或
4 PAG＋4 LD3 型集装器
（93.4 m^3）</td><td>可以</td><td>976</td></tr>
<tr><td>散货舱 119×112</td><td>4 408kg（12.3 m^3）</td><td>可以</td><td>732</td></tr>
<tr><td rowspan="3">B767-300ER</td><td>前下货舱 175×340</td><td>4PMC/PAG 或 16LD2
（19 595 kg）</td><td>不可以＊＊</td><td rowspan="3">1～9 类</td><td>976</td></tr>
<tr><td>后下货舱 175×187</td><td>14LD2（13 090kg）</td><td>可以</td><td>976</td></tr>
<tr><td>散货舱 97×112</td><td>2 926 kg（12m^3）</td><td>可以</td><td>732</td></tr>
<tr><td rowspan="3">B777-300ER</td><td>前下货舱 170×259</td><td>8PAG/PMC 或 24LD3
（40 823kg/138m^3）</td><td>可以 5℃～28℃</td><td rowspan="3">危险品＃
（除 CAO）
1～9 类</td><td>976</td></tr>
<tr><td>后下货舱 170×259</td><td>6PMC/PAG 或 20LD3
（31 752kg/110 m^3）</td><td>可以</td><td>976</td></tr>
<tr><td>散货舱 112×84</td><td>4 082kg（17 m^3）</td><td>可以 4℃～18℃</td><td>732</td></tr>
<tr><td rowspan="3">A330-300</td><td>前下货舱 170×270</td><td>22 861kg（78m^3）</td><td>可以 5℃～26℃</td><td rowspan="3">危险品
（除 CAO）
1～9 类</td><td>672</td></tr>
<tr><td>后下货舱 168×273</td><td>18 507kg（64m^3）</td><td>可以</td><td>672</td></tr>
<tr><td>散货舱 95×62</td><td>3 465kg（19.7m^3）</td><td>可以 5℃～26℃</td><td>732</td></tr>
<tr><td rowspan="2">B737-300</td><td>前货舱 88×121</td><td>2 269kg（11.7m^3）</td><td>可以</td><td rowspan="2">危险品
（除 CAO）
1～9 类</td><td>732</td></tr>
<tr><td>后货舱 88×121</td><td>3 469kg（18.0m^3）</td><td>可以</td><td>732</td></tr>
<tr><td rowspan="2">B737-800</td><td>前货舱 89×122</td><td>3 558kg（19.6m^3）</td><td>可以</td><td rowspan="2">危险品
（除 CAO）
1～9 类</td><td>732</td></tr>
<tr><td>后货舱 84×122</td><td>4 850kg（25.5m^3）</td><td>可以</td><td>732</td></tr>
</table>

＊ 不允许装载有不良气味和会发出叫声的活体动物。

＊＊ 货舱内没有通风系统，只允许装载少量依靠外界供氧的活体动物，可以装载自带氧气的水产品、冷血动物等。

＃货舱灭火等级为“C”。

（二）航班与航线

1. 航班

航班是指以航空器从事乘客邮件或货物公共运输的任何定期航班。通常指飞机由始发站按规定的航线起飞，经过经停站至终点或不经停站直达终点站的运输飞行。在国际航线上飞行的航班称为国际航班。

为方便货物运输和乘载旅客，每个航班均编有航班号，一般规律如下：

（1）国际航班号组成。

中国国际航班的航班号是由执行该航班任务的航空公司的二字代码和三个阿拉伯数字组成，其中最后一个数字为奇数者，表示由基地出发的去程航班；最后的一个数字为偶数者，表示返回基地的回程航班。如 MF851 则指厦门航空公司承担的自厦门飞往首尔的国际航班。

（2）国内航班号组成。

中国国内航班的航班号由执行该航班任务的航空公司二字代码和三个或四个阿拉伯数字组成。如有四个阿拉伯数字，则其中第一位数字表示执行该航班任务的航空公司、该公司基地所在地区，第二位数字表示该航班终点站所在地区，第三、四位数字表示航次，即该航班的具体编号。其中第四位数字若为奇数，则表示该航班为去程航班；若为偶数则为回程航班。例如 HU7079，表示海南航空公司担任的由北京至三亚的去程航班；HU7080，是由三亚至北京的回程航班。

2. 航线

飞机飞行的路线称为空中交通线，简称航线。飞机的航线不仅确定了飞机飞行的具体方向、起点和经停点，而且还根据空中交通管制的需要，规定了航线的宽度和飞行高度，以维护空中交通秩序，保证飞行安全。

飞机航线确定除了安全因素外，主要取决于经济效益和社会效益的大小。一般情况下，航线安全以大城市为中心，在大城市之间建立干线航线，同时辅以支线航线，以大城市辐射至周围小城市。

知识拓展

什么是航权？

航权是指国际民航航空运输中的过境权利和运输业务的相关权利。在不同的两个国家交换与协商这些权利时，一般采取对等原则，有时候某一国会提出较高的交换条件或收取补偿费以适当保护该国航空企业的权益。航权来源于 1944 年在芝加哥签署的“芝加哥协定”，该协定草拟了有关两国间协商航空运输条款蓝本，相关条款一直沿用至今。航权具体分为九种，如表 4－3 所示。

表 4-3 九种航权及其内容

航权	具体内容	举例说明
领空飞越权（第一航权）	在不着陆的情况下，本国航机可以在协议国领空上飞过，前往其他国家目的地。如未签订第一航权，则该国航空器必须绕道飞行，飞行时间较长、成本较高。	国泰航空来往香港与洛杉矶的飞机穿越韩国的领空。
技术经停权（第二航权）	或称技术降落权，仅允许用于做非商业的技术处理（添加油料、机件故障，或气候的因素，可在协约国降落），但不允许在当地进行业务性的卸载乘客、货物或邮件。	北京—纽约，如果由于某飞机机型的原因，不能直接飞抵纽约，中途需要在日本降落并加油，但不允许在该机场上下旅客和货物，此时就要和日本签订技术经停权。
目的地卸载权（第三航权）	指本国的航空器可在协约国的国土进行业务性的卸载乘客、货物和邮件，但不能装载乘客或货物。	北京—东京，如获得第三航权，中国民航飞机承运的旅客、货物可在东京进港，但只能空机返回。
目的地装载权（第四航权）	本国航机可以在协议国境内载运乘客、邮件或货物返回。	北京—东京，如获得第四航权，中国民航飞机载运旅客、邮件或货物能搭乘原机返回北京。
中建点权或延远权（第五航权）	承运人前往获得准许的国家，并将从第三国载运的客货卸到该国，或者从该国载运客货前往第三国。	新加坡—厦门—芝加哥，新加坡航空获得第五航权，可以在新加坡—芝加哥航线上在厦门经停，卸载客货。
桥梁权（第六航权）	某国或地区的航空公司以两条航线，接载A国和乙国乘客及货物往返，但途中必须经过本国。	伦敦—北京—首尔，国航将源自英国的旅客、货物运经北京后再运到韩国。
完全第三国运输权（第七航权）	某国或地区的航空公司完全在其本国或地区领域以外经营独立的航线，在境外两国或地区间载运客货的权利。	如伦敦—巴黎航线由汉莎航空公司承运。第七航权并不多见，其原因在于签约国的航空市场可能受到影响。
境内运输权（第八航权）	某国或地区的航空公司在他国或地区领域内两地间载运客货的权利（境内经营权），但航机上的乘客、货物需以本国为起点或终点。	北京—纽约，美国联合航空公司如果获得中国赋予的第八航权，就可以经停上海，将北京的乘客、货物运到上海后下机，然后再飞往纽约。
完全境内运输权（第九航权）	本国航机可以到协议国作该国内航线运营。	如果A国某航空公司获得B国的第九航权，就可以在B国经营国内航线。

(三) 航空运输地理及飞行时间的计算

1. 航空运输地理

出于保证国际航空运输的运营安全，依据不同国家（地区）经济、社会及商业条件，以及国际民航组织（ICAO）规定各国航空运输企业在技术规范、航行程序、操作规则上的一致性原则，国际航空运输协会（IATA）将世界划分为三个航空运输业务区，称为"国际航协交通会议区"（IATA traffic conference areas），以方便各国及地区航空运输企业之间的运输业务划分与合作。因此，航空运输业务区和我们熟悉的世界行政区划有所不同。

国际航空运输协会将全球划分为三个航空运输业务区，分别为 Area TC1、Area TC2、Area TC3 三个大区，简称 TC1、TC2、TC3，其下又可以进行次一级的分区，称为次区（Sub-area），见表 4-4。

表 4-4　　IATA 业务分区

Hemisphere	Area	Sub-area
西半球 Western Hemisphere	Area TC1 业务一区	North America（北美洲）（含百慕大群岛、西印度群岛、格陵兰、夏威夷群岛）
		Central America（中美洲）
		South America（南美洲）
		Caribbean Islands（加勒比海地区）
东半球 Eastern Hemisphere	Area TC2 业务二区	Europe（欧洲）（包括俄罗斯的欧洲部分）
		Africa（非洲）
		Middle East（中东）（含亚洲的伊朗及伊朗以西地区）
	Area TC3 业务三区	South East Asia（东南亚）
		North East Asia（东北亚）
		South Asian Subcontinent（南亚次大陆）
		South West Pacific（西南太平洋，已包括在一区的部分除外）

2. 飞行时间的计算

世界时区以本初子午线为基础，以西经 7.5 度至东经 7.5 度为 0 时区，以东依次为东 1 区～东 12 区，以西依次为西 1 区～西 12 区，1 个时区就是 1 小时。实际上，每个国家或地区，为了采用统一时间，一般都不严格沿着经线划分时区，而是考虑它自己的行政边界和自然边界。中国采用首都北京所在地东八区的时间为全国统一使用时间。

当地时间（Local Time）＝GMT±某一数值

式中：某一数值的计算，0 时区向东隔几个时区，时间加几小时；向西隔几个时区，时间减几小时。具体数值可查 International Time Calculator。如当前伦敦时间是正午 12 点，北京时间＝1200＋800＝2000（伦敦为 0 时区，北京为东八区），此时北京时间已是 20 点。

飞行时间的计算步骤：

第一步：查出始发地与目的地的标准时区。

第二步：将始发地与目的地的时间换算成同一时间，确定飞机起飞时间。

方法 1：将两地的时间均换算成 GMT 时间。

方法 2：将一地的时间换算成另一地的时间。

第三步：用到达时间减去起飞时间。

【例 4-1】 飞机承载货物离开希腊雅典圣托里尼机场（JTR）为当地时间 11 月 1 日 13:30，到达北京首都国际机场（PEK）为当地时间 11 月 2 日 09:50，试计算该航班飞行时间。

解： 查 International Time Calculator，雅典（JTR）在东 2 区（时区 GMT＋2），北京（PEK）在东 8 区（时区 GMT＋8），时差 6 小时。

方法 1：始发 GMT ＝1330（JTR）－200（东 2 区）＝1130，到达 GMT＝［0950（PEK）＋2400］－800（东 8 区）＝3350－800＝2550，该航班飞行时间＝2550－1130＝1420，即 14 小时 20 分。

方法 2：飞机起飞时，北京时间是＝1330＋600＝1930，即 11 月 1 日 19 点 30 分；该航班飞行时间＝0950（PEK）＋2400－［1330（JTR）＋600］＝3350－1930＝1420，即 14 小时 20 分。

三、航空货运相关组织

(一) 国际民航组织

国际民航组织（International Civil Aviation Organization，ICAO）是根据 1944 年《国际民用航空公约》（通称《芝加哥公约》，以下简称《公约》）设立，是联合国所属专门机构之一，也是政府间的航空机构。它成立于 1947 年 4 月 4 日，总部设在加拿大的蒙特利尔。我国是该组织成员，也是理事国。

国际民航组织与《公约》191 个成员国和行业集团进行合作，就国际民用航空的标准和建议措施（SARPs）及政策达成协商一致，以支持一个安全、有效、安保、经济上可持续和对环境负责的民用航空业。国际民航组织成员国使用这些标准和建议措施及政策来确保其本地民用航空运行和规章符合全球规范，这反过来又使得全球航空网络内每天 10 万多架次航班能在世界各个地区安全和可靠地运行。

除了在其成员国和行业之间就国际标准和建议措施及政策达成共识的这一核心工作，

以及许多其他优先事项和方案之外，国际民航组织还为针对各国的援助和能力建设活动进行协调，以支持各项航空发展目标；编写全球计划，对安全和空中航行的多边战略性进展进行协调；监测并报告航空运输部门各种绩效衡量标准；审计各国在安全和安保方面的民用航空监督能力。

（二）国际航空运输协会

国际航空运输协会（International Air Transport Association，IATA）简称国际航协，是由世界各国航空公司所组成的大型国际组织，总部设在加拿大的蒙特利尔，执行机构设在瑞士的日内瓦。和监管航空安全和航行规则的国际民航组织相比，国际航协在组织形式上是一个航空企业的行业联盟，属非官方性质组织，但由于世界上的大多数国家的航空公司是国家所有，即使非国有的航空公司也受到所属国政府的强力参与或控制，因而国际航协实际是一个半官方组织。

它是由承运人（航空公司）组成的国际协调组织，管理在民航运输中出现的诸如票价、危险品运输等问题。它制定运价的活动，也必须在各国政府授权下进行，它的清算所对全世界联运票价的结算是一项有助于世界空运发展的公益事业，因而国际航协发挥着通过航空运输企业来协调和沟通政府间政策并解决实际运作困难的重要作用。目前协会拥有全世界 260 家航空公司会员，遍布 100 多个国家，主要致力于促进国际航空运输安全、业界交流以及航空企业之间的合作。

（三）国际航空电信协会

国际航空电信协会（Society International De Telecommunication Aeronautiques，SITA）也称国际电信协会，是联合国民航组织认可的一个非营利性的组织，是世界上航空运输业领先的电信和信息技术解决方案的集成供应商。1949 年 12 月 23 日，荷兰、法国、英国、瑞士、萨伯那等 11 家欧洲航空公司代表在布鲁塞尔成立了国际航空电信协会。SITA 不仅为航空公司提供网络通信业务，还可以为其提供共享系统（如机场系统、行李查询系统、货运系统、国际票价系统等）。

（四）国际货运代理协会联合会

国际货运代理协会联合会（International Federation of Freight Forwarders Associations，FIATA）于 1926 年在奥地利维也纳成立，总部现设在瑞士苏黎世，是一个非营利性的国际货运代理行业组织，其目的是保障全球货运代理的利益并促进行业发展。

代表当今世界 4 万多家货运公司和物流公司的产业、被称为国际货运代理业“建筑师”的 FIATA，在联合国经济与社会理事会、联合国贸易与发展大会、联合国欧洲经济委员会及亚太经社会中均扮演着顾问咨询的角色，同时也被许多政府及民间组织，如国际商会、国际航空运输协会、国际铁路联合会、国际公路运输联合会、世界海关组织及世界贸易组织等一致确认为国际货运代理业的代表。

FIATA 的设立目的是代表、保障和提高国际货运代理在全球的利益。该协会是目前在世界范围内运输领域最大的非政府和非营利性组织，具有广泛的国际影响，其会员来自全球 160 个多国家和地区的国际货运代理行业。FIATA 推荐的国际货运代理标准交易条件范本及 FIATA 国际货运代理业示范法及制定的各种单证，为保护全球货代行业的利益并促进行业的发展和规范化做出了杰出的贡献。

四、航空货运有关当事人

采用空运方式运输货物，需要办理一定的手续，如货物在始发站机场交给航空公司之前的揽货、接货、订舱、制单（报关）和交运等；以及货物在目的地机场从航空公司接货、接单、制单（报关）、送货或转运等。这类业务中有些航空公司不负责办理，而由专门承办此类业务的航空货运代理公司负责。航空货运业务一般通过航空货运代理公司办理或由收、发货人直接办理。在航空货物运输业务中，涉及的有关当事人主要有航空公司、航空货运代理公司、托运人、收货人等，见表 4－5。

表 4－5　航空货运有关当事人

当事人名称	具体解释
航空公司	航空公司自身拥有飞机从事航空运输活动，是航空货运业务中的实际承运人。在货运业务里，航空公司一般只负责空中运输，即从一个机场运至另一个机场的运输。 多数航空公司经营定期航班，如南航、国航、法航、美联航等。有些则无定期航班，只提供包机运输，如卢森堡货运航空公司、马丁航空公司等，它们拥有货机，对于运输大批量货物、超限货物及活种牲畜十分方便。
航空货运公司	航空货运公司又称空运代理，在我国，申请设立国际航空货物销售代理的前提之一是必须首先成为国际货运代理。航空货运代理公司作为货主和航空公司之间的纽带和桥梁，可以是货主的代理，代替货主向航空公司办理托运或提取货物的手续，也可以是航空公司的代理，代替航空公司接收货物，并以航空承运人的身份签发航空运单，对运输全程负责，亦可两者兼而有之。 航空货运代理除了提供订舱、租机、制单、代理包装、代刷标记、报关报检、业务咨询等传统代理业务之外，还提供以下服务：（1）集中托运业务；（2）地面运输；（3）多式联运服务。
托运人	托运人是指为提供货物运输而与承运人订立合同，并在航空货单上署名的人。托运人对货运单上关于货物的各项说明和声明的正确性及由于延误、不合规定、不完备，给承运人及其代理人造成的损失承担责任。托运人有权在起运地、目的地将货物提回或在途中经停时终止运输，或将货物交给非货运单上指定的收货人，但不得使承运人或其他托运人遭受损害。 托运人需提供各种必要资料以便完成货物交给收货人前的海关、税务等手续，并将有关证件附货运单交给承运人，承担因资料或证件缺乏、不足或不合规定而给承运人造成的损失。

续前表

当事人名称	具体解释
收货人	收货人是指航空货运单上收货人栏内所列的人，如果运费到付，收货人应履行支付运费的基本义务，如果收货人未及时领取货物，则应当规定承担货物的保管费。

航空货物运输当事人的责任划分如图 4－3 所示。

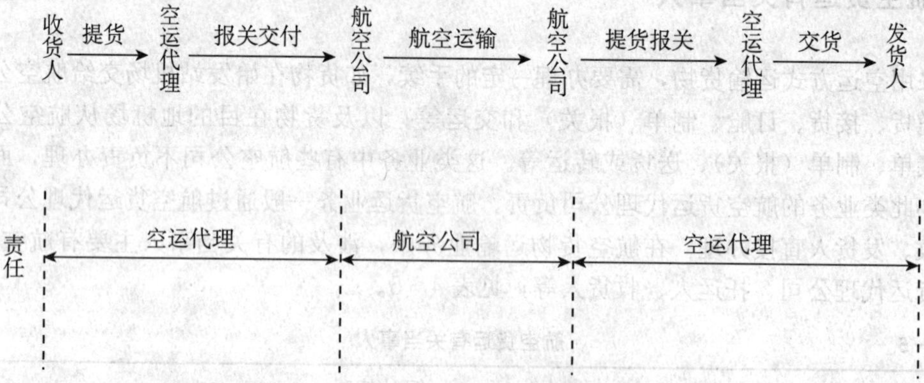

图 4－3　航空货物运输当事人的责任划分

知识拓展

航空公司与机场的区别

航空公司与机场货运部门是完全不同的单位，其主要区别如下：

(1) 隶属不同单位，航空公司和机场是相互独立的主体，航空公司交租金，租用机场的场地进行运营，而机场是出租场地和提供机场相关服务来收取服务费用的。

(2) 从事业务不同。航空公司货运部门主要负责市场拓展，就是从客户处招揽货运业务，并负责将货物从客户仓库运到机场。机场货运部门只负责将已经运抵机场的货物搬运到飞机货舱里，并向各个航空公司收取服务费用。

(3) 机场货运部门还负责将旅客行李搬运到客机货舱里，而航空公司只负责办理乘客登机手续。

扫二维码了解深圳机场（航空货运概况）、国货航（机型）、国泰货运（集装箱规格）及唐翼-网上货运系统（产品简章）。

深圳机场 （航空货运概况）	国货航 （机型）	国泰货运 （集装箱规格）	唐翼-网上货运系统 （产品简章）

任务实施

步骤一：掌握航空货物运输特点和相关术语

航空运输具有快速、机动的特点，主要针对贵重物品、鲜活货物和精密仪器运输。Maggie 在实习中掌握了航空货物运输的特点和相关术语，为自身从事航空货运工作奠定了理论基础。

步骤二：了解航空货运相关组织

航空货运相关组织为航空货物运输提供有力支持和保障，作用显著，特别是国际航空货物运输，通过相关航空组织可以享有网络通信、平台搭建、系统使用、运输事务等各方面的支持。

步骤三：熟悉航空货运的当事人

Maggie 为做好航空货运客户服务，必须熟悉航空货运相关当事人责任，以便后续工作的顺利进行。部门经理张方奇向 Maggie 介绍了空运业务的相关当事人，特别是托运人、收货人、航空公司、空运代理公司和机场等部门之间的关系。

步骤四：熟悉空代公司的主要工作

海迩货运公司作为航空货代公司，在办理航空托运方面具有无可比拟的优势：(1) 十分熟悉航空货物运输环节和有关规章制度；(2) 与各航空公司、机场、海关、商检、卫检、动植检及其他运输部门有着广泛而密切的联系；(3) 具有代办航空货运的各种设施和必备条件；(4) 航空货运代理公司在世界各地或有分支机构，或有代理网络，能够及时联络，掌握货物运输的全过程。

任务评价（见表 4-6）

表 4-6 任务评价表

被考评人			考评任务	认识航空货运	
评价标准	具体内容	分值	自我评价（30%）	小组评价（40%）	教师评价（30%）
	掌握航空货物运输的特点和相关术语	40			
	认识航空货运相关组织	10			
	熟悉航空货运的当事人	25			
	熟悉空代公司的主要工作	25			
合计		100			

任务二　航空货物运输方式及航空货运代理公司货物组织方式

任务描述

客户王辉周二托运 3 箱服装（纸箱尺寸：40cm×50cm×20cm，每箱毛重：15kg），从广州到德国法兰克福参加展会，要求 2 天内到达目的地，Maggie 以海迩货运公司业务员的身份接待了王辉。

问题 1：根据以上托运信息，王辉应按哪种货运类型办理托运手续？

问题 2：该方式下的航空货物运输有什么特点？

任务分析

航空货物运输因为速度快、运输效率高，深受很多出口商的喜爱。但是在实际的工作中，航空货运分为几种方式，每种方式各有自身特点，并且在实际的使用过程中也有不同的适用领域。

知识储备

航空运输作为一种货物运输方式，是第二次世界大战后才开始出现。航空货物运输虽然发展较晚，但由于它本身具有许多优越性，所以发展速度较快。

一、航空货物运输方式

为适应不同贸易合同的货物运输需要，也为了合理利用飞机的运输能力并获得良好的营运经济效益，目前航空公司货物运输方式可分为两大类，即定期航班运输（班机运输）和不定期航班运输（包机运输）。

(一) 定期航班运输

定期航班运输方式下，航空公司不仅有普通的货物班机运输，还根据舱/板/箱销售方式和货源及组织形式的不同开设新业务种类。

班机是指在固定的航线上定期航行的航班，这类航空货运方式具有固定开航时间、航线和停靠航站的特点。收、发货人可以比较准确地掌握起运和到达时间，保证货物安全、迅速地运达目的地。但由于在运输过程中，班机运输使用的通常为客货混合型飞机，因此它的货舱容量相对较小，无法满足大批货物的运输要求。

知识拓展

包舱/箱/板运输（Cabin/Pallet/Container Chartering）

包舱/箱/板运输是班机运输下的一种业务方式，托运人根据所运输的货物在一定时间内需要单独占用飞机部分或全部货舱、集装箱、集装板，而承运人需要采取专门措施予以保证。根据具体的双方协议和业务操作，又可分为以下两种：

(1) 固定包舱：在承运人的航线上通过包舱/板/箱的方式运输时，托运人无论是否向承运人交付货物，都必须支付协议上规定的运费。

(2) 非固定包舱：在承运人的航线上通过包舱/板/箱的方式运输时，若托运人在航班起飞前72小时如果没有确定舱位，则承运人可以自由销售舱位，但承运人对代理人的包板（舱）的总量有一个控制。

包舱/箱/板运输的意义：

(1) 减少承运人的运营风险，有一个稳定的收入。

(2) 能充分调动包板人的积极性和主观能动性，最大限度地挖掘市场潜力。尤其对于那些有固定货源且批量较大、数量相对稳定的托运人，可节省不少运费。

(3) 有利于一些新开辟的航线、冷航线的市场开发。

因而，采用包舱/箱/板运输，无论是对于航空公司还是对于空运代理公司都是一个双赢策略。

(二) 包机运输

当货物的批量比较大，使用班机运输无法满足运输要求的时候，就需要使用包机运输。一般来说，包机运输具体分为整机包机和部分包机两种。

1. 整机包机

整机包机指租机人按照合同的规定，向航空公司或者包机代理公司支付一部分的费率，从而获得整架飞机的短暂使用权。这种航空物流运输方式比较适合运送大宗货物。

2. 部分包机

部分包机指由几家航空货运代理公司或发货人联合包租一架飞机，或者由包机公司把一架飞机的舱位分别租给几家航空货运代理公司。这种航空货运方式比较适合不足整架飞机的货物。

包机费用包括飞机及货物在仓库与飞机之间的地面运输、装机、卸机等地面服务费用，但在始发地和目的地的地面运输，货物装卸集装器以及海关检查和税收等其他费用由包机人自行办理并承担。

包机人一般要在货物装运前一个月与航空公司联系，以便航空公司安排运载和向起降机场及有关政府部门申请、办理过境或入境的有关手续。

二、航空货运代理公司货物组织方式

(一) 集中托运

集中托运是集中托运人(航空货运代理公司)将若干批单独发运的货物组成一整批，向航空公司办理托运，采用一份航空总运单集中发运到同一目的站，由集中托运人在目的地指定的代理收货，再根据集中托运人签发的航空分运单分拨给各实际收货人的运输方式。集中托运是航空货物运输中最为普遍的一种运输方式，是航空货运代理的主要业务之一。

与货运代理不同，集中托运人的地位类似多式联运经营人。集中托运人承担的责任不仅仅是在始发地将货物交给航空公司，在目的地提取货物并转交给不同的收货人，而是货物的全程运费责任，而且集中托运人在运输中具有双重角色。集中托运人对各发货人负有货物运输责任，相当于承运人；而在与航空公司的关系中，又被视为托运一整批货物的托运人。航空货物集中托运流程如图 4-4 所示。

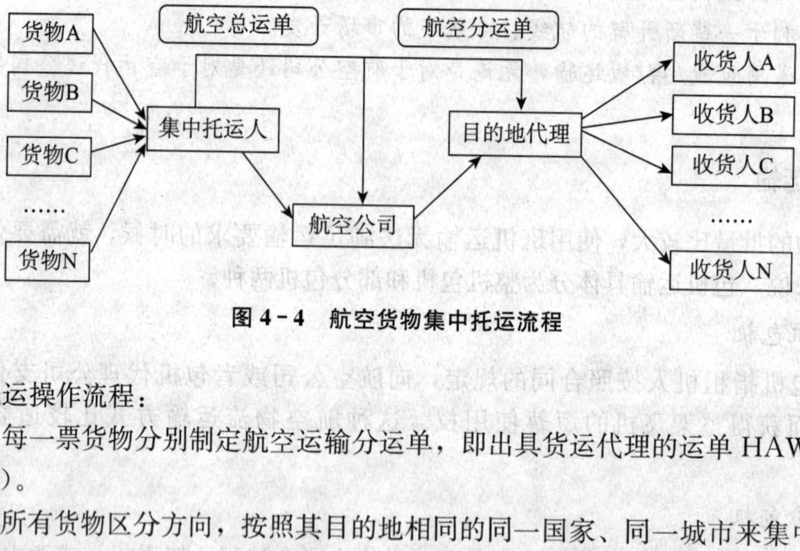

图 4-4 航空货物集中托运流程

集中托运操作流程：

(1) 将每一票货物分别制定航空运输分运单，即出具货运代理的运单 HAWB (House Airway Bill)。

(2) 将所有货物区分方向，按照其目的地相同的同一国家、同一城市来集中，制定出航空公司的总运单 MAWB (Master Airway Bill)。总运单的发货人和收货人均为航空货运代理公司。

(3) 打印出该总运单项下的货运舱单 (Manifest)，即此总运单有几个分运单，号码各是什么，其中件数、重量各多少等。在集中托运业务中，一票集中托运货物的所有分运单都要装在结实的信封内附在主运单后。

(4) 把该总运单和货运清单作为一整票货物交给航空公司。一张总运单可视货物具体情况随附分运单(可以是一个分运单，也可以是多个分运单)。如一张 MAWB 内有 10 个 HAWB，说明此总运单内有 10 票货，发给 10 个不同的收货人。

(5) 货物到达目的地机场后，当地的货运代理公司作为总运单的收货人负责接货、分拨，按不同的分运单制定各自的报关单据并代为报关，为实际收货人办理有关接货报关事宜。

（6）实际收货人在分运单上签收以后，目的站货运代理公司以此向发货的航空货运代理公司反馈到货信息。集中托运货物舱单如图 4－5 所示。

ATU CONSOLIDATOR

Langer kornweg D-6092 kelsterbach Germany

CONSOLIDATION MANIFEST

MWB:131-1234 5675

AI RLINE :J APAN AI RLNES FLIGHT:JL678/23

POI NT OF LOADI NG :FRANKFURT

POI NT OF UNLOADI NG :TOKYO DATE:20 JAN

HWB NR	DEST	NUMBER OF PACKAGES ACCORDI NG	NATURE OF GOODS	GROSS WEI GHT	TOTAL CC	
77846117	TYO		CLOTH	160.5KG	DEM	1 460.74
77846118	TYO		AIRCRAFT PARTS	10.0KG	DEM	1 22.95
77847005	FUK		MUSICAL INSTRU	235.0KG	DEM	1 838.60
77847123	TYO		SPARE PAPT POR CUTTING MACH	8.8KG	DEM	173.40
77847124	TYO		PLASTIC SHEBTS	360.0KG	DEM	5 939.30
77847125	TYO		ADVE MAT	45.0KG	PREPAI D	
77847126	TYO		HELICO PARTS	11.7KG	DEM	252.40
77847127	OSA		SHOES	139.0KG	DEM	1 173.69
77847128	TYO	49	PARTS POR SHOES	692.0KG	DEM	5 746.66
		106		1 662.0KG	DEM	16 721.74

图 4－5　集中托运货物舱单

集中托运的限制：（1）集中托运只适合办理普通货物，对于等级运价的货物，如贵重物品、危险品、活动物、尸体、骨灰以及外交信袋等不能办理集中托运；（2）目的地相同或邻近的可以办理，差别大的国家或地区则不办理；（3）由于在集中托运的情况下，货物的出运时间不能确定，所以不适合易腐烂变质的货物、紧急货物或其他对时间要求高的货物的运输。

对于集中托运货物，要在每一件货物上贴识别标签，在识别标签上要特别注明主单号和分单号。识别标签如图 4－6 所示。

（二）航空快递（Air Express）

航空快递又称为快件、快运或速递，是目前航空货运中最快捷的运输方式，是具有独立法人资格的物流企业将托运人指定在特定时间内运达目的地的货物，通过自身的网络运达指定的目的地或目标客户手中的一种快速运输方式，航空快递的市场基础是对时间比较敏感的运输需求。

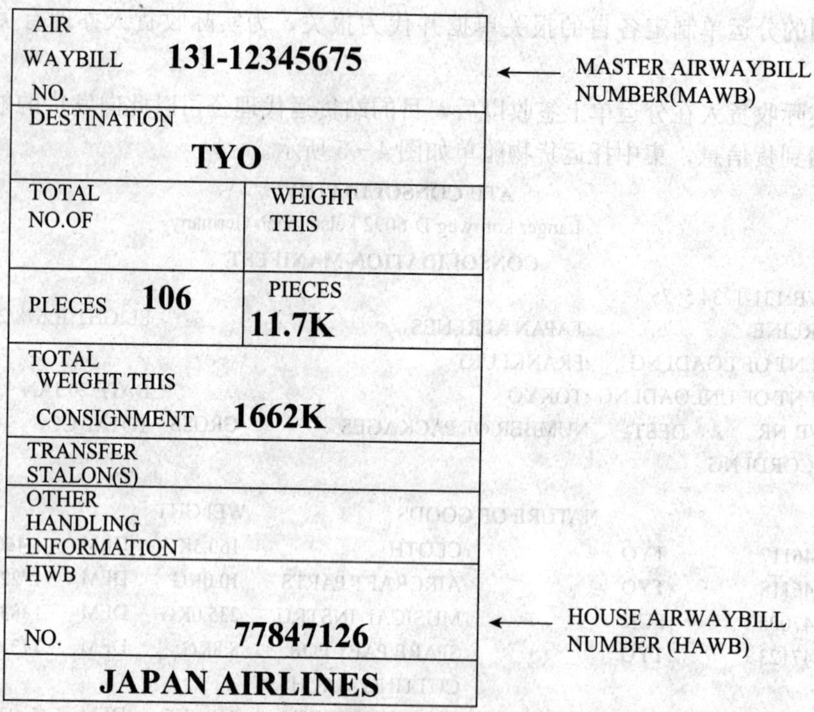

图 4-6　集中托运货物识别标签

1. 航空快递的特点

（1）航空快递业务以商务文件、资料、小件样品和小件货物为主。

（2）中间环节少，速度比普通的航空货运快。

（3）航空快递使用一种比普通空运分运单应用更为广泛的交付凭证——POD（Proof of Delivery）。

（4）办理航空快递业务的大多是国际性的跨国公司，如 EMS、UPS、DHL 等。

2. 航空快递的主要形式

（1）场到场的快递服务。发货人在航班始发站将货物交给航空公司，然后发货人通知目的地的收货人到机场取货。采取这种方式的一般是海关当局有特殊规定的货物。

（2）门到门（也称桌到桌）的快递服务。发货人需要发货时通知快递公司，快递公司接到通知后派人上门取货件，直接送交航空公司空运，然后通知目的地的快递公司或代理人按时取货，并按要求的时间将货送交收货人手中，送货后立即将货物交接时间及签收人姓名等情况通知发货人。

（3）快递公司派人随机送货。由专门经营该项业务的航空公司与快递公司合作，派专人用最快的速度，在货主、机场、用户之间传送急件的运输服务。

上述三种业务方式中，第一种简单，收费低，但不方便；第三种服务周到，但费用较高；一般采用第二种方式。

任务实施

步骤一：掌握航空货物运输方式

航空货物运输方式有班机运输与包机运输两大类，王辉托运的货物体积和重量不大，托运量不多，Maggie 建议客户选择班机运输。

步骤二：了解班机运输业务

班机运输有固定的航线、挂靠港、固定的航期，并在一定时间内有相对固定的收费标准，收、发货人可以比较准确地掌握起运和到达时间，这样更能确保客户王辉托运的物品及时送达法兰克福参加展会。

步骤三：熟悉航空货运代理公司货物组织方式

航空货运代理公司货物组织方式有集中托运和航空快递两种，航空货运代理公司的主要业务是办理集中托运，这种托运方式可以从航空公司争取到较低的运价，航空货运代理公司和货主都可以从这种业务中得到好处。对航空公司而言，它也可以从航空货运代理公司的服务中获利。虽然航空公司要向航空货运代理公司支付一定的酬金，但航空货运代理公司将众多客户的货物集中起来交运，为其节省了大量的人力、物力和时间，并为其组织了成批的货源，承揽了大批客户，有助于航空公司进一步开拓空运市场。

步骤四：掌握集中托运操作流程

海迩货运公司作为航空货代公司必须考虑运营成本，因而对客户托运的货物多采用集中托运货物组织方式。Maggie 向同事 Sally 请教了空运业务中集中托运操作流程，从而安全、快捷地帮助客户王辉办好参展物品的托运手续。

任务评价（见表 4－7）

表 4－7　　任务评价表

被考评人			考评任务	选择航空货物运输方式	
	具体内容	分值	自我评价（30%）	小组评价（40%）	教师评价（30%）
评价标准	掌握航空货物运输方式	20			
	了解班机运输业务	30			
	熟悉航空货运代理公司货物组织方式	20			
	掌握集中托运操作流程	30			
合计		100			

任务三　航空货物出口运输业务

任务描述

客户王辉周二托运 3 箱服装（纸箱尺寸：40cm×50cm×20cm，每箱毛重：15kg），从广州到德国法兰克福，要求 2 天内到达目的地。通过交谈，Maggie 根据王辉提供的信息，为其办理航空货物出口托运手续。

任务分析

航空货物出口运输业务流程是指从托运人委托运输货物到航空承运人将货物装上飞机的货物流、信息流的运输组织与控制管理的全过程。一般来说，托运人采用委托航空运输代理人运输或直接委托航空公司运输两种方式。

知识储备

航空货物出口运输流程包括从托运人发货到承运人把货物装上飞机的物流、信息流的实现和控制管理的全过程。航空货物出口运输业务流程（见图 4－7）主要包含两大环节：航空货物出口运输代理业务程序和航空公司出港货物操作程序。前者的主体是航空货运代理公司，后者的主体是航空公司。

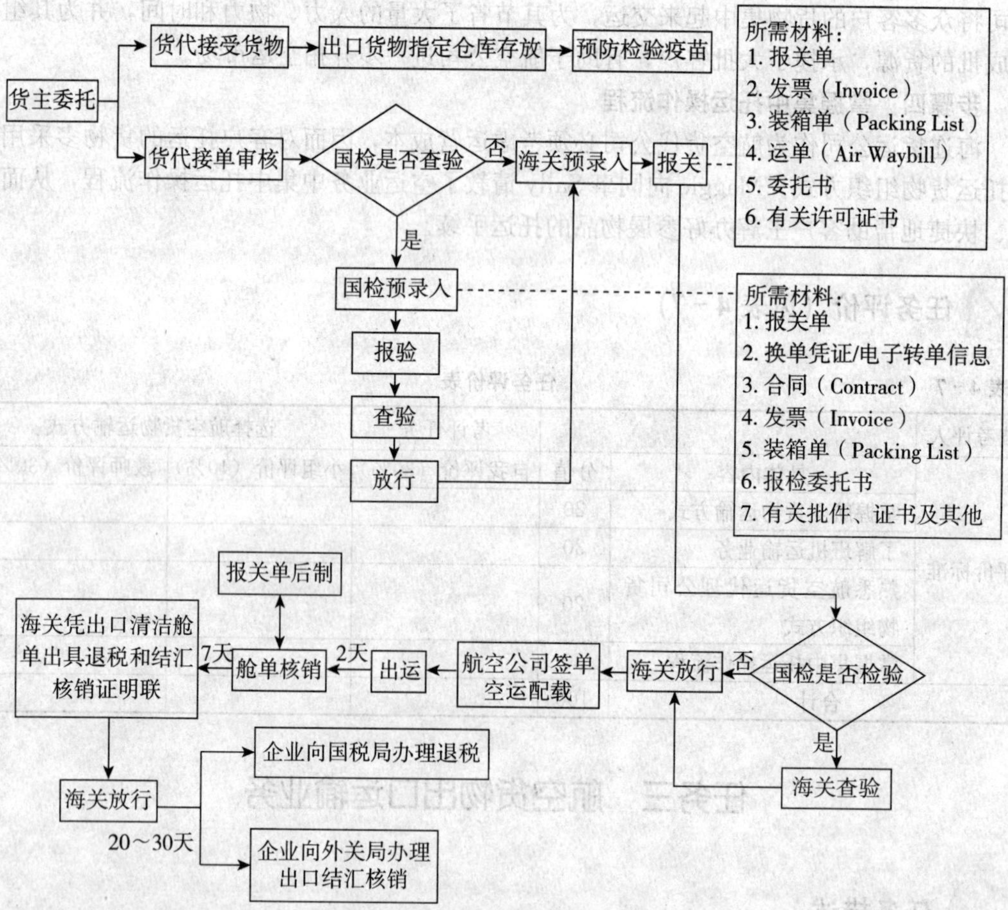

图 4－7 航空货物出口运输业务流程图

一、航空货物出口运输代理业务程序

航空货物出口运输代理业务程序主要包括以下 20 个环节：市场销售→委托运输→审核单证→预配舱→预订舱→接单→制单→接货→标签→配舱→订舱→出口报关→编制出仓单→提板箱→货物装箱装板→签单→交接发运→航班跟踪→信息服务→费用结算。

（一）市场销售

只有飞机舱位配载了货物，航空货运才真正具有实质性内容，因此承揽货物处于航空货物出口运输代理业务流程的核心地位。在具体操作时，航空货运代理需及时向出口企业（发货人）介绍本公司的业务范围、服务项目、各项收费标准，特别是向发货人介绍本公司的服务优势等。

从货主的角度来看，委托航空货运代理办理航空运输要比自己亲自办理更为便利，更有效率。因而，发货人一般也更愿意委托航空货运代理办理航空货物托运工作。

知识拓展

空运询价八要素

航空货运代理向出口企业（发货人）进行询价，必须了解以下信息：(1) 品名（是否危险品）；(2) 重量（涉及收费）、体积（尺寸、大小及是否泡货）；(3) 包装（是否木箱、有无托盘）；(4) 目的机场（是否基本点）；(5) 要求时间（直非或转飞）；(6) 要求航班（各航班服务及价格差异）；(7) 提单类别（主单及分单）；(8) 所需运输服务（报关方式、代办单证、是否清关派送等）。

（二）委托运输

航空公司代理公司与出口企业（发货人）就出口货物运输事宜达成意向后，可以向发货人提供公司的空白“国际货物托运书”（见表 4-8），让发货人填写。对于长期出口或出口货量大的单位，航空货运代理公司一般都与之签订长期的代理协议。发货人发货时，首先需填写委托书，并加盖公章，作为货主委托代理承办航空货物出口货运的依据。航空货运代理公司根据委托书要求办理出口手续，并据以结算费用。因此，“国际货物托运书”是一份重要的法律文件。

根据《华沙公约》第 5 条第 (1) 和第 (5) 款的规定，“货运单应由托运人填写，也可由承运人或其代理人代为填写”。实际上，目前货运单均由承运人或其代理人代为填写。为此，作为填开货运单的依据——托运书，应由托运人自己填写，而且托运人必须在上面签字或盖章。

托运书 (Shipper's Letter of Instruction) 是托运人用于委托承运人或其代理人填开航空货运单的一种单据，单据上列有填制货运单所需的各项内容，并应印有授权于承运人或其代理人代其在货运单上签字的文字说明。

委托时，发货人除应填制“国际货物托运书”，还应提供贸易合同副本、出口货物明细发票、装箱单以及检验、检疫和通关所需要的单证及资料给航空货运代理。某些特种货物，如活动物、危险品由航空公司直接收运。

表 4-8　　　　货运代理公司国际货物托运书样本

SHIPPER'S　INSTRUCTIONS

<table>
<tr><td colspan="4">托运人姓名及地址　Shipper's Name and Address</td><td colspan="3" rowspan="4">海迩货运公司
SeaNear LOGISTICS LTD
Add：广东省广州市天河区中山大道颐和中心 1019（510 000）
TEL：020－88866039　FAX：020－88866619
E-MAIL：88866039@ SeaNear. com</td></tr>
<tr><td colspan="4"></td></tr>
<tr><td colspan="4">收货人姓名及地址　Consignee's Name and Address</td></tr>
<tr><td colspan="4"></td></tr>
<tr><td colspan="4">另请通知 Notify Party</td><td colspan="3">特殊要求 Special Instructions</td></tr>
<tr><td colspan="2">始发站 From</td><td colspan="2">目的地 To</td><td colspan="3" rowspan="2"></td></tr>
<tr><td colspan="2"></td><td colspan="2"></td></tr>
<tr><td>件数
（CTN）</td><td>毛重
（G. W. /Kg）</td><td>体积
（CBM）</td><td>品名
（Description of Goods）</td><td>空运费
（A/F）</td><td>其他费用
（Other Charges）</td><td>费率（Rate/ Charges）</td></tr>
<tr><td></td><td></td><td></td><td></td><td></td><td></td><td></td></tr>
<tr><td colspan="4">报关 Customs Clearance</td><td></td><td></td><td></td></tr>
<tr><td colspan="4">□　报关□自行报关</td><td rowspan="2">□预付（PP）
□到付（CC）</td><td rowspan="2">□预付（PP）
□到付（CC）</td><td rowspan="2"></td></tr>
<tr><td colspan="4">□报关退税□委托报关</td></tr>
</table>

<table>
<tr><td>报关金额
Declared Value For Customs</td><td>保险金额
Insurance</td><td rowspan="5">温馨提示：（Note）
1. 托运人保证以上所填内容全部属实并愿意遵守承运人的一切运输章程。
The consignor ensures that all filled contents above is true and is willing to follow all transport regulations from the carrier.
2. 托运人必须提供符合运输要求的合格包装，如因包装问题而导致出现的损失由托运人自行负责。
The consignor must provide qualified packing which fits transport requirements，any loss caused by fail packing will be held responsible by the consignor.
3. 建议托运人自行投保或委托我司代为投保，若出现异常情况，同意按 IATA 有关规定或《中华人民共和国民用航空法》等相关条款处理。
SeaNear suggests the consignor insures for their consignation，on their own or authorize SeaNear to do so，if not，any unusual situations will be disposed by IATA or Civil Aviation Law of the People's Republic of China relative sections.</td></tr>
<tr><td></td><td></td></tr>
<tr><td colspan="2">所附文件
Documents Accompanying Airway Bill</td></tr>
<tr><td colspan="2">□发票□装箱单
□产地证□其他</td></tr>
<tr><td colspan="2">★为安全起见，海迩货运公司有权对交付我司仓库的货物，开箱查验，如有疑问，请勿必提前通知我司。
For security reasons，SeaNear reserves the right to open and check any received cargo. Please CAll US in advance for any questions.</td></tr>
</table>

托运人签字及盖章： Stamp and Signature of Shipper： 日期： Date：	4. 海迩货运公司拒绝接收夹带任何的仿牌产品、危险品和违禁品，对于任何隐瞒或虚报的货物，所引起的责任均由托运人负责。 SeaNear rejects to consign any contraband，copy brand or dangerous good，the consignor takes full responsibility for any false or concealed reported cargo. 5. 托运人承诺，在货物起运后 15 天内，无论发生什么事宜，都必须将上述委托货物的运费及相关费用支付给运输代理人海迩货运公司，协议客户除外。 The consignor promises，within 15 days since the cargo has shipped，will pay all freight fee and relative charges to SeaNear in any case，expect for other agreements with SeaNear. 6. 在货物运费到付的情况下，如果收货人拒付运费，托运人保证承担该票货物的运费及相关费用。 In charge collected circumstance，if the consignee refuses to pay freight，the consignor must pay full amount fee for the consign good. 7. 海迩货运公司仅作为货运代理人，将如实地把货物交付给承运人。货物交付给承运人后，在运输途中发生的任何情况，海迩货运公司将仅协助托运人处理，不承担其他法律责任。 SeaNear as freight agent，has the duty to deliver the consign to the carrier fully and safely. After the delivery is finished，SeaNear takes no legal liability but helping consigner to deal with any unexpected situations

* * * 托运人声明以上所填全部属实，愿意遵守承运人的一切运输条例规定，并愿意承担由此产生的法律和经济责任 * * *

知识拓展

包机运输需提前申请

对于货物批量较大，要采用包机运输的，需提前办理包机手续。一般情况下，至少需在发运前 1 个月与航空公司洽谈，并签订协议（以便航空公司安排运力，办理包机过境、入境、着陆等有关手续）。如货主找空运代理办理包机，则应在货物发运前 40 天提出申请，并应填写“包机委托书”。

（三）审核单证

航空货运代理从发货人处取得托运书等单证后，航空货运代理公司通常会指定专人对单证进行认真核对，看看单证是否齐全，内容填写是否完整规范。审核后，审核人员必须在托运书上签名并注明日期以示确认。

（四）预配舱

代理人汇总所接受的委托并输入电脑，计算出各航线的件数、重量、体积，按照客户的要求和货物重、轻泡情况，根据各航空公司不同机型对不同板箱的重量和高度要求，制定预配舱方案，并对每票货配上运单号。

（五）预订舱

代理人根据所制定的预配舱方案，按航班、日期打印出总运单号、件数、重量、体积，向航空公司预订舱。

（六）接受单证

接受托运人或其代理人送交的已经审核确认的托运书及报送单证和收货凭证。将收货记录与收货凭证核对，制作操作交接单，填上所收到的各种报关单证份数，给每份交接单配一份总运单 MAWB 或分运单 HAWB。将制作好的交接单、配好的总运单或分运单、报关单证移交制单。如此时货未到或未全到，可以按照托运书上的数据填入交接单并注明，待货物到齐后再进行修改。

（七）填制货运单

直接运输的货物，填开航空公司运单即可，并将收货人提供的货物随机单据附在运单后面。集中托运的货物，必须先为每票货物填开航空货运代理公司的分运单，然后再填开航空公司的总运单；还需要制作集中托运货物舱单（Manifest），并将舱单和所有分运单及随行单据装入一个信袋，附在运单后面。

填制航空货运单的主要依据是发货人提供的国际货运委托书，委托书上的各项内容都应体现在货运单项式上，一般用英文填写。最后制作“空运出口业务日报表”，供制作标签用。

（八）接受货物

接受货物是指航空货运代理公司把即将发运的货物从发货人手中接过来并运送到自己的仓库或直接送往机场货运站。接受货物一般与接单同时进行。对于通过空运或铁路从内地运往出境地的出口货物，货运代理人按照发货人提供的运单号、航班号及接货地点、日期，代其提取货物。如货物已在始发地办理了出口海关手续，发货人应同时提供始发地海关的关封。

接货时应对货物进行过磅和丈量，并根据发票、装箱单或送货单清点货物，核对货物的数量、品名、合同号或唛头等是否与货运单上所列一致，检查货物的外包装是否符合运输的要求。（货物收运时对货物、包装的基本要求见附录二：空运收寄规格及封装要求）

（九）标记和标签

1. 标记

包括托运人、收货人的姓名、地址、联系电话、传真、合同号等；操作（运输）注意事项；单件超过150千克的货物（托运人书写）。

2. 标签

航空公司标签上三位阿拉伯数字代表所承运航空公司的代号，后八位数字是总运单号码。分标签是代理公司对出具分标签的标识，分标签上应有分运单号码和货物到达城市或机场的三字代码。通常一件货物贴一张航空公司标签，有分运单的货物（如集中托运的货物），每件再贴一张分标签。

（十）配舱

配舱时，需运出的货物都已入库。这时需要核对货物的实际件数、重量、体积与托运书上预报数量的差别；应注意对预订舱位、板箱的有效领用、合理搭配，按照各航班机型、板箱型号、高度、数量进行配载。同时，对于货物晚到、未到情况及未能顺利通关放行的货物做出调整处理，为制作配舱单做准备。实际上，这一过程一直延续到单、货交接给航空公司后才完毕。

（十一）订舱

货运代理接到发货人的发货预报后，向航空公司吨控部门领取并填写订舱单，同时提供相应的信息：货物的名称、体积、重量、件数、目的地；要求出运的时间等，航空公司根据实际情况安排舱位和航班。在订舱过程中，货运代理要与发货人保持密切联系。订舱前，货运代理就航班选择、运价等情况要先征求发货人同意；订舱时，货运代理可依照发货人的要求选择最佳的航线和承运人，同时为发货人争取最低、最合理的运价。航空公司签发舱位确认书（舱单），同时给予装货集装器领取凭证，以表示舱位订妥。订舱后，货运代理要及时向客户确认航班以及相关信息（即将订舱情况通知委托人），以便及时备单、备货。

（十二）出口报检报关

1. 出口报检

凡列入《出入境检验检疫机构实施检验检疫的进出境商品目录》的出口商品和其他法律、法规规定须经检验的出口商品，或合同规定必须经由检验检疫机构检验出证的商品，在完成备货后，应在规定地点和期限内向检验机构申请检验。海关凭出入境检验检疫机构签发的《出境货物通关单》和检验证书验放，经检验不合格者，一般不得出口。出口商品检验包括品质检验、安全卫生、数量鉴定、重量鉴定等。

2. 出口报关

首先将发货人提供的出口货物报关单的各项内容输入电脑，即电脑预录入。在通过电脑填制的报关单上加盖报关单位的报关专用章；然后将报关单与有关的发票、装箱单和货运单综合在一起，并根据需要随附有关的证明文件；以上报关单证齐全后，由持有报关证的报关员正式向海关申报；海关审核无误后，海关官员即在用于发运的运单正本上加盖放行章，同时在出口收汇核销单和出口报关单上加盖放行章，在发货人用于产品退税的单证上加盖验讫章，粘上防伪标志，完成出口报关手续。

（十三）编制出仓单

配舱方案制定后就可着手编制出仓单，包括：出仓单的日期、承运航班的日期、装载板箱形式及数量、货物进仓顺序编号、总运单号、件数、重量、体积、目的地三字代码和备注。

（十四）提板箱

向航空公司申领板、箱并办理相应的手续。提板、箱时，应领取相应的塑料薄膜和网。对所使用的板、箱要登记、销号。

（十五）装板箱

装板箱俗称“打板”，装板、装箱时要注意：不要用错集装箱、集装板，不要用错板型、箱型；不要超装箱板尺寸；要垫衬，封盖好塑料纸，防潮、防雨淋；集装箱、板内货物尽可能配装整齐，结构稳定，并接紧网索，防止运输途中倒塌；对于大宗货物、集中托运货物，应尽可能将整票货物装在一个或几个板、箱内进行运输。

（十六）签单

货运单在盖好海关放行章后还需要到航空公司签单，只有签单确认后才允许将单、货交给航空公司。

（十七）交接发运

交接是向航空公司交单交货，由航空公司安排航空运输。交单就是将随机单据和应由承运人留存的单据交给航空公司。随机单据包括第二联航空运单正本、发票、装箱单、产地证明、品质鉴定证书。交货即把与单据相符的货物交给航空公司。交货前必须粘贴或拴挂货物标签，（交货时根据标签）清点和核对货物，填制货物交接清单。大宗货、集中托运货，以整板、整箱称重交接；零散小货按票称重，计件交接。航空公司审单验货后，在交接签单上验收，将货物存入出口仓库，单据交吨控部门，以备配舱。

（十八）航班跟踪

目前各大航空公司都使用了货物追踪查询系统。要进行货物追踪，首先要确认货物是通过哪家航空公司承运，得到其相应的提单号码。通过相应航空公司的对应网站的货物在线追踪系统即可得知。若有些尚未在网上使用在线追踪系统的，可以通过相关的查询电话进行追踪。

需要联程中转的货物，在货物运出后，要求航空公司提供二程、三程航班中转信息，确认中转情况。及时将上述信息反馈给客户，以便遇到不正常情况时及时处理。

（十九）信息服务

航空货运代理公司须在多个方面做好信息服务：订舱信息、审单及报关信息、仓库收货信息、交运称重信息、一程二程航班信息、集中托运信息、单证信息等。总之，航空货运代理应为委托人进行全程物流信息服务。

(二十) 费用结算

费用结算主要涉及与发货人、承运人和国外代理人三方面的结算。

(1) 与发货人结算费用：在运费预付的情况下，收取航空运费、地面运输费、各种服务费和手续费。

(2) 与承运人结算费用：向承运人支付航空运费及代理费，同时收取代理佣金。

(3) 与国外代理人结算：主要涉及付运费和利润分成等。

到付运费实际上是发货方的航空货运代理人为收货人垫付的，因此收货方的航空货运代理公司在将货物移交收货人时，应收回到付运费并将有关款项退还发货方的货运代理人。同时发货方的货运代理人应将代理佣金的一部分分给其收货地的货运代理人。

由于航空货运代理公司之间存在长期的互为代理协议，因此与国外代理人结算时一般不采取一票一结的办法，而采取应收应付互相抵消、在一定期限内以清单冲账的办法。

注：目前中国民航的各航空公司暂不办理运费到付业务。

二、航空公司出港货物操作程序

航空公司出港货物操作程序是指自代理人将货物交给航空公司（货物量大时托运人可直接委托航空公司），直到货物装上飞机的整个业务流程。航空公司出港货物的操作程序如图 4-8 所示。

扫二维码了解广州白云机场南航国际货站整体操作流程及广州白云机场南航货物出港流程。

广州白云机场南航国际货站整体操作流程

广州白云机场南航货物出港流程

任务实施

步骤一：掌握空运询价八要素

Maggie 在海迩货运公司实习时间不长，调入空运部后，公司安排经验丰富同事 Sally 做她的业务导师，定期让她接受系统业务培训。目前 Maggie 主要作为销售代表与客户接触，在培训中她掌握了航空货运代理向出口企业（发货人）进行询价，必须了解以下信息：(1) 品名（是否危险品）；(2) 重量（涉及收费）、体积（尺寸、大小及是否泡货）；(3) 包装（是否木箱、有无托盘）；(4) 目的机场（是否基本点）；(5) 要求时间（直非或转飞）；(6) 要求航班（各航班服务及价格差异）；(7) 提单类别（主单及分单）；(8) 所需运输服务（报关方式、代办单证、是否清关派送等）。

预审CBA

1. 由国际吨控室开具CBA(Cargo Booking Advance) 即国际货物订舱单。此单为配载人员进行配载工作的依据，配载人员一般应严格按照CBA要求配货。
2. 根据CBA，了解旅客人数，货邮订舱情况，有无特殊货物。对经停的国际航班，需了解前后站的旅客人数，舱位利用情况。
3. 估算本航班最大可利用货邮业载（业载：业务载荷）和舱位。
货邮业载=商务业载-行李重量货邮舱位=总货舱位-行李舱位。
4. 预划平衡。根据订舱情况，旅客人数及前、后舱分布，对飞机做到心中有数，如有问题，可在预配货物时及时调整。
5. 了解有关航线上待运货物情况。结合CBA，及时发现有无超订情况，如有疑问，及时向吨控部门了解。

整理单据

1. 根据CBA上货物订舱状况，核查货邮实际送达情况，同时整理相关单据；整理的单据主要包括：已入库的大宗货物、现场收运的货物、中转的散货等三个方面的单据。
（1）已入库大宗货物的单据：a.检查入库通知单，交接清单(板箱号、高低板标识、重量及组装情况)是否清楚完整，运单是否和交接单一致；b.核对CBA，做好货物实际到达情况记录，如果出现未订舱货物，应将运单放回原处。
（2）现场收运的货物单据：根据代理人提供的报关单、货物清单对运单进行审核，主要查看货物品名、件数、重量、运价及海关放行章，特种货物须有相关证明文件。
2. 若CBA上订有散装小件货物、特殊物品及中转货物，应根据货物体积、装载要求，结合飞机可利用舱位，开具小货组装单，进行小货组装；鲜活货物开具鲜货组装单。
3. 货邮到达情况核查完毕后，配载向内场搬运队开具出仓单。

过磅入库

1. 检查货物板、箱组装情况、高度、收口等是否符合规定。
2. 将货物送至电子磅，记录重量，并悬挂吊牌。
3. 对装有轻泡货物的板箱，查看运单，做好体积记录。
4. 在电脑中输入板箱号码，航班日期等，将货物上码放在货架上。

货物出港

1. 配载工作全部完成后，制作平衡交接单。
（1）注明航班、日期、机型、起飞时间、板箱号、重量、总板箱号、总重量；（2）鲜活、快件、邮件及特殊物品做出标识；（3）标明高、中、低板；（4）交接单一式四份：一份交平衡室，一份交外场，一份交内场出仓，一份交接后留底。
2. 制作舱单及转运舱单的业务。
（1）货运舱单（Cargo Manifest）：货运舱单是每一架飞机所装载货物、邮件的运输凭证清单；是每一航班总申报单的附件；是向出境国、入境国海关申报飞机所载货邮情况的证明文件；也是承运人之间结算航空运费的重要凭证之一。
（2）货物转港舱单（CargoTransfer Manifest，CTM）：也称转运舱单，货物转港舱单由交运承运人填写，是货物承运人之间交接货物、文件的重要运输凭证；也是承运人之间结算航空运费的重要凭证之一。

图 4-8　航空公司出港货物操作程序

步骤二：掌握航空货物出口运输代理业务程序

空运部受理客户王辉的托运后，Maggie 作为实习生跟着同事 Sally 参与该批货物具体空运业务，随时跟踪此票业务，及时了解情况，并向 Sally 请教航空货物出口运输代理操作细节。

步骤三：掌握航空货物收运要求

Maggie 在 Sally 提醒下，对客户王辉托运货物的性质、重量、尺寸及包装等具体数据进行掌握，参照航空货运有关标准及时调整，以符合运输的要求。

步骤四：熟悉航空公司出港货物操作程序

Sally 向 Maggie 介绍航空公司的出港货运流程，航空公司出港货物的操作程序是指自代理人将货物交给航空公司（货物量大时托运人可直接委托航空公司），直到货物装上飞机的整个操作程序，包括预审 CBA、整理、称重和入库、出库等环节。

任务评价（见表 4－9）

表 4－9　　任务评价表

被考评人			考评任务	办理航空货物出口运输业务	
评价标准	具体内容	分值	自我评价（30%）	小组评价（40%）	教师评价（30%）
	掌握空运询价八要素	30			
	掌握航空货物出口运输代理业务程序	10			
	掌握航空货物收运要求	30			
	熟悉航空公司出港货物操作程序	30			
合计		100			

任务四　航空货物进口运输业务

任务描述

Maggie 目前在海迩货运公司空运部实习了一段时间，由于最近部门业务繁忙，导师 Sally 让她帮忙跟进电商客户陈欢本周五将从德国法兰克福寄到广州的 3 箱护肤品（纸箱尺寸：50cm×40cm×30cm，每箱毛重：20kg）空运业务。

任务分析

航空货物进口运输是将货物用飞机运送入境内的一种运输方式，随着近年我国跨境电商的快速发展，航空货运受到越来越多进口商家的青睐。

知识储备

航空货物进口运输流程（见图 4－9）主要包含两大环节：航空货物进口运输代理业务

程序和航空公司进港货物操作程序。

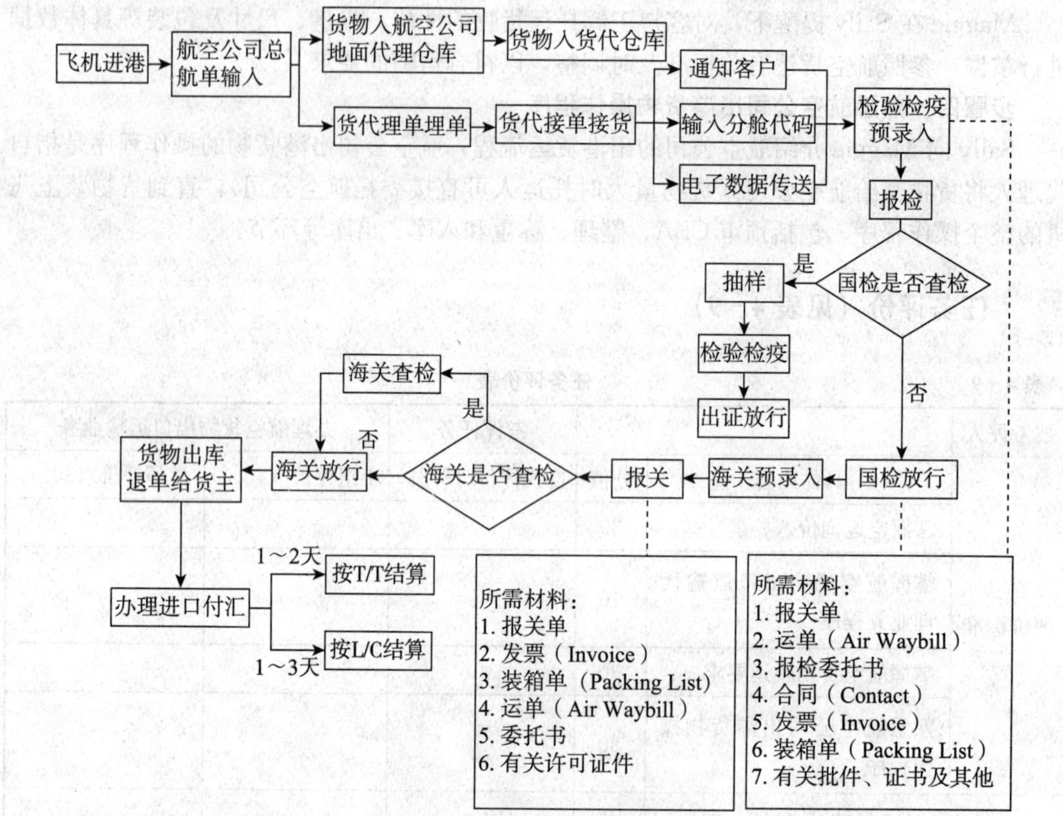

图 4-9 航空货物进口运输流程

一、航空货物进口运输代理业务程序

航空货物进口运输代理业务程序是指代理公司对于货物从入境到提取或转运整个流程的各个环节所需办理的手续及准备相关单证的全过程。

(一) 代理预报

在国外发货前，由国外代理公司将运单、航班、件数、重量、品名、实际收货人及其他地址、联系电话等内容通过传真或 E-mail 发给目的地代理公司，这一过程被称为预报。

进口国代理人收到预报后应及时做好接货前的准备工作，注意：(1) 中转航班：中转点航班的延误会使实际到达时间和预报时间出现差异；(2) 分批货物：从国外一次性运来的货物在国内中转时，由于国内航班飞机载量的限制，往往采用分批的方式运输。

(二) 交接单、货

航空货物入境时，与货物相关的单据也随机到达，运输工具及货物处于海关监管之下。货物卸下后，将货物存入航空公司或机场的监管仓库，进行进口货物舱单录入，将舱单上总运单号、收货人、始发站、目的站、件数、重量、货物品名、航班号等信息通过电脑传输给海关留存，供报关用。同时根据运单上的收货人地址寄发取单、提货通知。

交接时做到单、单核对，即交接清单与总运单核对；单、货核对，即交接清单与货物核对。核对后，出现问题的处理方式见表 4－10。另外，还需注意分批货物，做好空运进口分批货物登记表。

表 4－10　交接单、货出现问题的处理方式

总运单	清单	货物	处理方式
有	有	无	总运单退回
有	无	无	总运单退回
有	无	有	清单上加总运单号
无	有	有	总运单后补
无	有	无	清单上划去
无	无	有	货物退回

总之，货代在与航空货站办理交接手续时，应根据运单及交接清单核对实际货物，若存在有单无货或有货无单的情况，应在交接清单上注明，以便航空公司组织查询并通知入境地海关。发现货物短缺、破损或其他异常情况时，应向民航索要商务事故记录，作为实际收货人交涉索赔事宜的依据。也可以接受收货人的委托，由航空货运代理公司代表收货人向航空公司办理索赔。

(三) 理货与仓储

航空货运公司自航空公司接货后，即短途驳运进自己的监管仓库，组织理货及仓储。

1. 理货

逐一核对每票件数，再次检查货物破损情况，确有接货时未发现的问题，可向民航提出交涉；按大货、小货、重货、轻货、单票货、混载货、危险品、贵重品、冷冻品、冷藏品分别堆存、进仓；登记每票货储存区号，并输入电脑。

《华沙公约》第 26 条规定：“除非有相反的证据，如果收货人在收受货物时没有异议，就被认为货物已经完好地交付，并和运输凭证相符。”此规定对收货人不利。

后《海牙议定书》(即《华沙公约》修正本）中第 15 条规定：“关于损坏事件，收货人应于发现损坏后立即向承运人提出异议……最迟应在收到货物后 14 天内提出。”

2. 仓储

货物保管根据不同货种的实际需要进行保管。必须注意：上述货物的仓储，不论是在航空公司货站、机场货站，还是在航空货运代理的仓库，都是海关的监管仓库。

(四) 理单与到货通知

航空货代需将总运单、分运单与随机单证、国外代理先期寄达的单证审核、编配。凡单证齐全、符合报关条件的即转入制单、报关程序；否则立即与货主联系，催齐单证，使

之符合报关条件。

货物到目的港后，货代应从航空公司运输的时效出发，普货到达后 24 小时内发出通知，急件货物 2 小时内发出；动物、鲜活易腐物品及其他指定日期和航班运输的货物，托运人应负责通知收货人在到达站机场等候领取。为减少货主仓储费、避免海关滞报金，应尽快通知货主到货情况，提请货主配齐有关单证，尽快报关。

（五）制单与报验报关

1. 进口报验

需要做商检的货物需向商检局申报，查验合格后商检局将出具证明文件，由报关行或者货主/货代交入海关，再进行进口报关海关程序。

2. 进口报关

制单、报关、运输的形式：货代公司代办制单、报关、运输；货主自行办理制单、报关、运输；货代公司代办制单、报关，货主自办运输；货主自行办理制单、报关后，委托货代公司运输；货主自办制单，委托货代公司报关和办理运输。

（1）进口制单。

进口制单指按海关要求，依据运单、发票、装箱单及证明货物合法进口的有关批准文件制作“进口货物报关单”。货运代理公司制单时一般程序为：

1）长期协作的货主单位，有进口批文、证明手册等存放于货运代理处的，货物到达，发出到货通知后，即可制单、报关，通知货主运输或代办运输。

2）部分进口货，因货主单位（或经营单位）缺少有关批文、证明的，可于理单、审单后，列明内容，向货主单位催寄有关批文、证明，亦可将运单及随机寄来单证、提货单以快递形式寄货主单位，由其备齐有关批文、证明后再决定制单、报关事宜。

3）无须批文和证明的，可即行制单、报关，通知货主提货或代办运输。

4）部分货主要求异地清关时，在符合海关规定的情况下，制作《转关运输申报单》，办理转关手续。报关单上需由报关人填报的项目有：进口口岸、收货单位、经营单位、合同号、批准机关及文号、外汇来源、进口日期、提单或运单号、运杂费、件数、毛重、海关统计商品编号、货品规格及货号、数量、成交价格、价格条件、货币名称、申报单位、申报日期等，转关运输申报单内容少于报关单的，亦需按要求详细填列。

（2）进口报关。

进口报关完成制单后，将报关单的各项内容输入计算机，打制出报关单一式三份（一般进口货物）。完成计算机预录入后，在报关单右下角加盖报关单位的“报关专用章”。然后将报关单连同有关的运单、发票订成一式二份，并随附批准货物进口的证明和批文，由报关员正式向海关申报。除经海关总署特准免验的货物以外，所有货物都在海关查验范围之内。

报关大致分为初审、审单、征税、验放四个主要环节。由海关在正本航空公司运单上或货运代理经海关认可的分运单上加盖放行章。进口货物报关期限为自运输工具进境之日起的 14 日内，超过这一期限报关的，由海关征收滞报金，征收标准为货物到岸价格的万分之五。

客户自行报关的货物，一般由货主到货代监管仓库借出货物，由代理公司派人陪同货主一并协助海关开验。客户委托代理公司报关的，代理公司通知货主，由其派人前来或书面委托代办开验。开验后，代理公司须将已开验的货物封存，运回监管仓库储存。

(六) 收费、发货

办完报关、报验等进口手续后，货主须凭盖有海关放行章、检验检疫章（进口药品须有药品检验合格章）的进口提货单到所属监管仓库付费提货。

(1) 收费。

货代公司仓库在发放货物前，一般会先将费用收妥。收费内容有：到付运费及垫付佣金；单证、报关费；仓储费；装卸、叉车作业费；航空公司到港仓储费；海关预录入、动植检、卫检报验等代收代付费；关税及垫付佣金等。

保管费的收取：普通货物，自发出到货通知的次日起免费保管 3 日，分批到达的从通知提取最后一批货物的次日算起，超过免费保管期限的，每日每千克收取保管费 0.1 元，不满一日的按一日计算，每票货物最低收取保管费 5 元。贵重物品，至到达的次日起，每日每千克收取 5 元，每票货物最低 50 元。危险物品，至发出到货通知的次日起，免费保管 6 小时；超过 6 小时，每日每千克收取 0.5 元，每票最低 10 元。

(2) 仓库发货时，货物交接不当将会导致纠纷及索赔，应予以特别注意：

1）须检验提货单据上各类报关、报验章是否齐全，并登记提货人的单位、姓名、身份证号，以确保发货安全。

2）分批到达货，收回原提货单，出具分批到达提货单，待后续货物到达后即通知货主再次提取。

3）航空公司责任的破损、短缺，应由航空公司签发商务记录。

4）货运代理公司责任的破损、短缺，应由代理公司签发商务记录。

5）仓管员发货时，须再次检查货物外包装情况，遇有破损、短缺，应尽可能商同货主、商检单位立即在仓库做商品检验，确定货损程度，同时要避免后面运输中加剧货损的发展。

(七) 送货与转运

(1) 送货上门业务：主要指进口清关后货物直接运送至货主单位，运输工具一般为汽车。

(2) 转运业务：主要指将进口清关后货物转运至内地的货运代理公司，运输方式主要为航空、公路、铁路、水运。

(3) 进口货物转关及监管运输：是指货物入境后不在进境地海关办理进口报关手续，而运往另一设关地点办理进口海关手续，在办理进口报关手续前，货物一直处于海关监管之下，转关运输亦称监管运输，意味着此运输过程处于海关监管之中。

二、航空公司进港货物操作程序

航空公司进港货物操作程序是指从飞机到达目的地机场，承运人把货物卸下飞机直到交给代理人的整个流程。航空公司进港货物的操作流程如图 4－10 所示。

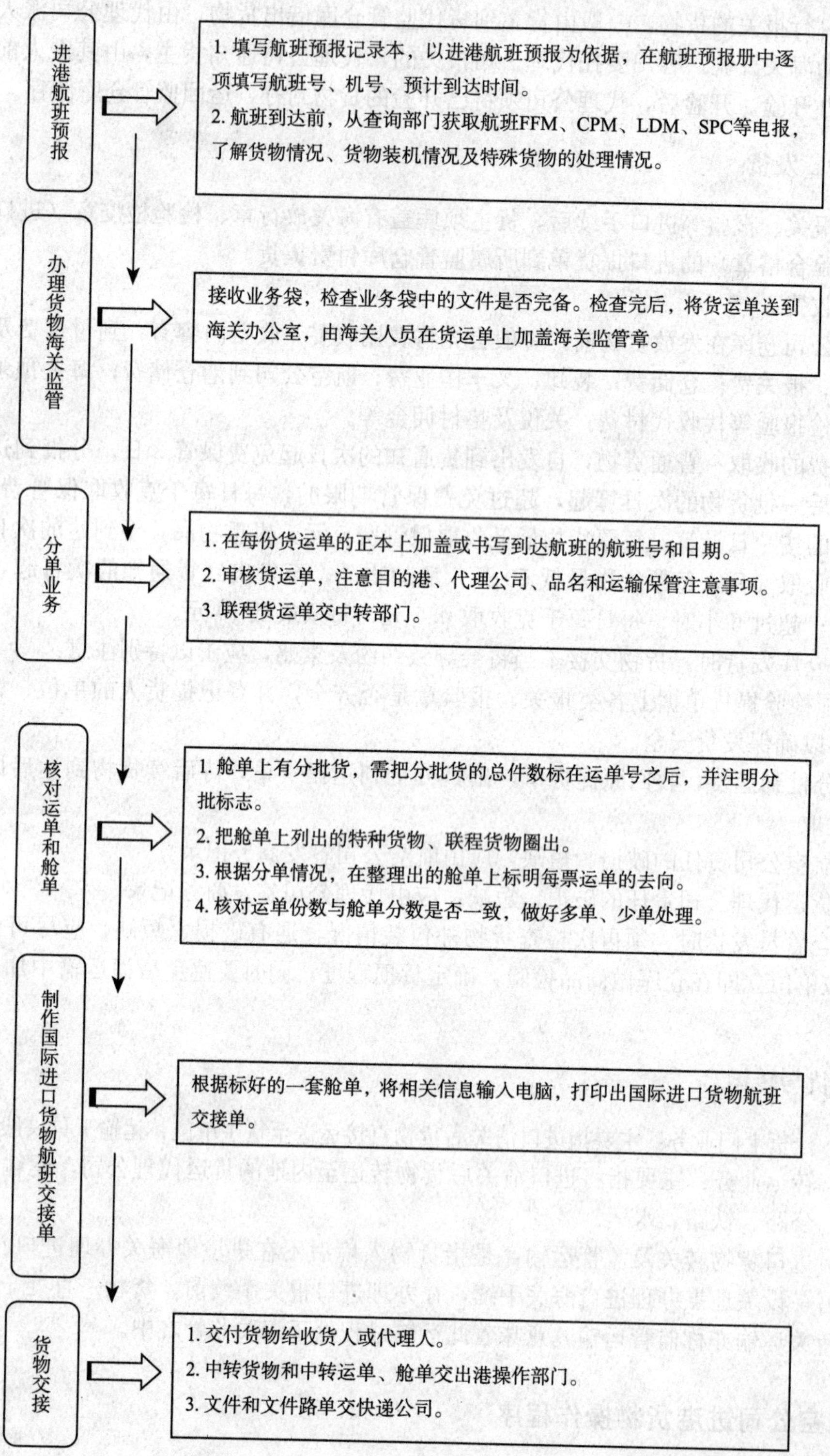

图 4－10　航空公司进港货物操作程序

扫二维码了解广州白云机场南航货物进港流程。

广州白云机场南航货物进港流程

任务实施

步骤一：掌握航空货物进口运输代理业务程序

为做好客户陈欢航空进口货运业务，导师 Sally 特地把公司关于航空货物进口运输代理业务程序业务培训知识通过电子邮件发给 Maggie 学习，并让 Maggie 不懂就问她。

步骤二：清楚交接单、货出现问题的处理方式

导师 Sally 午休时间遇到 Maggie，跟她闲聊几句后问她对航空货物进口运输代理业务程序的掌握情况，并问她是否清楚交接单、货出现问题的处理方式，Maggie 都能对答如流，Sally 决定下午可以让 Maggie 进一步熟悉航空公司进港货物操作程序。

步骤三：熟悉航空货代到货通知规定

导师 Sally 接到航空公司电话通知，客户陈欢的货物已抵达广州白云机场，她马上转告 Maggie 做好通知客户陈欢到货通知工作。原来货物到达目的港后，货代应从航空公司运输的时效出发，普货到达后 24 小时内发出，通知收货人在到达站机场等候领取。为减少货主仓储费、避免海关滞报金，货代应尽快通知货主到货情况，提请货主配齐有关单证，尽快报关。

步骤四：熟悉航空公司进港货物操作程序

Sally 还向 Maggie 介绍航空公司的进港货运流程。航空公司进港货物操作程序是指从飞机到达目的地机场，承运人把货物卸下飞机直到交给代理人的整个操作流程，包括进港航班预报、办理货物海关监管、分单业务、核对运单和舱单、电脑输入、货物交接等环节。

任务评价（见表 4－11）

表 4－11　　任务评价表

被考评人		考评任务		办理航空货物进口运输业务	
评价标准	具体内容	分值	自我评价（30%）	小组评价（40%）	教师评价（30%）
	掌握航空货物进口运输代理业务程序	30			
	清楚交接单、货出现问题的处理方式	25			

续前表

被考评人			考评任务	办理航空货物进口运输业务	
	具体内容	分值	自我评价（30%）	小组评价（40%）	教师评价（30%）
评价标准	熟悉航空货代到货通知规定	25			
	熟悉航空公司进港货物操作程序	20			
合计		100			

任务五　填制航空运单

任务描述

Maggie在接触客户航空货物进出口业务后，导师Sally利用工作机会向她介绍航空运单相关知识。为顺利展开后续工作，Maggie从了解航空运单的定义、作用开始，深入了解航空运单的种类及构成，并尝试进行航空运单的缮制工作。

任务分析

航空运单是进行航空货物运输必不可少的单据，是一种运输合同，不可转让。它不同于海运提单，并不代表所托运货物的所有权。航空运单是由承运人或其授权的代理人出具的，是航空货物运输中一份重要的单据。

知识储备

一、航空运单的定义

航空运单（Airway Bill，简称AWB）是由托运人或者以托运人的名义填制，是托运人和承运人在承运人的航线上运输货物所订立运输契约的凭证。航空运单通常包括有出票航空公司（Issue Carrier）标志的航空运单和无承运人任何标志的中性运单两种。航空运单不是物权凭证，收货人不能凭以提货。

二、航空运单的作用

航空运单是一种运输合同，是由承运人或其代理人签发的一份重要的货物单据。航空运单上关于货物的重量、尺寸、包装和包装件数的说明具有初步证据的效力。其主要作用见表4-12。

表4-12 航空运单的主要作用

序号	航空运单的作用	具体说明
1	发货人与航空承运人之间的运输合同	航空运单不仅证明航空运输合同的存在，而且航空运单本身就是发货人与航空运输承运人之间缔结的货物运输合同，在双方共同签署时产生效力，并在货物到达目的地交付给运单上记载的收货人后失效。
2	承运人签发的已签收货物的证明	航空运单也是货物收据，在发货人将货物发运后，承运人或其代理人会将其中一份交给发货人（即发货人联），作为已接受货物的证明。除非另外注明，它是承运人收到货物并在良好条件下装运的证明。
3	承运人据以核收运费的账单	航空运单分别记载着属于收货人负担的费用、应支付给承运人的费用和应付给代理人的费用，并详细列明费用的种类、金额，因此可作为运费账单和发票。
4	报关单证之一	出口时航空运单是报关单证之一。在货物到达目的地机场进行进口报关时，航空运单也通常是海关查验放行的基本单证。
5	可作为保险证书	如果承运人承办保险或发货人要求承运人代办保险，则航空运单也可用来作为保险证书。
6	承运人内部业务的依据	航空运单随货同行，证明了货物的身份。运单上载有有关该货物发送、转运、交付的事项，承运人会据此对货物的运输做出相应安排。

三、航空运单的种类

航空运单主要分为两大类：主运单和分运单。关于航空主运单和分运单的说明见表4-13。

表4-13 航空运单分类

航空运单分类	内容	格式说明
航空主运单	凡是航空运输公司签发的航空运单都称为主运单。它是航空运输公司据以办理货物运输和交付的依据，是航空公司和托运人订立的运输合同，每一批航空运输的货物都有自己相对应的航空主运单。	航空运单与海运提单类似，也有正面、背面条款之分，不同的航空公司也会有自己独特的航空运单格式。所不同的是，航空公司的海运提单可能千差万别，但各航空公司所使用的航空运单则大多借鉴IATA所推荐的标准格式，差别并不大。
航空分运单	集中托运人在办理集中托运业务时签发的航空运单被称作航空分运单。在集中托运的情况下，除了航空运输公司签发主运单外，集中托运人还要签发航空分运单。	

四、航空运单的主要内容

(一) 航空运单的缮制

航空运单有正面、背面条款之分，虽然不同航空公司有自己的航空运单格式，但各公司所使用的航空运单大多借鉴 LATA 所推荐的标准格式，差别不大。

航空运单的基本内容包括填单地点和日期、出发地点和目的地点，第一承运人的名称、地址，托运人的名称、地址，收货人的名称、地址，货物品名、性质，货物的质量、体积或尺寸，运输说明事项，托运人的声明。表 4－14 为一张国际航空运单样表。

(1) 航空运单编号 (AIRWAY BILL NUMBER)，航空运单最上方的编号由航空公司填写。第一组文字“999”为中国民航代号，第二组文字为航空运单顺序号码。

(2) 承运人 (CARRIER)，即航空公司标记。UCP500 第 27 条规定：若信用证要求空运单据，银行将接受表面标明承运人名称的单据。

(3) 发货人名称及地址 (Shipper's name and address)，信用证结算方式一般填写受益人名称；托收结算方式一般填写合同卖方的名称地址。如信用证另有规定则按信用证要求填写。

(4) 发货人账号 (Shipper's ACCOUNT NUMBER)，一般可以不填。

(5) 收货人名称及地址 (Consignee's name and address)，此栏在托收结算中一般填写合同中的买方。信用证结算方式，有的是以买方为收货人，有的以开证行为收货人，根据信用证的规定填写。

(6) 收货人账号 (Consignee's ACCOUNT NUMBER)，一般可不填。

(7) 签发运单的承运人的代理人名称及城市 (Issuing Carrier's Agent Name and City)，本栏若运单由承运人的代理人签发时，可填写实际代理人名称及城市名。如果运单直接由承运人本人签发，此栏则可空白不填。

(8) 代理人国际航空运输协会代号 (Agents IATA Code)，一般可不填。

(9) 代理人账号 (Account No.)，可填写代理人账号，供承运人结算时使用，一般不填。

(10) 起飞机场和指定航线 (Airport of Departure and Requested Routing)，一般仅填写起航机场名称即可。

(11) 会计事项 (Accounting Information)，指与费用结算的有关事项。如运费预付、到付或发货人结算使用信用卡号、账号以及其他必要的情况。

(12) 转运机场/第一程运人/路线及目的地 (To/By first carrier/Routing and Destination)，货物运输途中需转运时按实际情况填写。

(13) 目的地机场 (Airport of Destination)，即货物运输的最终目的地机场。

(14) 航班/日期 (仅供承运人使用) [Flight/Date (For carrier's use only)]，即飞机航班号及实际起飞日期。但本栏所填内容只能供承运人使用，因而该起飞日期不能视为货物的装运日期 (一般以航空运单的签发日期作为装运日期)。UCP500 第 27 条规定：就本

表 4－14

国际航空运单样表

<table>
<tr><td colspan="12">① 999</td></tr>
<tr><td colspan="3">Shipper's name and address
③</td><td colspan="3">Shipper's ACCOUNT NUMBER
④</td><td colspan="6" rowspan="2">NOT NEGOTIABLE
Air Waybill
As Carrier：
②</td></tr>
<tr><td colspan="3"></td><td colspan="3"></td></tr>
<tr><td colspan="3">Consignee's name and address⑤</td><td colspan="3">Consignee's ACCOUNT NUMBER
⑥</td><td colspan="6" rowspan="4">It is agreed that the goods described herein are accepted in apparent good order and condition（except as noted）for carriage SUBJECT TO THE CONDITIONS OF CONTRACT ON THE REVERSE HEREOF，ALL GOODS MAY BE CARRIED BY ANY OTHER MEANS. INCLUDING ROAD OR ANY OTHER CARRIER UNLESS SPECIFIC CONTRARY INSTRUCTIONS ARE GIVEN HEREON BY THE SHIPPER. THE SHIPPER'S ATTENTION IS DRAWN TO THE NOTICE CONCERNING CARIER'S LIMITATION OF LIABILITY.
Shipper may increase such limitation of liability by declaring a higher value of carriage and paying a supplemental charge if required.</td></tr>
<tr><td colspan="3"></td><td colspan="3"></td></tr>
<tr><td colspan="3">Issuing Carrier's Agent Name and City⑦</td><td colspan="3"></td></tr>
<tr><td colspan="3">Agents IATA Code
⑧</td><td colspan="3">Account No.
⑨</td></tr>
<tr><td colspan="6">Airport of Departure and Requested Routing ⑩</td><td colspan="6">Accounting Information ⑪</td></tr>
<tr><td rowspan="2">To
⑫</td><td rowspan="2">By first carrier</td><td>Rounting and Destination</td><td rowspan="2">To</td><td rowspan="2">By</td><td rowspan="2">To</td><td rowspan="2">By</td><td rowspan="2">Currency & CHGS Code
⑮</td><td colspan="2">WT/VAL & OTHER⑯</td><td rowspan="2">Declared Value for Carriage⑰</td><td rowspan="2">Declared Value for Customs⑱</td></tr>
<tr><td></td><td>PPD</td><td>COLL</td></tr>
<tr><td colspan="2">Airport of Destination
⑬</td><td>Flight/
Date
⑭</td><td colspan="3">For carrier's use only</td><td colspan="2">Amount of Insurance
⑲</td><td colspan="4">INSURANCE-If carrier offers insurance and such insurance is requested in accordance with the conditions thereof indicate amount to be insured in figures in box marked "Amount of Insurance"</td></tr>
<tr><td colspan="12">Handling Information⑳</td></tr>
</table>

No. of Pieces (RCP) 1)	Gross Weight 2)	Rate Class 3)	Commodity Item No. 4)	Chargeable Weight 5)	Rate/Charge 6)	Total 7)	(Incl. Dimensions or Volume) Nature and Quantity of Goods 8)
9)	10)				11)		

Prepaid	Weight Charge ㉑	Collect	Other Charges ㉔
Prepaid	Valuation Charge ㉒	Collect	
Prepaid	Tax ㉓	Collect	
Prepaid	Total Other Charges Due Agent ㉕	Collect	Shipper certifies that the particulars on the face hereof are correct and that insofar as any part of the consignment contains dangerous goods, such part is properly described by name and is in proper condition for carriage by air according to the applicable Dangerous Goods Regulations.
Prepaid	Total Other Charges Due Carrier ㉖	Collect	
Total Prepaid ㉗	Total Collect ㉘		Signature of Shipper or His Agent ㉙
Currency Conversion Rates	CC Charges in Des. Currency		Executed on ________ at ________ Signature of Issuing Carrier or as Agent ㉚
For Carrier's Use Only at Destination	Charges at Destination	Total Collect Charges	AIR WAYBILL NUMBER

条款而言，在空运单据的方格内（注有“仅供承运人使用”或类似意义的词语）所表示的有关航班和起飞日期的信息，将不视为发运日期的专项批注。

（15）货币及费用代码（Currency& CHGS Code），即支付费用使用的货币国际标准电码表示，如USD、HKD等，费用代码可以不填。

（16）运费/声明价值及其他费用（WT/VAL & OTHER）。“声明价值费”（Valuation Change），是指下列第17栏向承运人声明价值时，必须与运费一起交付声明价值费。若该栏费用是预付，则在“PPD”（PREPAID）栏下打“×”；若是待付，则在“COLL”（COLLECT）栏下打“×”。需要注意的是，航空货物运输中运费与声明价值费支付的方式必须一致，不能分别支付。

（17）运费申报价值（Declared Value for Carriage），填写托运货物总价值，一般可按发票额填列，如不愿申报，则填“NVD”（NO VALUE DECLARED），即无申报价值。

（18）海关申报价值（Declared Value for Customs），此栏所填价值是提供给海关的征税依据。当以出口货物报关单或商业发票作为征税时，本栏可空白不填或填“As Perinvoice”，如果货物系样品等数量少且无商业价值，可填“NCV”（No Commercial Value）。

（19）保险金额（Amount of Insurance），如发货人根据本运单背面条款要求保险，则在本栏内注明保险金额；若无，可填“NIL”。

（20）处理情况（Handling Information），可利用本栏填所需要注明的内容。如A. 被通知人；B. 飞机随带的有关商业单据名称；C. 包装情况；D. 发货人对货物在途时的某些特别指示等；E. 对第二承运人的要求等。

1）件数［No. of Pieces（RCP）］，填入所装载的总包装件数。（本栏中的RCP系“Rate Combination Point”的缩写，意即税率组成点）

2）毛重（Gross Weight）：填入货物总毛重。重量单位可选择千克（kg）或磅（lb）。

3）费率等级（Rate Class），针对不同的航空运价共有6种代码，它们是M（Minimum，起码运费）、C（Specific Commodity Rates，特种运价）、S（Surcharge，高于普通货物运价的等级货物运价）、R（Reduced，低于普通货物运价的等级货物运价）、N（Normal，45千克以下货物适用的普通货物运价）、Q（Quantity，45千克以上货物适用的普通货物运价）。

4）商品编号（Commodity Item No.），使用特种运价时需要按费率等级在此栏填写商品代码，一般可不填。

5）计费重量（Chargeable Weight）：此栏填入航空公司据以计算运费的计费重量，该重量可以与货物毛重相同也可以不同。

6）运价（Rate/ Charge）：填入该货物适用的费率。

7）运费总额（Total）：此栏数值应为起码运费值或者是运价与计费重量两栏数值的乘积。

8）货物的品名、数量（含尺码或体积）［Nature and Quantity of Goods（Incl. Dimensions or Volume）］：货物的尺码应以cm或in为单位，尺寸分别以货物最长、最宽、最高边为基础。体积则是上述三边的乘积，单位为cm^3或in^3。

9）该运单项下货物总件数。

10）该运单项下货物总毛重。

11）该运单项下货物总运费。

（21）计重运费（预付/到付）[Weight Charge（Prepaid/Collect）]，在对应的“预付”或“到付”栏内填入按重量计算的运费金额。

（22）声明价值附加费（Valuation Charge），如果托运人对托运的货物进行了保价声明，则在对应的“预付”或“到付”栏内填入声明价值附加费金额。

（23）预付税款（Tax），在对应的“预付”或“到付”栏内填入适用的税款。

（24）其他费用（Other Charges）：指除运费和声明价值附加费以外的其他费用。根据IATA规则，各项费用分别用三个英文字母表示。其中前两个字母是某项费用的代码，如运单费就表示为AW（Air Waybill Fee）；第三个字母是C或A，分别表示费用或货运代理人。

（25）由代理人收取的其他费用（Total Other Charges Due Agent），在对应的“预付”或“到付”栏内填入由代理人收取的其他费用的总和。

（26）由承运人收取的其他费用（Total Other Charges Due Carrier），在对应的“预付”或“到付”栏内填入由承运人收取的其他费用的总和。

（27）预付费用总额（Total Prepaid），填写各项预付费之和。

（28）到付费用总额（Total Collect），填写各项到付费用之和。

（29）托运人或其代理人签名（Signature of Shipper or His Agent），签名后以示保证所托运的货物并非危险品。以代理人身份签章时，如同提单一样，需在签章处加注“AS AGENTS”；承运人签章则加注“AS CARRIER”。

（30）承运人或其代理人签字及签发运单日期、地点（Executed on ____ at ____ Signature of Issuing Carrier or As Agent），签单以后正本航空运单方能生效。本栏所表示的日期为签发日期，也就是本批货物的装运日期。如果信用证规定运单必须注明实际起飞日期，则以该所注的实际起飞日期作为装运日期。本栏的日期不得晚于信用证规定的装运日期。

以上所有内容不一定要全部填入航空运单，IATA也不反对在运单中写入其他所需的内容。但这种标准化的单证对航空货运经营人提高工作效率，促进航空货运业向电子商务方向迈进具有积极意义。

（二）航空运单的修改

（1）当货运单内容填写出现错误需要修改时，应将错误处划去，在旁边空白处填写正确内容，并在货运单各联的修改处加盖修改人的戳印。

（2）每份货运单只限修改一次，不得超过三处。如果发生多处填写错误无法修改清楚时，应另填制新的货运单，原货运单作废。

（3）已经作废的货运单，应在全部各联上加盖“作废”的戳印，随同货物销售日报送财部门注销。修改货运单时，还应严格遵守财务部门的其他各项规定。

五、航空货运单的构成

我国国际航空货运单由一式十二联组成，包括三联正本、六联副本和三联额外副本。航空货运单各联的介绍见表 4-15。

表 4-15　　航空货运单的构成

序号	名称及分发对象	颜色
A	Original 3（正本 3，给托运人）	浅蓝色
B	Copy 9（副本 9，给代理人）	白色
C	Original 1（正本 1，交出票航空公司）	浅绿色
D	Original 2（正本 2，给收货人）	粉红色
E	Copy 4（副本 4，提取货物收据）	浅黄色
F	Copy 5（副本 5，给目的地机场）	白色
G	Copy 3（副本 6，给第三承运人）	白色
H	Copy 7（副本 7，给第二承运人）	白色
I	Copy 8（副本 8，给第一承运人）	白色
J	Extra copy（额外副本，供承运人使用）	白色
K	Extra copy（额外副本，供承运人使用）	白色
L	Extra copy（额外副本，供承运人使用）	白色

航空运单的正本（Original）按国际惯例为一式三份，每份都印有背面条款，其中：第一份"Original 1（For Issuing Carrier）"，由航空公司留存，作用一是作为承托双方运输合同成立的证明；作用二是交承运人财务部门，作为记账凭证。第二份"Original 2（For Consignee）"，随货同行，在货物到达目的地，交付给收货人时作为核收货物的依据。第三份"Original 3（For Shipper）"，在货运单填制后，此联交给托运人，作为承托双方运输合同成立的证明；还可作为货物预付运费时交付运费的收据；同时也是承运人收到货物的依据。

其余副本则分别注明"For Airport of Destination""Delivery Receipt""For Second Carrier""Extra Copy"等，由航空公司按规定和需要进行分发。

任务实施

Maggie 为做好客户航空进出口货运业务，特地向导师 Sally 请教航空运单知识，Sally 建议她以客户王辉托运的服装信息填制航空运单，进一步加深对航空运单的认识。

步骤一：了解航空运单

航空运单（Airway Bill 简称 AWB），也叫航空货运单、空运提单，习惯上叫运单。海运的运单叫提单（Bill of Lading，简称 B/L）。航空运单的出单方式大致上可以分为出直单（Direct AWB）和出分单（分为主单 MAWB 和分单 HAWB）。主单由航空公司签发，分单由货运代理人签发。出直单时只有航空公司签发的主单，没有货代签发的分单。

步骤二：清楚航空运单的各项含义

导师 Sally 建议 Maggie 上网对照航空运单的内容，弄明白运单的各项含义和注意事项。

步骤三：填制航空运单

Maggie 按照导师 Sally 建议，根据王辉托运的服装信息，结合所学的航空运单理论知识，填制航空运单。

步骤四：掌握运单的使用及流转

航空运单是承运人与托运人之间的货运契约，也是航空运输凭证。货物托运后，如发生意外情况，可凭航空运单书面要求变更运输。变更运输包括：中途停运、运回始发地、变更目的地、变更收货人。

任务评价（见表 4－16）

表 4－16　任务评价表

被考评人			考评任务	填制航空运单	
	具体内容	分值	自我评价（30%）	小组评价（40%）	教师评价（30%）
评价标准	了解航空运单	20			
	清楚航空运单的各项含义	30			
	掌握运单的填写要求	30			
	掌握运单的使用及流转	20			
合计		100			

任务六　核算航空运输费用

任务描述

Maggie 在学习填制航空运单时遇到运费计算问题，导师 Sally 让她登录公司官网查看航空货运费用计算相关知识。

任务分析

货物的航空运费是指将一票货物自始发地机场运输到目的地机场所应收取的航空运输费用，不包括其他费用，如提货、报关、交接和仓储费用等。货物的航空运费主要由两个因素组成，即货物适用的运价与货物的计费重量。

知识储备

航空运输费用是伴随着航空运输过程而发生的费用，计费的对象是航空运输的货物。在核算航空运输费用时，主要考虑货物的计费重量与货物适用的运价。

一、确定计费重量（Chargeable Weight）

航空公司规定：货物体积小、重量大时，以实际毛重作为计费重量；货物体积大、重量小时，以货物的体积重量作为计费重量。集中托运时，一批货物由几件不同的货物组成，有轻泡货也有重货，其计费重量则采用整批货物的总毛重或总的体积重量两者之中较高的一个计算。

（一）实际重量（Gross Weight）

实际重量指一批货物包括包装在内的实际总重量。凡重量大而体积相对小的货物用实际重量作为计费重量。具体计算时，重量不足 0.5kg 的按 0.5kg 计；0.5kg 以上不足 1kg 的按 1kg 计；不足 1lb 的按 1lb 计算。

（二）体积重量（Volume Weight）

体积重量针对的是货物体积大而重量相对小的轻泡货物，计算方法如下：

（1）分别量出货物的最长、最宽和最高的部分，三者相乘算出体积，尾数四舍五入。

（2）将体积折算成 kg（或 lb）。

国际航空货物运输组织规定在计算体积重量时，以 7 000cm^3 折合为 1kg。我国民航则规定以 6 000cm^3 折合为 1kg 为计算标准。

二、选择航空运价

（一）运价的基本概念

运价又称为费率，是承运人为运输货物所规定的单位重量（或体积）收取的费用。货物的航空运价一般以运输始发地的本国货币公布，航空运单中的运价是按出具运单之日所适用的运价。

（二）航空运价的种类（见表 4-17）

表 4-17　　航空运价的种类

<table>
<tr><th>序号</th><th>航空运价种类</th><th colspan="2">分类说明</th></tr>
<tr><td rowspan="3">1</td><td rowspan="3">普通货物运价
(General Cargo Rate，GCR)</td><td colspan="2">也称为一般货物运价，它是为一般货物制定的，仅适用于计收一般货物的运价。</td></tr>
<tr><td>基础运价
(运价代号 N)</td><td>基础运价为 45kg 以下普通货物运价，费率按照中国民航局规定的统一费率执行。</td></tr>
<tr><td>重量分界点运价
(运价代号 Q)</td><td>重量分界点运价为 45kg 以上运价，由中国民航局统一规定，按标准运价的 80%执行。我国航空货物运输在 45kg 以上又划分出 100kg、300kg、500kg 等不同重量分界点及运价率，运价率类别代码仍为“Q”。</td></tr>
<tr><td rowspan="3">2</td><td rowspan="3">等级货物运价
(Class Cargo Rate，CCR)</td><td colspan="2">等级货物运价是指适用于规定地区或地区间指定等级的货物的运价。等级货物运价是在普通货物运价的基础上增加或减少一定百分比而构成的。</td></tr>
<tr><td>等级运价加价
(运价代号 S)</td><td>可使用该运价的商品包括：急件、生物制品、珍贵植物和植物制品、活体动物、骨灰、灵柩、鲜活易腐物品、贵重物品、枪械、弹药、押运货物等。上述物品的运价按 45kg 以下的普通货物运价的 150%～200%计收。</td></tr>
<tr><td>等级运价减价
(运价代号 R)</td><td>可使用该运价的商品包括：报纸、杂志、书籍及出版物、作为货物托运的行李等。上述物品的运价按 45kg 以下的普通货物运价的 50%计收。</td></tr>
<tr><td>3</td><td>特种货物运价
(Specific Cargo Rate，SCR)
(运价代号 C)</td><td colspan="2">特种货物运价又称为指定商品运价，是指自始发地至目的地适用于特定商品、特定品名的低于普通货物运价的某些指定商品的运价。
特种货物运价是由参加国际航空协会的航空公司根据在一定航线上有经常性特种商品运输的发货人的要求，或者为促进某地区的某种货物的运输，向国际航空运输协会提出申请，经同意后制定的运价。对于一些批量大、季节性强、单位价值低的货物，航空公司可申请建立指定商品运价。</td></tr>
<tr><td>4</td><td>起码运费
(运价代号为 M)</td><td colspan="2">也称最低运费，是航空公司承运一批货物所能接受的最低运费，或是不论货物的重量或体积大小，在两点之间运输一批货物应收取的最低金额。当货物按其适用的航空运价与其计费重量计算所得的航空运费，应与货物最低运费相比，取高者。不同的国家和地区有不同的起码运费标准。</td></tr>
</table>

【例 4-2】客户唐元利从北京托运一箱服装到纽约，毛重 28.5kg，体积尺寸 82cm×48cm×32cm。请计算该票货物的航空运费。已知公布运价如下：

BEIJING	CN	BJS	
Y. RENMINBI	CNY		KGS
NEW YORK	U. S. A	M	200.00
N	38.67		
45	29.04		

解：货品体积：82cm×48cm×32cm＝125 952cm³

体积重量：125 952cm³÷6 000cm³/kg＝20.99kg＝21.0kg

毛重 28.5kg＞体积重量 21.0kg

计费重量：28.5kg

适用运价：CGR N 38.67CNY/kg

航空运费：28.5×38.67＝CNY1 102.10

若用较高起码重量计算此票货物运费，适用运价：CGR 45 29.04CNY/kg，则航空运费＝45×29.04＝CNY1 306.8＞CNY1 102.10，所以此票货物最终航空运费为1 102.10元。

航空运单运费计算栏填制如下：

NO. OF PACKAGES	ACTUAL GROSS WEIGHT (KG)	RATE CLASS	CHARGEABLE WEIGHT	RATE CHARGE	NATURE AND QUANTITY OF GOODS (INCL. DIMENSIONS OF VOLUME)
1	28.5	N	28.5	1 102.10	CLOTHES DIMS：82cm×48cm×32cm

根据例题，可知计费重量一般采用货物的实际毛重与体积重量两者进行比较，取其高者作为计费重量，但当货物按较高重量分界点的较低运价计算的运费较低时，则可按较低运价收费，以较高重量分界点的起始重量作为计费重量。

三、航空货物运价种类

目前航空货物运价按制定的途径划分，主要分为协议运价和国际航协运价。

（一）协议运价

协议运价是指航空公司与托运人签订协议，托运人保证每年向航空公司交运一定数量的货物，航空公司则向托运人提供一定数量的运价折扣。航空公司目前使用的运价大多是协议运价，但协议运价又可根据不同的协议方式细分为以下几种，见表4-18。

表 4-18　不同协议方式下的运价

协议方式名称	具体解释
长期协议	通常航空公司同代理人签订的协议以一年为期限
短期协议	通常航空公司同代理人签订的协议以半年或半年以下为期限
包板（舱）	托运人在一定航线上包用承运人的全部或部分的舱位或集装器来运送
软包板（舱）	托运人在承运人的航线上通过包板（舱）的方式运输时，托运人在航班起飞前72h如果没有确定舱位，承运人则可以自由销售舱位，但承运人对代理人的包板（舱）的总量有一个控制
死包板（舱）	托运人在承运人的航线上通过包板（舱）的方式运输时，托运人无论是否向承运人交付货物，都须支付协议上规定的运费
销售量返还	如果代理人在规定期限内完成一定的批量，航空公司按一定的比例返还运费
销售额返还	如果代理人在规定期限内完成一定的销售额，航空公司按一定的比例返还运费
自由销售	也称为议价货物或一票一价，除了订过协议的货物都是一票货物定价

(二) 国际航协运价

国际航协运价是指 IATA 在《空运货物运价表》上公布的运价。国际货物运价使用 IATA 的运价手册，同时结合并遵守国际货物运输规则共同使用。

国际航协运价由国际航协通过运价手册向全世界公布，主要目的是协调各国的货物运价。从实际操作来看，各国出于竞争的考虑，很少有航空公司完全遵照国际航协运价，大多进行了一定的折扣，但不能说明这种运价没有实际意义。首先，它把世界各城市之间的运价通过手册公布出来，每个航空公司都能找到一种参照运价，所以在制定本公司运价时，都是按照国际航协这个标准运价进行的；其次，国际航协对特种货物运价进行了分类，航空公司在运输这种货物时一般都采用国际航协标准运价；最后，它在全世界确定了一种标准运价，使得国际航空货物的运输价格有了统一的参考标准，使市场得到了规范。

按照 IATA 货物运价公布的形式划分，国际航协运价可分为公布直达运价和非公布直达运价。

1. 公布直达运价

它是指承运人直接公布，从运输始发地机场至目的地机场间的直运价。按货物性质公布直达运价可分为普通货物运价、特种货物运价、等级货物运价等。

2. 非公布直达运价

它是指承运人与托运人之间的约定运价，根据运价的组成可分比例运价和分段相加运价。

比例运价是指运价手册上公布的一种不能单独使用的运价附加数，当货物的始发地和目的地无公布直达运价时，可采用比例运价与已知的公布直达运价相加构成非公布直达运价。

当货物的始发地至目的地无直达运价公布，也不能采用比例运价构成全程运价时，可使用分段相加运价。在选择运价相加时，应选择若干个不同的运价相加点并相互比较，然后取其中构成最低运价的一点。公布直达运价是以始发地国家的货币公布，货物航空运费也是以始发地国货币计算。因此，在分段相加运价中，各段运价的货币必须统一换算成始发地国家的货币。

四、航空货运其他费用

在航空货物运输中，航空运费是指自运输始发地至运输目的地之间的航空运输费用。实际运作中，除发生航空运费外，在航空公司或其代理人将收运的货物自始发地（或从托运人手中）运至目的地（或提取货物后交给提货人）的整个运输过程中，在始发站、中转站、目的站经常发生与航空运输有关的其他费用，见表 4-19。

表 4-19　航空货运的其他费用

序号	费用名称	具体解释
1	货运单费	货运单费又称为航空货运单工本费或制单费，此项费用为填制航空货运单的费用。航空公司或其代理人销售或填制货运单时，该费用包括逐项逐笔填制货运单的成本。
2	垫付款和垫付费	垫付款是指与货物有关的其他费用到付时，在始发地机场运输一票货物时发生的，在目的站由交货承运人（最后承运人）收取的与航空运输有关的部分其他费用。这部分费用并不仅限于运输之前，还包括填制在货运单上的货物地面运输费、清关处理费和货运单工本费及其他潜在费用等。垫付款由最后一位承运人收取，然后与代理人或其他承运人进行结算。 垫付费又称为垫付费手续费，是由交付承运人向收货人或其代理人所收取的垫付款以外的手续费，它是以垫付款的数额确定的费用。
3	声明价值附加费	按照《华沙公约》的规定，对由于承运人的失职而造成的货物错误、损坏或丢失等所承担的责任，其赔偿金额为 20 美元/千克或相等的当地货币。如果货物的价值超过了以上值即增加了承运人的责任。这种情况下，托运人在交运货物时，可向承运人或其代理人声明货物的价值，称为货物的声明价值。 货物的声明价值是对整件货物而言，声明价值费的收取依据是货物的实际毛重，其计算公式：声明价值附加费＝（货物的声明价值－货物毛重×20 美元/千克）×声明价值费费率（通常为 0.4%～0.5%）。
4	运费到付货物手续费	国际货物航空运费及声明价值附加费一般采用预计的方式。但个别情况下，货物的航空运输及声明价值附加费在目的站由收货人支付，这就是运费到付货物手续费。

续前表

序号	费用名称	具体解释
5	其他附加费	除了航空运费和声明价值附加费以外的费用，如中转手续费、货到付款劳务费等。货到付款劳务费是指承运人接受发货人的委托，在货到达目的地交给收货人时，代为收回运单规定的金额，承运人则按货到付款金额收取规定的劳务费用。

知识拓展

航空快递运费的计算方法

航空快递是门到门的服务方式，收件范围主要有文件类和小件包裹两大类。其中文件主要是指商业文件和各种印刷品，对于包裹一般要求毛重不超过32kg（含32kg）或外包装单边不超过102cm，三边相加不超过175cm。随着航空运输行业竞争日趋激烈，快递公司为吸引更多的客户，对包裹大小的要求趋于放松。

1. 计费重量单位：快递行业一般以每0.5kg为一个计费重量单位。

2. 首重与续重：快递货品的寄递以第一个0.5kg为首重（或起重），每增加0.5kg为一个续重。通常首重的费用比续重费用高，通过查找目的地城市在航空快递运价表中的分区号，再通过分区可查找出首重与续重的价格。

3. 实重与体积质量：实重是指需要运输的一批物品包括包装在内的实际总重量。当需寄递物品体积较大而实重较轻时，因运输工具（飞机、火车、船、汽车等）承载能力及能装载物品体积所限，需采取量取物品体积折算成重量的办法作为计算运费的重量，称为体积重量或材积。体积重量大于实际重量的物品又常称为轻泡物。

4. 计费重量：按实重与材积两者的定义与国际航空货运协会的规定，货物运输过程中计收运费的重量是按整批货物的实际重量和体积重量两者之中较高的计算。

5. 包装费：一般情况下，快递公司是免费包装，提供纸箱、气泡等包装材料，如衣物，不用特别的包装就可以，但一些贵重、易碎物品，快递公司还是要收取一定的包装费用的。包装费用一般不计入折扣。

6. 通用运费计算公式：

（1）当需寄递物品实重大于材积时，运费计算方法：首重运费＋［重量（kg）×2－1］×续重运费

（2）当需寄递物品实际重量小而体积较大，运费需按材积标准收取，然后再按上列公式计算运费总额。求取材积公式如下：

规则物品：长（cm）×宽（cm）×高（cm）÷6 000＝重量（kg）；

不规则物品：最长（cm）×最宽（cm）×最高（cm）÷6 000＝重量（kg）。

（3）国际快件有时还会加燃油附加费，燃油附加费一般会和运费一起打折。

【例4-3】小明到便利店寄一份快件，要求用航空快递从广州加急寄到北京，快件的

重量是 5kg。在快递价格表中查到：北京所在区 3 区的快递价格为：首重每 kg 为 20 元，续重每 0.5kg 为 10 元，燃油附加费费率为 15%。计算小明寄快件需支付多少运费。

解：(1) 确定首重费用：查航空快递运价表，首重费用为 20 元。

(2) 计算续重 0.5kg 的个数：根据公式得：续重 0.5kg 的个数＝重量×2－1＝5×2－1＝9（个）。

(3) 计算总运费：总运费＝首重运费＋（重量×2－1）×续重运费＝20＋9×10＝110（元）。

(4) 确定燃油附加费：燃油附加费＝运费×燃油附加费费率＝110×15%＝16.5（元）。

(5) 计算总费用：总费用＝运费＋燃油附加费＋包装费用＋其他不确定费用＝110＋16.5＝126.5（元）。

所以，小明寄此份快件需支付运费 126.5 元。

任务实施

步骤一：界定航空运输货物的计费重量

客户王辉要托运 3 箱服装到德国法兰克福，纸箱尺寸：40cm×50cm×20cm，每箱毛重：15kg。凡重量大而体积相对小的货物用实际重量作为计费重量，体积重量对于货物体积大而重量相对小的称为轻泡货物。计算方法如下：

分别量出货物的最长、最宽和最高的部分，三者相乘算出体积、尾数四舍五入，将体积折算成千克（或磅）。国际航空货物运输组织规定在计算体积重量时，以 7 000cm³ 折合为 1kg，我国民航则以 6 000cm³ 折合为 1kg 为计算标准。客户王辉这批服装总毛重 45 kg，体积重量＝40cm×50cm×20cm×3/6 000cm＝20 kg。因此，计费重量应为 45kg。

步骤二：查看航空运价表

Sally 告诉 Maggie，由于王辉周二托运，要求货物 2 天时间到达法兰克福，而且重量较大，用航空快递办理费用需要 10 000 元以上。海迩货运公司为其选择南方航空货运 CZ465 航班从广州白云机场直飞法兰克福国际机场（周一、周三凌晨 1 时、周五 6 时 55 分起飞），航空运价比中转稍高，但在途时间只需 12 小时，符合客户的要求。

由于资料上并未提示服装有相关优惠运价，客户王辉托运的物品应按普通货物运价计算航空运费，为此 Maggie 要学会查看合作的航空公司提供的广州白云机场始发运价表，见表 4－20。

表 4－20　　广州白云机场—法兰克福国际机场的航空运价表

GUANGZHOU	CN	CAN	
Y. RENMINBI	CNY		KGS
FRANKFURT	GER	45	32.00
		100	28.00
		300	26.50

步骤三：计算航空货物运输费用

在学习了相关航空运费的计算方法后，Maggie 在导师 Sally 指导下理解运价表的构成，准确地找出适用的运价进行运费计算。计算运费步骤如下：

第一步，该批货物的计费重量为 45kg，步骤一中已确定该票货物为重货，应按计单的填制量 45kg 来计算费用。第二步，因为已达 45kg，适用的运价为 32 元/kg，则运费为 45×32＝1 440（元）。

Sally 告诉 Maggie，除了航空运费，实际业务中还要收取 ENS（“Entry Summary Declaration”的简称，中文意为入境简要申报）50 元/票，地面运输费 0.5 元/kg，燃油附加费 16 元/kg，打板费 0.3 元/kg，战争险 1.2 元/kg，报关费和单证费还需另外根据客户的具体需要进行收取。

Maggie 根据 Sally 提供的费用信息计算出此票货物总费用＝航空运费＋地面运输费＋燃油附加费＋打板费＋战争险＋ENS＝1 440＋0.5×45＋16×45＋0.3×45＋1.2×45＋50＝1 440＋22.5＋720＋13.5＋54＋50＝2 300（元）。

任务评价（见表 4－21）

表 4－21　任务评价表

被考评人			考评任务	核算航空运输费用	
	具体内容	分值	自我评价（30%）	小组评价（40%）	教师评价（30%）
评价标准	界定航空运输货物的计费重量	20			
	清楚航空运价表的含义	30			
	掌握航空货物运输费用的计算步骤	20			
	正确计算货物航空运费	30			
合计		100			

项目小结

本项目主要讲述了航空货物运输的相关业务及流程，介绍了航空货物运输的概念、类型、特点，分析了航空货运代理业务流程和航空公司货运业务流程，以及航空货运和航空快递费用的核算。

思考与练习

一、判断题

1. 民用航空运输飞机按机身的宽窄可以分成宽体飞机和窄体飞机两种。（　　）

2. 航空货物按其适用的航空运价与其计费重量计算所得的航空运费，应与货物最低运费相比，取低者。（　　）

3. MAWB是航空分运单。（　　）

4. 空运货运单可以转让买卖。（　　）

5. 航空货运代理人可以作为收货人。（　　）

二、不定项选择题

1. 由航空公司签发的航空运单均称为（　　）。

A. 航空分运单　B. 航空货运单　C. 航空主运单　D. 国内航空分运单

2. 根据国际货物运价IATA的运价手册，非公布直达运价包括（　　）。

A. 比例运价　B. 指定商品运价　C. 等级货物运价　D. 分段相加运价

3. 航空运输中托运人在承运人的航线上通过包板（舱）的方式运输时，托运人无论向承运人是否交付货物，都必须支付协议上规定的运费，这种包板（舱）方式称为（　　）。

A. 死包板（舱）　B. 活包板（舱）　C. 软包板（舱）　D. 硬包板（舱）

4. 航空运价代号M表示（　　）。

A. 最低运费　B. 普通货物运价　C. 等级货物运价　D. 指定商品运价

5. 航空货运单的作用和用途包括（　　）。

A. 是一种承运合同　B. 是接收货物的证明

C. 是相关责任人费用结算的凭证　D. 是保险的依据

三、简答题

1. 航空货运对集装器货物有哪些限制要求？

2. 航空货物出口运输代理业务包括哪些环节？

3. 简述航空分运单（HAWB）和主运单（MAWB）的区别。

4. 如何择优使用航空运价？

项目五　水路货物运输

学习目标

知识目标：

1. 熟悉水路货运的基础条件。
2. 熟悉内河货运组织流程。
3. 熟悉租船业务流程。
4. 掌握班轮货运业务。

能力目标：

1. 能根据客户要求选择合适的水路货运方式。
2. 能处理水路货运单证。
3. 能正确核算水路货物运费。
4. 能组织水路货运业务。

本项目知识结构图：

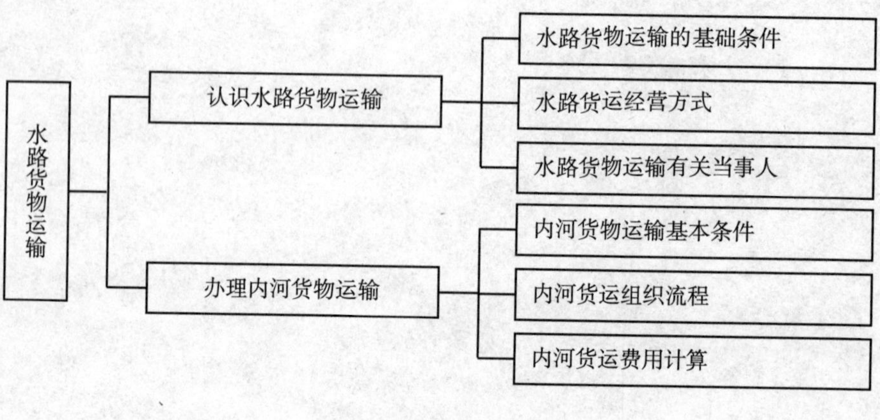

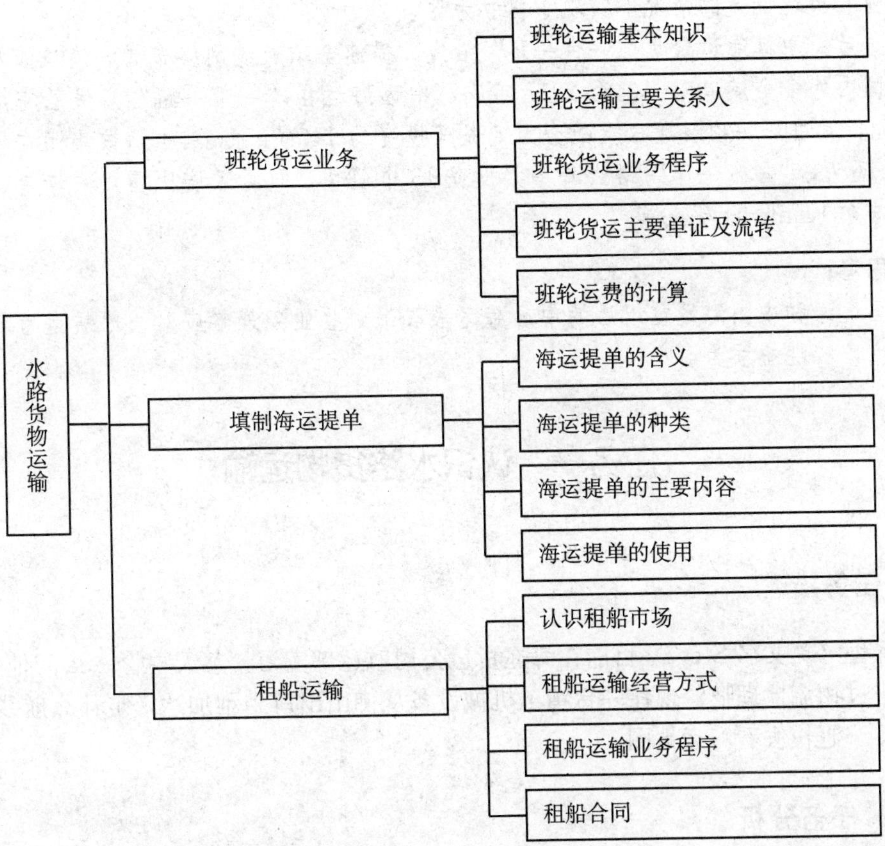

案例导读

170 亿元投资“一带一路”沿线，中国航运巨头重组远航

经历了改革重组的中国航运巨头——中国远洋海运集团有限公司不仅在 2017 年交出了一份亮眼的“成绩单”，更是全速向着“一带一路”建设等国际化之路远航。

2016 年 2 月，在国际航运市场持续低迷的背景下，中国两大航运巨头中国远洋和中国海运选择以重组的方式成立新的中国远洋海运集团（以下简称“中远海运”）。这场重组被称为“国内资本市场有史以来最为复杂的交易”，涉及资产交易 74 项、交易金额 600 亿元，却在短短不到一年的时间里，就完成了主要业务板块的整合和新集团的组建。

高效的改革重组为这个航运巨头注入了新的活力。截至 2017 年底，中远海运经营船队综合运力 8 635 万载重吨/1 123 艘，排名世界第一。除了集团总运力规模世界第一之外，在运力上，中远海运还拥有 3 个“世界第一”，即干散货、油轮和杂货特种船队运力排名世界第一。2017 年，该集团实现利润总额 190 亿元，同比增长 18.2%；实现净利润 150 亿元，同比增长 276.4%，连续两年超额完成国资委考核指标目标。连续亏损多年的航运主业在市场低迷的情况下实现了扭亏为盈。

重组后，中远海运聚焦“一带一路”沿线，提速全球航线网络布局和港口布局，先后入股了国内外多个港口码头。至 2017 年底，中远海运在“一带一路”沿线已完成投资约 170 亿元，其中码头项目股权及配套固定资产投资约 145 亿元。其中，该集团在境外共投资 18 个码头，“一带一路”沿线码头共投资 15 个码头，包括希腊比雷埃夫斯港、土耳其伊斯坦布尔 Kumport 码头等。

请思考：

中国远洋和中国海运重组后的中远海运采取了哪些业务策略应对全球航运市场持续低迷的压力，实现扭亏为盈？

任务一　认识水路货物运输

任务描述

黎泽煌（英文名 Steve）目前在海迩货运公司航运部实习，某天主管 Ada 问他：“你在学校学习过物流地理吧？现在一台精工机械设备从佛山出口到雅加达，走什么航线才合适呀？”Steve 赶快去看海运地图。

任务分析

水路货物运输是指国内沿海港口、沿海与内河港口，以及内河港口之间由承运人收取运费，负责将托运人托运的货物经水路由一港口运至另一港口的行为。

知识储备

一、水路货物运输的基础条件

从事水路货物运输的基础条件包括船舶、港口、航线和货物四个方面。同时，水路营运活动本身还必须具备一定的基本条件，主要是船舶营运的自然环境条件、船舶适航条件以及船舶营运性能等。

(一) 船舶

水路运输离不开水上的运载工具，目前世界上通用的船舶有很多，具体的种类如表 5-1 所示。

表 5-1　　船舶分类

船舶种类	具体名称	用途
干货船	杂货船	普通货船、通用干货船，主要用于装载一般包装、袋装、箱装和桶装的件杂货物。
干货船	多用途船	一种新型的杂货船，既能运载普通件杂货，也能运载散货、大件货、冷藏货和集装箱。
	集装箱船	又称货柜船或货箱船，是一种专门载运集装箱的船舶。船舱全部或大部分用来装载集装箱，往往在甲板或舱盖上也可堆放集装箱。
	干散船	用以装载无包装的大宗货物的船舶，专用于运送粉末状、颗粒状、块状等无包装大宗货物。
	冷藏船	专门运送易腐、新鲜货物的船舶，运送的货物包括水果、蔬菜、肉类、鱼类和低温保存的药品等。
	液装船	利用车辆上下装卸货物的多用途船舶，最初也称滚上滚下船。将装有集装箱等大件货物的挂车和装有货物的带轮的托盘作为货运单位，由牵引车或叉车直接进出货舱进行装卸，这种船本身无须装卸设备，一般在船侧或船的首、尾有开口斜坡连接码头，装卸货物时，或者是汽车，或者是集装箱（装在拖车上的）直接开进或开出船舱。
液体船	油船	主要用于载运石油及成品油的船舶，船壳本身被分隔成多个贮油舱，油管贯通各油舱。
	液化汽船	专门运输液化气体的船舶，所运输的货物有液化石油气、液化天然气、氨水、乙烯、液氯等。这些货物的沸点低，多为易燃、易爆的危险品，有的还有剧毒和强腐蚀性。
	液体化学船	专门用于运输有毒、易挥发、易燃、属于危险品的液体化学品的船舶，一般分为多用途液体化学品船和专用液体化学品船。装载的液体化学品包括：石油化学产品、煤焦油产品、碳水化合物衍生物、动物及植物油和重化学品。

（二）港口

港口是水路货物运输的另一重要设施。港口由水域和陆域所组成，是具有一定面积供船舶进出、停泊和货物及乘客集散的场所。港口分类见表 5-2。

表 5-2　　港口分类

划分标准	分类	
一般分类	基本港 (Base Port)	一般由国际大型班轮公司定期挂靠，进出口贸易量及海运需求较大。大多数为较大口岸，港口设备条件比较好，货运量多而稳定。运往基本港口的货物一般均为直达运输，无须中途转船。但有时也因货量太少，船方决定中途转运，由船方自行安排，承担转船费用。按基本港口运费率向货方收取运费，不得加收转船附加费或直航附加费，并签发直达提单。

续前表

划分标准	分类	
一般分类	非基本港 (Non-Base Port)	凡基本港以外的港口都称为非基本港。非基本港一般除按基本港收费外，还需另外加收转船附加费，达到一定货量时则改为加收直航附加费。
按所在位置分	海岸港、河口港和内河港	
按用途分	商港、军港、渔港、工业港、避风港等	

1. 水域

港口水域供船舶航行、回转、锚泊和水上过驳等，要求具备适当的面积和水深，且水面稳静，水流平缓。水域包括进港航道、锚泊地和港池等。各部分的控制水深称为港口水深，是港口的重要标志之一，它表明港口条件和可接纳最大船舶的基本界限。

2. 陆域

港口陆域指港口供货物装卸、堆存、转运和旅客集散之用的陆地面积。陆域上有进港陆上通道（铁路、道路、运输管道等）、码头前方装卸作业区和港口后方区。前方装卸作业区供分配货物，布置码头前沿铁路、道路、装卸机械设备和快速周转货物的仓库或堆场（前方库场）及候船大厅等之用。港口后方区供布置港内铁路、道路、较长时间堆存货物的仓库或堆场（后方库场）、港口附属设施（车库、停车场、机具修理车间、工具房、变电站、消防站等）以及行政、服务房屋等。港口平面布置示意图如图 5 - 1 所示。

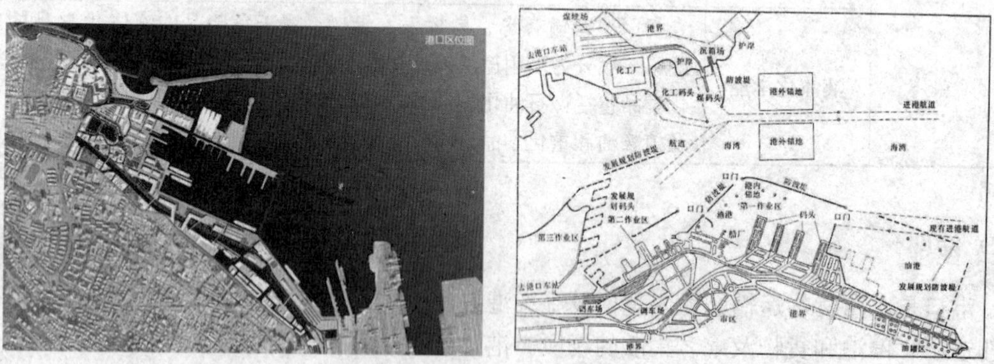

(a)　　　　　　　　(b)

图 5 - 1　港口平面布置示意图

(三) 船舶航线

船舶航线是指船舶在两个或多个港口之间，从事水上乘客和货物运输的线路，是船舶在系统中运行或行进所循的轨迹。航线分类见表 5 - 3。

表 5-3 航线分类

划分标准	分类名称		解释
按航行区域分	海洋运输	远洋航线	又称为大洋航线，指国与国之间或地区间经过一个或数个大洋的国际海上运输。
		近洋航线	指一国各海港至邻近国家海港间的海上运输航线。
		沿海航线	指一国沿海区域各港口间的运输线。如上海港至大连港的海上运输线。
	内河航线		指一国江、河、湖泊和水库各港口间的运输线。如我国三江两河：长江水系、珠江水系、黑龙江水系和京杭运河水系、淮河水系。
按船舶营运方式分	定期航线		定期航线又称班轮航线，使用固定的船舶，按固定的船期和港口航行，并以相对固定的运价经营客货运输业务的航线。
	不定期航线		临时根据货运的需要而选择的航线，船舶、船期、挂靠港口均不固定，以经营大宗、低价货物运输业务为主的航线。
按性质来划分	推荐航线		航海者根据航区不同季节、风、流、雾等情况，长期航行实践形成的习惯航线，由航海媒体推荐给航海者。
	协定航线		某些海运国家或海运单位为使船舶避开危险环境，协商在不同季节共同采用的航线。
	规定航线		国家或地区为了维护航行安全，在某些海区明确过往船舶必须遵循的航线。

知识拓展

航次：船舶为完成某一次运输任务，按照约定安排的航行计划运行，从出发港到目的港为一个航次。班轮运输中航次及途中的挂靠港都编制在班轮公司的船期表上。

(四) 货物

这里的货物是指适合水路运输的货物，有关分类见表 5-4。

表 5-4 货物分类

划分标准	分类名称	划分标准	分类名称
按货物形态和装运方式分	件杂货（General Cargo）	按货物的理化特性和运输保管要求分	危险货物（Dangerous Cargo）
	固体散货（Solid Bulk Cargo）		重大件货物（Awkward and Lengthy Cargo）
	液体散货（Liquid Bulk Cargo）		散装货物（Bulk Cargo）
	集装化货物（Unitized Cargo）		液体货物（Liquid Cargo）
	特殊货物（Special Cargo）		气味货物（Smelling Cargo）

续前表

划分标准	分类名称	划分标准	分类名称
按运输方式分	直达货物（Direct Cargo）	按货物的理化特性和运输保管要求分	食品货物（Food Cargo）
	过境货物（Transit Cargo）		扬尘污染货物（Dusty and Dirty Cargo）
	转船货物（Transshipment Cargo）		清洁货物（Clean Cargo）
	通运货物（Through Cargo）		冷藏货物（Refrigerated Cargo）
	联运货物（Combined Transport Cargo）		易碎货物（Fragile Cargo）
	选港货物（Optional Cargo）		贵重货物（Valuable Cargo）
按装载位置分	舱内货物（Hold Cargo）		活牲畜货物（Live Cargo）
	甲板货物（Deck Cargo）		普通货物（General Cargo）

二、水路货运经营方式

(一) 自营

自营是指轮船公司本身购买或建造船舶，自行经营航线业务。通常必须是规模较大的海运公司才有能力自营。

(二) 租船运营

租船运营是指公司本身并无船舶，而以租船方式，从船东处取得船舶，从事货物船运或转租运营。

(三) 委托经营

委托经营是指小型轮船公司将船舶委托大轮船公司或有经验的代理人代为运营。通常支付代理费、货运佣金或给付代营费作为受委托人的报酬，而盈亏仍由船东自行负责。

(四) 联合经营

联合经营是指各轮船公司在某一航线组织海运联盟，采取联合运营，同一航线或数个航线的所有货运公平分配装运，或运费收入公平分配，但各公司仍保持其独立性。

(五) 自运

自运是指大规模的生产企业，为运送自家货物，而自行购船或租船自行运营。

(六) 船务代理

船务代理是指以船东或租船人的名义代办客货招揽、船务处理、装卸货物及进出口手续等，以收取佣金或手续费为报酬的业务。

知识拓展

佣金（Commission）是指代理人或经纪人作为委托人介绍生意或代买代卖而收取的报酬。根据佣金是否在价格条款中表明，可分为“明佣”或“暗佣”。“明佣”是指在合同价格条款中明确规定佣金率。“暗佣”是指暗中约定佣金率。所付佣金的数额依商品的性质和货值多少而定，也有些地方是约定俗成形成了惯例。

（七）行业经纪

行业经纪是指代办各项业务，以收取佣金为报酬的经营方式。其经营范围较广，包括船舶买卖、代理船方或货方洽办租船业务以及从事海事案件的处理等。

三、水路货物运输有关当事人

（一）托运人

托运人是指与承运人订立水路运输合同的当事人。托运人可以是实际的货物所有人、货物交易的买方或卖方，也可以只是有权处理货物运输的人（一般称为货代）。

（二）承运人

承运人是指与托运人签订水路运输合同，拥有运输工具，实施具体运输行为的单位。

（三）收货人

收货人是指在运输合同中托运人指定提取或接收货物的单位和个人。

（四）港口经营人

港口经营人是与作业委托人订立港口作业合同并以其所具有的或租用的港口码头、泊位、堆场、装卸作业设备，对船舶进行装卸作业、货物仓储、转运和提供乘客上下船等服务，收取作业费用和使用费用的经济组织。

扫二维码了解船舶知识（船舶数字博物馆）、港口知识（中国港口网）、承运人业务（中国远洋海运）。

船舶知识　　港口知识　　承运人业务

任务实施

步骤一：熟悉水路货物运输基础条件

水路货物运输是由船舶、航线、港口和货物组成的运输系统。Steve 在主管 Ada 的指导下，认识到船舶是航运经营人从事运输服务的生产工具，港口是船货结合的集散地和衔接点，货物是运输服务的劳动对象，航线是船舶运行的活动场所。因此，船、港、货、线构成了水路运输的基本要素，缺一不可。

步骤二：认识水路货运经营方式

水路运输的每一种运营方式都有其自身的特点，不同的特点决定了经营模式的不同，也决定了利润来源的不同。Steve 清楚地认识到不同的运营方式对货物运输的影响，了解到海迩货运公司在社会经济活动中扮演的角色及存在的社会价值。

步骤三：了解水路货运有关当事人

水路货物运输作为贸易中涵盖范围广、使用较多的运输方式，历来是企业十分重视的环节。而在该运输方式中涉及的关系人尤其起着举足轻重的作用，任何一方当事人的具体行为都会影响到整体运输流程的完成。Ada 告诉 Steve 必须熟悉水路运输的所有当事人及其业务，海迩货运公司不仅要做好自己这方的具体运输工作和业务流，还要负责协调好其他各方的具体事宜，才能保障各方关系人具体业务的完成，使其发挥物流的效益最大化。

任务评价（见表 5－5）

表 5－5　任务评价表

被考评人			考评任务	认识水路货物运输	
评价标准	具体内容	分值	自我评价（30%）	小组评价（40%）	教师评价（30%）
	熟悉水路货物运输基础条件	40			
	认识水路货运经营方式	30			
	了解水路货运有关当事人	30			
合计		100			

任务二　办理内河货物运输

任务描述

客户凌智辉本周电话联系要托运一批食品从梧州到珠海，Steve 作为主管 Ada 的助手以海迩货运公司业务员的身份接待了客户凌智辉。

任务分析

内河运输是水上运输的重要组成部分，它是连接内陆腹地与沿海地区的纽带，在运输和集散进出口货物中起着重要的作用。我国不仅有四通八达的内河航运网，还与部分邻国有国际河流相连，这就为相互的进出口货物通过河流运输和集散提供了十分有利的条件。

知识储备

内河运输是指使用船舶通过江湖河流等天然或人工水道运输货物的一种运输方式。

一、内河货物运输基本条件

（一）航道

航道指供船舶航行的水道。现代的水上航道已不仅是指天然航道，而且应包括人工航道、进出港航道以及保证航行安全的航行导标系统和现代化通信导航系统在内的工程综合体。

内河航道大部分是由天然水道加上引航的导标设施构成。为了保证船舶正常安全航行和获得一定的运输效益，内河航道必须具备一定的航行条件。影响航道通行能力的主要因素有：航道的深度、宽度、弯曲半径、水流速度、潮汐及季节性水位变化，过船建筑物尺度以及航道的气象条件及地理环境。这些因素对港口建设、船型选择及运输组织往往具有决定性影响。

（二）船舶

船舶是航运经营人从事运输服务的生产工具。

（三）港口

港口是船货结合的集散地和衔接点。

二、内河货运组织流程

（一）询价与报价

托运人需要运输货物时，向承运人询问运输的基本情况和运输价格的行为称为询价。为了能够得到价低质优的运输服务，托运人可以向多家承运人询价，了解多家承运人所提供的运输服务和运输价格的基本情况。承运人在接受托运人的询价之后，向托运人发出关于运输时间、数量、运输价格和其他运输条件的回答称为报价。

（二）托运

当托运人与承运人就运输价格达成一致时，托运人就可以向承运人提出具体的托运常采用书面形式，如合同书、货物运单等。托运人向承运人提交托运单证、运到时限或运期、起运港、到达港、收货人等运输事项。

（三）承运

承运人在接收到托运人递交的托运单后，对托运单进行审核。承托双方对于运输单证内容协商一致后，承运人签署此托运单，运输合同即告成立，开始承运。

（四）货物配积载

承托双方订立合同之后，要安排船舶，此过程中最重要的是针对船舶的配积载，制作货物清单和货物交接单。

船舶配载是为船舶的某一具体航次选配货物，即承运人按照托运人提出的货物托运合同要求和计划，将相同航线和相同船期的货物安排给同一艘船舶运输，并编制船舶配载图。它所解决的就是某一艘船“该装什么”的问题。

船舶积载是指对货物在船上的配置和堆装方式做出合理的安排，由载货船舶的大副或船长，在货物配载的基础上确定货物在各舱各层配装的品种、数量、堆码方法与工艺，并编制积载图。它所解决的就是船舶配载的货物“如何装”的问题。

知识拓展

配载又称为配装，是指为具体的运班选配货载，即承运人根据货物托运人提出的托运计划，对所属运输工具的具体运班确定应装运的货物品种、数量及体积。配载的结果是编制运班装货清单。装货清单通常包括卸货港站、装货单号、货名、件数、包装、重量、体积及积载因素等，同时还要注明特殊货物的装载要求。例如，水路货物运输合同如图 5-2 所示，水路货物运单如图 5-3 所示。

承运人、实际承运人、收货人的有关权利、义务、适用《国内水路货物运输规则》

水路货物运输合同　　　　编号：

<table>
<tr><td rowspan="2">托运人</td><td>名称</td><td colspan="2"></td><td rowspan="2" colspan="2">承运人</td><td>名称</td><td></td></tr>
<tr><td>地址、电话</td><td colspan="2"></td><td>地址、电话</td><td></td></tr>
<tr><td rowspan="2">实际承运人</td><td>名称</td><td colspan="2"></td><td rowspan="2" colspan="2">收货人</td><td>名称</td><td></td></tr>
<tr><td>地址、电话</td><td colspan="2"></td><td>地址、电话</td><td></td></tr>
<tr><td>船名</td><td>航次</td><td>装船日期</td><td colspan="2">运到期限</td><td rowspan="2" colspan="2">货物交接地点和时间</td><td>接收</td></tr>
<tr><td>起运地</td><td colspan="2">中转地</td><td colspan="2">到达地</td><td>交付</td></tr>
<tr><td>识别标志</td><td>货物名称</td><td>件数</td><td>包装方式</td><td>重量（吨）</td><td colspan="2">体积（长、宽、高）立方米</td><td>运输费用及结算方式</td></tr>
<tr><td></td><td></td><td></td><td></td><td></td><td colspan="2"></td><td></td></tr>
<tr><td colspan="8">其他约定</td></tr>
</table>

说明：1. 本合同格式适用于单航次班轮运输合同　　托运人（签章）　　承运人（签章）

2. 规格：长 19 厘米，宽 27 厘米　　年　月　日　　年　月　日

图 5-2　水路货物运输合同

承运人、实际承运人、收货人的有关
权利、义务、适用《国内水路货物运输规则》

水路货物运单　　　　编号：

<table>
<tr><td rowspan="2" colspan="2">托运人</td><td>名称</td><td></td><td rowspan="2">承运人</td><td>名称</td><td></td></tr>
<tr><td>地址、电话</td><td></td><td>地址、电话</td><td></td></tr>
<tr><td rowspan="2" colspan="2">实际承运人</td><td>名称</td><td></td><td rowspan="2">收货人</td><td>名称</td><td></td></tr>
<tr><td>地址、电话</td><td></td><td>地址、电话</td><td></td></tr>
<tr><td>船名</td><td>航次</td><td>装船日期</td><td>运到期限</td><td rowspan="2" colspan="2">货物交接
地点和时间</td><td>接收</td></tr>
<tr><td colspan="2">起运地</td><td>中转地</td><td>到达地</td><td>交付</td></tr>
<tr><td>识别标志</td><td>货物名称</td><td>件数</td><td>包装方式</td><td>重量（吨）</td><td>体积（长、宽、高）
立方米</td><td>运输费用及其结算方式</td></tr>
<tr><td></td><td></td><td></td><td></td><td></td><td></td><td></td></tr>
<tr><td colspan="7">其他约定</td></tr>
</table>

说明：1. 本合同格式适用于单航次班轮运输合同　　承运人（签章）　　收运人（签章）

2. 规格：长 19 厘米，宽 27 厘米　　年　月　日　　年　月　日

图 5-3　水路货物运单

（五）货物的接收与交付

内河运输货物除另有约定外，散装货物按重量交接；其他货物按件数交接。散装货物按重量交接的，承运人与托运人应当约定货物交接的计量方法；没有约定的应当按船舶水尺数计量，不能按船舶水尺数计量的，运单中载明的货物重量对承运人不构成其交接货物重量的证据。

收货人接到到货通知后，应当及时提货，不得因对货物进行检验而滞留船舶。承运人交付货物时，应当核对证明收货人单位或者身份以及经办人身份的有关证件。

收货人提取货物时，应当验收货物，并签发收据，发现货物损坏、灭失的，交接双方应当编制货运记录。收货人在提取货物时没有就货物的数量和质量提出异议的，视为承运人已经按照运单的记载交付货物，除非收货人提出相反的证明。

按照约定在提货时支付运费、滞期费和包装整修、加固费用以及其他中途垫款的，应当于办理提货手续时付清。

下列情况，应托运人或者收货人的要求，承运人可以编制普通记录：

（1）货物发生损坏、灭失，按照约定或者《国内水路货物运输规则》第四十八条的规定，承运人可以免除责任的。

（2）托运人随附在运单上的单证丢失。

（3）托运人押运和舱面货物发生非承运人责任造成的损坏、灭失。

（4）货物包装经过加固整理。

（5）收货人要求证明与货物数量、质量无关的其他情况。

货运记录（见表 5-6）和普通记录（见表 5-7）的编制，应当准确、客观。货运记录应当在接收或者交付货物的当时由交接双方编制。

收货人在到达港提取货物前或者承运人在到达港交付货物前，可以要求检验机构对货物状况进行检验；要求检验的一方应当支付检验费用，但是有权向造成货物损失的责任方追偿。收货人或者承运人按照前款进行检验的，应当相互提供合理的便利条件。

表 5-6 货运记录

编号：

交货方		接收方	
运/提单号码	作业合同号码	船名	航次
交接时间	交接地点	车号	
起运输	中转港	到达地	
货物名称	包装方式	识别标志	集装箱号
记录内容			

交货方（签章） 接货方（签章）

年 月 日 年 月 日

说明：规格：长 27 厘米，宽 19 厘米

表 5-7 普通记录

编号：

提/运单号码		作业合同号码	
船名		航次	
起运输	中转港	到达地	
货物名称	识别标志	件数	重量、体积
记录内容			

记录人（签章）

说明：规格：长 27 厘米，宽 19 厘米 年 月 日

三、内河货运费用计算

运费＝运价率×货物吨数

运价率＝（航行基价×计费里程＋停泊基价）×级别系数

内河货运费用计算步骤如图 5－4 所示。

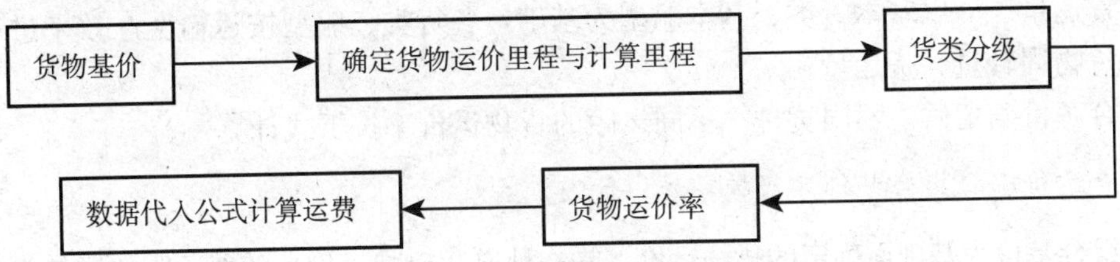

图 5－4 内河货运费用计算步骤

国内水路货物运输实行的是市场运价，所以在确定水路货物运价时，应以运输价值为基础，并考虑运输市场的供求关系、竞争导向因素、不同运输方式之间的比价关系以及货物的运费负担能力。

（一）制定货运基本价格

货运基本价格简称基价，也称为基本价率，是指基准的运价率。基价确定方法有两种，即综合基价和组合基价。

1. 综合基价

综合基价是指以综合运输成本为基础进行测算的货运基本价格。其理论公式为：

综合基价＝（运输成本＋利润＋税金）/计划期换算货物周转量［元/(t·km)］

式中：运输成本——计划期部门或航区预计货运成本；利润——按规定利润率计算办法所得的利润额；税金——计划期按国家规定的税率计算出来的税金；计划期换算货物周转量——以基本货类、基本船型为基础，各货类、船型按运输生产效率的一定比例换算而得的货物周转量。

综合基价确定后，不同货种、不同运距的货物运价率可按下式确定：

运价率＝综合基价×里程×级差系数（元/t）

以综合基价为基础而确定的货物运价，是一种均衡里程运价。它既能反映货物运价的总体水平，也能反映不同运距、不同货种的运价差别，测算也比较方便。但是此法不能较好地体现运输成本随运距变化的情况，不能反映运距的变化对停泊成本和航行成本的不同影响。

2. 组合基价

组合基价是指由航行基价和停泊基价组合而成的货运基本价格。它是递远递减运价的基础，比综合基价（均衡里程运价）合理。其理论计算公式为：

组合基价＝航行基价×里程＋停泊基价（元/t）

航行基价＝（航行成本＋利润＋税金）/计划期换算周转量［元/(t·km)］

停泊基价＝（停泊成本＋利润＋税金）/计划期换算货运量（元/t）

式中：航行成本、停泊成本——分别指与船舶航行、停泊有关的成本；航行基价、停泊基价中的利润、税金——指船舶在航行、停泊期间应分摊的利润和税金；计划期换算周转量、货运量——以基本货类、基本船型为基础，各货类、船型按运输生产效率进行换算而得的货物周转量、货运量。

组合基价确定后，不同货种、不同运距的货物运价率按下式计算：

运价率＝组合基价×级差系数（元/t）

以组合基价为基础而确定的货物运价，是一种递远递减运价。随着运距的增加，每吨千米停泊基价在逐步减少，而航行基价为不变值，从而每吨千米运价随运距的增加也逐渐减少。采用递远递减运价能较好地体现运输成本随运距变化的情况，比均衡里程运价更为合理。

（二）确定货物运价里程与计算里程

运价里程是指由水运主管部门统一颁布的为测定两港间运价率而特设的里程。它不同于实际里程和航行里程，比较稳定，不得任意更改，只有在航道或港区发生永久性变化时，才由水运主管部门统一修订。

在制定运价率表时，为便于运作和简化，往往把运价里程划分为若干区段。每一区段适合从某一里程起至下一里程止的特定范围。若两港间的运价里程落在某一里程区段内，则按统一规定的里程计算，这一里程称为计算里程。

（三）确定货类分级和级差率

1. 货类分级

对货物分级应主要从运输效率和运输成本上来分析确定，通常要考虑货物的积载因数、货物运输及装卸的难易程度、货物的理化性质、货物的运费承担能力及与其他运输方式的比价等。不同级别的货类在运价上是有差别的，贵重货物高于普通货物，危险货物高于一般货物，成品货物高于原材料，轻质货物高于重质货物。

2. 货物分级数的确定

货物分级数的多少要能合理体现各种货类在运价上的差别和便于计算核收。我国沿海（包括北方沿海、华南沿海）、长江、黑龙江及部分地方航区采用10级分类制。沿海、长江、黑龙江航区各货类级别系数见表5-8。

表5-8　沿海、长江、黑龙江航区各货类级别系数

级别	1	2	3	4	5	6	7	8	9	10
级别系数	100	105	110.25	115.76	134	155.14	216.8	125	85	60

3. 级差率的确定

级差率是指同一航线不同级别货物运价率之间的递增（或递减）率。其计算公式为：

级差率＝（后级运价率－前级运价率）/前级运价率×100％

后级运价率＝前级运价率×（1＋级差率）（元/t）

级差率的数值可以是正数，也可以是负数。若为正数，则说明后一级的运价率高于前一级；反之，后一级的运价率低于前一级。

级差系数是指各级货物的运价率对基级货物运价率（即基价）的比例关系，可根据各级级差率推算。如果已知级差系数和基价，则其他级别的运价率可按下式确定：

各级运价率＝基价×相应的级差系数

（四）确定运价率

一般采用组合基价来确定运价率，其计算公式如下：

运价率＝（航行基价×计费里程＋停泊基价）×级别系数

【例 5-1】从江西九江运输一批木材到湖北宜昌，已知九江—宜昌为长江航线，九江—武汉为下游区段，运价里程为 269km，以 270km 计费；武汉—宜昌为中游区段，运价里程为 626km，以 630km 计费。木材为四级货物，级差系数为 115.76％，停泊基价为 1.5 元/t。请确定九江—宜昌木材的运价率。

解：九江—宜昌木材的运价率＝（0.007 0×270＋0.013 6×630＋1.5）×115.76％＝13.84（元/t）。

扫描二维码了解《国内水路货物运输规则》。

《国内水路货物运输规则》

任务实施

步骤一：了解内河货物运输基本条件

作为基础运输服务行业，随着我国沿海产业向内陆的转移、城镇化发展对内陆经济的快速推动，内河运输的潜力巨大。主管 Ada 告诉 Steve，作为部门实习生，要从认识水路货物运输的内涵入手，了解内河货物运输基本条件，熟悉我国内河水资源分布，为从事水路运输奠定扎实的基础。

步骤二：掌握内河货运组织流程

内河运输作业一般包括询价与报价、托运、承运、货物配积载等环节，Steve 通过上网等方式查找了有关内河货物运输基本流程介绍资料。

步骤三：熟悉内河货运费用计算

对于一名货运公司航运部的工作人员而言，要学会根据国家规定的内河、沿海相关计费标准，掌握计算步骤，对客户托运货物进行运费计算。

任务评价（见表5-9）

表5-9 任务评价表

被考评人			考评任务	办理内河货物运输	
评价标准	具体内容	分值	自我评价（30%）	小组评价（40%）	教师评价（30%）
	了解内河货物运输基本条件	25			
	掌握内河货运组织流程	40			
	熟悉内河货运费用计算	35			
合计		100			

任务三　班轮货运业务

任务描述

客户海怡商贸的一批柴油机要从青岛出口到苏丹，货物总重为5.65公吨，总体积为10.676立方米。通过交谈，Ada根据客户提供的信息，为其办理班轮货物出口托运手续，Steve作为Ada的助手参与该批货物班轮货运业务。

任务分析

班轮运输是航运公司提供的一种服务，船舶按固定的航线和预先公布的船期表（见表5-10）在固定港口间运送货物的运输。

表5-10 班轮船期表

船名	航次	经营人	截单期	装期	开航日	作业区	挂港 MAIN PORT				
							香港	丹绒帕拉帕斯	巴生	瓦伦西亚	釜山
VESSEL	VOY	OPERATOR	CLD	LDD	SLD	STVD	Hong kong	Tpp	Port Klang	Vci	Busan
马士基安娜/ANNA MAERSK	0909/0910	马士基海陆	7-19	7-20	7-21	联盟国际	7-28	8-1	8-3	8-24	9-13

续前表

船名	航次	经营人	截单期	装期	开航日	作业区	挂港 MAIN PORT				
							香港	丹绒帕拉帕斯	巴生	瓦伦西亚	釜山
亚瑟马士基/ARTHUR MAERSK	0909/0910	马士基海陆	7-26	7-27	7-28	联盟国际	8-4	8-8	8-10	8-31	9-20

知识储备

一、班轮运输基本知识

班轮运输又称定期船运输，是指班轮公司将船舶按事先定制的船期表，在特定航线上，以既定的挂靠港顺序，为非特定的众多货主提供规则的、反复的货物运输服务，并按运价本或协议运价的规定计收运费的一种营运方式。

（一）班轮运输特点

班轮运输具有以下特点：

（1）具有“四固定”的特点，即固定航线、固定港口、固定船期和相对固定的费率。这是班轮运输的基本特征。

（2）班轮运价内包括装卸费用，即货物由承运人负责配载装卸，承运人和托运人双方不另计滞期费和速遣费。

（3）承运人对货物负责的期间是从货物装上船起，到货物卸船时止，即“船舷至船舷”或“钩至钩”。

（4）班轮运输通常不签订书面合同，承运人和托运人双方的权利、义务豁免以签发的提单条款为依据，并受国际公约制约。

因此，班轮运输特别适合多货主、小批量、件杂货的运输。集装箱班轮运输现已逐渐取代了传统的杂货班轮运输。（有关集装箱水路运输内容将在本教材“项目六集装箱与国际多式联运”中进行介绍）

（二）开展班轮运输必须具备的条件

（1）班轮运输必须配备技术先进、设备性能齐全的船舶。

（2）班轮运输必须具备充足的货源条件。

（3）需租赁专用码头和设备，设立相应的营业机构。

（4）开展班轮运输必须配备技术熟练、高素质的海员。

（5）开展班轮运输必须要有一套适宜于小批量货物运送的货运程序。

二、班轮运输主要关系人

班轮运输通常会涉及班轮承运人、船舶代理人、无船（公共）承运人、海上货运代理人、托运人、收货人等有关货物运输的关系人。

（一）班轮承运人

班轮承运人，这里指班轮公司，是运用自己拥有或者自己经营的船舶，提供国际港口之间班轮运输服务，并依据法律规定设立的船舶运输企业。班轮公司应拥有自己的船期表、运价本、提单或其他运输单据。根据各国的管理规定，班轮公司通常应有船舶直接挂靠该国的港口。班轮公司有时也被称为远洋公共承运人（Ocean Common Carrier）。

（二）船舶代理人

船舶代理人，这里指船舶代理公司，是接受船舶所有人、船舶经营人或者船舶承租人的委托，为船舶所有人、船舶经营人或者船舶承租人的船舶及其所载货物或集装箱提供办理船舶进出港口手续、安排港口作业、接受订舱、代签提单、代收运费等服务，并依据法律规定设立的船舶运输辅助性企业。由于国际船舶代理行业具有一定独特的性质，所以各国在国际船舶代理行业大多制定有比较特别的规定。

（三）无船承运人

无船承运人［Non-Vessel Operating（Common）Carrier］也称无船公共承运人，这里指经营无船承运业务的公司，以承运人身份接受托运人的货载，签发自己的提单或者其他运输单证，向托运人收取运费，通过班轮运输公司完成国际海上货物运输，承担承运人责任，并依据法律规定设立的提供国际海上货物运输服务的企业。

根据《中华人民共和国国际海运条例》的规定，在中国境内经营无船承运业务，应当在中国境内依法设立企业法人；经营无船承运业务，应当办理提单登记，并交纳保证金；无船承运人应有自己的运价本。

无船承运人可以与班轮公司订立协议运价［国外称为服务合同（Service Contract，SC）］，以从中获得利益。但是，无船承运人不能从班轮公司那里获得佣金。国际货运代理企业在满足了承运人条件后，可以成为无船承运人。

（四）海上货运代理人

海上货运代理人也称远洋货运代理人（Ocean Freight Forwarder），这里指国际海运代理公司，是接受货主的委托，代表货主的利益，为货主办理有关国际海上货物运输相关事宜、依据法律规定设立的提供国际海上货物运输代理服务的企业。海运代理人可以从货主那里获得代理服务报酬，即佣金。

（五）托运人

托运人这里指货主企业，在运输合同中是指货主企业或者委托他人以货主企业名义或托他人为货主企业与承运人订立海上货物运输合同的人，以及货主企业或者委托他人以货主企业名义或者委托他人为货主企业将货物交给与海上货物运输合同有关的承运人的人。

托运人可以与承运人订立协议运价，从而获得比较优惠的运价。但是，托运人无法从承运里获得“佣金”。如果承运人给托运人“佣金”，则将被视为给托运人“回扣”。

（六）收货人

收货人是指有权提取货物的人。提单“收货人”栏内填明的人就是有权提取货物的人。由于提单的主要功能之一是物权凭证，因此提单可以转让。提单“收货人栏”内填明记名的人，货物只能凭单交付给记名人；“收货人”栏内填明来人或空白，则货物可凭单交付给任何提单持有人；“收货人”栏内通常填明“凭指示”或“凭某人指示”，则必须经托运人或某人背书后的被背书人持单提货。因此，收货人也可以说是合法的提单持有人。

（七）装卸、理货业

装卸、理货业是一些接受货主或船舶经营人的委托，在港口分别为开航前或到达港后的船舶进行货物装卸、清点、交接、检查货物损坏程度和原因并做出公证、衡量散装货物重量等项作业的行业。

装卸业是办理将货物装船和从船上将货物卸下的行业，经营这种行业的经营人称为装卸人。

理货业是在装货或卸货时，对货物的件数进行清点，并对货物的交接做出证明的行业。理货业的从业人员通常被称为理货人。

三、班轮货运业务程序

（一）货物出运

1. 揽货

揽货是指从事班轮运输的船公司为使所经营的班轮运输船舶在载重量和舱容上得到充分利用，力争做到“满舱满载”，以期获得最好的经济效益而从货主那里争取货源的经营行为。通常的做法是船公司在所经营的班轮航线的各挂靠港口及货源腹地通过自己的营业机构或船舶代理人与货主建立业务关系；通过报纸、杂志刊登船期表；通过与货主、无船承运人或货运代理人等签订货物运输服务合同或揽货协议来争取货源。

2. 订舱

订舱是托运人或其代理人向承运人，即班轮公司或它的营业所或代理机构等申请货物运输，承运人对这种申请给予承诺的行为。承运人与托运人之间不需要签订运输合同，而是以口头或订舱函电进行预约，只要船公司对这种预约给予承诺，并在舱位登记簿上登记，即表明承托双方已建立有关货物运输的关系。以 FOB 价格条件成交的，由进口商负责订舱；以 CIF 或 CFR 条件成交的，由出口商负责订舱。

3. 确定航次货运任务

综合考虑各标货物的性质、包装和重量及尺码等因素，确定某一船舶在某一航次所装货物的种类和数量。

（二）接货装船

按规定通常都由托运人将其托运的货物送至船边，进行货物的交接和装船作业。

由于货物的多样性，货物不能都集中到船边，因此班轮运输的货物一般不采用直接装船的方式，而是采用集中装船的模式。对普通货物，由班轮公司在各装货港指定装船代理人在指定地点接受托运人送来的货物，将货物集中整理后按次序装船。但对于特殊的货物，如危险货物、鲜活货、贵重货、重大件货物等，则采取现装或直接装船的方式。

（三）卸船交货

卸船交货是指将船舶所承运的货物在提单上载明的卸货港从船上卸下，并在船边交给收货人并办理货物的交货手续。

对于普通货物，通常采取先将货物卸至码头仓库，进行分类整理后，再向收货人交付的所谓“集中卸船，仓库交付”的形式。对于危险货物、重大件等特殊货物，通常采取由收货人办妥进口手续后来船边接受货物，并办理交接手续的现提形式。

1. 交付货物的基本手续

（1）船公司代理通知收货人。

（2）收货人缴清各项费用，凭提单换取提货单。

（3）船公司代理签发提货单（D/O）。

（4）未交清各项费用的，船公司可根据提单“留置权条款”，扣留货物。

2. 溢卸、误卸、短卸

（1）溢卸、误卸、短卸货物的定义。

溢卸货物是指未列入进口载货清单、运单的货物，或者多于进口载货清单、提单、运单所列数量的进口。

误卸货物是指将运往境外港口、车站或境内其他港口、车站而在本港（站）卸下的货物。

短卸货物是指进口时从国际运输工具卸下的货物少于进口货物载货清单、提单、运单中所列货物数量的部分。

（2）对溢卸和误卸进境货物，运输工具负责人、收发货人或海关的处理。

确属误卸或者溢卸的货物，经海关审定，原运输工具负责人或货物收发货人自该运输工具卸货之日起 3 个月内，办理退运或进口手续，必要时，经海关批准，可以延期 3 个月。逾期未报的按超期货物处理。如货物不宜长期保存的，海关可以根据实际情况提前处理。

四、班轮货运主要单证及流转

班轮运输中，从办理货物的托运手续开始，到货物装船、卸船，直至交付的整个过程，都需要编制各种单证。这些单证是货方（包括托运人和收货人）与船方之间办理货物交接的证明，也是货方、港方、船方等有关单位之间从事业务工作的凭证，同时又是划分货方、港方、船方各自责任的必要依据。

在这些单证中，有的是受国际公约和各国国内法规约束的，有的则是按照港口当局的规定和航运习惯而编制使用的。尽管这些单证种类繁多，而且因各国港口的规定会有所不同，但主要单证基本一致，并能在国际航运中通用。

（一）杂货班轮货运主要单证

杂货班轮货运主要单证的汇总情况见表 5－11。

表 5－11　　杂货班轮货运主要单证汇总

港口	单证名称		签发人或编制人	用途
装货港	装货联单	托运单（B/N）	托运人或其代理	申请订舱配载的书面凭证。
		装货单（S/O）/关单/下货纸	托运人或其代理填制，船公司盖章确认	船公司或其代理确认订舱、出口货运的承诺；要求船长将货物装船承运的凭证；出口报关手续的必备单据。
		收货单（M/R）/大副收据	船上大副签署给托运人	证明货物已经装上船；证明承运人已经收到货物，并开始负责；托运人凭以换取提单的单证；签发已装船的清洁提单或不清洁提单的依据。
	提单（B/L）		船公司或船代	海上货物运输合同的证明；货物已由承运人接管或已装船的货物收据；承运人保证凭以交付货物的物权凭证。
	装货清单（L/L）		船公司或船代	为积载计划提供依据；理货等业务的单据。
	载货清单（M/F）		船公司或船代	整艘船舶出口报关的必备单据（装货单是每票货物报关的必备单据）；出口退税单据之一；卸货港安排卸货的单据；卸货港海关放行的凭据。
	货物积载图		船上大副编制	形象具体地表示每一票货物在船舱内的位置与装载情况；指导有关方面安排泊位、货物出舱、下驳、搬运等工作。
	危险货物清单		船公司或船代	可详细列出船舶载运危险货物的情况；船舶载运危险货物时必备的单证之一。

续前表

港口	单证名称	签发人或编制人	用途
卸货港	提货单（D/O）	船公司或船代	收货人向仓库或场站提取货物的凭证；船公司或其代理对仓库或场站交货的通知。
	过驳清单	理货人员编制，船方签字确认	收货人向船公司提出损害赔偿要求的证明材料；船公司处理收货人索赔要求的原始资料和依据。
	货物溢短单		
	货物残损单		

（二）杂货班轮货运单证使用流程

（1）托运人在装货港向船公司或船舶代理人（简称船代）提出货物装运申请，递交托运单（B/N）（参见表 5－12），填写装货单（见表 5－13）。

表 5－12　　海运出口托运单

SHIPPING LETTER OF INSTRUCTION

托运人
Shipper______________________

编号：　　　　　　　　　　船名
No.______________　　　　S/S______________

目的港
For______________

<table>
<tr><td rowspan="2" colspan="2">标记及号码
Marks & Nos.</td><td rowspan="2" colspan="2">件数
Quantify</td><td rowspan="2" colspan="2">货名
Description of Goods</td><td colspan="2">重量（千克）
Weight Kilos</td></tr>
<tr><td>净
Net</td><td>毛
Gross</td></tr>
<tr><td colspan="2"></td><td colspan="2"></td><td colspan="2"></td><td></td><td></td></tr>
<tr><td colspan="6" rowspan="2">共计件数（大写）
Total Number of Packages Writing</td><td colspan="2">运费付款方式</td></tr>
<tr><td colspan="2"></td></tr>
<tr><td>运费计算</td><td colspan="3"></td><td colspan="2">尺码
Measurement</td><td colspan="2"></td></tr>
<tr><td>备注</td><td colspan="7"></td></tr>
<tr><td>抬头</td><td>ORDER OF</td><td>可否转船</td><td></td><td>可否分批</td><td colspan="3"></td></tr>
<tr><td rowspan="2">通知</td><td rowspan="2"></td><td>装期</td><td></td><td>效期</td><td></td><td>提单份数</td><td></td></tr>
<tr><td>金额</td><td colspan="5"></td></tr>
<tr><td>收货人</td><td></td><td>银行编号</td><td></td><td>信用证号</td><td colspan="3"></td></tr>
</table>

制单　　月　　日

表 5-13 海运装货单

SHIPPING ORDER

S/O NO. ____________

船名
S/S ____________ 目的港
For ____________

托运人
Shipper ____________

受货人
Consignee ____________

通知
Notify ____________

兹将下列完好状况之货物装船并签署收货单据。

Received on board the under mentioned goods apparent in good order and condition and sign the accompanying receipt for the same.

标记及号码 Marks & Nos.	件数 Quantity	货名 Description of Goods	毛/净重量（千克） Weight In Kilos		尺码 Measurement 立方米 CBM
			Net	Gross	
共计件数（大写） Total Number of Packages in Writing					

日期
Date ____________ 时间
Time ____________

装入何舱
Stowed ____________

实收
Received ____________

理货员签名
Tallied By ____________ 经办员
Approved By ____________

（2）船公司同意承运后，其代理人指定船名，核对装货单（S/O）（参见样本表 5-13）与托运单（B/N）上的内容无误后，将托运单留底联留下，签发装货单（S/O）给托运人，要求托运人将货物及时送至指定的码头仓库。

（3）托运人持装货单（S/O）及有关单证向海关办理货物出口报关、验货放行手续，海关在装货单（S/O）上加盖放行图章后，货物准予装船出口。

（4）装货港的船舶代理人根据留底联编制装货清单（L/L）送船舶及理货公司、装卸公司。

（5）大副根据装货清单（L/L）编制货物积载计划（stowage plan）交代理人分送理

货、装卸公司等按计划装船。

(6) 托运人将经过检验及报关的货物送至指定的码头仓库准备装船。

(7) 货物装船后，理货长将装货单 (S/O) 交大副，大副核实无误后留下装货单 (S/O) 并签发收货单 (M/R)。

(8) 理货长将大副签发的收货单 (M/R) 转交给托运人。

(9) 托运人持收货单 (M/R) 到装货港的船舶代理人处付清运费 (预付运费情况下) 换取正本已装船提单 (B/L)。

(10) 装货港的船舶代理人审核无误后，留下收货单 (M/R)，签发已装船提单 (B/L) 给托运人。

(11) 托运人持已装船提单 (B/L) 及有关单证到议付银行结汇 (在信用证支付方式下)，取得货款，议付银行将已装船提单 (B/L) 及有关单证邮寄开证银行。

(12) 货物装船完毕后，装货港的船舶代理人编制出口载货清单 (M/F) 送船长签字后向海关办理船舶出口手续，并将载货清单 (M/F) 交船随带，船舶启航。

(13) 装货港的船舶代理人根据已装船提单 (B/L) 副本或收货单 (M/R) 编制出口载货运费清单 (F/M) 连同已装船提单 (B/L) 副本或收货单 (M/R) 送交船公司结算代收运费，并将卸货港所需单证寄给卸货港的船舶代理人。

(14) 卸货港的船舶代理人接到船舶抵港电报后，通知收货人船舶到港日期，做好提货准备。

(15) 收货人到开证银行付清货款取回已装船提单 (B/L) (在信用证支付方式下)。

(16) 卸货港的船舶代理人根据装货港的船舶代理人寄来的货运单证，编进口载货清单 (M/F) 及有关船舶进口报关和卸货所需的单证，约定装卸公司、理货公司、联系安排泊位，做好接船及卸货准备工作。

(17) 船舶抵港后，卸货港的船舶代理人随即办理船舶进口手续，船舶靠泊后即开始卸货。

(18) 收货人持正本已装船提单 (B/L) 向卸货港的船舶代理人处办理提货手续，付清应付的费用后，换取代理人签发的提货单 (D/O)。

(19) 收货人办理货物进口手续，支付进口关税。

(20) 收货人持提货单 (D/O) 到码头仓库或船边提取货物。

五、班轮运费的计算

(一) 班轮运费的结构

班轮运费包括基本运费和附加运费两部分，前者是指货物从装运港到卸货港所应收取的基本运费，它是构成全程运费的主要部分；后者是指对一些需要特殊处理的货物，或者因突发事件或客观情况变化而需另外加收的费用。如班轮运输中，超长、超重货物都要计收附加费，若需要转船，则每转船一次加收一次。若运输的货物既超长又超重，则按其中收费高的一项收取附加费。部分班轮收费名称见表 5-14。

表 5-14　部分班轮收费名称

O/F	海运费（Ocean Freight），也称基本运费
DDC	目的港码头费（Destination Delivery Charge）
CAF	货币汇率附加费（Currency Adjustment Factor）
EBS	紧急燃油附加费（Emerent Bunker Surcharge）
PSS	旺季附加费（Peak Season Sucharges）
YAS	日币贬值附加费（Yen Appreciation Surcharge）
GRI	全面涨价费（General Rate Increase）
AMS	美国反恐舱单系统附加费（America Manifest System）
BAF	燃油附加费（Bunker Adjustement Factor）
CFS	拼箱拆箱费（Container Freight Station）
D/O	换单费（Delivery Order）
OWS	超重费（Over Weight Sucharges）
FAF	燃料附加费（Fuel Adjustejment Factor）
PCS	港口拥挤附加费（Portcongestion Surcharge）
THC	码头操作费（香港收取）（Terminal Handling Charges）
DOC	文件费（Document Charge）
ORC	原场地接货费（Original Receving Charge）
CIC	箱体不平衡附加费（Container Imbaiange Charge）

（二）计费标准

在班轮运价表中，根据不同的商品，班轮运费的计算标准通常采用下列几种：

（1）“W”表示该种货物按其毛重（重量吨）计算运费。

（2）“M”表示该种货物按其体积（尺码吨）计算运费。

（3）“W/M”表示该种货物按其毛重（重量吨）或体积（尺码吨）计算运费，由船公司选择其中收费较高的作为计费吨（也称运费吨）计收运费。

（4）“Ad. Val”表示该种货物按其 FOB 价格的某一百分比计费，即从价运费。

（5）“Ad. Val or W/M”表示该种货物分别按其 FOB 价格的某一百分比（一般为 1%～5%）和毛重、体积计费，并选其中运费最高者。

（6）“W/M plus Ad. Val”表示该种货物分别按其毛重和体积计费，并选其中运费较高者外，还要加收按货物 FOB 价的某一百分比计算的运费。

（7）对包装固定、包装内的数量、重量、体积也固定的货物，按货物的件数计收；另外对那些用其他方法难以计收的商品，如活牲畜等，按“每头”（Per Head）计收；车辆有时按“每辆”（Per Unit）计费。

(8) 临时议定价格，由承、托运双方临时议定的价格收取运费。此类货物通常是大宗低价货物或特大型的机器等，在运价表中此类货物以“Open”表示。

(9) 按起码费率计收，是指按每一提单上所列的重量或体积所计算出的运费，尚未达到运价表中规定的最低运费额时，则按最低运费计收，起码运费按“每提单”(Per B/L)。

(三) 运费计算公式

计算班轮运费，一般可使用下列计算公式：

(1) 附加费为绝对值时：

班轮运费＝基本运价×计费吨＋附加费总和

(2) 附加费为百分比时：

班轮运费＝基本运价×计费吨×（1＋附加费百分比）

【例 5-2】某企业出口柴油机一批，共 15 箱，总毛重为 5.65 公吨，总体积为 10.676 立方米。在青岛装中国远洋运输公司轮船，经香港转船至苏丹港。试计算该企业应付船公司多少运费。

解：(1) 首先，按柴油机的英文名称 Diesel Engine，查阅货物分级表，柴油机属于 10 级，计算标准为 W/M。

(2) 然后在中国内地一香港航线费率表中查出 10 级货从青岛运至香港的费率为每运费吨 22 美元，香港中转费为 13 美元。

(3) 再从香港一红海航线费率表中查出 10 级货的费率为 95 美元。

(4) 最后查附加费率表，了解到苏丹港要收港口拥挤附加费，费率为基本运费的 10%。由于该批货物的体积（10.676 运费吨）比重量（5.65 运费吨）大，而其计费标准为 W/M，应按尺码吨计。

因此，该批货物每一运费吨的运费应为 22＋13＋95＋95×10%＝139.5（美元），共需支付总运费＝10.676×139.5＝1 489.302（美元）。

任务实施

步骤一：熟悉班轮运输基本知识

Steve 在海迩货运公司航运部实习，主管 Ada 是他的业务导师，定期给他进行业务知识培训。目前 Steve 主要作为 Ada 的助手与客户接触。

步骤二：熟悉班轮运输主要关系人

由于海迩货运公司只是班轮业务中的货运代理人，Steve 自己从公司官网的业务资源库和上网收集资料，进一步熟悉班轮运输中的其他主要关系人及其职责。

步骤三：掌握班轮货运业务程序

航运部受理客户海怡商贸托运后，Steve 作为 Ada 的助手参与该批货物班轮货运业务，Ada 要求 Steve 实时跟踪此票业务，及时了解情况，并向她汇报每日货运进展情况。

步骤四：掌握班轮货运主要单证及流转

Ada 向 Steve 介绍班轮货运的主要单证，并以客户托运信息向 Steve 解释了这些单证的流转程序。

步骤五：掌握班轮运费的计算

Ada 让 Steve 以客户托运信息计算货物的班轮运费，以检查他这段时间学习班轮货运知识的进度水平。

任务评价（见表 5－15）

表 5－15 任务评价表

被考评人			考评任务	班轮货运业务	
评价标准	具体内容	分值	自我评价（30%）	小组评价（40%）	教师评价（30%）
	熟悉班轮运输基本知识	15			
	熟悉班轮运输主要关系人	15			
	掌握班轮货运业务程序	25			
	掌握班轮货运主要单证及流转	25			
	掌握班轮运费的计算	20			
合计		100			

任务四　填制海运提单

任务描述

Steve 在航运部实习了一段时间后，主管 Ada 向他介绍了海运提单相关知识。Steve 从海运提单的含义、功能开始，深入了解海运提单的种类及主要内容，并尝试进行海运提单的填制工作。

任务分析

海运提单是一种货物所有权凭证。提单持有人可据以提取货物，也可凭此向银行押汇，还可在载货船舶到达目的港交货之前进行转让。

知识储备

一、海运提单的含义

《中华人民共和国海商法》（以下简称《海商法》）第七十一条给提单（Bill of Lading，简称B/L）下的定义是："提单，是指用以证明海上货物运输合同和货物已经由承运人接收或者装船，以及承运人保证据以交付货物的单证。提单中载明的向记名人交付货物，或者按照指示人的指示交付货物，或者向提单持有人交付货物的条款，构成承运人据以交付货物的保证。"

根据法律的规定，提单具有如下主要功能（作用）：

(1) 提单是海上货物运输合同的证明（Evidence of the Contract of Carriage）。

提单的印刷条款规定有承运人与货物关系人之间的权利、义务，提单也是法律承认的处理有关货物运输争议的依据，因此，有人会认为提单本身就是运输合同。但是，提单并不具有作为经济合同应具备的基本条件，构成运输合同的主要项目诸如船名、开航日期、航线、靠港及其他有关货运条件都是事先公布，而且是众所周知的；至于运价和运输条件也是承运人预先规定的，提单条款仅是承运人单方面制定的，而且在提单上只有承运人单方的签字。合同履行在前，签发提单在后，它只是在履行运输合同的过程中出现的一种证据，而合同实际上是在托运人向承运人或其代理人订舱、办理托运手续时就已成立。确切地说，承运人或其代理人在托运人填制的托运单上盖章时，承、托之间的合同就已成立。所以，将提单称为"海上货物运输合同已存在的证明"更为合理。

(2) 提单是证明货物已由承运人接管或已装船的货物收据（Receipt for the Goods Shipped）。

提单作为货物收据的效力，视其是在托运人还是在收货人手中而有所不同。对托运人来说，提单只是承运人依据托运人所列提单内容收到货物的初步证据（Prima Facie Evidence）。换言之，如果承运人有确实证据证明他在事实上未收到货物，或者在收货时实际收到的货物与提单所列的情况有差异，承运人可以通过一定方式减轻或者免除自己的赔偿责任。但对善意接受提单的收货人，提单是承运人已按托运人所列内容收到货物的绝对证据（Conclusive Evidence）。承运人不能提出相反的证据否定提单内所记载的内容。《海商法》第七十七条对提单有关货物记载事项的证据效力的规定为："……，承运人或者代其签发提单的人签发的提单，是承运人已经按照提单所载状况收到货物或者货物已经装船的初步证据；承运人向善意受让提单的包括收货人在内的第三人提出与提单所载状况不同的证据，不予承认。"

(3) 提单是承运人保证凭以交付货物的物权凭证（Document of Title）。

提单作为物权凭证的功能是用法律的形式予以确定的，提单的转移就意味着提单上所记载货物的转移，提单的合法受让人或提单持有人就有权要求承运人交付提单上所记载的货物。除提单中有规定外，提单的转让是不需要经承运人同意的。

提单具有物权凭证的功能使提单所代表的"物权"可以随提单的转移而转移，提单中所规定的权利和义务也随着提单的转移而转移。即使货物在运输过程中遭受损坏或灭失，也因货物的风险已随提单的转移而转移给了提单的受让人。提单的受让人能否得到赔偿将取决于有关海上货物运输的法律、国际公约和提单条款的规定。

二、海运提单的种类

随着世界经济的发展，海上货物运输所遇到的海运提单种类也越来越多，由于提单分类的标准不同，可分为以下几类，如表 5-16 所示。

表 5-16　　提单的种类

分类标准	分类名称	相关解释	备注信息
货物是否已装船	已装船提单	整票货物全部装船后，由承运人或其代理人向托运人签发的提单。	须注明装运船舶名称和货物实际装船完毕的日期。
	收货代运提单	简称待装提单或待运提单，承运人虽已收到货物但尚未装船，应托运人要求而向其签发的提单。	银行一般不接受这种提单。当承运人在代运提单上加注装运船舶的船名和装船日期，就可以使待运提单成为已装船提单。
提单“收货人”一栏是否有记载	记名提单	在提单“收货人”一栏内具体填上收货人名称的提单。只能由提单上所指定的收货人提取货物。	记名名单不得转让。可以避免因转让而带来额外风险，但失去了可转让流通的便利。银行一般不愿意接受记名提单作为议付的单证。
	不记名提单	在提单“收货人”一栏内记明应向提单持有人交付货物或在提单“收货人”栏内不填任何内容的提单。	不记名提单无须背书即可转让。由出让人将提单交付给受让人即可转让，谁持有提单，谁就有权提货。
	指示提单	在提单“收货人”栏内填写“凭指示”或“凭某人指示”字样的提单。	经记名背书或空白背书转让。除由出让人将提单交付给受让人外，还应背书，这样提单才能得到转让。
货物外表状况是否有批注	清洁提单	没有任何有关货物残损、包装不良或其他有碍于结汇的批注的提单。	提单正面已印有“外表状况明显良好”的词句，若未加任何相反的批注，则承运人必须在目的港将接受装船时外表状况良好的同样货物交付给收货人。
	不清洁提单	承运人在提单上加注有货物及包装状况下不良或存在缺陷，如水湿、油渍、污损、锈蚀等批注的提单。	通过声明货物在外表状况不良情况下装船，在目的港交付货物时，若发现货物损坏可减轻或免除自己的赔偿责任。

续前表

分类标准	分类名称	相关解释	备注信息
按不同运输方式	直达提单	由承运人签发的，货物从装货港装船后，中途不经过转船而直接运抵卸货港的提单。	多用于对船期有特定要求的货物。
	转船提单	船舶不直接驶达货物的目的港，而要在中途港换装，由承运人所签发的提单。	多用于对船期没有特定要求的货物。
	多式联运提单	货物由海路、内河、铁路、公路和航空等两种以上不同运输工具共同完成全程运输时所签发的提单。	主要用于集装箱运输。多式联运提单一般由承担海运区间运输的船公司签发。
按提单签发人不同	班轮公司所签发提单	在班轮运输中，由班轮公司或其代理人所签发的提单。	在集装箱班轮运输中，班轮公司通常为整箱货签发提单。
	无船承运人所签发提单	由无船承运人或其代理人所签发的提单。	在集装箱班轮运输中，无船承运人通常为拼箱货签发提单，又称其为仓至仓提单。

三、海运提单的主要内容

海运提单的样本如表 5－17 所示。

表 5－17　　**提单样本**

<table>
<tr><td colspan="2">Shipper</td><td rowspan="2"></td><td rowspan="2">B/L No.</td><td rowspan="2"></td></tr>
<tr><td colspan="2"></td></tr>
<tr><td colspan="2">Consignee or Order</td><td colspan="3" rowspan="12">中国外运广东公司
SINOTRANS GUANGDONG COMPANY
OCEAN BILL OF LADING
SHIPPED on board in apparent good order and condition (unless otherwise indicated) the goods or packages specified herein and to be discharged at the mentioned port of discharge or as near thereto as the vessel may safely get and be always afloat.
The weight, measure, marks and numbers, quality, contents and value, being particulars furnished by the Shipper, are not checked by the Carrier on loading.
The Shipper, Consignee and the Holder of this Bill of Lading hereby expressly accept and agree to all printed, written or stamped provisions, exceptions and conditions of this Bill of Lading, including those on the back hereof.
IN WITNESS whereof the number of original Bills of Lading stated below have been signed, one of which being accomplished the other (s) to be void.</td></tr>
<tr><td colspan="2"></td></tr>
<tr><td colspan="2">Notify Address</td></tr>
<tr><td colspan="2"></td></tr>
<tr><td>Pre-carriage by</td><td>Port of Loading</td></tr>
<tr><td></td><td></td></tr>
<tr><td>Vessel</td><td>Port of Transshipment</td></tr>
<tr><td></td><td></td></tr>
<tr><td>Port of Discharge</td><td>Final Destination</td></tr>
<tr><td></td><td></td></tr>
</table>

<table>
<tr><td>Container. Seal No. or Marks and Nos.</td><td>Number and Kind of Package</td><td>Description of Goods</td><td>Gross Weight (kgs.)</td><td colspan="2">Measurement (m^3)</td></tr>
<tr><td></td><td></td><td></td><td></td><td colspan="2"></td></tr>
<tr><td colspan="3">Freight and Charges</td><td colspan="3">REGARDING TRANSHIPMENT
INFORMATION PLEASE CONTACT</td></tr>
<tr><td rowspan="2">Ex. rate</td><td>Prepaid at</td><td colspan="2">Freight Payable at</td><td colspan="2">Place and Date of Issue</td></tr>
<tr><td>Total Prepaid</td><td colspan="2">Number of Original Bs/L</td><td colspan="2">Signed for or on behalf of the Master
As Agent</td></tr>
</table>

(一) 提单主要内容

根据《海商法》第七十三条的规定，提单内容主要包括以下事项：

(1) 货物的品名、标志、包数或者件数、重量或者体积，以及运输危险货物时对危险性质的说明。

(2) 承运人的名称和主营业所。

(3) 船舶名称。

(4) 托运人的名称。

(5) 收货人的名称。

(6) 装货港和在装货港接收货物的日期。

(7) 卸货港。

(8) 多式联运提单增列接收货物地点和交付货物地点。

(9) 提单的签发日期、地点和份数。

(10) 运费的支付。

(11) 承运人或者其代表的签字。

实践中，为满足业务上的需要，提单正面记载的内容还会增加以下项目：

(1) 船名 (Ocean Vessel)，即由承运人配载的装货的船名。

(2) 承运人 (Carrier)，即运输合同的一方当事人，在提单记载其名称，以便收货人明白谁是合同中的承运人。

(3) 托运人 (Shipper)，与承运人签订运输契约、委托运输的货主，即发货人。

(4) 收货人 (Consignee)，自取得提单之时起，便成了提单的关系人。

(5) 通知人 (Notify Party)，即收货人的代理人或提货人。

(6) 装运港 (Port of Loading)、卸货港 (Port of Discharge)、转运港 (Port of Transhipment)。

(7) 商品名称 (描述) (Description of Goods)、毛重和体积 (Gross Weight & Measurement)、件数和包装 (Number and Kind of Packages, Description of Goods) 等。

(8) 运费支付(Freight & Charges)。

(9) 签发地点与日期(Place and Date of Issue)、签发的份数(No. of Originals B/L)。

(10) 承运人签章(Signed for the Carrier)。提单必须由承运人或其代理人签字才能生效。

(二) 提单印刷条款

1. 提单正面的印刷条款

(1) 确认条款。

该条款是承运人表示在货物或集装箱外表状况良好的条件下接受货物或集装箱,并同意承担按照提单所列条款,将货物或集装箱从装运港或起运地运往卸货港或交货地,把货物交付给收货人的责任条款。

(2) 不知条款。

该条款是承运人表示没有适当的方法对所接受的货物或集装箱进行检查,所有货物的重量、尺码、标志、品质等由托运人提供,并不承担责任的条款。

(3) 承诺条款。

该条款是承运人表示承认提单是运输合同成立的证明,承诺按照提单条款的规定承担义务和享受权利,而且也要求货主承诺接受提单条款制约的条款。

(4) 签署条款。

该条款是承运人表明签发提单(正本)的份数,各份提单具有相同效力,其中一份完成后其余各份自行失效,以及提取货物必须交出经背书的一份提单以换取货物或提货单的条款。

2. 提单背面的印刷条款

提单背面条款可分为两类:一类是强制性条款,另一类是任意性条款。

强制性条款的内容不能违反有关国际公约、国内法律或港口的规定,违反或不符合这些规定的条款无效。

任意性条款是国际公约、国内法律或港口规定中没有明确规定,允许承运人自行拟定的条款。

提单的背面条款主要有:

(1) 首要条款和提单使用法:是用以明确提单所适用法律的条款。

(2) 定义条款:是对与提单有关术语的含义和范围做出明确规定的条款。

(3) 承运人责任条款:是用以明确承运人承运货物过程中应承担的责任的条款。

(4) 承运人责任期间条款:是用以明确承运人对货物运输承担责任的开始和终止时间的条款。

(5) 承运人赔偿责任限制条款:是用以明确承运人对货物的灭失和损坏负责,由赔偿责任人支付赔偿金时,承运人对每件或每单位货物支付的最高赔偿金额的条款。

（6）特定货物条款：是用以明确承运人对运输一些特定货物时应承担的责任和享有的权利，或为减轻或免除某些责任而做出规定的条款。

四、海运提单的使用

（一）提单的签发

（1）提单必须经过签署才有效。签署的方法除了手签方法外，只要信用证没有规定必须手签，则可采用印模、打孔、盖章、标记或任何其他机械的电子方法。有权签署提单的人包括承运人本人、载货船船长或经承运人授权的代理人。

（2）提单记载的内容是从收货单或场站收据的内容过录来的，因此，提单的签发应以收货单或场站收据为依据。

（3）提单有正本和副本之分。正本提单上标注有“ORIGINAL”字样，为了表示该份正本提单是全套提单中的第几份时，应该使用“FIRST ORIGINAL”“SECOND ORIGINAL”“THIRD ORIGINAL”等字样，有的国家用“ORIGINAL”“DUPLICATE”“TRIPLICATE”标注。每份正本提单具有相同效力，收货人凭其中一份提货后，其余各份自动失效。有“COPY”字样的为副本提单，没有法律效力。

提单签发的日期应是提单上所列货物实际装船完毕的日期，否则将使提单变成倒签提单、预借提单和顺签提单，承运人将面临较大风险。

（二）提单的更正

1. 提单的更改

提单的更改要尽可能赶在载货船舶开航之前办理，以减少因此而产生的费用和手续。因更改内容而引起的损失和费用，都由提出更改要求的托运人负担。

2. 提单的补发

如果提单签发后遗失，托运人提出补发提单，承运人会根据不同情况进行处理。一般是要求提供担保或保证金，而且还要按照一定的法定程序将提单声明作废。

（三）提单的背书

关于提单转让的规定为：记名提单不得转让，不记名提单无须背书即可转让，指示提单经过记名背书或空白背书转让。所以，背书与转让是不相同的。

1. 记名背书

记名背书，也称完全背书，是指背书人在提单背面写明被背书人（受让人）的名称，并由背书人签名的背书形式。

2. 指示背书

指示背书是指背书人在提单背面写明“凭××指示”的字样，同时由背书人签名的背书形式。

3. 不记名背书

不记名背书，也称空白背书，是指背书人在提单背面由自己签名，但不记载任何受让人的背书形式。

以下是实务中常见的一些情况：

指示提单的收货人一栏通常会记载“TO THE ORDER OF ABC CO.，LTD.”或“TO ORDER”字样。前一种情况下必须由 ABC CO.，LTD. 首先背书；而后一种情况下，则是由 SHIPPER 首先背书。因此，ABC CO.，LTD. 或 SHIPPER 分别是不同情况下的第一背书人。背书人除履行签名的手续外，还可写明受让人，如：TO DELIVER TO XYZ CO.，LTD.，此时 XYZ CO，LTD. 不能继续背书转让该提单；如果写成：TO DELIVER TO THE ORDER OF XYZ CO.，LTD.，则 XYZ CO.，LTD. 还可以继续背书转让，且应连续背书。当然，背书人也可不写明受让人，此后的转让可不需背书。

(四) 提单的缴还与交货

1. 提单的缴还与交货

收货人提货时，必须以提单为凭证，而承运人在交付货物时也必须收回提单并在提单上做作废批注。提单的缴还和注销表明承运人已完成交货义务，运输合同完成，提单下的债权债务也已解除。

如果承运人交货时没有收回提单通常被认为是无单放货，承运人必须承担赔偿责任，即使实际提货的人原本是有权提货的人也不例外。

2. 特殊的提单放货方式

特殊的提单放货方式主要有“电放”和凭银行保函放货两种。

(1)“电放”。

“电放”是指托运人（发货人）在货物装船后将承运人（或其代理人）所签发的全套正本提单交回承运人（或其代理人），同时指定收货人（非记名提单的情况下）；承运人授权（通常是以电传、电报等通信方式通知）其在卸货港的代理人，在收货人不出具正本提单（已收回）的情况下交付货物。

由于承运人收回提单的地点是在交付货物（卸货港）以外的地点（通常是在装货港），视其为特殊情况，所以收回全套正本提单。“电放”简单而言就是发货人不用领提单，收货人凭身份证明提货的一种特殊放货形式。目前有关的国际公约、各国的法律（如我国的《海商法》）和法规中均无“电放”的定义。

(2) 凭银行保函放货。

在已经签发了提单的情况下，收货人要取得提货的权利，必须以交出提单为前提条件。然而，有时由于提单邮寄延误，或者作为押汇的跟单票据的提单未到达进口地银行，或者虽然提单已到达进口地银行，而因为汇票的兑现期限的关系，在货物已运抵卸货港的情况下，收货人还无法取得提单，也就无法凭提单来换取提货单提货。此时，按照一般的航运习惯，收货人就会开具由一流银行签署的保证书，以保证书交换提货单后提货。船公司同意凭保证书交付货物是为了能尽快地交货，而且除有意欺诈外，船公司可以根据保证书将因凭保证书交付货物而发生的损失转嫁给收货人或保证银行。

知识拓展

海运单知识

海运单（Sea Waybill，SWB），是指承运人直接签发给收货人的提单。海运单不是物权凭证，不能向银行押款，也不可以转让。因此，也称“不可转让海运单”（Non-negotiable Sea Waybill）。近年，欧洲和北美地区的贸易倾向使用不可转让的海运单，主要是海运单便于进口商及时提货，手续简化、节约费用，并在一定程度上减少以假单据进行诈骗的现象。1990 年国际海事理事会通过《1990 年国际海事委员会海运单统一规则》，从法律上鼓励和引导海运单的发展。EDI 技术在国际贸易中的广泛使用，使海运单更适用于电子数据交换信息。

扫描二维码了解《中华人民共和国海商法》。

《中华人民共和国海商法》

任务实施

步骤一：了解海运提单种类

海运提单简称提单（Bill of Lading，简称 B/L），是船方或其代理人签发的，证明已收到货物，允许将货物运至目的地，并交付给收货人的书面凭证。海运提单根据各种特定的需要可分为不同种类。

步骤二：熟悉提单各栏目内容

Ada 建议 Steve 花时间看懂提单各栏目内容，以便今后可以独立为客户进行服务。

步骤三：掌握运单填写要求

“百闻不如一见，百见不如一干。”Ada 建议 Steve 不妨以接触过的客户托运信息，结合所学的提单知识，填制海运提单。

步骤四：掌握提单的使用及流转

正本提单就是物权凭证，提单流转的一个外在体现就是货物的流转。Ada 告诉 Steve 掌握提单的使用及流转程序就等于对客户货物的流转程序熟记在心，能及时处理各种状况，更好地为客户提供货运服务。

任务评价（见表 5-18）

表 5-18　　　　任务评价表

被考评人			考评任务	填制海运提单	
	具体内容	分值	自我评价（30%）	小组评价（40%）	教师评价（30%）
评价标准	了解海运提单种类	20			
	熟悉提单各栏目内容	20			
	掌握运单填写要求	30			
	掌握提单的使用及流转	30			
合计		100			

任务五　租船运输

任务描述

中粮国际广州分公司托运一批 7 000 吨袋装黄豆（黄豆积载因数为 1.7 立方米/吨），装货港为广州南沙，卸货港是英国利物浦。现在中粮国际广州分公司要求海迩货运公司帮其租赁一艘合适的船舶进行租船运输。

任务分析

租船运输又称租船，是海洋运输的一种方式，是指租船人向船东租赁船舶用于货物运输的一种方式。租船运输适用于大宗货物运输，有关航线和港口、运输货物的种类以及航行的时间等都按照承租人的要求，由船舶所有人确认。租船人与出租人之间的权利义务以双方签订的租船合同确定。

知识储备

租船运输（Carriage of Goods by Chartering）是相对于班轮运输的另一种海上运输经营方式，没有固定的船舶班期，也没有固定的航线和挂靠港，按照货源的要求和货主对货物运输的要求，安排船舶航行计划，组织货物运输。

一、认识租船市场

租船运输是水路货物运输中一种重要的船舶经营方式，租船通常在租船市场上进行。租船市场是进行租船交易的场所，船东（Ship Owner）、租船人（Charterer）和船舶经纪人（Ship Broker）构成了这个市场。在租船市场，船舶所有人是船舶的供给方，而承租人则是船舶的需求方。在租船市场，大宗交易多由船舶经纪人进行，他们拥有广泛的业务联系渠道，能向船方提供咨询消息和向租船人提供船源情况，促使双方选择适当的洽谈对象。船舶经纪人除促成船舶租赁业务外，还代办船舶买卖、船舶代理等业务。他们的主要作用是为委托人提供最合适、最有利的生意，提供市场行情、当事人资信，以及答复委托人的咨询，为当事人双方斡旋并解决困难。船东（或二船东）向租船人之间提供的不是运输劳务，而是船舶的使用权。

当今通信技术十分发达，租船业务绝大多数是通过电话、网络等现代通信手段洽谈。世界主要的租船市场有英国伦敦租船市场、美国纽约租船市场、北欧租船市场等。

二、租船运输经营方式

租船市场上主要有定程租船（Voyage Charter）和定期租船（Time Charter）两种。此外，光船租船（Demise or Bareboat Charter）是一种比较特殊的租船方式。

（一）定程租船

定程租船，又称航次租船，是以航程为基础的租船方式。它是船舶所有人（船东）按双方事先议定的运价与条件向租船人提供船舶全部或部分舱位，在指定的港口之间进行一个或多个航次运输指定货物的租船业务。定程租船的种类见表 5－19，定程租船的特点见表 5－20。

表 5－19　　定程租船的种类

定程租船种类	解释说明
单程租船（Single Voyage Charter）	单程租船也称单航次租船，即只租一个航次的租船。船舶所有人负责将指定货物由一港口运往另一港口，货物运到目的港卸货完毕后，合同即告终止。运费按租船市场行情由双方议定，其计算方法一般是按运费率乘以装货或卸货数量或按照整船包干运费计算。
来回程租船（Round Voyage Charter）	来回程租船又称往返航次租船，指的是一艘船在完成一个单航次后，紧接着在上一航次的卸货港（或其附近港口）装货，驶返原装货港（或其附近港口）卸货，货物卸毕合同即告终止，由租船人支付一定运费的一种船舶营运方式。
连续航次租船（Consecutive Voyage Charter）	连续航次租船是指船舶所有人依据合同向租船人提供船舶，在同方向或同航线上装运货物不间断地完成若干航次运输的船舶营运方式。
包运合同（Contract of Affreightment：COA）	包运合同又称大合同，即只确定承运货物的数量及完成期限，不具体规定航次数和船舶艘数的一种租船方式。

表 5-20 定程租船的特点

责任人	责任特点	注意事项
程租租船人	由托运人或租船人负责完成货物的组织，支付按货物装运数量的运费及支付相关费用。租船人向船舶所有人支付运费通常称为运费，而不称佣金。	航次租船合同是确定船舶所有人与租船人的权利、义务和责任的依据。装卸货物在规定的天数内提前结束，船舶所有人要向租船人支付一定的奖励、速遣费。
程租船东	与班轮运输相同，提单都可能具有海上货物运输合同证明的性质。航次租船的船舶所有人不是公共承运人，而是专门承运人，即承运与其签订租船合同的依据。	船舶所有人负责人船舶营运所支付的费用，船舶资本费用如船舶成本等；固定营运成本，如船员工资和伙食费等；可变营运费用如燃油费货物索赔，合同规定的装卸费。

(二) 定期租船

定期租船是船舶所有人把船舶出租给租船人使用一定期限的租船方式。它以约定的某段期间为租期，在期限内由租船人根据租船合同规定的航行区域自行调度和经营管理，使用该船的运载能力。期租船的租金在租期内不变，支付方法一般按船舶夏季载重线时的载重吨每吨每月若干货币单位计算，每 30 天（或每月）或每半月预付一次。定期租船的特点见表 5-21。

表 5-21 定期租船的特点

负责人	责任范围	注意事项
期租租船人	租船人在船舶营运方面拥有包括船长在内的船员指挥权，否则有权要求船舶所有人予以撤换。租约中往往定有关于交船、还船以及停租的规定。	租船人负责船舶的营运调度，并负担船舶营运中的可变费用。包括燃料费、港口使用费、引水费、货物装卸费、运河通行费、租船合同规定的其他费用等。
期租船东	船舶所有人负责配备船员，并负担其工资和伙食。船舶租赁以整船出租，租金按船舶的载重量、租期以及商定的租金率计收。	船舶所有人负担船舶营运的固定费用。包括船舶资本的相关费用、船用物料费、润滑油费、船舶保险费、船舶维修费、保养费等。

(三) 光船租船

光船租船是按一定的期限租船，但与期租不同的是船东不提供船员，只将一艘空船给租船人使用，船东在租期内并将船舶的控制权和占有权也一并交给租船人。租船人按合同的规定在租期内按期向船东支付租金，负责配备船员、供应和装备船舶的营运管理及费用。光船租船的特点见表 5-22。

表 5－22　光船租船的特点

责任人	责任范围	注意事项
光船租船人	租船人以承运人身份负责船舶的经营及营运调度工作，并承担在租期内的时间损失。	租船人配备船员并有指挥控制权。以整船出租，租金按船舶的载重吨、租期及商定的租金率计算，租船人还应负责船舶保险费、船舶检验费、代理费和经纪费等。
光船船东	船东除负责折旧费、船舶保险费、船舶检验费以及经纪费外，其余费用都由租船人负责。	船舶的所有权从船舶交予租船人使用时起，转移至租船人。

上述三种租船方式的区别主要体现在船舶所有人和租船人对船舶的支配权、所有权的不同。

三、租船运输业务程序

租船运输业务程序比较复杂，主要是通过与船方的询盘、发盘、还盘、受盘，最终达到双方签约的目的，具体的流程如图 5－5 所示。

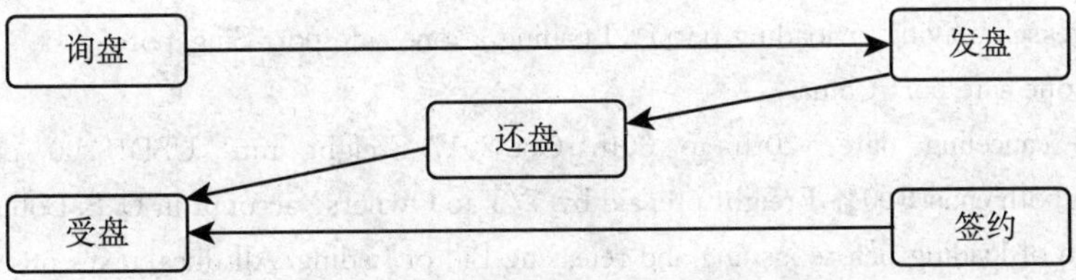

图 5－5　租船运输业务程序图

(一) 询盘

询盘的目的和作用是让对方知道发盘人的意向和需求的情况，通常是由承租人以期望条件，通过租船经纪人寻求租用所需要的船舶，即货求船。

(二) 发盘

发盘也称报价或报盘，是出租人对承租人就租船涉及的主要内容答复询盘的回应。若是船舶所有人先发出的询盘，则报盘人是承租人。报盘又分实盘与虚盘。实盘为报盘条件不可改变，并附加时效的硬性报价；虚盘则是可磋商、修改的报价。

(三) 还盘

还盘是询价双方平等谈判、协商、讨价还价的过程，是指接受发盘的一方对发盘中的一些条件提出修改，或提出自己的新条件，并向发盘人提出的过程。

（四）受盘

通过双方的谈判，最后达成一致意见即可成交。成交后交易双方当事人应签署一份"订租确认书"，就商谈租船过程中双方承诺的主要条件予以确认，对于细节问题还可以进一步商讨。这是租船程序的最后阶段，在合同中这一阶段被称为承诺，一旦承诺生效，则意味着合同也同时生效。

（五）签约

签订确认书只是一种合同意向，正式租船合同要按租船合同范本予以规范，进行编制，明确租船双方的权利和义务，双方当事人签署后即可生效。接受发盘后，双方共同承诺的交易中的条款已产生约束双方的效力。任何一方提出更改或撤销等异议，造成的损失由违约方承担责任。订租确认书英文版本如图 5－6 所示。

FIXTURE NOTE

10th Oct. 2017

M/V：

（or Suitable Substitute Vessel）

It' s mutually agreed between Messrs as Owners and Messes as Charterers that：

Cargo 10 000t Rice in Bags 3% more or less at Owner's option（Owners to declare quantity to be shipped 2 days before vessel arriving at loading port）. Loading at one safe port Singapore.

Discharging at one safe port China.

Lay days and canceling date：20th to 30th Oct. 2017. Freight rate USD18. 00 per Metric ton F. I. O. S. CQD both ends. 100% Freight prepaid by T/T to Owners' account in U. S. Dollars at Singapore after completion of loading before issuing and releasing Bill of Lading. All dues/taxes on cargo to be for-Charterers' account，any dues/taxes on vessel/ freight to be for Owners' account. If Charterers fail to ship as agreed quantity，they are liable to pay the deadfreight at the freight rate as agreed. Otherwise details as per GENCON C/P 1994.

For and on Behalf of
（Owners）

For and on Behalf of
（Charterers）

图 5－6　订租确认书英文版本

四、租船合同

租船合同是船东与租船人根据自愿原则达成的协议。租船合同的种类很多，当事人可以选择一种作为协商的依据，并对其中的条款进行增减或修改，最后经双方签字生效。定程（航次）租船合同使用较多的是"标准杂货租船合同"，国内译为"金康合同"；定期租船合同使用最多的是"标准定期租船合同"，国内译为"巴尔的摩合同"。我国租船公司也制定有"中国期租 1980 合同"。

定程租船是租船市场上最活跃、最为普遍的一种租船方式。因此，在订立定程租船合同时要注意以下两方面的内容。

(一) 装卸费用的约定方法

程租船需要在租船合同中明确规定装卸费用由谁负担，一般有以下四种规定方法：

(1) 船方负担装卸费（Liner Terms），一般用于装卸包装货或木材，而不适用于散装货。

(2) 船方管装不管卸（Free Out，FO），即船方负责装货费，租船人负担卸货费。

(3) 船方管卸不管装（Free In，FI），即租船人负责装货费，船方负担卸货费。

(4) 船方不管装卸（Free In and Out，FIO），即装卸费用由租船人自行负担。实际业务中，多采取这种方法。

(二) 装卸时间、滞期费和速遣费

(1) 装卸时间（Lay Time），是指合同约定的货物装船或卸船完毕的时间。一般以天数或小时表示。当前国际上普遍采用的方法是：按“连续 24 小时晴天工作日”计算，即在好天气的情况下，连续作业 24 小时为一个工作日，不分昼夜。对于中间因坏天气而无法作业的时间予以扣除。这种规定比较合理，双方都愿接受，在我国也较多采用。

(2) 装卸率（Load/ Discharge Rate），是指每日装卸货物的数量。一般应按照港口习惯的正常装卸速度，规定平均每天装卸若干吨。

(3) 滞期费（Demurrage），在航次租船合同中，当船舶装货或卸货期超过规定的装卸货时间时，由租船人向船东所支付的约定款项。

(4) 速遣费（Dispatch Money），航次租船合同中，承租人实际使用的装卸时间比合同约定允许使用的装卸时间短，因而缩短了船舶为装卸作业而停留在港口或泊位的时间，使得船舶的使用产生速遣。船东因船舶产生速遣而需要按双方在合同中约定的速遣费率向承租人支付的费用称速遣费。航次租船实务中，速遣费率通常规定为滞期费率的一半。

【例 5-3】中国 A 公司以 FOB 进口一批商品共 10 000 公吨，租船合同规定每天装货 1 500 公吨，对于滞期费均规定为每天 4 000 美元，速遣费减半。结果卖方平均每天交货 1 400 公吨。如上所述产生的是滞期费还是速遣费？费用多少？

解：实际装船时间：10 000/1 400=50/7（天）；

允许装船时间：10 000/1 500=20/3（天）；

滞期费：(50/7−20/3)×4 000=1 905（美元）。

由于 A 公司是买方，采用 FOB 术语，负责租船订舱工作，因此应由 A 公司支付 1 905 美元的滞期费给船公司。

知识拓展

定期租船合同与定程租船（航次租船）合同的主要内容

定期租船合同的主要内容包括：出租人和承租人的名称、船名、船籍、船级、吨位容积、船速、燃料消耗、航区、用途、租船期限、交船与还船时间、地点以及条件，租金及

其支付等相关事宜。

定程租船合同的主要内容包括：出租人和承租人的名称、船名、船籍、载货重量、容积、货名、装运港与目的港、受载期限、装卸期限，运费、滞期费、速遣费的支付及其他事项。

任务实施

步骤一：了解租船市场

租船市场是进行租船交易的场所，船东、租船人、租船经纪人构成了这个市场。海迩货运公司现在需要为客户中粮国际广州分公司租赁一艘合适的船舶进行租船运输，应先与租船经纪人进行业务磋商。

步骤二：熟悉租船运输经营方式

Ada 告诉 Steve，由于客户中粮国际广州分公司托运的是一批 7 000 吨袋装黄豆，只需使用定程租船方式即可，并让 Steve 找一份合同范本读懂里面的条款，为谈判做好准备。

步骤三：掌握租船运输业务程序

租船运输业务程序主要包括询盘、报盘、还盘、接受和签订租船合同五个环节。Ada 带着 Steve 约见租船经纪人，代表中粮国际广州分公司进行谈判，双方经友好协商达成共识，签署了“订租确认书”。

步骤四：熟悉租船合同条款有关装卸规定和滞期费与速遣费的注意事项

Steve 了解到定程租船是租船业务最常见的类型，而租船涉及货物装卸速度与归还船舶快慢问题，所以要认真阅读租船合同有关装卸规定和滞期费与速遣费的注意事项，避免增加租船额外付费概率。

任务评价（见表 5－23）

表 5－23　任务评价表

被考评人		考评任务	租船运输	
具体内容	分值	自我评价（30%）	小组评价（40%）	教师评价（30%）
了解租船市场	20			
熟悉租船运输经营方式	25			
掌握租船运输业务程序	30			
熟悉租船合同条款有关装卸的规定和滞期费与速遣费的注意事项	25			
合计	100			

项目小结

本项目主要讲述了水路货物运输相关业务及流程，介绍了水路货物运输的概念、类型、特点，分析了内河货物运输组织、班轮货物运输管理和租船运输业务，重点阐述了班轮货物运输的作业流程。

思考与练习

一、判断题

1. 基本港是指国际大型班轮公司定期挂靠，进出口贸易量及海运需求较大，具有相当规模的港口。（　　）

2. 提单是提取货物的单证。（　　）

3. 租船运输业务程序是比较复杂的，主要是通过与船方的询盘、发盘、还盘、受盘，最终达到双方签约的目的。（　　）

4. 港口主要由港口水域和港口陆域两部分构成。（　　）

5. 水路货物运输按其航行的区域，大体上可分为内河运输、远洋运输和沿海运输。（　　）

二、不定项选择题

1. 班轮运输特点是（　　）。

A. 具有“四固定”的特点，即固定航线、固定港口、固定船期和相对固定的费率，这是班轮运输的基本特征

B. 班轮运价内包括装卸费用，即承运人和托运人双方不另计滞期费和速遣费

C. 承运人对货物负责的期间是从货物装上船起，到货物卸下船时止，即“船舷至船舷”或“钩至钩”

D. 承运人和托运人双方的权利、义务和责任豁免以签发的提单条款为依据，并受统一的国际公约制约

2. 租船运输业务可分为（　　）。

A. 船次租船　　B. 光船租船　　C. 定期租船　　D. 包运租船

3. 下列对运费名称描述正确的是（　　）。

A. EBS 箱体不平衡附加费　　B. PPS 紧急燃油附加费

C. CIC 箱体不平衡附加费　　D. O/F 海运费

4. 凡运往非基本港的货物，达到或超过规定的数量，船舶可直接挂靠，但要收取（　　）。

A. 转船附加费　　B. 直航附加费　　C. 港口附加费　　D. 选港附加费

三、简答题

1. 简述班轮货运业务程序。

2. 编制表格进行提单的种类对比分析。

3. 请根据租船运输业务的程序画出流程图。

项目六　集装箱与国际多式联运

学习目标

知识目标：

1. 熟悉集装箱种类和标记含义。
2. 熟悉集装箱运输主要单证。
3. 掌握集装箱货运组织基本程序。
4. 熟悉多式联运特征及国际多式联运经营人类型。
5. 掌握多式联运货运组织流程。

能力目标：

1. 能正确区分各种不同国际标准的集装箱。
2. 能办理集装箱货运业务。
3. 能填制集装箱运输单证。
4. 能根据实际需要选择多式联运组织形式。

本项目知识结构图：

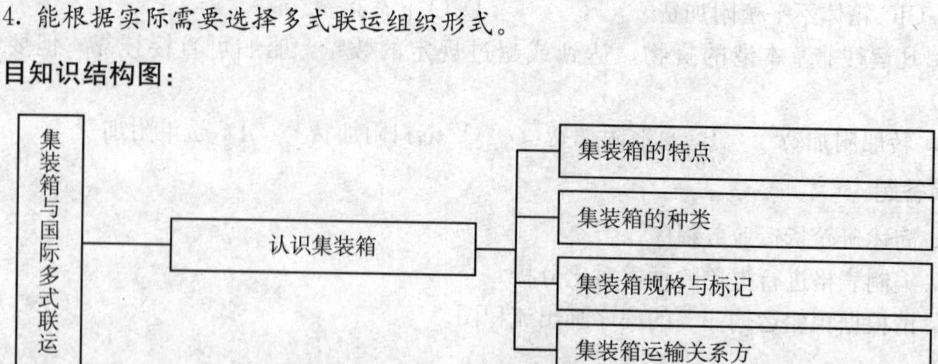

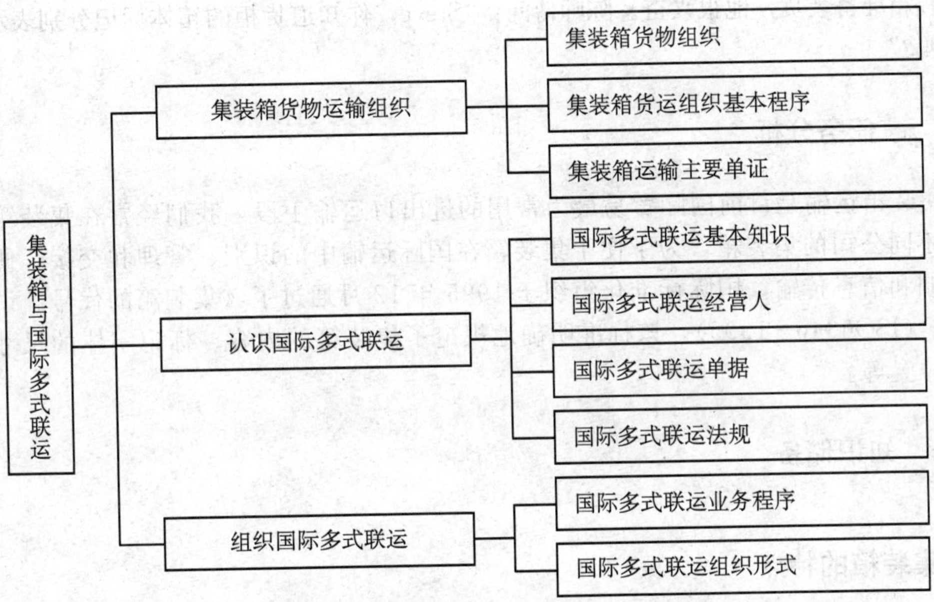

案例导读

“一带一路”为多式联运带来新机遇

2016 集装箱多式联运亚洲展会于 2016 年 3 月 22 日至 24 日在上海召开。作为世界领先的集装箱、运输和物流业展会，“中欧班列”“中亚班列”“铁水联运班列”等一系列集装箱多式联运产品亮相上海。

集装箱多式联运是物流运输的高级发展阶段，被各国看作本国货运现代化进程的重要标志。当前，全球多式联运重心向中国转移，我国多式联运发展正逢其时、蓄势待发。自国家发布了《物流业发展中长期规划》以来，各地都高度重视多式联运的发展，加速推进物流大通道建设、完善综合交通运输体系已成为我国多式联运发展的首要任务。中国多式联运的发展，将加速带动周边市场的繁荣，促进国际贸易活动，助力国家“一带一路”倡议。

请思考：

(1) 为什么说“集装箱多式联运是物流运输的高级发展阶段”？

(2) 说说你对多式联运的了解。

任务一　认识集装箱

任务描述

黎泽煌（英文名 Steve）在海迩货运公司实习，某天公司安排他与车队陈师傅一起去堆场提箱准备装货，他很兴奋。陈师傅问："Steve，你知道货柜的箱体标记分别表示什么含义吗?"

任务分析

集装箱运输是目前国际贸易最为常用的进出口运输手段，我们经常在集装箱堆场看到不同公司的集装箱，为了便于集装箱在国际运输中的识别、管理和交接，便于单据编制和信息传输，国际标准化组织于 1995 年 12 月通过了《集装箱的代号、识别和标记》（ISO6346 - 1995），该标准明确地规定了集装箱的内容、标记字体的尺寸、标记的位置等。

知识储备

一、集装箱的特点

集装箱（Container）又称"货柜"或"货箱"，是一种货物运输设备，具有一定强度、刚度和规格，专供周转使用，便于使用机械装卸。

根据国际标准化组织 104 技术委员会的规定，集装箱应满足下列要求，如表 6 - 1 所示。

表 6 - 1　集装箱的特点及满足要求

序号	特 点	满足要求
1	提高装卸效率，减轻劳动强度，减少货物运输费用。	具有足够的强度，可长期反复使用。
2	减少货损货差，提高货物运输的安全与质量。	适于一种或多种运输方式运送，途中转运时，箱内货物不需换装。
3	缩短货物的在途时间，加快车船的周转。	具有快速装卸和搬运的装置，特别便于从一种运输方式转移到另一种运输方式。
4	节省货物运输的包装，简化理货手续。	便于货物装满和卸空。
5	推动包装的标准化，有利于组织多种运输方式的联合运输。	具有 $1m^3$ 及以上的容积。

二、集装箱的种类

随着集装箱运输的发展，为适应装载不同种类货物的需要，出现了不同种类的集装箱，如表 6 - 2 所示。这些集装箱不仅外观不同，而且结构、强度、尺寸等也各不相同。

表 6-2　　集装箱分类

分类标准	集装箱名称	特点
集装箱的用途	干货集装箱 (Dry Cargo Container)	也称杂货集装箱，这是一种通用集装箱，用以装载除液体货物、需要调节温度货物及特种货物以外的一般件杂货。这种集装箱使用范围极广，常用的有 20 英尺和 40 英尺两种，其结构常为封闭式，一般在一端或侧面设有箱门。
	开顶集装箱 (Open Top Container)	也称敞顶集装箱，这是一种没有刚性箱顶的集装箱，但有可折式顶梁支撑的帆布、塑料布或涂塑布制成的顶篷，其他构件与干货集装箱类似。适于装载较高的大型货物和需吊装的重货。
	台架式集装箱 (Platform Based Container)	这种集装箱没有箱顶板和侧壁板，也没有门，甚至连端壁也没有，只有厚度比一般干货柜厚许多的箱底板和连接在箱底板上的骨架。这种集装箱可以从前后、左右及上方进行装卸作业，适合装载长大件和重货件，如重型机械、木材等。
	平台式集装箱 (Platform Container)	在台架式集装箱上再简化，只保留底板的一种特殊结构集装箱。主要用于装卸长、重大件货物，如钢材、整件设备等。平台的长度与宽度与国际标准集装箱的箱底尺寸相同，可使用与其他集装箱相同的紧固件和起吊装置。这种集装箱的采用，打破了过去一直认为集装箱必须具有一定容积的概念。
	通风集装箱 (Ventilated Container)	一般在侧壁或端壁上设有通风孔，适于装载不需要冷冻而需通风、防止汗湿的货物，如水果、蔬菜等。如将通风孔关闭，可作为干货集装箱使用。
	冷藏集装箱 (Reefer Container)	专门为运输要求保持一定温度的冷冻货物或低温货物而设计的集装箱。它分为带有冷冻机的内藏式机械冷冻集装箱和没有冷冻机的外置式机械冷藏集装箱。适用于装载肉类、水果等货物。冷藏集装箱造价较高，营运费用较高，使用中应注意冷冻装置的技术状态及箱内货物所需的温度。
	散货集装箱 (Bulk Container or Solid Bulk Container)	散货集装箱除了箱门外，在箱顶部还设有 2～3 个装货口，适用于装载粉状或粒状货物。使用时要注意保持箱内清洁干净，两侧保持光滑，便于从箱门卸货。
	动物集装箱 (Animal Container or Pen Container or Live Stock Container)	一种专供装运牲畜的集装箱。为实现良好的通风，箱壁用金属网制造，以求有良好的通风。侧壁下方设有清扫口和排水口，并配有上下移动的拉门，以方便清扫垃圾，并设有喂养装置。

续前表

分类标准	集装箱名称	特点
集装箱的用途	罐式集装箱（Tank Container or Liquid Bulk Container）	一种专供装运液体货物而设置的集装箱，如酒类、油类及液状化工品等。它由罐体和箱体框架两部分组成，装货时货物由罐顶部装货孔进入，卸货时，则由排货孔流出或从顶部装货孔吸出。
	汽车集装箱（Car Container or Auto Container）	专为装运小型汽车而设计制造，其结构特点是无侧壁，仅设有框架和箱底。为了防止汽车在箱内滑动，箱底专门设有绑扎设备和防滑钢板。这种集装箱有装单层的和双层的两种。
	服装集装箱（Garment Container or Hanging Garment Container）	也叫挂衣箱，其结构特点是：在箱内上侧梁上装有许多根横杆，每根横杆上垂下若干条皮带扣、尼龙带扣或绳索，成衣利用衣架上的钩直接挂在带扣或绳索上。
主体材料	钢制集装箱	框架和箱壁板都用钢材制成。其优点是强度大，结构牢固、焊接性好、易修理、水密性好、能反复使用、价格低廉；缺点是抗腐蚀能力差，自重大，相应地降低了装货能力。
	铝制集装箱	一种是钢架铝板，另一种为框架两端用钢材，其余用铝材。其主要优点是自重轻，从而提高了集装箱的装载能力，不生锈，具有较强的防腐能力，弹性好、不易变形；缺点是造价相当高，焊接性也不如钢制集装箱，因而受碰撞时易损坏。
	不锈钢集装箱	这种集装箱多见于罐式集装箱。其主要优点是不生锈、强度高、耐腐蚀性好；缺点是价格高、投资大。
	玻璃钢制集装箱	在钢制框架上装上玻璃钢复合板制成。其主要优点是隔热性、防腐蚀性和耐化学性都较好，强度大、刚性好、能承受较大应力，易于清洗、修理简便、维修费较低，箱子内容积较大；缺点是自重大、造价高。

三、集装箱规格与标记

（一）集装箱规格

目前为了便于计算集装箱数量，以 20 英尺的集装箱作为换算标准箱（Twenty-foot Equivalent Unit，TEU），并以此作为集装箱船载箱量、港口集装箱吞吐量、集装箱保有量等计算单位，尺寸和重量如表 6-3 所示。常见集装箱可配货重量和体积如表 6-4 所示。40 英尺（箱型 1AAA）集装箱规格尺寸如图 6-1 所示。

表 6-3 集装箱国际标准（ISO）

规格（英尺）	箱型	长		宽		高		最大总重量	
		公制（m）	英制（ft）	公制（m）	英制（ft）	公制（m）	英制（ft）	kg	lB
40	1AAA	12.192	40′	2.438	8′	2.896	9′6″	30 480	67 200
	1AA	12.192	40′	2.438	8′	2.591	8′6″	30 480	67 200
	1A	12.192	40′	2.438	8′	2.438	8′	30 480	67 200
	1AX	12.192	40′	2.438	8′	<2.438	<8′	30 480	67 200
30	1BBB	9.125	29′11.25″	2.438	8′	2.896	9′6″	25 400	56 000
	1BB	9.125	29′11.25″	2.438	8′	2.591	8′6″	25 400	56 000
	1B	9.125	29′11.25″	2.438	8′	2.438	8′	25 400	56 000
	1BX	9.125	29′11.25″	2.438	8′	<2.438	<8′	25 400	56 000
20	1CC	6.058	20′	2.438	8′	2.591	8′6″	24 000	52 900
	1C	6.058	20′	2.438	8′	2.438	8′	24 000	52 900
	1CX	6.058	20′	2.438	8′	<2.438	<8′	24 000	52 900
10	1D	2.991	9′9.75″	2.438	8′	2.438	8′	10 160	22400
	1DX	2.991	9′9.75″	2.438	8′	<2.438	<8′	10 160	22 400

表 6-4 常见集装箱可配货重量和体积

集装箱规格（英尺）	内容积（米）	配货毛重（吨）	体积（立方米）
20 尺柜	5.69×2.13×2.18	17.5	24～26
40 尺柜	11.8×2.13×2.18	22	54
40 尺高柜	11.8×2.13×2.72	22	68
45 尺高柜	13.58×2.34×2.71	29	86
20 尺开顶柜	5.89×2.32×2.31	20	31.5
40 尺开顶柜	12.01×2.33×2.15	30.4	65
20 尺平底货柜	5.85×2.23×2.15	23	28
40 尺平底货柜	12.05×2.12×1.96	36	50

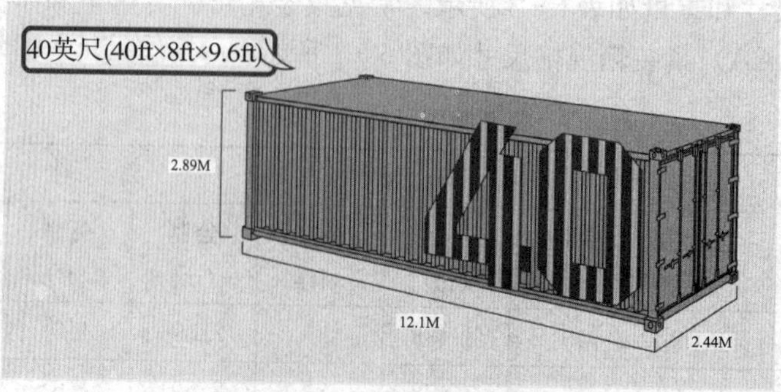

图 6-1　40 英尺（箱型 1AAA）集装箱规格尺寸

（二）集装箱标记

为了便于对集装箱在流通和使用中的识别和管理，便于单据编制和信息传输，国际标准化组织制定了集装箱标记（见图 6-2、图 6-3），可参见《集装箱的代号、识别和标记》（ISO6346-1995）。

图 6-2　集装箱标记（侧面）

图 6-3　集装箱标记（正面）

国际标准化组织规定的标记有必备标记和自选标记两类，每一类标记中又分识别标记和作业标记。具体来说，集装箱上有箱主代号；箱号或顺序号、核对数字；集装箱尺寸及类型代号。

1. 必备标记

（1）识别标记。它包括箱主代号、顺序号和核对数字。

1）箱主代号。国际标准化组织规定，箱主代号由四个大写的拉丁文字母表示，前三位由公司制定，并经国际集装箱局（BIC）注册（注：一个公司可申请几个箱主代号），第四个字母一律用 U（U 为集装箱这种特殊设备的设备识别码）表示。

2）顺序号，又称箱号，由 6 位阿拉伯字母组成。如有效数字不是 6 位时，则在有效数字前用“0”补足 6 位，如“053842”。

3）核对数字。它不由箱主公司制定，而是按规定的计算方法算出，用来检验、核对箱主号、设备识别码与顺序号在数据传输或记录时的正确性与准确性，它与箱主代号、设备识别码和顺序号有直接的关系。它位于箱号后，以一位阿拉伯数字加一方框表示（但在单证上无须加方框，箱号的 11 个字符中最后一个即为核对数字)。

(2) 作业标记。它包括以下三方面内容：

1) 额定重量和自定重量标记。额定重量即集装箱空箱重量与箱内装载货物的最大容许重量之和，自重即集装箱的空箱质量（或空箱重量），国际标准化组织规定应以千克(kg) 和磅 (lb) 同时表示。

2) 空陆水联运集装箱标记。为适用于空运，该类集装箱自重较轻，强度仅能堆码两层，因而国际标准化组织对该集装箱规定了特殊的标志，该标记为黑色，位于侧壁和端壁的左上角，并规定标记的最小尺寸为：高 127mm，长 355mm，字母标记的字体高度至少为 76mm。

3) 登箱顶触电警告标记。该标记为黄色底各色三角形，一般设在罐式集装箱和位于登箱顶的扶梯处，以警告登顶者有触电危险。

2. 自选标记

(1) 识别标记。

在国际标准中，识别标记有国家（地区）代码，由 2～3 位拉丁字母表示，说明集装箱的登记国，如中国用 CN，美国用 US。1995 年的新国际标准取消了国家（地区）代码。识别标记主要由“尺寸代号”和“类型代号”。

1) 尺寸代号。以两个字符表示，如表 6-5 所示。

表 6-5 集装箱尺寸代号含义

字符顺序	表示含义	具体解释
第一个字符	箱长	10 英尺集装箱代号“1”；20 英尺集装箱代号“2”； 30 英尺集装箱代号“3”；40 英尺集装箱代号“4”； 5～9 为“未定号”；英文字母 A～P 为特殊箱长的集装箱代号。
第二个字符	箱宽与箱高	8 英尺高代号“0”；8 英尺 6 英寸高代号“2”；9 英尺高代号“4”；9 英尺 6 英寸高代号“5”；高于 9 英尺 6 英寸代号“6”；半高箱（箱高 4 英尺 3 英寸）代号“8”；英文字母表示箱宽不是 8 英尺的特殊宽度集装箱。

2) 类型代号（箱型代码）。类型代码反映集装箱按用途属于哪种类型，原来用 2 个阿拉伯数字表示类型代号，1995 年改为 2 个字符。第一个字符为拉丁字母，表示集装箱类型；第二个字符为阿拉伯数字，表示某类型集装箱特征。

如识别标记“45R1”前 2 个数字“45”为尺寸代号，其中第 1 个数字表示集装箱的长度，第 2 个数字表示集装箱的高度和有无鹅颈槽，单数为有，双数为无；后 2 个数字“R1”为类型代号。

(2) 作业标记。包括超高标记、国际铁路联盟标记等。

1) 超高标记。凡箱高超过 2.6m (8.5ft) 的集装箱，均应有超高标记，通常在超高箱的两侧和两端都设有这类标记，框内底色为黄色。

2) 国际铁路联盟标记。凡符合《国际铁路联盟 UIC 目录》规定技术条件的集装箱可获得此标记。标记方框上部的“ic”表示国际铁路联盟，标记方框下部的数字表示各铁路公司代号（中华人民共和国铁路总公司的代号是33）。

3. 通行标记

集装箱在运输过程中顺利地通过或进入它国过境，箱上必须贴有按规定要求的各种通行标志，否则，必须办理烦琐的证明手续，延长了集装箱的周转时间。

集装箱上主要的通行标记有：安全合格牌照、集装箱批准牌照、防虫处理板、检验合格徽及国际铁路联盟标记等。

上述标记要具有耐久性，其颜色应与集装箱门颜色有明显的不同。

四、集装箱运输关系方

随着集装箱运输的逐步发展、成熟、与之相适应的，有别于传统的运输方式的管理方法和工作机构也相应地发展起来、形成一套与集装箱运输特点相适应的运输系统。

集装箱运输的主要关系方有无船承运人、集装箱实际承运人、集装箱租赁公司、集装箱堆场和集装箱货运站等。

（1）无船经营人（Non-Vessel Operating Common Carrier，NVOCC）。他们专门经营集装箱货运的揽货、装拆箱、内陆运输及经营中转站或内陆站业务，可以具备实际运输工具，也可以不具备。对真正的货主来讲，他是承运人，而对实际承运人来说，他又是托运人，通常无船承运人应受所在国法律制约，在政府有关部门登记。

（2）实际承运人（Actual Carrier）。他是掌握运输工具并参与集装箱运输的承运人，通常拥有大量集装箱，以利于集装箱的周转、调拨、管理以及集装箱与车、船、飞机的衔接。

（3）集装箱租赁公司（Container Leasing Company）。集装箱价格昂贵，货主不可能为运输货物而自行购置集装箱；实际承运人公司一般拥有部分集装箱，但通常预置的箱量必须达到运输工具载箱量的三倍，才能足以应付周转需要，实际承运人难以投入巨资购置数量如此庞大的箱量。同时，集装箱的箱务管理复杂，包括集装箱在运营过程中的回空、堆放、保管、维修、更新等问题，需要非常专业的管理，这也使实际承运人公司不堪负担。于是，就出现了专门填补这一空白的专业公司——集装箱租赁公司。这类公司专门经营集装箱的出租业务，同时进行箱务管理，经营堆箱场，满足货主和船公司对集装箱空箱的租赁需要。

（4）集装箱堆场（Container Yard，CY）又称场站，主要业务工作是办理集装箱的装卸、转运、装箱、拆箱、收发、交接、保管、堆存、搬运、以及承揽货源等。此外，还有集装箱的修理、冲洗、熏蒸和有关衡量等工作。它是集装箱运输关系方的重要组成，在集装箱运输中起到重要作用。

（5）集装箱货运站（Container Freight Station，CFS）又叫拼装货站或中转站。主要为拼箱货服务，它办理拼箱货的交接，配载积载后，将箱子送往集装箱堆场，并接受集中箱堆场交来的进口货箱，进行拆箱、理货、保管、最后拨给各收货人。同时它也可按承运人的委托进行铅封和签发场站收据等业务。大多CFS设在港口内或港区附近，少数设于内陆，称为内陆货站（Inland Depot）。

除上述五个关系方外，还有船代公司（Ocean Shipping Agency Co），货代公司（Freight Forwarder），外轮理货公司（Tallying Co），全程联运保赔协会（P&I），一关三检，公路铁路承运人等。

任务实施

步骤一：了解集装箱特点

Steve 在海迩货运公司做实习生，发现不少客户都是使用集装箱运输货物。他了解到国际标准化组织 104 技术委员会对集装箱有具体规定和要求，只有符合条件的集装箱才是国际标准集装箱。

步骤二：熟悉集装箱种类

Steve 与陈师傅一起到堆场提箱，发现各种颜色、各种规格的集装箱琳琅满目，陈师傅在现场简单向他做了集装箱种类的介绍。

步骤三：掌握集装箱规格与标记

Steve 通过陈师傅的介绍得知为方便对集装箱在流通和使用中的识别和管理，国际标准化组织规定集装箱箱体上有箱主代号，箱号或顺序号、核对数字，集装箱尺寸及类型代号。

步骤四：熟悉集装箱运输关系方

由于新集装箱价格在万元以上，货主不可能因集装箱运输货物，而自己去购买集装箱，大多都是租用集装箱。若客户的货物不满一个集装箱，货主的代理人往往需要先将客户货物运到集装箱货运站进行集拼，再装到运输工具上。集装箱运输涉及的关系方较其他运输方式更复杂。

任务评价（见表 6-6）

表 6-6　　任务评价表

被考评人			考评任务	认识集装箱	
评价标准	具体内容	分值	自我评价（30%）	小组评价（40%）	教师评价（30%）
	了解集装箱特点	10			
	熟悉集装箱种类	25			
	掌握集装箱规格与标记	40			
	熟悉集装箱运输关系方	25			
合计		100			

任务二　集装箱货物运输组织

任务描述

Steve 与陈师傅到达堆场后排队准备提箱。这时陈师傅问他："Steve，你知道提箱装货需要填写什么单据吗?”

任务分析

集装箱运输具有安全、迅速、简便、价廉的特点，有利于减少运输环节，可以通过各种运输方式进行多式联运，实现“门到门”运输。因此，集装箱运输业务错综复杂的组织与单证管理就显得尤为重要。

知识储备

由于集装箱是一种现代化运输方式，它与传统的货物运输有很多不同，做法也不一样，目前国际上对集装箱运输尚没有一个行之有效并被普遍接受的统一做法，但在处理集装箱具体业务中，各国大体上做法近似。

一、集装箱货物组织

(一) 适箱货源

根据集装箱运输的特点，并不是所有的货物都适合集装箱运输。按国际贸易分类的货物品目来划分，可把运输中所有货物归纳为 56 种。其中最适合集装箱化的货物有 32 种，占总数的 57%；适合集装箱化的货物有 6 种，占总数的 11%；其余的为不适合或边缘集装箱化的货物。

通过集装箱运输的主要是所谓的“最适合装箱货”和“适合装箱货”，具体商品有各种酒类、香烟及烟草、药品、塑料及其制品、纺织品、小型电器、光学电器、光学仪器、各种家用电器、果蔬及肉类、花卉、乳酪、纸浆、罐装植物油、电线、电缆、金属制品、皮革、黑色颜料、煤焦油等。

(二) 货源组织

集装箱货源从运输组织上分为整箱货和拼箱货两类。

1. 整箱货

整箱货（Full Container Load，FCL）是指货方自行将货物装满整箱以后，以箱为单位托运的集装箱。这种情况在货主有足够货源装载一个或数个整箱时通常采用，除有些量大的货主自己置备有集装箱外，一般都是向承运人或集装箱租赁公司租用一定数量的集装箱。空箱运到工厂或仓库后，在海关人员的监管下，货主把货装入箱内、加锁、铅封后交承运人并取得站场收据，最后凭收据换取提单或运单。

整箱货的拆箱一般由收货人办理，也可以委托承运人在货运站拆箱，但承运人不负责箱内的货损、货差，除非货方举证确属承运人责任事故的损害，承运人才负责赔偿。承运人对整箱货以箱为交接单位，只要集装箱外表与收箱时相似和铅封完整，承运人就完成了承运责任。整箱货运提单上，要加上“委托人装箱、计数并加铅封”的条款。

2. 拼箱货

拼箱货（Less than（one）Container Load，LCL）的分类、整理、集中、装箱（拆箱）、交货等工作均在承运人码头集装箱货运站或内陆集装箱转运站进行。承运人（或代理人）接受货主托运的数量不足整箱的小票货运后，根据货类性质和目的地进行分类整理，把去同一目的地性质相同的货物拼装进同一个集装箱进行运输。由于一个箱内有不同货主的货拼装在一起，所以叫拼箱。

拼箱可分为直拼或转拼，直拼是指拼箱集装箱内的货物在同一个目的地装卸，在货物到达目的地前不拆箱，即货物为同一卸货地。此类拼箱服务运期短，方便快捷，一般有实力的拼箱公司会提供此类服务。转拼是指集装箱内不是同一目的地货物，需要在中途拆箱卸货或转船。此类货物因目的地不一，等待运输时间较长等因素，故运输期较长，甚至运费偏高。

（三）集装箱货物的装箱

1. 集装箱的选择

在进行集装箱货物装箱前，应根据货物种类、包装、性质和其他运输要求，选择合适的集装箱。通常在选用集装箱时，需要考虑以下因素：

（1）集装箱载重量、内容积是否充分满足运输货物。

（2）货物所要求的运输条件是否符合。

（3）经济上是否合理。

2. 集装箱的检查

集装箱在装载货物之前，必须经过严格检查，通常应做到以下几个方面，如表6-7所示。

表6-7　集装箱的检查内容

检查部位	检查内容
集装箱的外部检查	看其外表有无损伤，有无弯曲、凹痕、擦伤等痕迹，如不符合要求，应予以修理甚至更换。
集装箱的内部检查	集装箱关闭后，检查其内部查看有无漏光现象，以确认是否存在破孔。还应注意检查集装箱的内表面有无凸出物，以免对货物造成损害。
箱门与附件的检查	检查其门锁装置是否处于正常状态，箱门周围的风雨密封是否完整，箱门是否开启自如，固定货物用的环、眼是否处于正常状态。
集装箱内清洁检查	检查箱体内有无污染、不洁残留物、异味、锈蚀及水湿等。如不符合要求，应予以清扫甚至更换。

3. 集装箱货物的装箱要求

适箱货物多种多样，装载要求也各有不同，但一般应满足下述基本要求：

（1）重量的合理分配。

根据货物的体积、重量、外包装的强度以及货物的性质进行分类，把外包装坚固和重量较重的货物装在下面，外包装较为脆弱、重量较轻的货物装在上面，装载时要使货物的重量在箱底上形成均匀分布。否则，有可能造成箱底脱落或底梁弯曲。若集装箱的重心发生偏移，当用伸爪具起吊时，有可能使集装箱产生倾斜。

（2）货物的必要衬垫。

装载货物时，要根据包装的强度来决定对其进行必要的衬垫。对于外包装脆弱的货物、易碎货物应夹衬缓冲材料，防止货物相互碰撞挤压。为填补货物之间和货物与集装箱侧壁之间的空隙，有必要在货物之间插入垫板、覆盖物之类的隔货材料。

要注意对货物下端进行必要的衬垫，使重量均匀分布。对出口集装箱货物，若其衬垫材料属于植物检疫对象的，箱底应改用非植检对象材料。

（3）货物的合理固定。

货物在装箱后，一般都会产生空隙。由于空隙的存在，必须对箱内货物进行固定处理，以防止在运输途中，尤其是海上运输中由于摇摆船体而造成的货物坍塌与破损。货物的固定方法主要有以下几种：

1）在装箱的时候，用方形木条等支撑物对货物进行支撑。

2）如果货物或者集装箱侧壁之间存在缝隙，可以使用一些方木进行水平方向的加固，另外，还可以插入填塞物、缓冲垫等物品，防止货物在运输过程中发生位移。

3）对货物使用绳索、带子等索具或者用具进行捆绑和加固，保证货物不会因货车移动导致损坏。

由于集装箱的侧壁、端壁、门板处的强度较弱，因此，在集装箱内对货物进行固定作业时要注意支撑和塞紧的方法，不要直接撑在这些地方，应设法使支柱撑在集装箱的主要构件上。此外，也可将衬垫材料、扁平木材等制成栅栏来固定货物。

此外，绑扎固定对于缓冲运输中产生的冲击和振动也具有明显效果。随着新型缓冲衬垫材料的不断出现，货物的固定与衬垫方式方法也将发生明显变化。

（4）货物的合理混装。

想要保证集装箱货物在运输过程中的安全，一方面要做好加固工作，另一方面在货物的安排上也必须特别留意。应避免一些可能会导致货物变质或者受影响的混装。具体情况主要如下：

1）干货在运输过程中不能够与湿货进行混装，主要是为了避免货物的受潮和发霉。另外在实际工作中，如果货物对干燥度的要求很高，还需要加入适当的干燥剂或者采用其他的干燥方法。

2）正常的货物尽量不要和带有强臭味或者其他刺激性气味的货物进行混装，防止因为串味影响了产品的质量。

3）任何货物都尽量不要与粉末状的货物进行混装，粉末状的货物在运输过程中不够稳定，非常容易发生爆炸，分开装可以有效减少这类问题的发生的可能性。

4）危险货物之间绝对不能进行混装，主要是因为各类危险货物的性能都有所差别，而且它们的各项抢救措施也有所不同，如果进行混装，很多可能引发二次危险。

5）包装不同的货物之间不能够进行混装，一定要进行分别装载，以方便平时的运输。

(四) 集装箱货物的交接方式

集装箱运输实务操作中，货物的运输方式与交接地点往往由于货主的要求而多样化，因此相应产生了多种集装箱货物交接方式，如表 6－8 所示。

表 6－8　　集装箱货物的交接方式

交接方式	起运地陆运负责人	到达地陆运负责人	承运人接货时货物的形态	承运人交货时货物的形态	发货人数	收货人数
Door-Door	承运人	承运人	FCL	FCL	1个	1个
Door-CY	承运人	收货人	FCL	FCL	1个	1个
Door-CFS	承运人	收货人	FCL	LCL	1个	多个
CY-Door	发货人	承运人	FCL	FCL	1个	1个
CY-CY	发货人	收货人	FCL	FCL	1个	1个
CY-CFS	发货人	收货人	FCL	LCL	1个	多个
CFS-Door	发货人	承运人	LCL	FCL	多个	1个
CFS-CY	发货人	收货人	LCL	FCL	多个	1个
CFS-CFS	发货人	收货人	LCL	LCL	多个	多个

注：以上 9 种交接方式中，以 CY-CY，Door-Door，CFS-CFS 为最常见。

二、集装箱货运组织基本程序

(一) 集装箱海运基本程序

海运集装箱货物运输大多属于班轮运输，与传统的班轮运输的货物出口程序大体相同，所不同的是增加了集装箱这一环节，出现了发放和接受空箱和重箱、集装箱的装箱作业等环节，改变了集装箱货物的交接方式，制定和采用了适应集装箱作业和交接的单证。集装箱海运基本程序如图 6－4 所示。

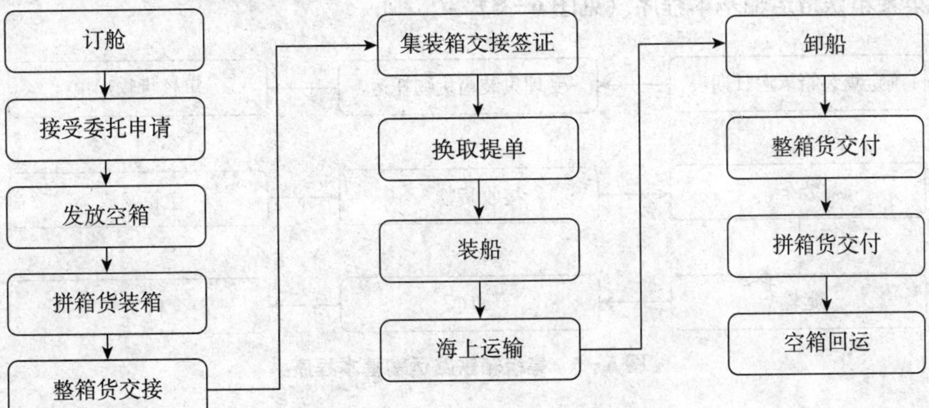

图 6－4　集装箱海运基本程序

（1）订舱。发货人或货物托运人根据贸易合同或信用证有关条款的规定，在货物托运前一定的时间，填制订舱单向船公司或其代理人，或其他运输经营人申请订舱。

（2）接委托申请。船公司或其代理人，或其他运输经营人在决定是否接受发货人的托运申请时，首先应考虑其航线、港口、船舶、运输条件等能否满足发货人的要求。在接收托运申请后，应着手编制订舱清单，然后分送集装箱码头堆场、集装箱货运站，据以安排空箱及办理货运交接。

（3）发放空箱。集装箱货运的空箱通常由发货人到集装箱码头堆场领取，拼箱货运的空箱则由集装箱货运站负责领取。

（4）拼箱货装箱。发货人将不足一整箱的货物交集装箱货运站，由货运站根据订舱清单的资料，核对场站收据装箱。

（5）整箱货交接。由发货人自行负责装箱并加海关封志的整箱货运至集装箱码头堆场，码头堆场根据订舱清单，核对场站收据及装箱单验收货物。

（6）集装箱的交接签证。集装箱码头堆场在验收货物和集装箱后，即在场站收据上签字，并将签署的场站收据交还给发货人，据此换取提单。

（7）换取提单。发货人凭经签署的场站收据，向负责集装箱运输的人或其代理换取提单，然后去银行结汇。

（8）装船。集装箱码头根据待装的货箱情况，制订出装船计划，待船舶靠泊后即行装船。

（9）海上运输。海上承运人对装船的集装箱负有安全运输、保管、照料之责任，并依据集装箱提单条款划分与货主之间的责任、权利、义务。

（10）卸船。集装箱码头根据装船港承运人代理寄来的有关货运单证制订出卸船计划，待船舶靠泊后即卸船。

（11）整箱货交付。如内陆运输由收货人自己负责安排，集装箱码头堆场根据收货人出具的提货单将货箱交收货人。

（12）拼箱货交付。出口货物集装箱运输流程集装箱货运站在掏箱后，根据收货人出具的提货单将货物交收货人。

（13）空箱回运。收货人和集装箱货运站在掏箱完毕后，应及时将空箱回运至集装箱码头堆场。

（二）集装箱铁路运输基本程序（见图 6-5）

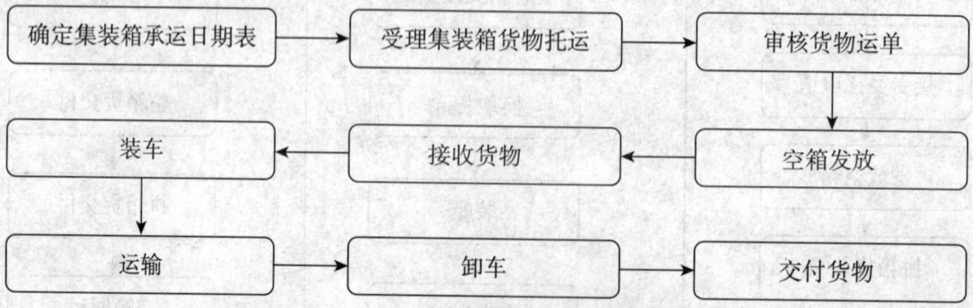

图 6-5　集装箱铁路运输基本程序

1. 确定集装箱承运日期表

确定集装箱承运日期表是集装箱货物按计划组织运输的重要手段，其作用在于使发货人明确装往某一方向或到站的装箱日期，有计划地安排货物装箱，以及准备短途搬运工具等。通过承运日期表使铁路内外紧密配合，共同做好集装箱货物的计划运输。

2. 受理集装箱货物托运

目前，大多数车站都采用由货运室集中受理的形式，即在接受发货人的托运后，由货运室审批运单。受理形式大致又分集装箱单独受理和集装箱、零担统一受理。受理方法包括随时受理、驻地受理和电话受理。

3. 审核货物运单

受理货运员接到运单后，按有关规定逐项详细审核下列内容：

（1）托运的货物能否装载集装箱。

（2）所到站能否受理该吨位种类、规格的集装箱。

（3）应注明的事项是否准确、完整。

（4）有关货物重量、件数、尺码等是否按规定填写。

4. 空箱发放

车站在发放空箱时，应认真检查箱子外表状况是否会影响货物的安全运输而产生不应有的责任，在发放空箱时应做到：

（1）发送货运员在接到运单后，应核实批准进箱日期，审核运单与标签填写是否相符，并根据货物数量核对需要发放的空箱数，有不符时应与受理货运员核实。

（2）对实行“门到门”运输的货物，应开具《集装箱门到门运输作业单》交发货人，填写集装箱“门到门”运输登记簿，依据空箱存放地点指定箱号并记入货运单。

（3）会同发货人共同检查空箱箱体状态，发货人在《集装箱门到门运输作业单》签字后，领取空箱。值得注意的是，如发货人认为应领取的空箱不能保障货物安全运送时，发送货运员应予以更换。如无空箱更换时，发货人有权拒绝使用；如使用后发生货损行为时，应由车站负责，除非空箱存在的缺陷是凭一般手段无法从外表检查发现的。

（4）发送货运员有义务向发货人介绍集装箱的内部尺寸、容积和货物积载方法，这样不仅能充分利用箱容、载重量，而且能使货物稳固安全，防止倒塌。集装箱内单件货物的重量超过100kg时，应在货运单“托运人记载事项”栏内标明。

（5）货物装箱后，由发货人关闭箱门，并在规定位置拴挂标签和进行加封，拴挂前应拆除集装箱上残留的旧货签。

5. 接收货物

发送货运员在接收集装箱货物时，必须对由发货人装载的集装箱货物进行检查，符合运输要求的才能接受承运。接收集装箱货物后，车站在货物运单上加盖站名、日期戳，表明自此时货物已承运。

6. 装车

装车货运员在接到配装计划后，根据先后到站确定装车顺序，并做到：

（1）装车前，对车体、车门、车窗进行检查，是否过了检查期，有无运行限制，是否清洁等。

（2）装车时，装车货运员要做好监装，检查待装的集装箱和货运票据是否相符、齐全、准确，并对箱体、铅封状态进行检查。

（3）装车后，要检查集装箱的装载情况，是否满足安全运送的要求，如使用棚车装载时还要加封。装车完毕后，要填写货车装载清单、货运票据，除一般内容的填写外，还应在装载清单上注明箱号，在货运票据上填写箱数总和，即包括货重和箱体自重。

7. 运输

集装箱装车完毕后，列车按运行时间计划表向下一目的站正常行驶。

8. 卸车

集装箱货物到达抵站后，即开始卸车，卸车时应做到：

（1）做好卸车前的准备工作，首先要核对货运票据、装载货单等与货票是否相一致。然后确定卸车地点，并确定卸箱货位。卸车前，还应做好货运检查，检查集装箱外表状况和铅封是否完整。

（2）开始卸车，做好监卸和卸货报告。如在卸车过程中发生货物破损，应进行记录，以便划分责任。

（3）做好复查登记，要以货票对照标签、箱号、封号，在运单上注明箱子停放的货位号码，根据货票填写集装箱到达登记簿和卸货卡片。

9. 交付货物

交货时，交箱货运员在接到转来的卸货卡片和有关单据后，认真做好与车号、封号、标签的核对工作，核对无误后通知装卸工组交货，并当面点交收货人。收货人在收到货物后应在有关单据上加盖“交付讫”的戳记。

对“门到门”运输的集装箱货物，应填写门到门运输作业单，并由收货人签收。对由收货人返回的空箱，应检查箱体状况，在门到门运输作业单上盖章。

上述铁路集装箱货运程序所说的集装箱均指铁路专用箱。

（三）集装箱公路运输基本程序

集装箱公路运输分为集装箱公路出口作业和进口作业两类，如表 6-9 所示。

表 6-9　集装箱公路运输基本程序

集装箱公路出口作业		集装箱公路进口作业	
步骤	具体操作	步骤	具体操作
货源组织	集装箱卡车公司开展揽货工作，组织货源，掌握船公司和货运代理人近期待装运的箱源，预先做好运力安排。	编制计划	根据船期动态表及船公司或货运代理人提供的进口货物箱数，结合货运公司运力编制运量计划表。

续前表

集装箱公路出口作业		集装箱公路进口作业	
托运申请与受理	集装箱卡车公司在了解待装货物和装货地点的情况下，经核对无误后，符合条件的订立运输契约，安排承运。	托运申请与受理	收货人或其代理人向集装箱卡车公司提出进口集装箱陆上运输申请，集装箱卡车公司在了解箱内货物和卸货地点的情况下，经核对无误后，符合条件的接受托运申请。
编制计划	接受托运后，应及时编制作业计划，同时，应代发货人到有关部门办理超重、超限、跨省运输集装箱的报关、报检程序。	报关与报检	集装箱卡车公司应根据货物具体情况，合理安排运输计划。同时，应代收货人到有关部门办理超重、超限、跨省运输集装箱的报关、报检程序。
发放空箱	提前向码头申请出口作业，集装箱卡车公司凭签发的出厂集装箱设备交接单和托运单到指定地点提取空箱。	提箱	集装箱卡车公司在取得放行单和设备交接单后，应到指定地点提取整箱，并办理出场集装箱设备交接单。
集装箱与重箱交付	经理货公司理货，由装箱人提供装箱单，集装箱卡车公司将重箱连同装箱单、设备交接单运到指定港区交付，办理集装箱设备交接手续。	空箱回运	集装箱送至收货人处拆箱时，须由理货公司派员理货。收货人接收货物后，在交接单上签收，集装箱卡车公司将空箱按指定时间、地点送回，凭设备交接单交接空箱。

（四）集装箱航空运输基本程序（见图6-6）

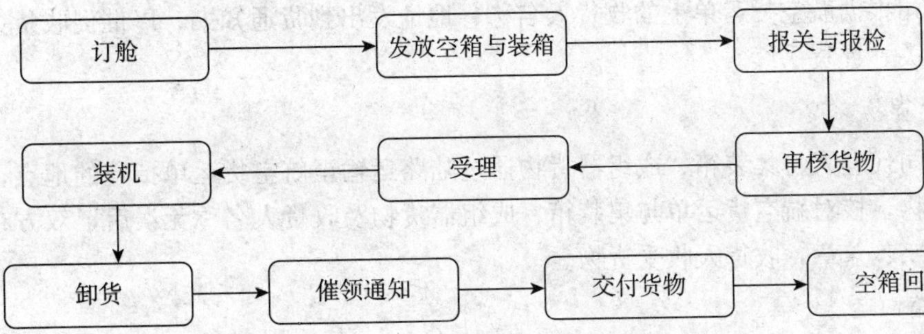

图6-6　集装箱航空运输基本程序

1. 订舱

托运人向航空公司申请航班和装货设备。

2. 发放空箱与装箱

托运人将装货的集装箱空箱提取后运回工厂和仓库，将货物装入集装箱或成组器，并缮制装箱单。根据装箱单填制国际货物托运书，逐项准确填写，并对填写的内容负责。国际货物托运书是托运人托运货物的正式文件，也是航空公司填制货运单的依据。

3. 报关与报检

托运人向口岸或内地监管部门报关报检，经查验符合规定后获得出口货物放行证明。

4. 审核货物

托运人通过内陆运输将集装箱、成组器货物按期限运抵出口口岸空港。航空公司检验托运人提出的国际货物托运书、装箱单、起运地海关的关封和其他有关单证，根据单证检查核对货物，必要时可以开箱或拆组检查，包括衡量货物的质量及大件货物的体积，经核对无误后，航空公司向托运人开具经双方共同签署的航空货运单。

5. 受理

航空公司对受理的货物进行全面的安全检查后，编制整个航班的货物舱单并连同航空货运单一并向海关申请验放。与托运人计算航空运费和其他有关费用，并按规定方式计收和结清运费和其他款项。

6. 装机

装机货运员在接到配装计划后，及时进行组装操作。同时，在装机过程中还要做到装机前、装机中、装机后的“三检查”，确保待装的箱子和货运票据相符、齐全、准确，箱体、铅封状态符合技术要求，货车装载清单、货运票据按规定填写完毕。

7. 卸货

航空公司将货物从起运地机场运至目的地机场，用专用装卸、搬运机械将集装箱、成组器货物从飞机货舱内卸下，搬运至机场货运站内指定的位置，经核对无误后，将集装箱、成组器货物存放在货运站临时库区。

8. 催领通知

航空公司根据航空货运单上的收货人名称、地址发出到货通知书，以催促收货人尽快办理货物报关、提货手续。

9. 交付货物

航空公司代理人将集装箱、成组器货物通过陆路运输至航空货运单指定的地点，与收货人清点货物，核对航空货运单与集装箱、成组器货物及收货人名称无误后，双方在航空货运单上签字、盖章，收货人收受货物。

10. 空箱回运

航空公司代理人将拆箱、拆组后的集装箱等设备回运至指定的存放地点，并办理集装箱等设备的交接手续。

三、集装箱运输主要单证

我国各口岸的集装箱货物运输主要单证基本可以统一。它们与传统的货运单证相比，既有相同之处，也有一定差异。在集装箱货物进出口业务中，除采用与传统的散杂货运输中相同的商务单证外，根据集装箱运输的特点，还采用了集装箱发放通知单、集装箱设备交接单、集装箱装箱单、场站收据、提货通知书、到货通知书、交货记录、卸货报告和待提集装箱报告等。

(一) 集装箱发放通知单

集装箱发放通知单（Container Release Order）又称为空箱提交单，俗称提箱单，是实际承运人公司或其代理人指示集装箱堆场将空集装箱及其他设备提交给本单持有人的书面凭证。

在集装箱运输中，发货人如使用实际承运人公司的集装箱，为了要把预定的货物装载箱内，就要向集装箱堆场或空箱储存场租借空箱，通常是由实际承运人公司提供空集装箱，借给发货人或集装箱货运站。在这种情况下，实际承运人公司或其代理人要对集装箱堆场或空箱储存场发出交箱指示，但是由于空集装箱是一个价值较高的设备，因此不能只靠简单的口头指示，还要向发货人或其代理人提交空箱提交单，集装箱堆场或空箱储存场只对持有本单证的人提交空集装箱，以确保交接安全。集装箱的空箱提交单一式三份，发货人或其代理人凭订舱委托书接受订舱委托后，由实际承运人公司或其代理人签发，除自备一联备查外，发货人或其代理人和存箱的集装箱堆场或空箱储存场各执一联。

(二) 集装箱设备交接单

集装箱设备交接单（Equipment Interchange Receipt，E/R），简称设备交接单，是进出港区、场站时，用箱人、运箱人和管箱人或其代理人之间交接集装箱和特殊集装箱及其设备的凭证；是拥有和管理集装箱的船公司或其代理人与利用集装箱运输的承运人签订有关设备交接基本条件的协议。

集装箱设备交接单分进场（港）和出场（港）两种，各有三联，分别为管箱单位（实际承运人公司或其代理人）留底联、码头、堆场联和用箱人、运箱人联。集装箱设备交接手续均在码头堆场大门口办理。出码头堆场时，码头堆场工作人员与用箱人、运箱人就设备交接单上的以下主要内容共同进行审核：用箱人名称和地址，出堆场时间与目的，集装箱箱号、规格、封志号以及是空箱还是重箱，有关机械设备的情况正常还是异常等。

进码头堆场时，码头堆场的工作人员与用箱人、运箱人就设备交接单上的下列内容共同进行审核：集装箱、机械设备归还日期、具体时间及归还时的外表状况，集装箱、机械设备归还人的名称与地址，进堆场的目的，整箱货交箱货主的名称和地址，拟装船的船次、航线、卸箱港等。

出口集装箱设备交接单的IN联是指重箱进港区，交港区留底，OUT联是指空箱出堆场，交堆场留底。进口集装箱设备交接单的IN联是指空箱进堆场，由堆场留底，OUT联是指重箱出港区，由港区留底。

集装箱交接地点应详细认真进行检查和录入，并将进出场集装箱的情况及时反馈给集装箱代理人，积极配合集装箱代理人的工作，使集装箱代理人能够及时、准确地掌握集装箱的利用情况，及时安排集装箱的调运、修理，追缴集装箱延期使用费，追缴集装箱的损坏、灭失费用等工作。

设备交接单的流转过程：

(1) 由管箱单位填写设备交接单交用箱人/运箱人。

(2) 由运箱人/用箱人到码头、堆场提箱或还箱时出示设备交接单，由经办人员对照设备交接单，检查集装箱的表面状况后，双方签字，码头、堆场留下管箱单位联和码头、堆场联，将用箱人、运箱人联退还给用箱人/运箱人。

(3) 码头、堆场将留下的管箱单位联退还给实际承运人公司或代理人。

经交接双方签字的设备交接单是划分交接双方责任和核算有关费用的依据，同时也是对集装箱进行跟踪管理的必要单证。因此其内容填写要如实、明确，任何人不得擅自更改。

(三) 集装箱装箱单

集装箱装箱单（Container Load Plan）详细记载每一个集装箱内所装货物名称、数量、尺码、重量、标志和箱内货物积载情况的单证，对于特殊货物还应加注特定要求，比如对冷藏货物要注明对箱内温度的要求等。它是集装箱运输的辅助货物舱单，其用途很广，主要用途有以下几方面：

(1) 发货人向承运人提供集装箱内所装货物的明细清单。

(2) 装箱地向海关申报货物出口的单据，也是集装箱运输工具进出口报关时向海关提交的载货清单的补充资料。

(3) 作为发货人，集装箱货运站与集装箱码头之间的货物交接单。

(4) 集装箱装、卸两港编制装、卸船计划的依据。

(5) 集装箱船舶计算船舶吃水和稳性的基本数据来源。

(6) 在卸箱地作为办理集装箱保税运输手续和拆箱作业的重要单证。

(7) 当发生货损时，是处理索赔事故的原始依据之一。

集装箱装箱单每一个集装箱一份，一式五联。其中，码头、船代、承运人各一联，发货人、装箱人两联。集装箱货运站装箱时由装箱的货运站缮制；由发货人装箱时，由发货人或其代理人的装箱货运站缮制。

发货人或货运站将货物装箱，缮制装箱单一式五联后，连同装箱货物一起送至集装箱堆场。集装箱堆场的业务人员在五联单上签收后，留下码头联、船代联和承运人联，将发货人、装箱人联退还给送交集装箱的发货人或集装箱货运站。发货人或集装箱货运站联除自留一份备查外，将另一份寄交给收货人或卸箱港的集装箱货运站，供拆箱时使用。

对于集装箱堆场留下的三联装箱单，除集装箱堆场自留码头联，据此编制装船计划外，还须将船代联及承运人联分送船舶代理人和船公司，据此缮制积载计划和处理货运事故。

有的国家，如澳大利亚对动植物检疫有严格的特别要求，在装箱单上就须附有申请卫生检疫机关检验申请联。在申请联的申请检验事项中，与货运有关的内容包括货物本身及其包装用料是否使用了木材，如木板、木箱、货板、垫板。如使用了，是否已经经过防虫处理的说明。如果已经经过处理，则就货物本身应由发货人将发票、海运单证和熏蒸证书一并寄交收货人；就集装箱而言，则应由船公司或其代理人连同集装箱适航证书一并寄交卸货港的船公司的代理人。该项申请联由发货人和船公司或他们的代理人分别签署。总之，集装箱装箱单的内容记载得准确与否，与集装箱货物运输的安全有着非常密切的关系。

(四) 场站收据

场站收据（Dock Receipt，D/R）又称港站收据或码头收据，是集装箱运输专用出口货运单证，场站收据是一份综合性单证，它把货物托运单（订舱单）、装货单（关单）、大副收据、理货单、配舱回单、运费通知等单证汇成一份，这对于提高集装箱货物托运效率和流转速度有很大意义，托运人或其代理人可凭场站收据向船代换取已装船或待装船提单。

在集装箱货物出口托运过程中，场站收据要在多个机构和部门之间流转。现以场站收据（一式十联，各联用途见表6-10）为例说明场站收据的流转程序。

表6-10 出口十联单组成明细

第一联	集装箱货物托运单（货主留底）(B/N)	第六联	大副联（场站收据副本）
第二联	集装箱货物托运单（船代留底）	第七联	场站收据
第三联	运费通知（1）	第八联	货运代理留底
第四联	运费通知（2）	第九联	配舱回单（1）
第五联	场站收据（装货单）(S/O)	第十联	配舱回单（2）
第五联副本	缴纳出口货物港务费申请书		

(1) 托运人填制集装箱货物托运单即场站收据一式十联，委托货运代理人代办托运手续。

(2) 货运代理人接单后审核托运单，若能接受委托，将货主留底联（第一联）退还托运人备查。

(3) 货运代理人持剩余的九联单到船公司或船公司的代理人处办理托运订舱手续。

(4) 船公司或其代理人接单后审核托运单，同意接收托运，在第五联即装货单上盖签单章，确认订舱承运货物，并加填船名、航次和提单号，留下第二至第四联共三联后，将余下的第五至第十共六联退还给货运代理人。

(5) 货运代理人留存第八联货代留底，缮制货物流向单供今后查询；将第九、十联退托运人作配舱回执。

(6) 货运代理人根据船公司或其代理人退回的各联缮制提单和其他货运单证。

(7)（报关）货运代理人持第五至第七共三联：装货单、大副联和场站收据正本，随同出口货物报关单和其他有关货物出口单证至海关办理货物出口报关手续。

(8) 海关审核有关报关单证后，同意出口，在装货单上加盖放行章，并将各联退还货运代理人。

(9) 货运代理人将此三联送交集装箱堆场或集装箱货运站，据此验收集装箱或货物。

(10) 若集装箱在港口堆场装箱，集装箱装箱后，集装箱堆场留下装货单；若集装箱在货运站装箱，集装箱入港后，港口集装箱堆场留下装货单和大副联，并签发场站收据给托运人或货运代理人。

（11）集装箱装船后，港口场站留下装货单用作结算费用及以后查询，大副联交理货部门送大副留存。

（12）发货人或其货运代理人持场站签收的正本场站收据到船公司或其代理人处，办理换取提单手续，船公司或其代理人收回场站收据，签发提单。在集装箱装船前可换取船舶代理签发的待装提单，或在装船后换取船公司或船舶代理签发的装船提单。

知识拓展

场站收据七联单

目前，有的口岸像大连口岸使用了七联单：第一联，集装箱货物托运单，船代留底；第二联，装货单，场站收据副本；第三联，大副联，场站收据副本；第四联，场站收据正本；第五联，装箱理货留底；第六联，货代留底，第七联，配舱回单。

场站收据类似传统的大副收据，但又有不同之处。类似之处，两者都表明承运人已收到发货人或其代理人交来指定的货物，即从签发时起就意味着风险已由发货人转给承运人。在集装箱货物运输中，信用证上若未强调提供已装船提单，则场站收据与大副收据一样都是发货人或其代理人向船公司或船代理换取提单的凭证。它们之间的不同之处是，集装箱货物运输承运人或其代理人委托场站签发场站收据，意味着承运人的责任风险由传统运输“过船舷”延伸到“场站”。

（五）特殊货物清单

在集装箱内装运危险货物、动物货物、植物货物及冷冻（藏）货物等特殊货物时，托运人在托运时，必须根据有关规章，事先向船公司或其代理人提交相关的危险货物清单、动物货物、植物货物及冷冻（藏）货物集装箱清单。

1. 危险品清单

危险货物的托运人在装运危险货物时，必须根据有关危险货物运输和保管的规章，如《国际海运危险货物规则》，事先向船公司或其代理人提交危险品清单。

危险品清单（Dangerous Cargo List）一般须记载以下主要内容：船名、航次、船籍、装货港、卸货港、提单号、货名、国际危规类别、标志、页号、联合国编号、件数及包装、货重、集装箱号、铅封号、运输方式和装船位置等。

为了安排危险货物在集装箱堆场的堆存位置和装船的需要，托运人在将危险货物移入集装箱堆场和货运站时，都须提交危险品清单，由堆场经营人汇总交船方。此外，所有危险货物都必须粘贴规定的危险品标志，内装危险货物的集装箱也必须有规定的危险品标志。

2. 冷藏集装箱清单

冷藏集装箱清单（List of Reefer Container）是装载冷冻货物或冷藏货物的冷藏集装

箱的汇总清单。冷藏集装箱清单由货运代理人或装箱人缮制。它记载的内容主要包括：船名、航次、船籍、装货港、开航日期、卸货港、集装箱号码、铅封号、规格、提单号、货物名称、货物重量、箱重、总重、要求温度等。

托运人在托运冷冻货物或冷藏货物时，都要求承运人和集装箱堆场在运输和保管过程中，将冷藏箱的箱内温度保持在一定范围内。为了要尽到这种义务，承运人或集装箱堆场要求托运人或其代理人提供冷藏集装箱清单，而承运人或其代理人对于这些货物要按箱明确货物名称和指定的温度范围，以引起船舶和卸货港的充分注意。

3. *动物货清单*（Zoological Cargo List）*和植物货清单*（Botanical Cargo List）

动物及其尸体、骨、肉、皮、毛和装载这些货物的容器和包装，以及关于植物、种子、新鲜水果和装载这些货物的容器和包装等货物的进口，根据进出境动植物检疫法，需要由动植物检疫机构检查和批准方可进出口。

这些检查和进出口是由收、发货人或其代理人来申请办理的，但船公司或其代理人必须在船舶卸货以前，按接受检疫的货物和集装箱，分别编制动物货清单、植物货清单提交给检疫机构。若不单独编制这种清单，也可用单独的舱单来代替。

（六）提货通知书

提货通知书（Delivery Notice）是船公司在卸货港的代理人向收货人或通知人（往往是收货人的货运代理人）发出的船舶预计到港时间的通知。它是船公司在卸货港的代理人根据掌握的船舶动态和装箱港的代理人寄来的提单副本或其他货运单证、资料编制。

船公司在卸货港的代理人向收货人或通知人发出提货通知书的目的在于要求收货人事先做好提货准备，以便集装箱货物抵港后能尽快疏运出港，避免货物在港口、堆场积压，使集装箱堆场能更充分地发挥其中转、换装作用，使集装箱更快地周转，进而得到更充分的利用。

提货通知书只是船公司或其代理人为使货运程序能顺利进行而发出的单证，对于这个通知发出得是否及时，以及收货人或其代理人是否能收到，作为承运人的船公司并不承担责任，也就是说，承运人并不对此通知承担责任风险。作为进口商的货运代理人，为了保证进口货物代理的服务质量，也应主动与船公司的代理人联系，及早获取进口货物提货通知书，便于提前做好接卸进口货物的准备。

（七）交货记录

交货记录（Delivery Record）是集装箱运输经营人把货物交付给收货人或其代理人时，双方共同签署的证明货物已经交付及货物交付时状况的单证。同时，它也证明承运人对货物的运输责任已告终止。

交货记录是为集装箱货物交付而设计的一套单据，共五联，依次分别是到货通知书联；提货单联；费用账单联；交货记录联。

1. *交货记录的制作与流转程序如下：*

（1）集装箱货物抵港前，承运人或其代理人（以下称船代）根据装船港船代寄、传的舱单或提单副本制作交货记录（一式五联），并用电话通知收货人货物到达的预计时间。

（2）在集装箱卸船、货物进入堆场并做好交货准备后，由船代向收货人发出到货通知（第1联）。

（3）收货人凭正本提单和到货通知联向船代换取提货单等4联（对运费到付的货物应先结清费用），船代在收取费用与核对正本提单后，在提货单上加盖专用章。

（4）收货人或其代理人凭提货单、费用账单、交货记录共4联，随同进口货物报关单一起到海关报关，海关核准后在提货单上盖放行章。

（5）收货人将上述4联送堆场业务员，场站业务员核单后，留下提货单作为放行依据，并在双方检验货物后，填写交货记录并签字盖章。待收货人凭费用账单结清场站费用后，场站业务员将交货记录退还给收货人。

（6）收货人凭交货记录提货，提货完毕时，交货记录由收货人签收后交场站留底。

2. 交货记录的填制要求

交货记录在船舶抵港前由船舶代理依据舱单、提单副本等卸船资料预先制作。到货通知书除进库日期外，所有栏目由船舶代理填制，其余四联相对应的栏目同时填制完成。提货单盖章位置由责任单位负责盖章，费用账单剩余项目由场站、港区填制，交货记录出库情况由场站、港区的发货员填制，并由发货人、提货人签名。

3. 交货记录各联作用

（1）到货通知书（Arrival Notice/Notice of Arrive）。到货通知书是在卸货港的船舶代理人在集装箱卸入集装箱堆场堆场，或移至集装箱货运站，并办好交换手续后，向收货人发出的要求收货人及时提取货物的书面通知书。通常在集装箱卸船并做好准备后，将五联单中的第一联（到货通知书）寄交收货人或通知人。收货人持正本提单和到货通知书船公司或船代付清运费换取其余4联。

（2）提货单（Delivery Order）。提货单是实际承运人公司或其代理人指示负责保管货物的集装箱货运站或集装箱堆场的经营人，向提单持有人交付货物的非流通性单据。交货应该与提单进行交换来完成，但传统的做法是船公司或代理人收到提单持有人交来的正本提单后，签发提货单，收货人凭提货单向货物堆场或仓库提货。而在集装箱运输中，是凭到货通知书和正本提货单换取费用账单两联、盖章后的提货单一联和交货记录一联，共四联。随同进口货物报关单到海关办理货物进口通关，海关核准放行后，在提货单上盖海关放行章，再持单到集装箱堆场或货运站，场站留下提货单和两联费用账单，在交货记录上盖章，收货人凭交货记录提货。

（3）交货记录（Delivery Record）。实际承运人公司或代理人向收货人或其代理人交货时，双方共同签署的，证明双方间已进行货物交接和载明其交接状态的单据叫做交货记录。交货记录是在签发提货单的当时交给收货人或其代理人的，再出示给集装箱货运站或集装箱堆场经营人。

作为实际承运人公司代理人的集装箱货运站或集装箱堆场的经营人，在向收货人或其代理人交货时，要检查货物的件数和外表状态，如有损坏或灭失等情况时，应把损坏的内容记载在摘要栏内，双方签字后完成交接手续，交货记录是在收货人提取集装箱货物时，堆场或货运站的发货人员凭以发放集装箱货物的单据，收货人在交货记录上签收，堆场或货运站留存。在集装箱运输单证中，实际承运人公司的责任是从接收货物开始到交付货物为止。因此，场站收据是证明实际承运人公司责任开始的单据，而交货记录是证明责任终了的单据。

(4) 费用账单。费用账单是站场凭以向收货人结算费用的单据。其主要内容包括收货人名称、地址、开户银行账号、船名、航次、起运港、目的港、提单号、交付条款、到付海运费、卸货地点、到达日期、进库场日期、第一程运输、标记与集装箱号、货名、集装箱数、件数、重量、体积、费用名称、港务费、港建费、堆存费、装卸费、其他费用、费用合计等栏目；还有计费吨、单价、金额；另外有收货人章、收款单位财务章，港区场站受理章、核算章、复核章及开单日期等。收货人或其代理人结算港口费用，提取货物。

(八) 其他单证

1. 卸货报告

卸货报告（Outturn Report）是集装箱堆场或货运站在交付货物后，将交货记录中记载的批注，按不同装载的船名，而分船编制的交货状态的批注汇总清单。

集装箱货运站和集装箱堆场在货物交付后，把交货记录中记载的批注及时汇总起来编成清单，送交实际承运人公司或其代理人。实际承运人公司根据这一报告掌握货物灭失和发生损坏的情况，以便采取必要措施；同时也可作为收货人对货物灭失或损坏提出索赔时，实际承运人公司理赔的重要依据。不过，有些实际承运人公司不要求提交这一单据，而以交货记录作为理赔的依据。

2. 待提集装箱（货物）报告

待提集装箱（货物）报告［Report of Undelivery Container (Cargo)］是集装箱堆场或货运站编制并送交实际承运人公司的，表明经过一段时间尚未能疏运的，仍滞留在堆场或货运站的重箱或货物的书面报告。据此，实际承运人公司或其代理人可向收货人及其代理人发出催提货物的通知，以利疏港和加速集装箱的周转。

实际业务中，实际承运人公司向收货人发出的到货通知书中，通常都有关于提货期限和对不按时提取货物将按规定对货物进行处理的规定。比如，有的港口在到货通知书上就明确规定："根据海关规定，货物到港（站）14 天内未能及时向海关申报，由此引起的海关滞报金，由收货人承担。""货物到港 10 天内未能及时提取货物，由此引起的港口疏港所发生的费用，由收货人承担。货物抵港 3 个月不提取，将作为无主货处理。"

集装箱发放通知单见表 6-11，集装箱发放/设备交接单见表 6-12，集装箱装箱单见表 6-13，场站收据样单见表 6-14，提单样本见表 6-15，提货单样本见表 6-16，"交货记录"联单见表 6-17。

表 6-11　　**集装箱发放通知单**

CONTAINER RELEASE ORDER

请凭签发的集装箱发放通知单办理集装箱及集装箱设备发放手续

Please release the specified container & container equipment against this container release order

<table>
<tr><td colspan="4">用箱人/运输人（CONTAINER USER /HAULIER）</td><td colspan="4">提箱地点（PLACE OF DELIVERY）</td></tr>
<tr><td colspan="4"></td><td colspan="4"></td></tr>
<tr><td colspan="2">船名/航次
（VESSEL/VOYAGE NO.）</td><td colspan="2">提单号（B/L NO.）</td><td colspan="2">集装箱经营人
（CONTAINER OPERATOR）</td><td colspan="2">集装箱号
（CONTAINER NO.）</td></tr>
<tr><td colspan="2"></td><td colspan="2"></td><td colspan="2"></td><td colspan="2"></td></tr>
<tr><td>铅封号
（SEAL NO.）</td><td colspan="2">尺寸（SIZE）</td><td>类型（TYPE）</td><td>状态（STATUS）</td><td colspan="3">运载工具牌号
（TRUCK，WAGON，BARGE NO.）</td></tr>
<tr><td></td><td colspan="2"></td><td></td><td>□重箱/□空箱
FULL　EMPTY</td><td colspan="3"></td></tr>
<tr><td colspan="3">发往地点
（DELIVERED TO）</td><td>返回地点
（PLACE OF RETURN）</td><td colspan="3">免费使用期限
（FREE TIME PERIOD）</td><td>外运签章
（ISSUED BY）</td></tr>
<tr><td colspan="3"></td><td></td><td colspan="3">月　日至　月　日</td><td rowspan="4">年　月　日</td></tr>
<tr><td colspan="7">出场目的（PURPOSE OF GATE-OUT）</td></tr>
<tr><td colspan="7">□拆箱 DEVANNING　□重箱装船 FULL FOR LOADING　□检验 INSPECTION　□起租 ON HIRE　□堆存 STORAGE　□熏蒸 FUMIGATION</td></tr>
<tr><td colspan="7">□装箱 VANNING　□空箱装船 EMPTY FOR LOADING　□修理 REPAIRING　□退租 OFF HIRE　□清洗 CLEANING</td></tr>
</table>

表 6－12　　　**集装箱发放/设备交接单**

EQUIPMENT INTERCHANGE RECEIPT　　　OUT 出场

日期（DATE）：　　　NO.

用箱人/运箱人（CONTAINER USER/HAULIER）		提箱地（PLACE OF DELIVERRY）	
发往地点（DELIVERED　TO）		返回/收箱地点（PLACE OF RETURN）	
集装箱号 （CONTAINER NO.）	尺寸/类型 （SIZE/TYPE）	铅封号 （SEAL NO.）	船名/航次 （VESSEL/VOYAGE NO.）

营运人 （CNTR OPTR）	提单号 （B/L NO.）	免费期限 （FREE TIME PERIOD）	运载工具牌号 （TRUCK WAGON. BARG NO.）

出场时间 （TIME OUT）	出场目的/状态（PPS OF GATE-OUT/STAUS）	返场时间 （TIME IN）	返场目的/状态（PPS OF GATE-IN /STATUS）

出场检查记录（INSPECTION AT THE TIME OF INTERCHANGE）

普通箱 （GP CONTAINER）	冷藏箱 （RF CONTAINER）	特种箱 （SP CONTAINER）	发电机 （GENSET）
□ 正常 □ 异常	□ 正常 □ 异常	□ 正常 □ 异常	□ 正常 □ 异常

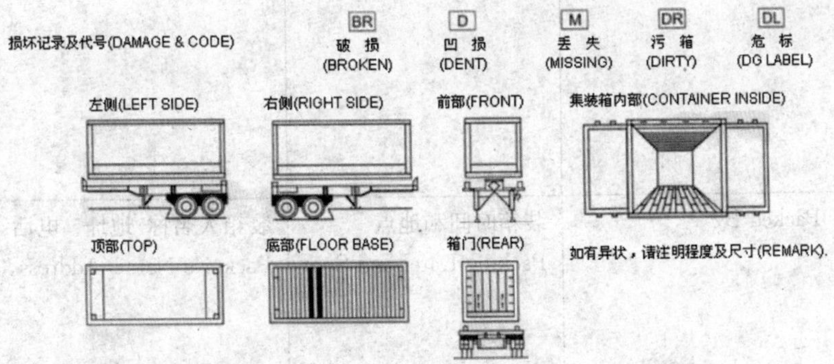

除列明者外，集装箱及设备交接是完好无损，铅封完好无损。

用箱人/运箱人签署（CONTAINER USER/HAULIERS' SIGNTURE）　　箱管员签署（CONTAINER MANAGER' SIGNTURE）　　场站值班签署（CLERK' SIGNTURE）

表 6-13

集装箱装箱单

CONTAINER LOAD PLAN

车队联

集装箱号 Container NO.	集装箱规格 Type of Container	铅封号 Seal NO.

船名 Ocean vessel	航次 Voy. NO.	装港 Port of Loading	卸港 Port of Discharge

提单号 B/L. NO.	件数及包装 Packing & Numbers	毛重 G. W（kgs.）	尺码（立方米）Measure Ment（CBM）	货名 Description of Goods	标志 Shipping Marks	收货人及通知人 Consignee & Notify Party

Received By Drayman 驾驶员签收及车号	Total Packages 总件数	Total Cargo Wt 总货重	Total Meas 总尺码	Remarks 备注

Received By Terminals/Date Of Receipt 码头收箱签收/收箱日期	Cont Tare Wt 集装箱皮重	Cgo/Cont Total Wt 货/箱总重量

装箱人签名：Packed By	装箱时间和地点 Packing Date And Spot	装箱人名称/地址、电话 Packer's Name/Address，TEL NO.

表 6-14 场站收据样单

Shipper（发货人）	委托号： Forwarding Agents B/L NO.（编号）
Consignee（收货人）	第一联
Notify Party（通知人）	**集装箱货物托运单** **货主留底**
Pre-carriage by（前程运输）Place of receipt（收货地点）	

Ocean Vessel（船名）	Voy. No.（航次）	Port of Loading（装货港）
Port of Discharge（卸货港）	Place of Delivery（交货地点）	Final Destination（目的地）

Container NO.（集装箱号）	Seal NO.（铅封号）Marks & NO. s（标记和号码）	NO. of Containers or Packages（箱数或件数）	Kind of Packages & Description of goods（包装种类与货名）	Cross Weight 毛重（千克）	Measurement 尺码（立方米）

Total NO. Of Containers or Packages（IN WORDS）集装箱数或件数合计（大写）	

FREIGHT & CHARGES（运费与附加费）	Revenue Tons（运费吨）	Rate（运费率）	Per（每）	Prepaid（运费预付）	Collect（到付）

Ex. Rate:（兑换率）	Prepaid at（预付地点）	Payable at（到付地点）	Place of issue（签发地点）
	Total Prepaid（预付总额）	NO. of Original B/L（正本提单份数）	货值金额

Service Type on Receiving □—CY，□—CFS， □—DOOR	Service Type on Delivery □—CY，□—CFS， □—DOOR	Reefer Temperature Required（冷藏温度）	℉	℃

Type of Goods（种类）	□Ordinary（普通）	□Reefer（冷藏）	□Dangerous（危险品）	□Auto（裸装车辆）	危险品	Class: Property: IMDG Code Page: UN NO.
	□Liquid（液体）	□Live Animal（活动物）	□Bulk（散货）	□________		

发货人或代理名称地址：			联系人：	电话：
可否转船：	可否分批：	装期：	备注	装箱场站名称
效期：	制单日期：			
海运费由________支付 如预付运费托收承付，请核准银行账号				

表 6－15 提单样本

<table>
<tr><td colspan="2">托运人
Shipper</td><td colspan="2" rowspan="5">B/L No.
中国对外贸易运输总公司
CHINA NATIONAL FOREIGN TRADE
TRANSPORTATION CORP.
GA
联运提单
COMBINED TRANSPORT
BILL OF LADING
RECEIVED of the goods in apparent good order and condition as specified below unless otherwise stated herein.
The Carrier, in accordance with the provisions contained in this document.
1) undertakes to perform or to procure the performance of the entire transport from the place at which the goods are taken in charge to the place designated for delivery in this document, and
2) assumes liability as prescribed in the document for such transport. One of the Bills of lading must be surrendered duly indorsed in exchange for the goods or delivery order.</td></tr>
<tr><td colspan="2">收货人或指示
Consignee or order</td></tr>
<tr><td colspan="2">Notify party</td></tr>
<tr><td>前段运输
Pre-carriage by</td><td>收货地点
Place of receipt</td></tr>
<tr><td>海运船只
Ocean vessel</td><td>装货港
Port of loading</td></tr>
<tr><td>卸货港
Port of discharge</td><td>交货地点
Place of delivery</td><td>运费支付地
Freight payable at</td><td>正本提单份数
Number of orignal Bs/L</td></tr>
<tr><td colspan="4">标志和号码 Marks and Nos. ｜ 件数和包装种类 Number and kind of goods ｜ 货 名 Description of goods ｜ 毛 重（千克） Gross weight（kgs.） ｜ 尺 码（立方米） Measurement（M^3）

以上细目由托运人提供
ABOVE PARTICULARS FURNISHED BY SHIPPER</td></tr>
<tr><td colspan="2" rowspan="3">运费和费用
Freight and charges</td><td colspan="2">IN WITNESS where of the number of original bills of lading stated above have been signed, one of which being accomplished, the other (s) to be void.</td></tr>
<tr><td colspan="2">签单地点和日期
Place and date of issue</td></tr>
<tr><td colspan="2">代表承运人签字
Signed for or on behalf of the carrier
代理
as Agent</td></tr>
</table>

表 6－16　　提货单样本

提货单

DELIVERY ORDER

________地区、场站

收货人/通知方：________年________月________日

下列货已办妥手续，运费结算，准予交付收货人。

船名	航次	起运港	目的港
提单号	交付条款	到付海运费	合同号
卸货地点	到达日期	进库场日期	第一程运输
货名			
集装箱数			
件数			
重量			
体积			
标志与集装箱号/铅封号			
请核对放货：	××集装箱船务代理有限公司 提货专用章		
凡属法定检验、检疫的进口商品，必须向有关监督机构申报。			
收货人章	海关章		

表 6-17　　　　　　　　　　　　“交货记录”联单

<table>
<tr><td colspan="6">集装箱交货记录</td></tr>
<tr><td rowspan="2">收货人</td><td colspan="2">名称</td><td colspan="3" rowspan="2">收货人开户银行与账户</td></tr>
<tr><td colspan="2">地点</td></tr>
<tr><td>船名</td><td>航次</td><td colspan="2">起运港</td><td colspan="2">目的地</td></tr>
<tr><td>卸货地点</td><td>到达日期</td><td colspan="2">进库场日期</td><td colspan="2">第一程运输</td></tr>
<tr><td>标记集装箱</td><td>货名</td><td>集装箱数</td><td>件数</td><td>重量（DGS）</td><td>体积（m³）</td></tr>
<tr><td></td><td></td><td></td><td></td><td></td><td></td></tr>
<tr><td></td><td></td><td></td><td></td><td></td><td></td></tr>
</table>

<table>
<tr><td colspan="8">交货记录</td></tr>
<tr><td rowspan="2">日期</td><td rowspan="2">货名或集装箱号</td><td colspan="3">出库数量</td><td rowspan="2">操作过程</td><td colspan="2">签名</td></tr>
<tr><td>件数</td><td>包装</td><td>重量</td><td>发货人</td><td>取货人</td></tr>
<tr><td></td><td></td><td></td><td></td><td></td><td></td><td></td><td></td></tr>
<tr><td></td><td></td><td></td><td></td><td></td><td></td><td></td><td></td></tr>
<tr><td colspan="3">备
注</td><td colspan="3">收货
人章</td><td colspan="2">储区
场站章</td></tr>
</table>

任务实施

步骤一：熟悉集装箱货物组织

集装箱运输基本上可以杜绝货差现象，是否能减少或者消除货损现象，很大程度上取决于集装箱内货物的积载情况，这是由集装箱运输的特点所决定的。集装箱适于装运多种类的货物，但这些适箱货物并非都是能够互相配载的，装箱前如没能根据货物的性质、特点、规格等加以合理挑选组合，运输过程中就容易发生货运事故。

步骤二：掌握集装箱货运组织基本程序

集装箱运输作为现代主流运输方式，占据着国际货运 90%的份额。由于集装箱船舶、集装箱卡车、铁路集装箱车皮、集装箱相关装卸设备（码头装卸设备、卡车装卸设备、铁路装卸设备、集装箱货运站装卸设备）是高度国际标准化，所以集装箱可以在水路、公路、铁路（一定程度上包括航空）等运输方式上实现无缝衔接。Steve 只有掌握了集装箱各种货运组织程序，才能更好地配合同事们的工作。

步骤三：掌握集装箱运输主要单证

集装箱货运程序少不了单证的流转环节，陈师傅告诉 Steve 必须正确掌握集装箱运输主要单证的使用要求，才能顺利完成今天的提箱装货任务。

任务评价（见表 6－18）

表 6－18　　　　　　　　　　　　　　　　任务评价表

被考评人			考评任务	集装箱货物运输组织	
评价标准	具体内容	分值	自我评价（30%）	小组评价（40%）	教师评价（30%）
	熟悉集装箱货物组织	20			
	掌握集装箱货运组织基本程序	40			
	掌握集装箱运输主要单证	40			
合计		100			

任务三　认识国际多式联运

任务描述

佳明机电的王主管周二向海迩货运公司托运两件机械设备（木制包装，尺寸均为 200cm×145cm×85cm，重量都是 3 500kg），采用拼箱，要求一个月之内到达目的地摩洛哥的卡萨布兰卡。由于最近海运舱位紧张，张方奇经理与王主管协商后决定采用海空联运操作，先将货物从深圳用海运到迪拜，再从迪拜空运到摩洛哥。张经理对 Steve 实习表现很满意，决定让他一起参与这票货物的联运业务。

任务分析

随着货物贸易结构变化和运输经营方式改变，集装箱运输逐渐由海上两端运输延伸为陆路、空运相结合的国际多式联运。

知识储备

一、国际多式联运基本知识

（一）国际多式联运的概念

国际多式联运是在集装箱运输的基础上发展起来的新型的运输组织方式。它一般以集装箱为媒介，将海上运输、铁路运输、公路运输和航空运输等传统的单一运输方式有机地结合起来，化为一体加以有效地综合利用，构成一种连贯的过程来完成国际间的运输。

1980年5月于日内瓦通过的《联合国国际货物多式联运公约》规定：国际多式联运是指由多式联运经营人按照多式联运合同，以至少两种不同的运输方式，将货物从一国境内接货的地点运至另一国境内指定交货地点的运输方式。这里所指的至少两种以上的运输方式可以是海陆、陆空、海空等方式。

国际多式联运是一种以实现货物整体运输的最优化效益为目标的联运组织形式，从而打破了过去海、陆、空等单一运输方式互不连贯的传统做法。通过一次托运，一次计费，一份单证，一次保险，由各运输区段的承运人共同完成货物的全程运输，即将货物的全程运输作为一个完整的单一运输过程来安排。

（二）国际多式联运的特征

《联合国国际货物多式联运公约》对国际多式联运所下的定义，明确了国际多式联运应具备以下特征：

1. 必须具有一份多式联运合同

多式联运合同明确规定多式联运经营人（承运人）和托运人之间的权利、义务、责任、豁免的合同关系和多式联运的性质。多式联运经营人根据合同规定，负责完成或组织完成货物的全程运输，并一次收取全程运费。所以，多式联运合同是确定多式联运性质的根本依据，也是区别多式联运和一般传统联运的依据。

2. 必须使用一份全程多式联运单据

多式联运单据是指证明多式联运合同订立以及证明多式联运经营人接管货物并负责按照合同条款交付货物的单据。它与传统的提单具有相同的作用，也是一种物权证书和有价证券。国际商会为了促进多式联运的发展，于1975年颁布了《联合运输单据统一规则》，对多式联运单据作了认可的规定，如信用证无特殊规定，银行可接受多式联运经营人所签发的多式联运单据，这就为多式联运的发展提供了有利条件。

3. 必须是至少两种不同运输方式的连贯运输

多式联运需要通过两种不同运输方式的组合，例如海-海、铁-铁或空-空等，虽经两种运输工具，由于是同一种运输方式，所以不属于多式联运范畴之内，但海-陆、陆-空或铁-公等，尽管也是简单的组合形态，却都符合多式联运的基本组合形态的要求。所以，至少两种不同运输方式的组合是确定一票货运是否属于多式联运的一个重要因素。为了履行单一方式运输合同而进行的该合同所规定的货物接送业务，则不应视为多式联运。如航空运输长期以来普遍盛行汽车接送货物运输业务，从形式上看已构成陆空组合形态，但这种汽车接送习惯上视同航空业务的一个组成部分，作为航空运输的延伸，故《多式联运公约》规定，把这种接送业务排除在多式联运之外。这样进一步明确了两种不同运输方式组合的内容，以避免多式联运法规同单一方式法规在这个问题上的矛盾。

4. 必须是国际间的货物运输

在国际多式联运方式下，货物运输必须是跨越国境的一种国际间运输。这是国际运输区别于国内运输和是否适用国际法规的限制条件。

5. 必须由一个多式联运经营人对全程运输负总的责任

多式联运经营人是与托运人签订多式联运合同的当事人，也是签发多式联运单据的人，它在多式联运业务中作为总承运人对货主负有履行合同的责任，并承担自接管货物起至交付货物时止的全程运输责任，以及对货物在运输途中因灭失损坏或延迟交付所造成的损失负赔偿责任。这是多式联运的一个重要特征。多式联运经营人为了履行多式联运合同规定的运输责任，可以自己办理全程中的一部分实际运输，把其他部分运输以自己的名义委托给有关区段的运输承运人（俗称分承运人）办理，也可以自己不办理任何部分的实际运输，而把全程各段运输分别委托有关区段分承运人办理，分承运人与原发货人不存在任何合同关系。分承运人只与多式联运经营人发生联系，它们之间的关系是承托关系。

6. 必须是全程单一运费费率

多式联运经营人在对货主负全程运输责任的基础上，制定一个货物从发运地至目的地的全程单一费率，并以包干形式一次向货主收取。这种全程单一费率一般包括运输成本（全程各段运输费用的总和）、经营管理费用（如通信、制单以及劳务手续费等）和合理利润。

（三）国际多式联运的优点

国际多式联运是现代货物运输的一种高级组织形式，它综合了各种运输方式的特点，扬长避短融会一体，组成连贯运输，达到简化货运环节、加快货运周转、减少货损货差、降低运输成本、实现合理运输的目的，它比传统单一运输方式具有无可比拟的优越性，主要体现在以下方面：

1. 责任统一，手续简便

在多式联运方式下，不论全程运输距离多么遥远，也不论需要使用多少种运输工具，更不论途中要经过多少次转换，一切运输事宜统一由多式联运经营人负责办理。货主只需办理一次托运、签订一个合同、支付一笔全程单一运费、取得一份联运单据，即可实现全程运输，一旦发生问题，也只要找多式联运经营人便可解决。与单一运输方式的分段托运，多头负责相比，不仅手续简便，而且责任更加明确。

2. 减少中间环节，缩短货运时间

多式联运通常是以集装箱为媒介的直达连贯运输，货物从发货人仓库装箱验关铅封后直接运至收货人仓库交货，中途无须拆箱换装，减少很多中间环节。由于是连贯运输，各个运输环节和各种运输工具之间配合密切、衔接紧凑，货物所到之处中转迅速及时，减少在途停留时间，故能较好地保证货物安全、迅速、准确、及时地运抵目的地。

3. 降低货损货差，提高货运质量

在多式联运中，即使货物在运输途中经多次换装，也大都是使用机械装卸，丝毫不触及箱内货物，货损货差和偷窃丢失事故大为减少，从而较好地保证了货物安全和货运质量。

4. 节省运杂费用，有利贸易开展

多式联运对货方来说，货物装箱或装上第一程运输工具后就可取得联运单据进行结汇，结汇时间提早，有利于加速货物资金周转，减少利息支出。采用集装箱运输，还可以节省货物包装费用和保险费用。此外，多式联运全程使用的是一份联运单据和单一运费，这就大大简化了制单和结算手续，节省大量人力物力，尤其是便于货主事先核算运输成本，选择合理运输路线，为开展贸易提供了有利条件。

5. 实现“门到门”运输的有效途径

采用多式联运，可以把货物从发货人内地仓库直运至收货人内地仓库，为实现“门到门”的直达连贯运输奠定了基础。工业上自动化大生产是通过自动化生产线实现的，那么多式联运可以说是运输大生产的多式联运生产线。

6. 促进了运输的合理化

多式联运综合了各种运输方式，扬长避短，组成直达连贯运输，不仅缩短运输里程，降低运输成本，而且加速货运周转，提高货运质量，是组织合理运输、取得最佳经济效果的有效途径。多式联运经营人经办多式联运，为提高服务质量，降低成本，增加收入，就会积极建立合理的经济的联运路线，组织合理运输，缩短运输里程和运送时间。

二、国际多式联运经营人

（一）国际多式联运经营人的定义

多式联运经营人是指与托运人签订多式联运合同的人。多式联运经营人既不是发货人的代理人或代表，也不是参加联运的承运人的代理人或代表，而是多式联运合同的当事人，是一个独立的法律实体。多式联运经营人往往具有双重身份：对于真正的货主而言，多式联运经营人是货物的承运人；对于各分段的实际承运人而言，多式联运经营人又是货物的托运人。它一方面与货主签订多式联运合同，另一方面又以托运人的身份与各分段承运人签订各段运输合同。

（二）国际多式联运经营人的类型

1. 以船舶运输为主的多式联运经营人

传统的船舶运输所有人只将货物从一个港口运至另一港口，并把他们对货物的责任限制在货物在船上的期间内。由于集装箱运输的发展，现在许多船公司将它们的服务范围扩展到包括陆上运输甚至空运，这种运输方式的结合使船公司成为多式联运经营人。通常，船公司不拥有也不从事公路、铁路、航空货物运输，而是通过与有关承运人订立分合同来安排这些类型的运输。另外，它们通常还会订立内陆装卸和仓储服务的分合同。

2. 无船多式联运经营人

根据是否拥有运输工具和场站设施，无船多式联运经营人可分为以下几类，见表 6 - 19。

表 6-19 无船多式联运经营人类型

类型	是否拥有运输设施设备	与他人签订联运分合同的内容
承运人型	不拥有运输船舶，但却拥有汽车、火车或（和）飞机等运输工具。	与货主订立国际多式联运合同后，除了利用自己拥有的运输工具完成某些区段的实际运输外，对于自己不拥有或不经营的运输区段则要通过与相关的承运人订立分包合同来实现该区段的运输。与以船舶运输为主的多式联运经营人一样，这类多式联运经营人既是契约承运人又是某个或几个区段的实际承运人。
场站经营人型	拥有货运站、堆场、仓库等场站设施。	与货主订立国际多式联运合同后，除了利用自己拥有的场站设施完成装卸和仓储服务外，还要与相关的各种运输方式的承运人订立分合同，由这些承运人来完成货物运输。
代理型	不拥有任何运输工具和场站设施。	要通过与相关的承运人、场站经营人订立分合同来履行它们与货主订立的国际多式联运合同。

(三) 国际多式联运经营人应具备的资质

对于国际多式联运经营人应该具备的资质，国际公约或惯例中并没有做出具体规定。《联合国多式联运公约》只在其第四条第三款作了一个一般性的规定，即“多式联运经营人应遵守其营业所在国适用的法律和本公约的规定”。我国根据国外的实践经验，结合我国的实际情况，在 1997 年发布的《国际集装箱多式联运管理规则》中对国际集装箱多式联运经营人提出了下列资格要求：

（1）具有中华人民共和国企业法人资格。

（2）具有与从事多式联运业务相适应的组织机构、固定的营业场所、必要的经营设施和相应的专业管理人员。

（3）该企业具有三年以上国际货物运输或代理经历，具有相应的国内、外代理。

（4）注册资金不低于人民币 1 000 万元，并有良好的资信。增设经营性的分支机构时，每增设一个分支机构增加注册资金人民币 100 万元。

（5）符合国家法律、法规规定的其他条件。

(四) 多式联运经营人的责任期间

《联合国国际货物多式联运公约》根据集装箱运输下，货物在货主仓库、工厂以及集装箱货运站、码头堆场进行交接的特点，对多式联运经营人规定的责任期间是：“多式联运经营人对于货物的责任期间，自其接管货物之时起至交货物时止”。

1. 多式联运公约对多式联运经营人接管货物的规定形式

（1）从托运人或其代表处接管货物，这是最常用、最普遍的规定方式。

（2）根据接管货物地点适用的法律或规章，货物必须交其运输的管理当局或其他第三方，这是一种特殊的规定。

在第二种接管货物的方式中，有一点应予以注意：即使多式联运公约定多式联运经营人的责任从接管货物时开始，在从港口当局手中接受货物的情况下，如货物的灭失或损坏系在港口当局保管期间发生的，多式联运经营人也可以不负责任。

2. 多式联运公约对交付货物的规定形式

(1) 将货物交给收货人。

(2) 如果收货人不向多式联运经营人提取货物，则按多式联运合同或按照交货地点适用的法律或特定行业惯例，将货物置于收货人支配之下。

(3) 将货物交给根据交货地点适用法律或规章必须向其交付的港口当局或其他第三方。

在收货人不向多式联运经营人提取货物的情况下，多式联运经营人可按上述(2)、(3)种交货形式交货，责任即告终止。在实践中，经常会发生收货人延迟提货的情况，因此，多式联运公约的这种规定不仅是必要的，也是合理的。

(五) 多式联运经营人的责任制度

在目前的国际集装箱多式联运中，多式联运经营人的责任制度主要有以下3种类型。

1. 统一责任制

统一责任制（Uniform Liability System）又称同一责任制，就是多式联运经营人对货主负有不分区段的统一原则责任。即货物的灭失、损坏或延期交付，无论事故责任是明显的、还是隐蔽的，是发生在海运段、还是发生在内陆运输段，多式联运经营人都要按个统一原则负责并统一按约定的限额进行赔偿。统一责任制对多式联运经营人来说，责任负担较重，赔偿限额较高，因此目前在世界范围内采用还不够广。

2. 网状责任制

网状责任制（Network Liability System）又称混合责任制，就是多式联运经营人对货主承担的全部责任局限在各个运输部门规定的责任范围内。即由多式联运经营人对货物的全程运输负责，而对货物的灭失、损坏或延期交付的赔偿，则根据各运输方式所适用的法律规定进行处理。如海上区段按《海牙规则》处理，铁路区段按《国际铁路运输公约》处理，公路区段按《国际公路货物运输公约》处理，航空区段按《华沙公约》处理。在不适用上述国际法时，则按相应的国内法规定处理。同时，赔偿限额也是以各区段的国际法或国内法的规定为依据。对不明区段的货物隐蔽损失，可作为海上区段按《海牙规则》处理，或按双方约定的原则处理。

目前，国际上大多采用网状责任制。我国的国际多式联运责任制采用的也是网状责任制。采用网状责任制有以下好处：

(1) 与国际商会1975年修订的《联合运输单证统一规则》有关精神相一致，也与大多数航运发达国家采用的责任形式相同。

(2) 我国各运输区段如海上、公路、铁路等均有成熟的运输管理法规可以遵循，采用网状责任制，各运输区段所适用的法规可保持不变。

(3) 相对于统一责任制而言，网状责任制减轻了多式联运经营人的风险责任，对保护刚刚起步的我国多式联运经营人的积极性，保证我国多式联运业务顺利发展具有积极意义。

从国际多式联运发展来考虑，网状责任制并不理想，容易在责任轻重和赔偿限额高低等方面产生分歧。因此，随着我国国际多式联运的不断发展与完善，统一责任制将更为符合多式联运的要求。

3. 修正统一责任制

《联合国国际货物多式联运公约》对于多式联运经营人的责任制形式采用了修正统一责任制（Modiried Uniform Liability System），这是介于上述两种责任制之间的责任制，即在责任范围上按统一责任制，而在赔偿限额上按网状责任制。多式联运公约规定，如果货物的灭失或损坏发生于多式联运的某一特定区段，而对这一区段适用的一项国际公约或强制性国家法律规定的赔偿责任限额高于本公约规定的赔偿责任限额，则多式联运经营人对这种灭失或损坏的赔偿，应按照该国际公约或强制性国家法律予以确定。显然，修正统一责任制与统一责任制相比，加大了多式联运经营人的赔偿责任，故实际应用更少。

三、国际多式联运单据

(一) 国际多式联运单据的定义

国际多式联运经营人在接收货物时，应由本人或其授权的人签发国际多式联运单据。多式联运单据并不是多式联运合同，而只是多式联运合同的证明，同时是多式联运经营人收到货物的收据和凭其交货的凭证。根据我国于 1997 年 10 月 1 日施行的《国际集装箱多式联运管理规则》的规定，国际集装箱多式联单据（简称“多式联运单据”）是指证明多式联运合同订立，多式联运经营人接管集装箱货物并负责按合同条款交付货物的单据，该单据包括双方确认的取代纸张单据的电子数据交换信息。

(二) 国际多式联运单据的主要内容

对于国际多式联运单据的记载内容，《联合国国际货物多式联运公约》和我国的《国际集装箱多式联运管理规则》都作了具体规定。根据我国的《国际集装箱多式联运管理规则》的规定，多式联运单据应当载明下列事项：

(1) 货物名称、种类、件数、重量、尺寸、外表状况及包装形式。

(2) 集装箱箱号、箱型、数量及封志号。

(3) 危险货物、冷冻货物等特种货物的特性及注意事项。

(4) 多式联运经营人名称和主要营业场所。

(5) 发货人、收货人名称。

(6) 接受货物的日期、地点。

(7) 交付货物的地点和约定的日期或期限。

(8) 交接方式，货物中转地点。

(9) 有关运费支付的说明。

（10）多式联运经营人或其授权人的签字及单据的签发日期、地点。

（11）在不违背我国有关法律、法规的前提下，双方同意列人的其他事项。

当然，缺少上述事项中的一项或数项，并不影响该单据作为多式联运单据的法律效力。《联合国国际货物多式联运公约》对多式联运单据所规定的内容与上述规则基本相同，只是公约中还规定多式联运单据应包括下列内容：

（1）表示该多式联运单据为可转让或不可转让的声明。

（2）在签发多式联运单据时已经确知的，预期经过的路线、运输方式和转运地点等。

（三）国际多式联运单据的签发

多式联运单据由多式联运经营人或其授权的人签发。多式联运单据在签发时可根据发货人的要求，分为可转让的和不可转让的。根据《联合国国际货物多式联运公约》的要求，多式联运单据的转让性在其记载事项中应有规定作为可转让的多式联运单据，具有流通性，可以像提单那样在国际货物买卖中扮演重要角色。多式联运公约规定，多式联运单据以可转让方式签发时，应列明按指示或向持票人交付，如列明按指示交付，须经背书后才可转让；如列明向持票人交付，无须背书即可转让。此外，如签发一套一份以上的正本，应注明正本份数；如签发任何副本，每份副本均应注明“不可转让副本”字样。对于签发一套一份以上的正本可转让多式联运单据的情况，如多式联运经营人或其代表已按照其中一份正本交货，该多式联运经营人便已履行其交货责任，其他正本单据自动失效。

作为不可转让的多式联运单据，没有流通性。多式联运经营人凭单据上记载的收货人而向其交货。按照多式联运公约的规定，多式联运单据以不可转让的方式签发时，应指明记名的收货人。同时规定，多式联运经营人将货物交给此种不可转让的多式联运单据所指明的记名收货人或经收货人通常以书面形式指定的其他人后，该多式联运经营人即已履行其交货责任。

（四）国际多式联运单据与其他运输单据的区别

国际多式联运单据要满足同一票货物在不同运输方式间换装而不必另行签单，同时又要符合各当事人之间的需要。它与其他单一运输方式的单据在内容上有许多相似之处，但在职能、形式等方面则存在本质区别。下面分别介绍国际多式联运单据与其他运输单据的区别。

1. 国际多式联运单据与海运提单的区别

（1）在责任形式上：多式联运单据普遍采用网状责任制或同一责任制；海运提单采用的是单一责任制。

（2）在单据的签发人方面：多式联运单据由多式联运经营人签发，而且可以是完全不掌握运输工具的“无船承运人”，全程运输均安排各分承运人负责；海运提单由承运人或其代理人签发。

（3）在单据的签发日期方面：多式联运单据在接受货物后签发；海运提单一般在装船后签发。

（4）在责任期限方面：多式联运单据下承运人的责任期限是从接收货物到交付货物；

海运提单下承运人的责任期限是从装上船到卸下船。

(5) 货物保险方面：多式联运单据下货物的保险区段为全程保险；海运提单下货物的保险区段为仓库至仓库。

(6) 在买卖双方风险转移方面：在多式联运单据下，买卖双方风险在货交第一承运人前后发生转移；在海运提单下，买卖双方风险在装船港船舷转移。

(7) 已装船证明不同：多式联运提单可以不表明货物已装船，也无须载明具体的运输工具；海运提单必须是已装船提单。

2. 国际多式联运单据与空运单的区别

空运单一般都注有“不可转让”的字样，货物运抵目的地后，收货人凭承运人的到货通知及有关证明提货，并在随货运到的空运单上签收，而不要求收货人凭空运单提取货物；国际多式联运中提取货物一定要凭国际多式联运单据办理提货手续。

3. 国际多式联运单据与铁路运单的区别

国际铁路货物运输所使用的单据为铁路运单，铁路运单随同货物从始发站至终点站，最后交收货人，铁路运单不是物权凭证，不能转让；国际多式联运单据不随货同行，且国际多式联运中提取货物一定要凭国际多式联运单据办理提货手续。

四、国际多式联运法规

(一)《联合国国际货物多式联运公约》

《联合国国际货物多式联运公约》于 1980 年 5 月 24 日通过，1980 年 9 月 1 日颁布。我国加入了此公约。

1. 公约的定义和适用范围

公约规定，国际多式联运是指按照多式联运合同，以至少两种不同的运输方式，由多式联运经营人将货物从一国境内接管货物的地点运至另一国境内指定交付货物的地点。

公约的各项规定适用于两个国家之间的货物多式联运合同，但多式联运合同规定的多式联运经营人接管货物或交付货物的地点必须位于缔约国境内。

2. 多式联运经营人的责任期间

公约规定，多式联运经营人对货物的责任期间，是自其接管货物时起到交付货物时止，也就是指货物在多式联运经营人的掌管之下这一期间。

3. 多式联运经营人的赔偿责任原则

公约对多式联运经营人的赔偿责任，实行推定过错责任原则，即除非多式联运经营人能够证明其本人、受雇人或代理人为避免事故的发生及其后果已经采取了一切所能合理要求的措施，否则，便推定损害是由于其本人、受雇人或代理人的过错行为所致，多式联运经营人就应对在其责任期间发生的货物灭失、损坏或迟延交付负赔偿责任。

4. 多式联运经营人的赔偿标准

公约规定，多式联运经营人对于货物灭失或损坏的赔偿责任限制，按灭失或损坏货物的每件或其他货运单位不得超过 920 特别提款权，或按毛重每千克不得超过 2.75 特别提款权，以较高者为准。如果多式联运不包括海上运输或内河运输，则多式联运经营人的赔偿责任按灭失或损坏货物毛重每千克不得超过 8.33 特别提款权。对于迟延交货的赔偿责任限制，相当于迟延交付货物应付运费的 2.5 倍，但不得超过多式联运合同规定的应付运费的总额。

5. 管辖权

公约规定，对下列地点，所在国法院有管辖权：

（1）被告主营业地或其居所地。

（2）多式联运合同订立地。

（3）货物接管地或交付地。

（4）多式联运合同和单据中载明的其他地点。

6. 诉讼时效

公约规定，多式联运的诉讼时效为 2 年。时效期间自多式联运经营人交付货物或部分交付货物之日的次日起算；如货物未交付，则自货物应当交付的最后一日的次日起算。但是，如果在货物交付之日或应当交付之日后 6 个月内，收货人没有提出书面索赔通知，说明索赔的性质和主要事项，则诉讼时效提前到该 6 个月期满之日。

（二）《国际集装箱多式联运管理规则》

为促进我国国际集装箱多式联运快速健康地发展，《国际集装箱多式联运管理规则》于 1997 年 3 月 14 日发布，自 1997 年 10 月 1 日起实施。

1. 制定依据

为了加强国际集装箱多式联运的管理，促进通畅、经济、高效的国际集装箱多式联运的发展，满足对外贸易发展的需要，根据《中华人民共和国海商法》《中华人民共和国铁路法》和中华人民共和国交通部、铁道部有关规定制定本规则。

2. 适用范围

本规则适用于水路、公路、铁路的国际集装箱多式联运。

3. 主要用语定义

“国际集装箱多式联运”，是指按照国际集装箱多式联运合同，以至少两种不同的运输方式，由多式联运经营人将国际集装箱从一国境内接管的地点运至另一国境内指定交付的地点。

“国际集装箱多式联运合同”，是指多式联运经营人凭以收取运费、负责完成或组织完成国际多式联运的合同。

“国际集装箱多式联运单据”，是指证明多式联运合同以及证明多式联运经营人接管集装箱货物并负责按合同条款交付货物的单据。该单据包括双方确认的取代纸张单据的电子数据交换信息。

“国际集装箱多式联运经营人”，是指本人或者委托他人以本人名义与托运人订立一项多式联运合同并以承运人身份承担完成此项合同责任的人。

“区段运输承运人”，是指与多式联运人签订区段运输合同，完成此项多式联运中的某区段运输的人，不管他是否与多式联运经营人属于同一人。

“托运人”，是指本人或者委托他人以本人名义与多式联运经营人订立多式联运合同，将货物交给多式联运经营人的人。

4. 托运人责任

由于下列原因造成货物灭失、损坏或对多式联运经营人造成损失，托运人应自行负责或承担赔偿责任：箱体、封志完好，货物由托运人装箱、计数、施封或货物装载于托运人的自备箱内；货物品质不良或外包装完好而内装货物短损、变质；运输标志不清，包装不良。

由于托运人的过失和疏忽对多式联运经营人或第三方造成损失，即使托运人已将多式联运单据转让，仍应承担赔偿责任。

5. 多式联运经营人的责任

多式联运经营人签发多式联运单据后，即表明多式联运经营人已收到货物对货物承担多式联运责任，并按多式联运单据载明的交接方式，办理交接手续。

多式联运经营人对货物的责任期间自接收货物时起至交付货物时止。接收是指货物已交给多式联运经营人运送，并由其接管；交付是指按多式联运合同将货物交给收货人或根据交付地适用的法律或贸易做法将货物置于收货人的支配下或必须交给的当局和第三方。

6. 诉讼时效

多式联运全程包括海运段的，对多式联运经营人的诉讼时效为1年。多式联运全程未包括海运段的，按民法通则的规定，对多式联运经营人的诉讼时效为2年。

时效期间从多式联运经营人交付或应当交付货物的次日起计算。

本条诉讼时效的规定不妨碍索赔人在能确定货物发生灭失、损坏区段时，根据该区段法规所规定的有权提起诉讼的时效向多式联运经营人提出索赔要求。多式联运经营人对第三人提起追偿要求的时效期限为90日，自追偿的请求人解决原赔偿请求之日起或者收到受理对其本人提起诉讼的法院的起诉副本之日起计算。

扫描二维码了解我国《国际集装箱多式联运管理规则》。

我国《国际集装箱多式联运管理规则》

任务实施

步骤一：了解国际多式联运的特征

Steve在佳明家电这票货物运输中发现，通过国际多式联运，客户只要指定交货地点，多式联运经营人就可以在条件许可下合理组合不同运输方式，设定最佳运输路线，提供统一的货运单证、统一责任限制、统一费率。

步骤二：熟悉国际多式联运经营人

张经理告诉Steve，多式联运不是所有货代企业都有此项业务，需要从事货代业务至少三年以上和其他符合我国《国际集装箱多式联运管理规则》条件的企业才有申请开办多式联运业务的资格。

步骤三：掌握国际多式联运单据和法规

张经理告诉Steve国际多式联运单据与其他单一运输方式的单据在内容上有许多相似之处，但在性质、形式等方面则存在本质区别。此外，国际多式联运单据还与多式联运法规有着千丝万缕的关系，Steve决定要多花时间研究和掌握国际多式联运单据和法规的注意事项。

任务评价（见表6-20）

表6-20　　任务评价表

被考评人		考评任务		认识国际多式联运	
评价标准	具体内容	分值	自我评价（30%）	小组评价（40%）	教师评价（30%）
	了解国际多式联运的特征	20			
	熟悉国际多式联运经营人	30			
	掌握国际多式联运单据和法规	50			
合计		100			

任务四　组织国际多式联运

任务描述

名门服饰本月初向海迩货运公司托运出口一批服装到美国纽约，Steve和部门经理张方奇确定用一个20英尺集装箱可装完。与客户协商后张经理告诉Steve这批货物采用陆桥运输方式，并问道："Steve，这批货物用陆桥运输，你知道北美的MLB运输吗？"

任务分析

多式联运的合理组织、运输方式的选择是涉及全程运输成本、运输时间、运输安全性和提供运输综合效率的关键问题。只有充分发挥各自运输方式的优势，合理组织和优化运输方案，才能提高运输效率，降低运输成本，从而为企业赢得更多效益。

知识储备

一、国际多式联运业务程序

国际多式联运业务是在多式联运经营人的组织下完成的，其业务程序主要有以下环节（见图 6－7）。

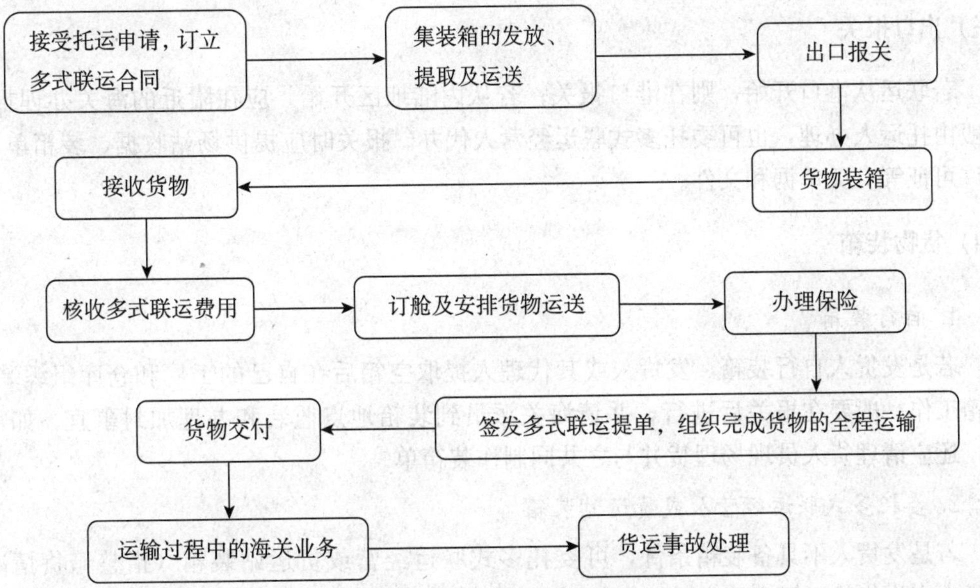

图 6－7　国际多式联运业务程序

（一）接受托运申请，订立多式联运合同

多式联运经营人根据货主提出的托运申请和自己的运输路线等情况，判断是否接受该托运申请。如果能够接受，则双方议定有关事项后，在交给发货人或其代理人的场站收据（货物情况可暂时空白）副本上签章（必须是海关能接收的），证明接受托运申请，则多式联运合同已经订立并开始执行。

发货人或其代理人根据双方就货物交接方式、时间、地点、付费方式等达成协议填写场站收据（货物情况可暂空），并把其送至联运经营人处编号，多式联运经营人编号后留下货物托运联，将其他联交还给发货人或其代理人。

（二）集装箱的发放、提取及运送

多式联运大多数使用集装箱运输，多式联运中使用的集装箱一般应由经营人提供。这些集装箱的来源有三个：一是经营人自己购置使用的集装箱；二是由公司租用的集装箱，这类箱一般在货物的起运地附近提箱而在交付货物地点附近还箱；三是由全程运输中的某一分运人提供，这类箱一般需要在多式联运经营人为完成合同运输与该分运人（一般是海上区段承运人）订立分运合同后获得使用权。

如果双方协议由发货人自行装箱，则多式联运经营人应签发提箱单或者租箱公司或分运人签发提箱单交给发货人或其代理人，由他们在规定日期内到指定的堆场提箱并自行将空箱拖运到货物装箱地点，准备装货。发货人亦可委托经营人办理从堆场装箱地点的空箱拖运（这种情况需加收空箱拖运费）。

如是拼箱货（或是整箱货但发货人无装箱条件不能自装）时，则由多式联运经营人将所用空箱调运至接受货物集装箱货运站，做好装箱准备。

（三）出口报关

若联运从港口开始，则在港口报关；若从内陆地区开始，应在附近的海关办理报关。一般由托运人办理，也可委托多式联运经营人代办。报关时应提供场站收据、装箱单、出口许可证等有关单据和文件。

（四）货物装箱

1. 自行装箱

若是发货人自行装箱，发货人或其代理人提取空箱后在自己的工厂和仓库组织装箱。装箱工作一般要在报关后进行，并请海关派员到装箱地点监装和办理加封事宜。如需理货，还应请理货人员现场理货并与之共同制作装箱单。

2. 委托多式联运经营人或货运站装箱

若是发货人不具备装箱条件，可委托多式联运经营或货运站装箱（指整箱货情况），发货人应将货物以原来形态运至指定的货运站由其代为装箱。如是拼箱货物，发货人应负责将货物运至指定的集装箱货运站，由货运站按多式联运经营人的指示装箱。无论装箱工作由谁负责，装箱人均需制作装箱单，并办理海关监装与加封事宜。

3. 多式联运的配积载

（1）配积载的含义。

货物配积载是指根据货物种类、特性、数量、流向等多种货物的既定运输任务，通过合理配装以充分利用运输工具的容积及载重能力的作业环节。它是联合运输的一项重要的技术性较强的工作，相应工作人员应对运输程序、货物调运方法、车船性能及容积或载重量、货物拼配拼装条件等情况清楚明了。

（2）配积载的要求，见表 6-21。

表 6-21　多式联运的配积载要求

配积载要点	原则
发运顺序	先急后缓，先重点后一般，先计划内后计划外，先远后近，先进先出，后进后出
不同货物的拼配范围	确保货物安全

续前表

配积载要点	原则
轻重配积载原则	提高车船容积利用
节约运输费用	零担整车的运价是按拼配货物最高的运价等级计收运费，故应尽量将运价等级相同或相近的货物拼配在一起

(3) 配积载的形式，见表6-22。

表6-22 多式联运的配积载形式

配积载形式	具体操作	特点
见单配积载	货物提交联合运输时，先集中托运单据，后集中货物。也就是在见到托运单据时先对货物进行配积载计划，待确定装车装船期限后，再将货物送到车站码头。	工作比较主动，一般不占用流转性的仓库，车站、码头货位的利用率高，但遇到大量货物发运时，短途运输压力较大。
见货配积载	把需要联运的货物先集中到流转性的仓库或车站、码头货位上，再根据货物的流量、流向进行配积载。	方便货主、减少货主负担，装车、装船的时间有保证，短途运输压力小，但易造成仓库堵塞不畅。

(五) 接收货物

对于由货主自装箱的整箱货物，发货人应负责将货物运至双方协议规定的地点，多式联运经营人或其代理人（包括委托的堆场业务员）在指定地点接收货物。如是拼箱货，经营人在指定的货运站接收货物。验收货物后，代表联运经营人接收货物的人应在场站收据正本上签章并将其交给发货人或其代理人。

(六) 核收多式联运费用

1. 多式联运费用项目

多式联运费用主要包括运费、杂费、中转费和服务费。

(1) 运费。

货物联运运费包括铁路运费、水路运费、公路运费、航空运费、管道运费等5个类别。按货物通过的运输工具和国家或各省、市、自治区物价部门规定的运价计算运费。联运服务公司向货主核收的运输费用包括：

1) 发运地区（城市）内的短途运输运费（接取费）。

2) 由发运联运服务公司至到达联运服务公司之间的全程运费。

3) 到达地区（城市）内的短途运输运费（送达费）。

(2) 杂费。

1) 多式联运杂费的种类：a. 装卸费；b. 换装包干费；c. 货物港务费；d. 货物保

管费。

2）联运杂费的计算公式：

a. 铁路（水路）装卸费＝货物重量×适用的装卸费率。

b. 换装包干费＝货物重量×适用的换装包干费率。

c. 港务费＝货物重量×港务费率。

d. 货物保管费＝货物重量（或车数）×天数×适用的保管费率。

e. 公路装卸费＝车吨（货物重量）×适用的装卸费率。

（3）中转费。

1）中转费的构成主要包括装卸费、仓储费、接驳费（或市内汽车短途转运费）、包装整理费等。

2）计算方式：分实付实收和定额包干两种方式。

实付实收方式是在中转过程中发生的各项运杂费用，采用实报实销的办法。这种方式除了收取固定的中转服务费外，其他费用均属于代收代付。

定额包干方式是指确定一定的额度，包含所有中转费用。这种方式除了按一种费率包干外，还有按运输方式包干、按费用项目包干和按地区范围包干等。

（4）服务费。

1）服务费是指联运企业在集中办理运输业务时支付的劳务费用。一般采取定额包干的形式。按不同运输方式和不同的取送货方式，规定不同费率。

2）服务费的组成一般包括业务费和管理费。业务费是指用于铁路、水路、公路各个流转环节所发生的劳务费用。管理费是指从事联运业务人员的工资、固定资产折旧和行政管理费等方面的支出。

2. 多式联运费用核收方式

（1）常用的核收方式。

1）发付：由发货人在发货地向发运联运服务公司支付一切运输费用。

2）到付：由收货人在收货地向到达联运服务公司支付一切运输费用。

3）分付：由发货人在发货地向发运联运服务公司支付发货地发生的杂费和运费；由收货人在收货地向到达联运服务公司支付到达地发生的费用。

（2）由发运联运服务公司至到达联运服务公司之间的全程运费是联运货物运输费用的主要组成部分，联运服务公司向货主核收这部分运费的计算办法主要有两种：

1）按运输合同规定的运输线路及有关运输工具的运费标准，分别计算单项运输阶段运费，全程运费等于各单项运费之和。

2）按联运服务公司自行规定的运费标准计算全程运费。

采用第一种方法计算运费时，联运服务公司是以货主运输代理人的身份，为货主代办联运货物的全程运输；而采用第二种计算运费方法时，联运服务公司是以货物联运经营人的身份，向货主承包联运货物的全程运输。联运服务公司可根据具体情况分别采用不同的运费计算方法。

（七）订舱及安排货物运送

经营人在合同订立之后，应制订合同涉及的集装箱货物的运输计划，该计划包括货物的运输路线、区段的划分、各区段实际承运人的选择和确定及各区段衔接地点的到达、起运时间等内容。这里所说的订舱泛指多式联运经营人要按照运输计划安排洽定各区段的运输工具，与选定的各实际承运人订立各区段的分运合同。这些合同的订立由经营人本人（派出机构或代表）或委托的代理人（在各转接地）办理，也可请前一区段的实际承运人作为代表向后一区段的实际承运人订舱。

（八）办理保险

在发货人方面，应投保货物运输险。该保险由发货人自行办理，或由发货人承担费用由经营人代为办理。货物运输保险可以是全程投保，也可分段投保。在多式联运经营人方面，应投保货物责任险和集装箱保险，由经营人或其代理人向保险公司或以其他形式办理。

（九）签发多式联运提单，组织完成货物的全程运输

多式联运经营人的代表收取货物后，经营人应向发货人签发多式联运提单。在把提单交给发货人前，应注意按双方议定的付费方式及内容、数量向发货人收取全部应付费用。

多式联运经营人有完成和组织完成全程运输的责任和义务。在接收货物后，要组织各区段实际承运人、各派出机构及代表人共同协调工作，完成全程中各区段的运输以及各区段之间的衔接工作，运输过程中所涉及的各种服务性工作和运输单据、文件及有关信息等组织和协调工作。

（十）货物交付

当货物运至目的地后，由目的地代理通知收货人提货。收货人需凭多式联运提单提货，经营人或其代理人需按合同规定，收取收货人应付的全部费用。收回提单后签发提货单（交货记录），提货人凭提货单到指定堆场（整箱货）和集装箱货运站（拼箱货）提取货物。

如果整箱提货，则收货人要负责至掏箱地点的运输，并在货物掏出后将集装箱运回指定的堆场，运输合同终止。

（十一）运输过程中的海关业务

按惯例，国际多式联运的全程运输（包括进口国内陆段运输）均应视为国际货物运输。因此该环节的工作主要包括货物及集装箱进口国的通关手续、进口国内陆段保税（海关监管）运输手续及结关等内容。如果陆上运输要通过其他国家海关和内陆运输线路时，还应包括这些海关的通关及保税运输手续。

这些涉及海关的手续一般由多式联运经营人的派出所机构或代理人办理，也可由各区段的实际承运人作为多式联运经营人的代表办理，由此产生的全部费用应由发货人或收货人负担。

如果货物在目的港交付，则结关应在港口所在地海关进行。如在内陆地交货，则应在口岸办理保税（海关监管）运输手续，海关加封后方可运往内陆目的地，然后在内陆海关办理结关手续。

（十二）货运事故处理

如果全程运输中发生了货物灭失、损害和运输延误，无论是否能确定发生的区段，发（收）货人均可向多式联运经营人提出索赔。多式联运经营人根据提单条款及双方协议确定责任并做出赔偿。如能确知事故发生的区段和实际责任者时，可向其进一步索赔。如不能确定事故发生的区段时，一般按在海运段发生处理。如果已对货物及责任投保，则存在要求保险公司赔偿和向保险公司进一步追索的问题。如果受损人和责任人之间不能取得一致，则需通过在诉讼时效内提起诉讼和仲裁来解决。

国内多式联运与国际多式联运的业务流程的不同，主要是在于是否需要报关和迫切办理保险。国际多式联运必须报关，因而办理货物运输保险的迫切性更大。

二、国际多式联运组织形式

（一）海运联运

海运联运是国际多式联运的主要组织形式，也是远东—欧洲多式联运的主要组织形式之一。目前组织和经营远东—欧洲海陆联运业务的主要有班轮公会的三联集团、北荷、冠航和丹麦的马士基等国际航运公司，以及非班轮公会的中国远洋运输公司、台湾长荣航运公司和德国那亚航运公司等。这种组织形式以航运公司为主体，签发联运提单，与航运两端的内陆运输部门开展联运业务，与大陆桥运展开竞争。当前世界上规模最大的海上三条集装箱航线是：远东—北美航线；远东—欧洲、地中海航线；北美—欧洲、地中海航线。

（二）大陆桥运输

1. 概念

大陆桥运输是指以集装箱为主要运输工具，以贯穿大陆上的铁路或公路运输系统作为中间桥梁，把大陆两端的海洋连接起来组成海-陆-海的运输方式。大陆桥运输一般以集装箱为媒介，因此它具有集装箱运输的优点，能保证货物在运输途中的安全运送。同时它不论经过几个国家，也不论变换多少种运输工具，都由总承运人负责安排和承担运输责任，所以，它也具有国际多式联运的所有优点。

知识拓展

大陆桥运输产生历史背景

1967年，由于中东战争爆发，苏伊士运河被封闭，同时巴拿马运河堵塞，远东至欧洲的船舶，被迫绕道南非好望角或南美合恩角，加上当时石油价格猛涨，航运成本剧增，于是产生了两条远东至欧洲的大陆桥路线。

第一条是远东、日本海运至美国西海岸港口，换装到铁路专用列车，横跨北美大陆至美国东海岸港口，然后由海运运至欧洲。第二条是日本、东南亚海运至俄罗斯太平洋港口，转西伯利亚铁路，横跨欧洲大陆，然后由海运、铁路和公路运至欧洲各国。从远东到欧洲，使用大陆桥运输线，取得了航程短、时间快、运费低的良好效果。

2. 大陆桥运输类型

大陆桥运输主要有以下几种方式。

(1) 北美大陆桥。

北美大陆桥是指利用北美的铁路和公路从远东到欧洲的“海-陆-海”国际多式联运线。该大陆桥运输包括美国大陆桥运输和加拿大大陆桥运输。

美国大陆桥有两条运输线路：一条是从西部太平洋沿岸至东部大西洋沿岸的铁路和公路运输线；另一条是从西部太平洋沿岸至东南部墨西哥湾沿岸的铁路和公路运输线。加拿大大陆桥与美国大陆桥相似，由船公司把货物海运至温哥华，经铁路运到蒙特利尔或哈利法克斯，再与大西洋海运相接。

北美大陆桥是世界上历史最悠久、影响最大、服务范围最广的陆桥运输线，从远东到北美东海岸的货物有大约50%以上是采用双层列车进行运输，因为采用这种陆桥运输方式比采用全程水运方式通常要快1～2周。例如，集装箱货从日本东京到欧洲鹿特丹港，采用全程水运（经巴拿马运河或苏伊士运河）通常需约5～6周时间，而采用北美大陆桥运输仅需3周左右的时间。

(2) 西伯利亚大陆桥。

西伯利亚大陆桥是指使用国际标准集装箱，将货物由远东海运到俄罗斯东部港口，再经跨越欧亚大陆的西伯利亚铁路运至波罗的海和黑海沿岸港口，然后再采用铁路、公路或海运运到欧洲各地的国际多式联运的运输线路。

西伯利亚大陆桥于1971年由前苏联对外贸易运输公司正式确立，使用这条陆桥运输线的经营者主要是日本、中国和欧洲各国的货运代理公司。其中，日本出口欧洲杂货的1/3，欧洲出口亚洲杂货的1/5是经这条陆桥运输的。由此可见，它在沟通亚欧大陆，促进国际贸易中所处的重要地位。

西伯利亚大陆桥运输包括“海-铁-铁”“海-铁-海”“海-铁-公”和“海-公-空”等四种运输方式。由俄罗斯过境运输总公司担当总经营人，它拥有签发货物过境许可证的权力，并签发统一的全程联运提单，承担全程运输责任。至于参加联运的各运输区段，则采用“互为托、承运”的接力方式完成全程联运任务。可以说，西伯利亚大陆桥是较为典型的一条过境多式联运线路。

西伯利亚大陆桥是目前世界上最长的一条陆桥运输线。它大大缩短了从日本、远东、东南亚及大洋洲到欧洲的运输距离，并因此而节省了运输时间。远东经俄罗斯太平洋沿岸港口去欧洲的陆桥运输线全长13 000km，而相应的程水路运输距离（经苏伊士运河）约为20 000 km。从日本横滨到欧洲鹿特丹采用陆桥运输不仅可使运距缩短1/3，而且运输时间也可节省 1/2。此外，在一般情况下，运输费用还可节省 20%～30%左右，因而对货主有很大的吸引力。

西伯利亚大陆桥所具有的优势吸引了不少远东、东南亚以及大洋洲地区到欧洲的货物，这使西伯利亚大陆桥在短短几年时间内有了迅速的发展。但是，西伯利亚大陆桥运输在经营管理上存在的问题，如港口装卸能力不足、铁路集装箱车辆的不足、箱流的严重不平衡以及严寒气候的影响等，在一定程度上阻碍了它的发展。尤其是随着我国兰新铁路与中哈边境的土西铁路的接轨，一条新的"欧亚大陆桥"形成，为远东至欧洲的国际集装箱多式联运又提供了一条便捷路线，更使西伯利亚大陆桥面临严峻的竞争形势。

(3) 新亚欧大陆桥。

新亚欧大陆桥东起中国连云港，西至荷兰鹿特丹，途经哈萨克斯坦、乌兹别克斯坦、吉尔吉斯斯坦、塔吉克斯坦、俄罗斯、白俄罗斯、波兰、德国和荷兰等国，全长1 090km。该陆桥为亚欧开展国际多式联运提供了一条便捷的国际通道。

新亚欧大陆桥在中国境内经过陇海、兰新两大铁路干线，全长 4 131km。它在徐州、郑州、洛阳、宝鸡、兰州分别与我国京沪、京广、焦柳、宝成、包兰等重要铁路干线相连，具有广阔的腹地，新亚欧大陆桥于 1993 年正式运营。至此，亚太地区运往欧洲、中东地区的货物可经海运至中国连云港，出中国西部边境站阿拉山口后，进入哈萨克斯坦国境内边境站德鲁日巴换装，经独联体铁路运至其边境站、港，再通过铁路、公路、海运续运至西欧、东欧、北欧和中东各国。而欧洲、中东各国运往亚太地区的货物，则可经独联体铁路进入中国西部边境站阿拉山口换装，经中国铁路运至连云港后，再转船续运至日本、韩国、香港、台湾及菲律宾、新加坡、泰国、马来西亚等国和地区。

新亚欧大陆桥运输比西伯利亚大陆桥运输有着较大的优势。第一，它使亚欧之间的货运距离比西伯利亚大陆桥缩短得更为显著，从日本、韩国至欧洲，通过新亚欧大陆桥，水陆全程仅为 12 000km，比经苏伊士运河少 8 000 多 km，比经巴拿马运河少 11 000 多 km，比绕道好望角少 15 000 多 km。第二，它使东亚与中亚、西亚的货运距离大幅度减少。日本神户、韩国釜山等港口至中亚的哈萨克斯坦、乌兹别克斯坦、吉尔吉斯斯坦、塔吉克斯坦、土库曼斯坦 5 个国家和西亚的伊朗、阿富汗，通过西伯利亚大陆桥和新亚欧大陆桥，海上距离相近，但陆上距离相差很大。如到达伊朗德黑兰，走西伯利亚大陆桥，陆上距离是 13 322km，走新亚欧大陆桥，陆上只有 9 977km，两者相差 3 345km。第三，由于运距的缩短，它在运输时间和运费上将比西伯利亚大陆桥又有所减少，更有利于同海运的竞争。第四，它的东端桥头堡连云港自然条件好，位置适中，气候温和，一年四季可不间断地作业。

(4) 美国陆桥运输业务。

1) OCP 运输。

OCP (Overland Common Points) 运输，意为内陆公共点运输。从美国的北达科他州、南达科他州、内布拉斯加州、科罗拉多州、新墨西哥州起以东的地区均属 OCP 地区，所有经美国西海岸运往这些地区（或反向）的货物，称 OCP 地区货物，并享有 OCP 运输的优惠费率。所谓 OCP 费率是太平洋航运公会为争取运往美国内陆地区的货物，途经美国西海岸转运而制定的一个费率较直达美国东海岸为低的费率，一般比正常费率低

3%～5%。

采用OCP运输条款时必须满足的条件：

a. 货物的最终目的地必须属于OCP地区范围内，这是签订运输条款的前提。

b. 货物必须经由美国西海岸港口中转。因此，在签订贸易合同时，有关货物的目的港应规定为美国西海岸港口，即为CFR或CIF美国西海岸港口条件。

c. 在提单备注栏内及货物唛头上应注明最终目的地。

采用OCP运输方式时应注意的事项：

a. OCP运输下的集装箱货物，卖方（发货人）承担的责任、费用终止在美国西海岸港口。货物卸船后，由收货人委托中转商持正本提单向船公司提货并负责运抵收货人指定地点。

b. 收货人在收到货运单证10天内，必须申请进口保税运输，以保证将货物最终运抵交货地。如不按时提出申请，货物即转至保税仓库，从而产生各种其费用，因此，收货人或其代理人应及时申请办理交由铁路公司运至内陆公共点的保税运输手续。

c. OCP运输下的集装箱货物，在买卖合同和信用证栏内应加注“OCP运输”字样，在签发提单时，其签发要求应与买卖合同和信用证要求一致。

d. 凡运往内陆公共点的集装箱货物，应在卸船45天内由收货人向铁路提供证明，如陆上运输单证、转运单、海关转运申请单等。如未在规定时间内提供上述单证或证明，货主可能就会失去铁路给予的优惠运价。

e. OCP运输不是真正的多式联运，尽管全程运输使用海、铁两种运输方式，但海、陆运输区段各自签单，海、陆运输区段各自计费，海、陆运输区段责任各自划分，因此不符合多式联运的一张单证、一次计费、同一责任的要求。

2）MLB运输。

MLB（Mini Land Bridge）运输，意为小陆桥运输，是指货物用国际标准箱为容器，从远东港口海运至美国、加拿大西部港口卸下，再由西部港口换装铁路集装箱专列或汽车运至北美东海岸和墨西哥湾沿岸（或相反方向）的运输。

小陆桥运输从运输组织方式上看与大陆桥运输并无大的区别，只是其运送集装的货物的目的地为沿海港口。目前，北美小陆桥运送的主要是远东经北美太严洋沿岸到大西洋沿岸和墨西哥湾地区港口的集装箱货物。北美小陆桥在缩短运输距离、节省运输时间上效果是显著的。以日本至美东航线为例，从大阪至纽约全程水运（经巴拿马运河）航线距离9 700海里，运输时间21～24天。采用小陆桥运输，运输距离仅7 400海里，运输时间16天，可节省1周左右的时间。

对我国出口商和运输经营人来说，采用小陆桥运输时，应注意以下几点：

a. 小陆桥运输是完整的多式联运，由运输经营人签发全程联运提单，并收取全程运费，对全程承担责任。

b. 小陆桥运输下的集装箱货物，其提单制作应分别注明，卸船港：LONG BEACH；交货地：MLB NEW YORK。

c. 小陆桥运输下的到岸价集装箱货物，卖方（发货人）承担的责任、费用终止于最终交货地。

d. 小陆桥运输下的集装箱货物，运费计收应根据运输经营人在美国 FMC 注册的运价本收运费，原则上无任何形式的运费回扣。但如果运输经营人与货主之间订有服务合同，即在一定时间内提供一定货运量后，货主可享受一个较低运价。

3）IPI 运输。

IPI（Interior Point Intermodal）运输，意为内陆公共点多式联运，是一种运输方式、运输途径、运输经营人的责任和风险完全与小陆桥运输相同，但集装箱货物运抵美国内陆主要城市的完整的多式联运。为了区别于大陆桥运输、小陆桥运输，也有人将其称为微桥（Micro Bridge）运输。

随着北美小陆桥运输的发展，运输出现了新的矛盾。如货物由靠近东海岸的内地城市运往远东地区（或反向），首先要通过国内运输，以国内提单运至东海岸交船公司，然后由船公司另外签发由东海岸出口的国际货运单证，再通过国内运输运至西海岸港口，最后海运至远东。货主认为，这种运输不能从内地直接以国际货运单证运至西海岸港口转运，因为不仅增加费用，而且耽误运输时间。为解决这一问题，微桥运输应运而生。进出美、加内陆城市的货物采用微桥运输，既可节省运输时间，也可避免双重港口收费，从而节省费用。例如，往来于日本和美东内陆城市匹兹堡的集装箱货，可从日本海运至美国西海岸港口，然后通过铁路直接联运至匹兹堡，这样可完全避免进入美东的费城港，从而节省了在该港的港口费支出。

在使用 IPI 集装箱多式联运方式时应注意以下几点：

a. 在 IPI 运输方式下，其提单制作应分别注明，卸船港：LONG BEACH；交货地：IPI MEMPHIS，TN。

b. 运输经营人承担的责任从接收货物时起至交付货物时止，即对全程运输负责。

c. 在 IPI 运输方式下的集装箱货物，在到岸价的情况下，卖主（发货人）承担的责任、费用终止于最终交货地。

d. IPI 运输使用两种不同的运输方式，但使用同一张货运提单，并收取全程运费。

（三）海空联运

海空联运又被称为空桥运输。在运输组织方式上，空桥运输与陆桥运输有所不同，陆桥运输在整个货运过程中使用的是同一个集装箱，不用换装，而空桥运输的货物通常要在航空港换入航空集装箱。不过，两者的目标是一致的，即以低费率提供快捷、可靠的运输服务。海空联运方式始于 20 世纪 60 年代，当时将远东船运至美国西海岸的货物，再通过航空运至美国内陆地区或美国东海岸，从而出现了海空联运，但直到 20 世纪 80 年代才得以有较大的发展。采用这种运输方式，运输时间比全程海运少，运输费用比全程空运便宜。

这种联运组织形式是以海运为主，只是最终交货运输区段由空运承担。目前，国际海空联运线主要有：

（1）远东—欧洲：远东与欧洲间的航线有以温哥华、西雅图、洛杉矶为中转地，也有以香港、曼谷、符拉迪沃斯托克（海参崴）为中转地，还有以旧金山、新加坡为中转地。

（2）远东—中南美：近年来，远东至中南美的海空联运发展较快，因为此处港口和内陆运输不稳定，所以对海空运输的需求很大。该联运线以迈阿密、洛杉矶、温哥华为中转地。

(3) 远东—中近东、非洲、澳洲：这是以香港、曼谷为中转地至中近东、非洲的运输服务。在特殊情况下，还有经马赛至非洲、经曼谷至印度、经香港至澳洲等联运线，但这些线路货运量较小。

任务实施

步骤一：掌握国际多式联运业务程序

Steve 在协助张经理处理名门服饰这票货物过程中，发现第一程海运与自己以前在海运部接触的业务差不多。张经理告诉 Steve，公司是无船承运人，要对运输全程负责，为减少自身风险，他让 Steve 在第一程运输开始前投保多式联运保险。

步骤二：掌握国际多式联运组织形式

Steve 查阅资料发现名门服饰交货地点是纽约，纽约是沿海港口城市，属于美国陆桥运输业务——MLB 运输。Steve 还发现微桥运输与小陆桥运输基本相似，只是交货目的地是内陆地区。

任务评价（见表 6-23）

表 6-23　　任务评价表

被考评人			考评任务	国际多式联运组织形式	
评价标准	具体内容	分值	自我评价（30%）	小组评价（40%）	教师评价（30%）
	掌握国际多式联运业务程序	50			
	掌握国际多式联运组织形式	50			
合计		100			

项目小结

本项目主要讲述了集装箱运输相关业务流程和多式联运相关业务，介绍了集装箱种类、货物交接方式以及国际多式联运的特征、多式联运经营人、大陆桥运输等，重点阐述了集装箱运输和国际多式联运业务程序。

思考与练习

一、判断题

1. 凡使用集装箱运输的货物，都应尽量不在运输中途进行拆箱与倒载，这样可以简化包装，甚至可以不用包装，实现件杂货无包装运输。(　　)

2. 场到站（CY to CFS）交接方式下，运输经营人一般是以整箱形态接收货物，以拼箱形态交付货物。(　　)

3. 国际多式联运经营人在经营过程中必须拥有运输工具。（ ）

二、不定项选择题

1. 以下选项有“运输革命”之称的是（ ）。

A. 公路运输　B. 铁路运输　C. 航空运输　D. 集装箱运输

2. 专为装运液体货物而设置的集装箱是（ ）。

A. 通用集装箱　B. 开顶集装箱　C. 罐式集装箱　D. 冷藏集装箱

3. 办理集装箱重箱或空箱装卸、转运、保管、交接的场所是（ ）。

A. 集装箱租赁公司　B. 集装箱堆场

C. 集装箱货运站　D. 集装箱码头

4. 按拼箱货源和整箱货源两种货源形态，集装箱货源的组织形式有（ ）。

A. 整箱交，整箱接　B. 拼箱交，拆箱接

C. 整箱交，拆箱接　D. 拼箱交，整箱接

5. 集装箱运输单证中，特殊货物清单主要包括（ ）。

A. 危险品清单　B. 冷藏集装箱清单

C. 动物货物清单　D. 植物货物清单

6. 多式联运费用不包括（ ）。

A. 运费　B. 杂费　C. 中转费　D. 理赔费

三、简答题

1. 列举集装箱运输的主要单证有哪些？
2. 集装箱货物的交接方式有几种，交接双方的责任怎样划分？
3. 简述集装箱海运组织的一般程序。
4. 什么是无船承运人？其特征和业务范围是什么？
5. 什么是大陆桥运输？主要的大陆桥运输线路有哪些？
6. OCP 运输、MLB 运输、IPI 运输有什么区别？

项目七　货物运输合同与保险

学习目标

知识目标：

1. 了解货物运输合同法律特征与货物运输合同类型，货物运输保险定义与保险基本原则。

2. 熟悉货物运输合同当事人的权利和义务，货运保险有关术语，主要保险类别。

3. 掌握常用货物运输合同的订立、变更解除方面的法律规定，常见货运保险的保险责任、除外责任、保险期限，投保注意事项及索赔要求。

能力目标：

1. 能根据客户托运要求，起草拟定货运合同。
2. 能正确处理货物运输合同出现的法律纠纷。
3. 能根据托运需要选择合适的保险险种。

本项目知识结构图：

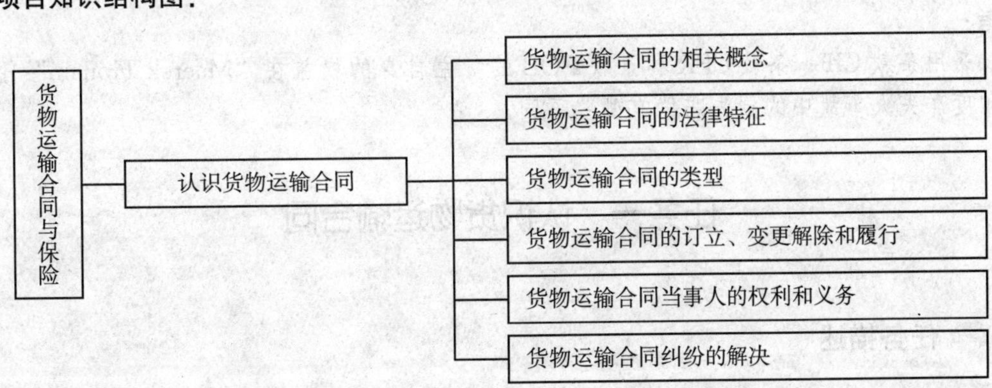

- 货物运输合同与保险
  - 办理货物运输保险
    - 货物运输保险的定义
    - 货运保险常用术语
    - 货物运输保险的种类
    - 常见货运保险的保险责任、除外责任、保险期限
    - 货物运输保险的投保
    - 货物运输保险的索赔

案例导读

“Maersk Honam”轮印度洋失火　货方如何保障自身权益?

2018年3月6日，格林尼治标准时间15点20分，马士基航运公司旗下集装箱船舶“Maersk Honam”轮（“马士基浩南”轮）在从新加坡驶往苏伊士运河途中，集货舱内发生严重火灾，虽然有23名船员安全转移，但仍有4名船员失踪。

此次“Maersk Honam”轮的损失极其惨重，其原因是多方面的。首先，“Maersk Honam”轮起火时装载约80%，该轮设计运力为15 262TEU，事发时船上装载7 860个集装箱，相当于12 416TEU，近乎于满载，超级集装箱船体积大，结构杂，配载密集，想扑灭大火谈何容易。船甲板上堆满了货柜，这为灭火增添了难度。其次，事发地点距离最近海岸500海里，难以及时救援，灭火条件受限。最后，印度的远洋救助能力不足。

据了解，该船之前曾停靠多个中国港口，考虑到新加坡港箱量大部分来自中国，因此“Maersk Honam”轮上应有为数不少的货物属于中国货主。据马士基航运网站显示，由于火灾和水损，船舶1～3舱内的集装箱全部损失。从结果来看，货损和货物的延期不可避免地会引发一系列的索赔。

为了防范风险，减少损失，提醒各位货主们一定要买货物运输保险!

思考:

采用条款CIF、条款CFR和条款FOB的货主自身的权益在“Maersk Honam”轮这次印度洋失火事故中的损失赔偿有哪些不同?

任务一　认识货物运输合同

任务描述

实习生陈洪敏在海迩货运公司公路货运部工作了一段时间，业务经理王清耘让他有时

间学习一下公司内部培训资料。今天他翻看到了以下业务案例：安达玻璃钢有限公司（下称甲方，原告、被上诉方）与海迩货运公司（下称乙方，被告、上诉人）于 2015 年 1 月 16 日签订运输合同，乙方负责将甲方提供的玻璃钢罐箱体从山东省潍坊市运至安徽省庐江县。在途经合肥市瑶海时，车辆起火，货物毁损。甲方将乙方诉至法院，要求赔偿损失。乙方称甲方违规托运固化剂和促进剂引发火灾，损失应由其自行承担，并且双方签订的合同约定为非保价运输，损失赔偿不超过运费的两倍。甲方以乙方提供的合同非格式合同进行抗辩。一审法院判决乙方提供的合同是格式合同，承担 80%的损害赔偿。乙方不服一审判决，提出上诉。陈洪敏发现，在此案件中货物运输合同的法律特征如此重要。

任务分析

货物运输合同的主体是托运人和承运人。托运人与承运人签订货运合同，应当按照合同法及相关规定履行货物运输义务。上述案件涉及货物造成损失是由于被上诉人违反法定义务托运危险物品引发火灾所致。因此，其责任依法应当由被上诉人自行承担。

知识储备

一、货物运输合同的相关概念

(一) 货物运输合同的定义

货物运输合同也称货运合同，是指托运人将货物交给承运人，承运人按照约定事项将货物运送到目的地，托运人或收货人支付运费的运输协议。货物运输合同是一种提供劳务服务的合同，提供服务的标的是一种特定的行为，是货物运输行为本身。

货物运输合同是承运人和托运人双方签订的明确双方权利义务关系、确保货物有效位移、具有法律效力的书面文件，是承运方、托运方开展物流运输业务的法律形式。货物运输合同一般为格式合同，其主要内容和条款都是由国家授权交通、铁路、民航等主管部门以法规的形式统一规定的，双方当事人均无权变更。

(二) 托运人、承运人和收货人

货物运输合同涉及托运人、承运人和收货人三方当事人。合同的主体是托运人和承运人，是货物运输合同权利的享有者和义务的承担者。

托运人是指请求运送货物的一方，承担支付运费的义务，享受其货物从一地运送到另一地的权利，托运人不一定是货物的所有人。我国未对托运人的合同主体资格加以特别规定，只要求其具备民法规定的行为能力。但如果托运的货物属于特殊种类货物，则托运人应当符合一定资质，例如危险品托运，应当提供运输危险品的批准文件等。

承运人是指在货物运输合同中与托运人签订运输合同的人，享受收取运费权利，承担运送货物或组织完成运送货物的义务，承运人包括签约承运人和实际承运人，为法人。由

于货物运输生产的高风险、高技术性质要求承运人具备多种条件才能进行运输生产活动。一般来说，承运人首先应拥有适当的运输工具，配备掌握运输技术的运输专业人员并具有较雄厚的经营资本。因此，承运人一般不能是个人，而应是较大规模的企业。其次，从现代企业制度角度来说，运输企业必须是企业法人，能够独立承担法律责任，其资格首先应符合法人的一般法律规定，组织形式和组织机构应符合《公司法》的规定，其运输经营活动必须符合专门运输法的规定。

收货人是指接收货物的一方，收货人可以与托运是同一人，也可以是运输合同当事人以外的第三人。当收货人为第三人时，收货人就是货物运输合同的关系人，此时货物运输合同就是第三人利益的合同货物。

二、货物运输合同的法律特征

（一）运输合同是有偿合同、双务合同

有偿合同，是指当事人一方享有合同规定的权益，须向对方偿付相应代价的合同。承运人履行将货物从一地运送到另一地的义务，从而给托运人带来“位移”的利益，其本人也取得了要求托运人（收货人）支付报酬，即运费的权利承运人以运输为业，以收取运费为营利手段，托运人（收货人）须向承运人支付运费。因此，运输合同只能是有偿合同。

双务合同，是指合同当事人双方相应享有权利、相应负有义务的合同。运输合同一经成立，当事人双方均负有义务，承运人须将托运人的货物从一地运到另一地，托运人（收货人）须向承运人支付运费，双方的权利义务是相互对应、相互依赖的。因此，运输合同是双务合同。

（二）运输合同一般是诺成性合同，但是也有少量的实践性合同

诺成性合同是指当事人意思表示一致即告成立且生效的合同。实践性合同是指除当事人意思表示一致以外，须以实际交付标的物才能生效的合同。托运人交付货物给承运人只是承运人履行运输合同的前提条件，而非成立条件。在一般的运输合同中，承运人对托运人提出的要约一旦予以承诺，合同就宣告成立。但是也不排除在有些情况下，运输合同为实践性合同，例如在铁路运输中，由于铁路运量紧张和运力不足，我国《铁路货物运输合同实施细则》规定：零担货物和集装箱运输的货物，以货物运单作为运输合同，当承运人在货物运单上加盖车站承运日期戳后，合同即告成立。

（三）运输合同一般为标准合同

标准合同也称格式合同，《合同法》第三十九条规定：格式条款是当事人为了重复使用而预先拟定，并在订立合同时未与对方协商的条款。货物运输合同就是一种标准合同，它的形式和条款一般先由行业协会依据法律法规、行业惯例、经营需要单方预先制定，然后由国家审核通过，应用于运输领域。托运人办理托运业务时一般都必须无条件接受，而不可能与承运人协商，这就是所谓的标准合同或格式合同。

（四）运输合同往往为第三人利益的合同

货物运输合同的主体是托运人和承运人，当托运人与收货人不一致时，收货人就成为这合同的关系人，虽然收货人不参与运输合同的签订，但他享有合同规定的权利并承担相应的义务。

（五）运输合同有些属于计划合同

货物运输合同涉及国计民生的重要物资（如钢材、煤炭、原油、粮油、木材等）大宗运输，一般按照指令性计划签订、履行；零星货物和公民个人物品的运输不需要计划，可根据货物情况和运输能力签订。

（六）运输合同标的特殊性

在运输合同中，合同标的是运送行为本身，而不是运送的货物。合同的履行结果是旅客或货物发生了位移，并没有创造新的使用价值。

三、货物运输合同的类型

由于运输方式、运输货物、运输范围、运输组织等的多样性，形成了不同名称的货物运输合同。某一种类的运输合同还可依据其他分类标准进行细分。

（一）货物运输合同的分类

根据不同的分类标准，货物运输合同可以分为不同的类别。不同运输方式的运输合同由不同运输法予以相应的管理和调整。

（1）根据运输对象不同，运输合同分为旅客运输合同和货物运输合同两大类。其中，货物运输合同根据运输货物性质不同，还可分为普通货物运输合同、特种货物运输合同等。

（2）根据运输方式不同，分为公路运输合同、铁路运输合同、内河运输合同、海上运输合同、航空运输合同和管道运输合同。

（3）根据运输区域不同，货物运输合同分为国内运输合同和国际运输合同。其中，国内运输合同的运输对象的起始点、所经路线和目的地均在一个关境内，国际运输合同的运输对象跨越一个或多个关境。

（4）根据运输组织方式，货物运输合同分为单一运输合同和多式联运合同。单一运输合同是指一个托运人与一个承运人之间签订的运输合同，双方权利义务划分清晰明确。多式联运合同包含两种及以上的运输方式，涉及多个承运人和相互间的权利义务关系，应考虑各运输环节之间的权利和义务等责任的划分等问题。

（二）货物运输合同的表现形式

1. 海运提单

海运提单是承运人在接管货物或把货物装船之后签发给托运人，证明双方已订立运输合同，并保证在目的港按照提单所载明的条件交付货物的一种书面凭证。

2. 航空货运单

航空货运单是在国内和国际航班上使用的货物运输凭证。航空货运单是一份不可转让的单据，也是航空运输的货物收据，表明承运人已经接收航空货运单上所列的货物，并有责任把货物按照指定的条件送达目的地机场。

3. 铁路货运单

与航空货运单类似，铁路货运单也是一份不可转让的单据，是铁路运输的货物收据，表明承运人已经接收铁路货物运单上所列的货物，并有责任把货物按照指定的条件送达目的地车站。

4. 公路货物托运单

托运人向公路运输企业托运货物时需要填写公路货物托运单（或称运单）。

5. 快递面单

快递面单是托运人与快递公司之间签订的运输合同，也是快递公司接收货物的收据，方便快递公司、发件人以及收件人实时跟踪快件。快递面单记载了快递物品名称、收发货人地址和联系方式、快递费用、双方签字等信息。

四、货物运输合同的订立、变更解除和履行

不同的运输方式、不同种类货物、不同的运输要求、不同的运输组织形式，都会对合同的订立产生不同程度的影响。货物运输合同还涉及国家对货物运输的具体规定，不仅要考虑货物是否属于禁运品、国家是否允许进出口，还要考虑承运人是否具有承运资格。例如，运送危险品的承运人要到公安部门审批，并且取得承运资格等。

大宗货物的运输具有长期性、连续性和多批次等特点，因此大宗货物的运输可按月、半年、年度或更长时间的合作协议来订立合同。长期货物运输合同使当事人之间形成了长期合作关系，不能通过一次运输过程将合同履行完毕。双方当事人签字后，长期货物运输合同即告成立，但并不一定要立刻交付货物。托运人履行合同时是分批次交付货物，每批次货物均应填交货运单，它是长期货物运输合同的组成部分。只有最后一个批次的货物办理完交接手续后，才认为全部货物运输行为完成，合同履行完毕。

整批货物或零担货物的运输，一般适用格式合同。托运人直接填写货运单或包裹托运单，承运人当场交验货物，加盖承运人公章及填写日期后，合同即告成立。

对于集装箱货物的运输，托运人提交的货运单即为运输合同，加盖承运人公章及填写日期后，合同即告成立。交付集装箱时，一般只检查集装箱的铅封是否完整、完好，承运人对箱内货物的短少及质量的差异不负责任。

（一）货物运输合同的订立程序

1. 要约

要约是买方或卖方向对方提出各项交易条件，并愿意按照这些条件达成交易、订立合

同的一种肯定的表示。货物运输合同的要约一般由托运人提出。

2. 承诺

承诺是指受要约人同意，对方在要约中提出的各项交易条件，并愿意按这些条件与对方达成交易、订立合同的一种肯定的表示，即承运人接受或受理托运人的提议，对托运人提出的全部内容和条款表示同意。

3. 履行

托运人应在规定时间备妥相应货物，及时送到指定地点，按合同要求做好包装和储运标志；承运人应在规定时间内完成货物的运输任务，保证运输质量。在货物装卸和运输过程中，双方要办理货物交接手续，分清责任，并在发货单和运费结算凭证上签字。

4. 变更与解除

货物运输合同成立后，托运人因为某种原因有权单方面决定变更或解除合同，而不需要经得承运人的同意，承运人也无权过问变更或解除的原因。《合同法》规定：在承运人将货物交付收货人之前，托运人可以要求承运人中止运输、返还货物、变更到达地或将货物交给其他收货人。但是，如果托运人单方变更或解除合同给承运人造成损失的，托运人或者提货凭证持有人应当赔偿承运人因此受到的损失，并且还要承担因变更或解除合同而产生的各种费用。

《中华人民共和国海商法》第八十九条规定：船舶在装货港开航前，托运人可以要求解除合同。此处虽然用词是“要求”，但实质上，对托运人提出的解除要求承运人必须同意，所以还是属于托运人单方变更或解除行为。只有出现了下列情形之一者，才允许变更或解除合同：

（1）由于不可抗力使运输合同无法履行。

（2）由于合同当事人一方的原因，在合同约定的期限内确实无法履行运输合同。

（3）合同当事人违约，使合同的履行成为不可能或不必要。

（4）经合同当事人双方协商，同意解除或变更合同，若由承运人提出解除合同的，应退还已收的运费。

（二）货物运输合同的主要内容

尽管不同的货物运输合同其表现形式不同，合同的格式和条款也有所不同，但一般都包含下述基本内容：

（1）货物的名称、规格、数量、体积及包装标准，危险品必须标明等级、运输注意事项、保管和装卸要求，外包装上指定位置必须有清晰的标志。

（2）货物起运地、目的地、收货人名称及详细地址。

（3）运输质量及安全要求。

（4）货物装卸责任和方法。

（5）货物的交接手续。

（6）批量货物运输的起止时限。

（7）双方的权利和义务。

（8）运杂费的计算标准和结算方式。

（9）变更、解除合同的期限。

（10）违约责任。

（11）双方商定的其他条款。

五、货物运输合同当事人的权利和义务

（一）托运人的权利和义务

1. 托运人的权利

（1）按要求交货的权利。托运人有权要求承运人按约定的时间、地点，把货物交付给收货人（收货人可以是第三人，也可以是托运人本身）。

（2）变更或解除合同的权利。运输合同成立后、承运人将货物交付收货人之前，托运人因法定事由或因双方协商同意，在合同规定和法律允许的范围内，对合同内容予以变更和解除的法律行为，如终止运输、返还货物、变更到达地点或变更收货人。由于变更或解除合同给承运人造成的损失，托运人应当赔偿。承运人的损失一般包括运费损失、装卸费支出、额外的运输成本或可得利益的损失。

2. 托运人的义务

托运人除运输合同中规定的“按时交付货物给承运人”的基本义务外，还应承担：

（1）如实申报的义务。《合同法》第三百零四条规定了托运人应当如实地向承运人申报托运货物情况的义务。在承运人托运货物之前，往往需要托运人在办理货物运输时向承运人准确地表明一些运输当中必要的情况，主要包括收货人名称（注册登记用的名称或身份证上的名字）和详细地址、货物名称、性质、重量、数量和价格，以便于承运人准确、安全地进行运输。因托运人申报不实或者遗漏重要情况，造成承运人损失，托运人应当承担损害赔偿责任。

货物运输合同一般是格式合同，在订立合同或填写托运单时，应将上述内容告知承运人，有特殊要求的应附加说明。

（2）将审批、检验的有关文件提交承运人的义务。通常情况下，货物自由交付托运，但有些特殊货物，其运输受国家法律法规限制，需要到相关部门通过审批、检验等手续，取得批准文件。这类准运证明是办理货物运输的前置程序，托运人应当熟悉有关法规，及时办理完成相关手续并在托运时将证明文件与货物运单同时提交。托运人负有保证其真实性和合法性的责任，承运人没有检查批准文件准确性的义务。若托运人提交的批准文件不全或不符合规定，造成承运人损害的应负赔偿责任，当然，承运人也可行使解除合同的权利。

（3）按约定或运输包装要求包装货物的义务。《合同法》第三百零六条规定：托运人

应当按照约定的方式包装货物。对包装方式没有约定或者约定不明确的，适用该法第一百五十六条的规定。托运人违反前款规定的，承运人可以拒绝运输。按照该条规定，当事人双方对包装方式没有约定或约定不明确，可以协议补充，不能达成补充协议的，按合同的有关条款或交易习惯确定。托运人没有进行包装的或者包装不符合约定或者运输安全需要的，承运人可以拒绝运输。对因此给托运人造成的损失，承运人不负赔偿责任；因货物包装不良造成运输工具、其他货物损害的，托运人要承担赔偿责任。

（4）支付运费、保管费及其他费用的义务。托运人因托运货物而向承运人支付费用是运输合同标的对应条款，是合同当事人中托运人义务的具体表现，也是托运人或收货人的基本义务。若托运人或收货人不支付运费、保管费和其他费用时，则承运人可依法对其承运的托运人的货物行使留置权。

（5）遵守托运危险货物规定的义务。《合同法》第三百零七条第一款规定：托运人托运易燃、易爆、有毒、有腐蚀性、有放射性等危险物品的，应当按照国家有关危险物品运输的规定对危险物品妥善包装，作出危险物标志和标签，并将有关危险物品的名称、性质和防范措施的书面材料提交承运人。托运人违反前款规定的，承运人可以拒绝运输，也可以采取相应措施以避免损失的发生，由此产生的费用由托运人承担。

（6）赔偿因变更、中止运输造成的承运人损失的义务。《合同法》第三百零八条规定：在承运人将货物交付收货人之前，托运人可以要求承运人中止运输、返还货物、变更到达地或者将货物交给其他收货人，但应当赔偿承运人因此受到的损失。托运人因经济活动的变化使得履行完成运输合同已无必要，可以依法请求对运输合同解除或变更，承运人一般无权拒绝。因此产生的费用由托运人承担，原运输费用按违约条款中的约定处理。对于已交付收货人货物但未结清运费的情况，视同已履行完毕运输合同，托运人不得再提出变更合同并以此来拒付运输费用。国家或主管部门的法律、法规还有规定托运人无权变更、中止运输限制性条款，例如铁路运输合同规定，不允许“变更同一批货物中的一部分”。

（二）承运人的权利和义务

1. 承运人的权利

（1）向托运人或收货人收取运杂费的权利。承运人有权依照有关运输部门的公告标准，收取运杂费。运费是根据运输工具、运输里程、货物重量体积或价值等计算，由托运人或收货人支付给承运人。杂费即其他费用，包括包装费、装车费、卸车费、加固费、货物暂存费、手续费等，此外收货人逾期提货的话，还有保管费。

（2）依法享有留置权。若托运人或收货人不支付运费、保管费、装卸费等承运有关运输费用，承运人可将托运的货物留置。

（3）有权处置无法交付的货物。货物运达约定地点后，承运人应及时通知收货人，收货人应当及时提货。因收货人名称或姓名、收货地点不详无法通知，或收货人接到通知后因不愿交付运杂费或已不需要此货物等拒绝领取，致使托运的货物无法交付，依据《合同法》的规定，承运人可以提存该货物。

2. 承运人的义务

承运人除了运输合同规定的"在约定时间将货物安全运送到约定地点"的基本义务外，还应承担以下义务：

(1) 及时告知。货物运送到目的地后，承运人应当及时通知收货人前来提货或运送到约定地点办理验货交付手续；若出现收货人名称或地址不明确无法通知，或提货通知被退回，收货人拒绝收货等情况，承运人要及时通知托运人，请求其对该货物做出处置指示。

(2) 对运输过程中货物的毁损、灭失承担损害赔偿的义务。从托运人将货物交付承运人起，至承运人将货物交付收货人止，货物处于承运人监控保管之下的整个过程，承运人负有采取适当措施保管货物的义务，并对此过程中发生的货物毁损、灭失承担赔偿责任。承运人证明货物的毁损、灭失是因不可抗力、货物本身的自然性质或者合理损耗以及托运人、收货人的过错造成的，不承担损害赔偿责任。

(三) 收货人的权利和义务

1. 收货人的权利

(1) 有权提出变更货物到达地或收货人的权利。

(2) 有权根据提单或提货凭证领取货物。

(3) 在约定的期限或合理的期限内对货物进行验收，发现货损、货差，经鉴定属于承运人的责任，则有向承运人提出索赔的权利。

2. 收货人的义务

(1) 及时提货。收货人一旦接到承运人的通知，应及时提货，这是收货人的主要义务。如果收货人没有在规定时间内或者没有在合理时间内提货，也就是逾期提货的，应当向承运人偿付逾期提货的违约金，并承担逾期保管费用；如因逾期提货，给承运人造成损失的，收货人还应赔偿损失。在逾期期间，承运人将货物卸在仓库或者其他适当场所，由此产生的费用和风险由收货人承担，此时货物因发生不可抗力而毁损、灭失的，承运人不负赔偿责任。在提货时，收货人发现货物的质量或数量等方面存在问题，不得以此为由拒绝提货，收货人必须接收交付的货物。如发现货损、货差，双方交接人员做好记录，并签认。收货人提取货物时，应将提单或者其他收货凭证交给承运人。

如果按合同或约定规定，应当由收货人交付部分或全部费用的，收货人在交清费用后才有权提取货物。

(2) 及时检验货物。《合同法》第三百一十条规定：收货人提货时应当按照约定的期限检验货物。对检验货物的期限没有约定或者约定不明确，依照该法第六十一条的规定仍不能确定的，应当在合理期限内检验货物。收货人在约定的期限或者合理的期限内未对货物数量、毁损等提出异议的，视为承运人已经按照运输单证的记载交付的初步证据。由于货物某些内在的损伤外部检查看不出，需专门检验才能发现的，如有证据证明该内在损伤是运输过程中造成，则可以推翻"初步证据"。

(3) 支付运费和保管费。货物运输合同中规定由收货人支付运费和相关费用的，收货人应承担支付运费和相关费用的义务。收货人支付运费通常是与托运人达成协议的，收货人不能因与托运人之间发生贸易纠纷而拒付运费。《合同法》第三一十五条明确规定：托运人或者收货人不支付运费、保管费以及其他运输费用的，承运人对相应的运输货物享有留置权。

六、货物运输合同纠纷的解决

(一) 货物运输合同纠纷的类型

货物运输合同纠纷，是指一方或双方未履行合同或未完全履行合同而给另一方造成了利益损失而引起的纠纷。这主要包括货物灭失纠纷、货损货差纠纷、货物延迟交付纠纷、运输单证纠纷及其他纠纷。

1. 货物灭失纠纷

(1) 交通事故造成的货物灭失。货物交付承运人装上指定的运输工具后，承运人往往无法直接掌控运输工具，可能由于承运人的运输工具发生运输事故，如船舶触礁或沉没、飞机失事、车辆碰撞等，造成货物连同运输工具一起灭失。追究事故原因，或是因为无法避免的风险，如突如其来的恶劣气候、其他交通工具的过失造成的；或是因为承运人的过失造成的，如运输工具出发前已存在安全隐患、不适航等导致在途事故的发生；或是因为承运人所雇佣的驾驶员的过失引起碰撞、倾覆或飞机失事。因此，对交通事故造成的货物灭失，承运人的责任往往需要根据事故原因而定，高低差异很大。

(2) 因国家政策法规导致禁运或没收，或因战争行为造成的货物灭失。目前，全球基本处于和平状态，尚有局部地区存在战争可能，战争的突发可能会误伤民用运输工具，造成货物的灭失。另外，有些国家为保护本国的动植物和人类的健康而对带有危险性病菌、害虫及其他有害生物的动物、植物及其产品实施禁运，已到口岸的依法应当检疫而未经检疫的动物产品，又不具备补检条件的予以没收销毁。

(3) 因盗窃造成货物灭失。货物处于承运人接管到交货的过程中，因整个过程距离远、环节多，其间可能发生盗窃损失。

(4) 因承运人管理过失造成货物灭失。由于配积装载不当，造成货物毁损、集装箱落海的事时有发生；另外因运输组织不力或信息错误造成错装错卸，使部分货物无法交给正确的收货人，也被认为是货物的灭失。

(5) 故意行为造成的货物灭失。由于承运人故意、恶意毁坏工具以骗取保险公司的赔偿，从而造成所运货物的全部灭失。目前更多的是利用运输环节进行诈骗活动，或利用货运单据骗取货物，造成货主或承运人承担货物灭失的责任。

2. 货损货差纠纷

货损货差，一般指收货人收到货物的状态与托运人交付承运人时的状态不一致，主要是品质受损、数量短少等。

3. 货物延迟交付纠纷

货物延迟交付是指因承运货物的交通工具发生事故，或承运人考虑运输成本而故意将货物推迟到下一班期，或运输交接环节因承运人过失使货物滞留原地，或因承运人自身利益而故意绕航致货物迟到。航空货运中，经常因空中管制、天气原因或海关扣关等原因造成货物的延迟交货。

4. 运输单证纠纷

运输单证纠纷主要表现有：承运人未签发提单，或托运人未要求签发提单而造成托运人利益受损；承运人因托运人要求倒签提单、预借提单，导致收货人利益受损，收货人在得知事实真相后向承运人索赔，继而引发承运人与托运人之间的纠纷；因承运人或其代理签发单证中的失误造成的承托双方的纠纷；还有因货物托运过程中一方伪造单证引发的单证纠纷。

5. 其他纠纷

运输过程中，除了与货物直接相关的纠纷外，还可能发生运费纠纷、租金纠纷。例如：承租人或货主方的过失或故意，未及时或足额交付租金或运费；承租的运输工具的技术规范达不到原合同的要求而引发的纠纷；因运输市场行情变化，导致交易一方认定原先订立的合同使其在新的市场情况下受损，欲毁约而产生的纠纷；履约过程中双方对诸如滞期费、装卸费的认同产生的纠纷；因托运人过失对承运人的运输工具造成损害引发的纠纷。

（二）货物运输合同纠纷的解决

签订货物运输合同的当事人是平等主体的公民、法人或其他组织，所以运输纠纷在本质上属于民事纠纷，应该通过民事方式来解决。发生纠纷时，首先选择协商的办法，当事人不伤和气，也没有其他人介入；其次是调解，协商不成的可申请交通主管部门调解，或合同管理机关调解；最后就是仲裁或诉讼，合同当事人协商不成、也不愿调解的，可根据合同中的仲裁条款或纠纷发生后达成的仲裁协议向仲裁机构申请仲裁；合同中无仲裁条款，事后也没达成仲裁协议的，当事人可以向有管辖权的人民法院提起诉讼，通过司法途径寻求解决，我国设有专门的海事法院和铁路运输法院。

（三）索赔时效

我国相关法律规定，海事赔偿请求时效为 1 年，追偿请求时效为 90 天，航租船赔偿请求时效为 2 年，公路运输赔偿请求时效为 180 天，铁路运输赔偿请求时效为 180 天，航空运输的赔偿请求时效为 2 年。

任务实施

步骤一：熟悉货物运输合同相关概念

货物运输合同简称货运合同，是指承运人把托运人所需要运输的货物按照托运人的要求运输到指定的地点，托运人或者收货人支付运费的合同。双方当事人商定合同的条款内容须具体、全面，才能避免因约定不明或无约定而出现不必要的麻烦。

步骤二：了解货物运输合同法律特征与货物运输合同类型

陈洪敏查看货运合同有关资料，发现货物运输合同当事人的权利义务大多数是由法律、法规、规章规定的，当事人双方按照有关规定办理相关手续合同即告成立。但当事人对合同的内容也可以依法进行修改。对于法律规定的强制性条款，当事人不能协商。凡是当事人协商的补充条款，都具有法律效力。随着市场经济的不断发展，当事人自由协商订立合同的情况越来越多，因此，《合同法》特别强调当事人约定的效力。我国目前对货物运输法律关系的调整，主要是按照不同的运输方式分别予以规定，包括民用航空法、公路法、海商法、铁路法以及若干法规和规章。

步骤三：掌握货物运输合同的订立、变更解除和履行程序

订立货物运输合同前，托运人应该对承运人的主体资格和履行合同能力进行必要的审查和了解，才能确定对方是否具备承运资质和保障货物安全到达目的地的能力。托运人应对托运单填写内容的真实性和正确性负责。因为托运人填交的货物托运单经承运人接受，并由承运人填发货运单后，货物运输合同即告成立。

步骤四：熟悉货物运输合同当事人的权利和义务

《合同法》第三百零四条规定：托运人办理货物运输，应当向承运人准确表明收货人的名称或者姓名或者凭指示的收货人，货物的名称、性质等有关货物运输的必要情况。因托运人申报不实或者遗漏重要情况，造成承运人损失的，托运人应当承担损害赔偿责任。第三百零六条规定：托运人应当按照约定的方式包装货物。对包装方式没有约定或者约定不明确的，适用本法第一百五十六条的规定：没有通用方式的，应当采取足以保护标的物的包装方式。第三百零七条规定：托运人托运易燃、易爆、有毒、有腐蚀性、有放射性等危险物品的，应当按照国家有关危险物品运输的规定对危险物品妥善包装，作出危险物标志和标签，并将有关危险物品的名称、性质和防范措施的书面材料提交承运人。至此，法律规定了托运人的应尽的义务。

海迩货运公司工作人员在合肥市瑶海公安消防大队的询问笔录中证明："公司委托上诉人运输的货物中有一箱配料，配料箱里放的是固化剂和促进剂"化学物品，"固化剂和促进剂是塑料桶包装的，且是厂家原装，没有分开，放在一个箱子里"。由此证明，被上诉人故意隐瞒货物真实情况将"固化剂和促进剂"混合包装在箱子中。同时，既然"原装"塑料桶，被上诉人没有按照包装上载明货物名称以及安全使用、存放以及运输方法等进行使用，是错误的。

步骤五：掌握货物运输合同纠纷的解决途径

运输纠纷在本质上属于民事纠纷，应通过民事方式来解决。首先选择协商的办法。其次是调解。最后就是仲裁或诉讼，合同当事人协商不成、也不愿调解的，可依仲裁协议向仲裁机构申请仲裁；当事人没有订立仲裁协议，事后也没达成仲裁协议的，当事人可以向有管辖权的人民法院提起诉讼，通过司法途径寻求解决。

任务评价（见表 7-1）

表 7-1　　任务评价表

被考评人			考评任务	认识货物运输合同	
	具体内容	分值	自我评价（30%）	小组评价（40%）	教师评价（30%）
评价标准	熟悉货物运输合同的相关概念	15			
	了解货物运输合同的法律特征与货物运输合同的类型	10			
	掌握货物运输合同的订立、变更解除和履行程序	30			
	熟悉货物运输合同当事人的权利和义务	15			
	掌握货物运输合同纠纷的解决途径	30			
	合计	100			

任务二　办理货物运输保险

任务描述

实习生陈洪敏在海迩货运公司公路货运部工作了一段时间，业务经理王清耘让他有时间就学习一下公司内部的培训资料。今天他翻看到了以下业务案例：广东华大科技向海迩货运公司托运一批计算机直接制版机，从深圳装运用汽车运至西安，投保美亚保险公司陆运一切险（保单号：EM66700341）。货物到达目的地后，签收货物的时候发现货物"计算机直接制版机"上盖和侧面都有摩擦、凹陷，收货人要求退货。经被保险人专业工程师检验，收货的时候发现木箱内部上方四根横木脱落，造成机器顶部有损伤和变形，机壳和机体无法吻合关闭。根据美亚版《陆上运输货物保险条款（火车、汽车）》，本保险承保保险标的物在运输过程中因外来原因所引致之物质性损害灭失。此次货物损害是运输过程中造成的损失（有承运人事故证明），被保险人可以向保险公司提出索赔。陈洪敏发现原来货物运输保险还分陆路、水路、航空等种类，哪怕是同一种运输方式的货物运输保险，不同保险险别承保范围也有很大差异。

任务分析

货物运输保险对于企业转嫁货物途中的风险，减少企业损失，并且对于从货损事故中总结规律、总结经验，针对货物运输存在的问题，做到未雨绸缪，防止货损货差的发生都具有重要意义。因此，熟悉货物运输保险业务相关知识对于物流运输企业至关重要。

知识储备

一、货物运输保险的定义

货物运输保险属于财产保险的范畴，它是以运输过程中的货物作为保险标的，保险人按照保险合同规定的承保范围，对被保险人在运输中的货物因遭遇保险事故而造成的损失和产生的责任，进行赔偿或支付保险金的一种保险。

开办这种保险，是为了使运输中的货物在水路、铁路、公路、航空和联合运输过程中，因遭受保险责任范围内的自然灾害或意外事故所造成的损失能够得到经济补偿，并加强货物运输的安全防损工作，以利于商品的生产和流通。

二、货运保险常用术语

保险作为一种经济补偿手段，具有分散危险、补偿损失的职能。保险是一项专业性较强的工作，涉及许多专业术语，见表 7－2。

表 7－2 货运保险常用术语

序号	基本术语	术语解释
1	保险	根据我国《保险法》的规定，保险是指投保人根据合同约定，向保险人支付保险费，保险人对于合同约定的可能发生的事故因其发生所造成的财产损失，承担赔偿保险金责任。
2	保险人	指与投保人订立保险合同，并承担赔偿或者给付保险金责任的保险公司。
3	投保人	指与保险公司订立保险合同，并按照保险合同负有支付保险费义务的人。
4	被保险人	指受保险合同保障，享有保险金请求权的人。
5	受益人	指在保险合同中由被保险人或者投保人指定的享有保险金请求权的人。如果投保人或被保险人未指定受益人，由保险人依照《中华人民共和国继承法》的规定履行给付保险金的义务。
6	保险标的	保险合同中载明的投保对象，货物运输保险的保险标的为运送的货物，它是保险利益的载体。

续前表

序号	基本术语	术语解释
7	可保风险	可保风险是指符合保险人承保条件的特定风险。
8	保险利益	又称可保利益，指投保人对保险标的具有法律上承认的利益。
9	保险费	简称保费，指投保人交付给保险公司的钱。
10	保险金	指保险事故发生后被保险人或受益人从保险公司领取的钱。
11	保险金额	简称保额，指保险公司承担赔偿或者给付保险金责任的最高限额。
12	保险单	简称保单，指保险公司给投保人的凭证，证明保险合同的成立及其内容。保险单是一种具有法律效力的文件，保险单分纸质保单和电子保单两种形式。
13	保险责任	指保险公司承担赔偿或者给付保险金责任的项目。
14	除外责任	指保险公司不予理赔的项目，如违法行为或故意行为导致的事故。
15	保险期限	保险期限，又称“保险期间”，根据合同在约定时间内对约定的保险事故负保险责任，这一约定的时间称为保险期限。
16	主险与附加险	主险又称基本险，指不需附加在其他险别之下，可以单独投保的保险险种；附加险指不能单独投保，只能附加在主险投保的保险险种，主险因失效、解约或期满等原因效力终止或中止时，附加险效力也随之终止或中止。
17	全部损失	简称全损，保险标的遭受全部损失。
18	推定全损	保险标的因实际全损不可避免而予以合理委付，或出现虽可免遭实际全损但须支付超过其本身价值的费用的情况，即可构成推定全损。
19	求助费用	指因第三者的救助行为使船舶或货物确能有效地避免或减少损失而支出的酬金。
20	施救费用	指被保险人、代理人、受雇人或受让人在保险标的遭受任何保险事故时，负有采取一切合理措施避免或减轻损失到最低限度的责任，从而进行各种施救工作并支出的费用。

三、货物运输保险的种类

按照货物运输的范围，货物运输保险可分为国内货物运输保险和国际货物运输保险。国内货物运输保险种类见表 7-3。

表 7-3　国内货物运输保险种类

险种	险别
国内水路货物运输保险	基本险承保货物在运输过程中因遭受自然灾害或意外事故造成的损失；综合险除承保基本险责任外还负责包装破裂、破碎、渗漏、盗窃和雨淋等危险。

续前表

险种	险别
国内铁路货物运输保险	基本险承保货物在运输过程中因遭受自然灾害或意外事故造成的损失；综合险除承保基本险责任外还负责包装破裂、破碎、渗漏、盗窃、提货不着和雨淋等造成的损失。
国内公路货物运输保险	保障范围包括自然灾害和意外事故，还综合承保雨淋、破碎、渗漏等危险。
国内航空货物运输保险	保障范围包括自然灾害和意外事故，还综合承保雨淋、破碎、渗漏、盗窃和提货不着等危险。
鲜、活易腐货物特约保险	
国内沿海货物运输舱面特约保险	

在我国，国际货物运输最常用的保险条款是 C. I. C. 中国保险条款，该条款是由中国人民财产保险股份有限公司制订，中国人民银行及中国保险监督委员会审批颁布。C. I. C. 保险条款按运输方式来分，有海洋、陆上、航空和邮包运输保险四大类，见表 7－4；对某些特殊商品，还配备有海运冷藏货物、陆运冷藏货物、海运散装桐油及活牲畜、家禽的海陆空运输保险。

表 7－4　　国际货物运输保险种类

险种	险别
海洋货物运输保险	平安险、水渍险、一切险三种。
陆上货物运输保险	陆运险和陆运一切险两种。
航空货物运输保险	空运险和空运一切险两种。
邮包保险	邮包险和邮包一切险两种。
附加险	一切险范围内的附加险有：偷窃险、提货不着险、淡水雨淋险、短量险等；承保一切险，对其中任何一种附加险都负责。
	不属于一切险范围内的特别附加险主要有：进口关税险、舱面险、卖方利益险、港澳存仓火险、虫损险等。
特殊附加险	战争险和罢工险。

四、常见货运保险的保险责任、除外责任、保险期限

（一）国内水路、陆路货物运输保险

国内水路、陆路货物运输保险适用于国内水路、铁路、公路或联运方式，是保险货物

遭受保险责任范围内的自然灾害或意外事故时，据此可以得到经济补偿的保险。

1. 保险责任

我国国内水路、陆路货物运输保险分为基本险和综合险两种。

（1）基本险的保险责任。

1）自然灾害：因火灾、爆炸、雷电、冰雹、暴风、暴雨、洪水、地震、海啸、地陷、崖崩、滑坡、泥石流所造成的损失。

2）由于运输工具发生碰撞、搁浅、触礁、倾覆、沉没、出轨或隧道、码头坍塌所造成的损失。

3）在装货、卸货或转载时，因遭受不属于包装质量不善或装卸人员违反操作规程所造成的损失。

4）按国家规定或一般惯例应分摊的共同海损的费用。

5）在发生上述灾害、事故时，因纷乱而造成货物的散失及因施救或保护货物所支付的直接合理的费用。

（2）综合险的保险责任。

除基本险的责任外，还要负责赔偿下列损失：

1）因受震动、碰撞、挤压而造成货物破碎、弯曲、凹瘪、折断、开裂或包装破裂致使货物散失的损失。

2）液体货物因受震动、碰撞或挤压致使所用容器损坏而渗漏的损失，或用液体保藏的货物因液体渗漏而造成保藏货物腐烂变质的损失。

3）盗窃或承运人责任造成的整件提货不着的损失。

4）符合安全运输规定而遭受雨淋所致的损失。

2. 除外责任

（1）战争或军事行为。

（2）核事件或核爆炸。

（3）被保险货物本身的缺陷或自然损耗，以及由于包装不善所致的损失。

（4）被保险人的故意行为或过失。

（5）全程是公路货物运输的，盗窃和整件提货不着的损失。

（6）其他不属于保险责任范围的损失。

3. 保险期限

保险责任的起讫期，是自签发保险凭证，且保险货物运离起运地发货人的最后一个仓库或储运处所时起，终止于货物运到保险凭证上注明的目的地的收货人在当地的第一个仓库或储存处所。但保险货物运抵目的地后，如果收货人未及时提货，则保险责任的终止期最多延长至以收货人接到《到货通知单》后的十五天为限（以邮戳日期为准）。

（二）海洋货物运输保险

全球贸易中，超过80%的货物是通过海运完成，故海洋货物运输保险是货物运输保险的核心。

1. 保险责任

(1) 平安险。

1) 被保险货物在运输途中由于恶劣气候、雷电、海啸、地震、洪水自然灾害造成整批货物的全部损失或推定全损，当被保险人要求赔付推定全损时，须将受损货物及其权利委付给保险公司。被保险货物用驳船运往或运离海轮的，每一驳船所装的货物可视作一个整批。推定全损是被保险货物的实际全损已经不可避免，或者恢复、修复受损货物以及运送货物到原定目的地的费用超过该目的地的货物价值。

2) 由于运输工具遭受搁浅、触礁、沉没、互撞，与流冰或其他物体碰撞以及失火，爆炸意外事故造成货物的全部或部分损失。

3) 在运输工具已经发生搁浅、触礁、沉没、焚毁意外事故的情况下，货物在此前后又在海上遭受恶劣气候、雷电、海啸等自然灾害所造成的部分损失。

4) 在装卸或转运时由于一件或数件整件货物落海造成的全部或部分损失。

5) 被保险人对遭受承保责任内危险的货物采取抢救，防止或减少货损的措施而支付的合理费用，但以不超过该批被救起货物的保险金额为限。

6) 运输工具遭遇海难后，在避难港由于卸货所引起的损失以及在中途港、避难港由于卸货、存仓及运送货物所产生的特别费用。

7) 共同海损的牺牲、分摊和救助费用。

8) 运输契约订有“船舶互撞责任”条款，根据该条款规定应由货方偿还船方的损失。

(2) 水渍险。

除包括上列平安险的各项责任外，本保险还负责被保险货物由于恶劣气候、雷电、海啸、地震、洪水自然灾害所造成的部分损失。

(3) 一切险。

除包括上列平安险和水渍险的各项责任外，本保险还负责被保险货物在运输途中由于外来原因所致的全部或部分损失。

2. 除外责任

(1) 被保险人的故意行为或过失所造成的损失。

(2) 属于发货人责任所引起的损失。

(3) 在保险责任开始前，被保险货物已存在的品质不良或数量短差所造成的损失。

(4) 被保险货物的自然损耗、本质缺陷、特性以及市价跌落、运输延迟所引起的损失或费用。

(5) 保险公司海上货物运输保险条款中的海洋运输货物战争险条款和货物运输罢工险条款规定的责任范围和除外责任。

3. 保险期限

(1) 保险采用“仓至仓”责任，自被保险货物运离保险单所载明的起运地仓库或储存处所开始运输时生效，包括正常运输过程中的海上、陆上、内河和驳船运输在内，直至该项货物到达保险单所载明目的地收货人的最后仓库或储存处所或被保险人用做分配，分派或非正常运输的其他储存处所为止。如未抵达上述仓库或储存处所，则以被保险货物在最后卸载港全部卸离海轮后满六十天为止。如在上述六十天内被保险货物需转运到非保险单所载明的目的地时，则以该项货物开始转运时终止。

（2）由于被保险人无法控制的运输延迟、绕道、被迫卸货、重行装载、转载或承运人运用运输契约赋予的权限所作的任何航海上的变更或终止运输契约，致使被保险货物运到非保险单所载明目的地时，在被保险人及时将获知的情况通知保险人，并在必要时加缴保险费的情况下，本保险仍继续有效，保险责任按下列规定终止：

1）被保险货物如在非保险单所载明的目的地出售，保险责任至交货时为止，但不论任何情况，均以被保险货物在卸载港全部卸离海轮后满六十天为止。

2）被保险货物如在上述六十天期限内继续运往保险单所载原目的地或其他目的地时，保险责任仍按"仓至仓"责任的规定终止。

4. 伦敦保险协会海运货物保险险别

英国是近代世界海运保险的中心，在国际上占有很重要的地位。伦敦保险协会的《协会货物条款》主要有六个系列，代表着六个险别，分别是：协会货物（A）险条款ICC（A）、协会货物（B）险条款ICC（B）、协会货物（C）险条款ICC（C）、协会战争险条款（货物）、协会罢工险条款（货物）、恶意损害险条款。ICC（A）承保责任范围很广，采用"一切风险减去除外责任"的方式，即对除外责任项下所列风险导致的损失不负责赔偿，除此以外的其他风险导致的损失均负责，类似于我国的一切险；ICC（B）承保范围采用列明风险的方式，范围明显小于ICC（A），近似于水渍险；ICC（C）也采用列明风险的方式，承保"重大意外事故"，小于平安险。

对保险人承保的风险损失，不再区分全部损失与部分损失。凡属承保责任范围内的损失，不论是全部损失还是部分损失，保险人均负赔偿责任；反之，凡不属于承保责任范围内的损失，不论损失程度如何，保险人均不负责。

在上述六种险别条款中，除恶意损害险条款外，其余五种险别按条文的性质划分为承保风险、除外责任、保险期限、索赔、保险受益、减少损失、防止延迟和法律惯例八个部分。这八个部分中，除了前三项外，其他五项在五个险别中完全相同。各个险别条款结构统一、体系完整，承保范围在条款中一目了然，极大地方便了被保险人的选择。

在《协会货物条款》中，不仅ICC（A）、ICC（B）、ICC（C）三种可以单独投保，必要时战争险和罢工险也可以作为独立的险别进行投保。

（三）陆上货物运输保险

我国陆上货物运输保险条款规定，陆上货物运输保险的基本险包括陆运险和陆运一切险两种。此外，有适用于陆运冷藏货物的专门险——陆上运输冷藏货物险、陆上运输货物战争险。

1. 保险责任

（1）陆运险。

对被保险货物在运输途中遭受暴风、雷电、地震、洪水等自然灾害；或由于陆上运输工具遭受碰撞、倾覆或出轨；如有驳运过程，包括驳运工具搁浅、触礁、沉没或由于遭受隧道坍塌、崖崩或火灾、爆炸等意外事故所造成的全部损失或部分损失，负责赔偿。

(2) 陆运一切险。

除了包括上述陆运险的责任外，对在运输中由于外来原因造成的短少、短量、偷窃、渗漏、碰损、破碎、钩损、生锈、受潮、受热、发霉、串味、沾污等全部损失或部分损失负赔偿责任。

在投保上述任何一种基本险别时，经过协商还可加保附加险。

(3) 陆上运输冷藏货物险。

陆上运输冷藏货物险是陆上货运险的一个专门险种，是一种特殊的基本险，可以单独投保。它不仅承保陆上运输工具冷藏设备装运的冷藏货物因运输途中遭到自然灾害、意外事故而造成的损失和腐败损坏，还对因冷藏机器或隔温设备在运输途中损坏所造成的被保险货物解冻溶化而腐败的损失。

(4) 陆上运输货物战争险。

陆上运输货物战争险是陆上货物运输保险的一种附加险，只有在投保了陆上货运基本险之后才可以加保。当该条款与陆上运输货物保险条款的任何条文有抵触时，以本条款为准。在国外，私营保险公司大都不承保陆上运输货物战争险。我国的财产保险公司为适应外贸业务需要，接受加保，但对于汽车运输的战争险则不予承保，也就是说该险种只适用于火车运输。

2. 除外责任

陆上货物运输保险的除外责任与海洋货物运输保险条款中的规定相同。

3. 保险期限

陆上货物运输保险的责任也是“仓至仓”。如未进仓，以到达最后卸载车站满 60 天为止。如加保了战争险，其责任起讫自货物装上火车时开始，至目的地卸离火车时为止。如不卸离火车，以火车到达目的地的当日午夜起满 48 小时为止。如在中途转车，不论货物在当地卸载与否，以火车到达中途站的当日午夜起满 10 天为止。如货物在 10 天内重新装车续运，保险责任继续有效。

陆上运输冷藏货物险的保险责任自被保险货物运离保险单所载明的起运地点的冷藏仓库装入运输工具开始运输时生效，包括正常陆运和与其有关的水上驳运在内，直至货物到达保险单所载明的目的地收货人仓库为止。但是，最长保险责任的有效期限以被保险货物到达目的地车站后 10 天为限。

(四) 航空货物运输保险

1. 保险责任

(1) 国内航空货物运输保险合同。

国内航空货物运输保险合同的保险人对于保险货物于保险期限内在运输或存放过程中因下列原因造成的损失，承担赔偿责任：

1) 由于飞机遭受碰撞、倾覆、坠落、失踪（3 个月以上）、在危难中发生卸载或遭遇恶劣气候或其他危难事故发生抛弃行为所造成的保险货物损失。

2）保险货物本身因遭受火灾、爆炸、雷电、冰雹、暴风、暴雨、洪水、海啸、地震、地陷、崖崩所造成的损失。

3）保险货物因受震动、碰撞或压力而造成破碎、弯曲、凹瘪、折断、开裂等损伤以及由此而引起包装破裂所造成的损失。

4）凡属液体、半流体或需要用液体保藏的保险货物，在运输途中因受震动、碰撞或压力致使所装容器（包括封口）损坏发生渗漏而造成的损失，或用液体保藏的保险货物因液体渗漏而致保险货物腐烂的损失。

5）保险货物因遭受偷盗或提货不着所造成的损失。

6）在装货、卸货时或在地面运输过程中，遭受不可抗拒的意外事故及雨淋所造成的保险货物的损失。

此外，因发生保险责任范围内的灾害事故时，进行施救或保护保险货物而支付的合理费用保险人也负责赔偿，但是，以保险金额为限。

（2）国内航空运输鲜、活货物和动物保险合同。

国内航空货物运输附加保险合同中，保险人除了承担上述国内航空货物运输保险合同的保险责任范围内的灾害事故造成保险的鲜、活货物和动物的损失以外，还应对于保险动物的死亡，保险植物的干枯，保险水果、蔬菜、水产品的腐烂，保险禽蛋的破碎等损失以及抢救、保护鲜、活货物和动物所支出的合理费用，承担赔偿责任。

（3）国际航空货物运输保险合同。

分为航空运输险和航空运输一切险两种。被保险货物遭受损失时，按保险单上订明承保险别的航空货物运输保险条款负赔偿责任。

1）航空运输险的保险责任。

a. 被保险货物在运输途中遭受雷电、火灾、爆炸或由于飞机遭受恶劣气候或其他危难事故而被抛弃，或由于飞机遭碰撞、倾覆、坠落或失踪意外事故所造成全部或部分损失。

b. 被保险人对遭受承保责任内危险的货物采取抢救，防止或减少货损的措施而支付合理费用，但以不超过该批被救货物的保险金额为限。

2）航空运输一切险的保险责任。

除包括上列货运险条款航空运输险责任外，本保险还负责被保险货物由于外来原因所致的全部或部分损失。

2. 除外责任

（1）国内航空货物运输保险合同。

国内航空货物运输保险合同的保险货物在保险期限内无论是在运输或存放过程中因下列原因造成的损失，保险人不负赔偿责任：

1）战争或军事行动。

2）由于保险货物本身的缺陷或自然损耗，以及由于包装不善或属于托运人不遵守货物运输规则所造成的保险货物损失。

3）托运人或被保险人的故意行为或过失行为所造成的损失。

4）其他不属于保险责任范围内的损失。

（2）国际航空货物运输保险合同。

航空货物运输保险合同的保险人对下列损失不负赔偿责任：

1）被保险人的故意行为或过失所造成的损失。

2）属于发货人责任所引起的损失。

3）航空货运险条款保险责任开始前，被保险货物已存在的品质不良或数量短差所造成的损失。

4）被保险货物的自然损耗、本质缺陷、特性以及市价跌落、运输延迟所引起的损失或费用。

5）保险公司航空运输货物战争险条款和货物及罢工险条款规定的责任范围和除外责任。

3．保险期限

（1）国内航空货物运输保险合同。

国内航空货物运输保险合同的保险责任，自保险货物经承运人收讫并签发航空货运单注明保险时起，至空运抵达目的地收货人在当地的仓库或储存处所时终止。但是，如果保险货物空运至目的地后收货人未及时提货的，保险责任的终止期以承运人向收货人发出到货通知后的15天为限。

如果飞机在飞行途中，因机件损坏或发生其他的故障而被迫降落，以及因货物严重积压致使保险货物需用其他运输工具运往原目的地时，经办理批改手续的，保险人仍继续负责。如果保险货物在被迫降落的地点出售或分配，保险责任的终止期以承运人发出通知以后的15天为限。

（2）国内航空运输鲜、活货物和动物保险合同。

国内航空运输鲜、活货物和动物保险合同的保险责任，白保险人签发保险单时开始产生效力，至保险的鲜、活货物和动物到达目的地机场交给收货人止。如果收货人未及时提货，保险责任最长以保险的鲜、活货物和动物卸离飞机后8小时为限。

（3）国际航空货物运输保险合同。

因适用于国际航空货物运输，故航空货物运输保险合同保险责任的起讫期限的规定与海洋货物运输保险合同大体一致，采用“仓至仓条款”确定起讫期限。即自保险货物运离保险单所载明的起运地仓库或储存处所开始运输时生效，包括正常运输过程中的运输工具在内，直至该项货物运达保险单所载明目的地收货人的最后仓库或储存处所或被保险人用做分配、分派或非正常运输的其他储存处所为止。如未运抵上述仓库或储存处所的，则以保险货物在最后卸载地卸离飞机后满30天为止（不同于海洋货物运输保险合同规定的60天）。如在上述30天内保险货物需转送到非保险单所载明目的地时，则以该项货物开始转运时终止保险责任。

如果由于被保险人无法控制的运输延迟、绕道、被迫卸货、重行装载、转载或承运人运用运输契约赋予的权限所做的任何航行上的变更或终止运输契约致使保险货物运到非保险单所载目的地时，在被保险人及时将获知的情况通知保险人并在必要时加缴保险费的情况下，航空货物运输保险合同继续有效，则保险责任按下述标准终止：

1）保险货物在非保险单所载目的地出售的，保险责任至交货时终止。但不论任何情况，均以保险货物在卸载地卸离飞机后满 30 天为止。

2）保险货物在上述 30 天期限内继续运往保险单所载原目的地或其他目的地时，保险责任仍按前述“仓至仓条款”的规定终止。

(五) 邮包保险条款

1. 保险责任

保险分为邮包险和邮包一切险两种。被保险货物遭受损失时，本保险按保险单上订明承保险别的邮包保险条款规定，负赔偿责任。

(1) 邮包险。

1) 被保险邮包在运输途中由于恶劣气候、雷电、海啸、地震、洪水自然灾害或由于运输工具遭受搁浅、触礁、沉没、碰撞、倾覆、出轨、坠落、失踪，或由于失火、爆炸等意外事故所造成的全部或部分损失。

2) 被保险人对遭受承保责任内危险的货物采取抢救、防止或减少货损的措施而支付的合理费用，但以不超过该批被救货物的保险金额为限。

(2) 邮包一切险。

除包括上述邮包险的各项责任外，本保险还负责被保险邮包在运输途中由于外来原因所致的全部或部分损失。

2. 除外责任

(1) 被保险人的故意行为或过失所造成的损失。

(2) 属于发货人责任所引起的损失。

(3) 在保险责任开始前，被保险邮包已存在的品质不良或数量短差所造成的损失。

(4) 被保险邮包的自然损耗、本质缺陷、特性以及市价跌落、运输延迟所引起的损失或费用。

(5) 保险公司邮包保险运输条款——邮包战争险条款和货物运输罢工险条款规定的责任范围和除外责任。

3. 保险期限

保险责任自被保险邮包离开保险单所载起运地点寄件人的处所运往邮局时开始生效，直至该项邮包运达本保险单所载目的地邮局，自邮局签发到货通知书当日午夜起算满十五天终止。但在此期限内邮包一经递交至收件人的处所时，保险责任即行终止。

五、货物运输保险的投保

(一) 国内货物运输保险

被保险人可以直接向保险公司投保，也可以向保险代理人投保。（注：保险代理人是根据保险人的委托，在保险人授权范围内代为办理保险业务的单位或者个人。保险代理人可以是保险代理公司，也可以是货物承运部门。）

如果投保人需要投保保险责任中所没有的风险，可以在参加保险时和保险公司做特别约定。

保险金额是保险公司赔偿的最高限额，可以按保险价值确定，也可以由保险双方协商确定。保险价值按货价或货价加运杂费确定。投保时，请携带发票、货票作为货价依据。如果保险金额高于保险价值，超出的部分无效；如果保险金额低于保险价值，发生部分损失时则按比例赔偿：

保险金额＝损失金额×（保险金额/保险价值）

投保人、被保险人应依法履行如实告知义务，如实回答保险人（保险代理人）就保险标的或者投保人、被保险人的有关情况提出的询问。投保人（被保险人）在保险人或其代理人签发保险单（凭证）的同时，应一次缴清应付的保险费。投保人（被保险人）应当严格遵守国家及交通运输部门关于安全运输的各项规定，还应接受并协助保险公司对保险货物进行的查验防损工作，货物运输包装必须符合国家和主管部门规定的标准。

保险货物如果发生保险责任范围内的损失时，投保人或被保险人获悉后，应立即通知保险公司当地保险机构并应迅速采取施救和保护措施防止或减少货物损失。

（二）国际货物运输保险

当托运人需要对一笔货物进行保险时，首先要跟保险公司联系，通常是填制一张投保单，经保险公司接受后就开始生效。保险公司出立保险单以投保人的填报内容为准。填报时要明确以下内容：

（1）被保险人名称：要按照保险利益的实际有关人填写。

（2）标记：应该和提单上所载的标记符号相一致，特别要同刷在货物外包装上的实际标记符号一样，以免发生赔案时，引起检验、核赔、确定责任的混乱。

（3）包装数量：要将包装的性质如箱、包、件、捆以及数量都写清楚。

（4）货物名称：要具体填写，一般不要笼统地写纺织品、百货、杂货等。

（5）保险金额：通常按照发票 CIF 价加成 10%～20%计算，如发票价为 FOB 带保险或 CFR，应将运费、保费相应加上去，再另行加成。需要指出的是，保险合同是补偿性合同，被保险人不能从保险赔偿获得超过实际损失的赔付，因此溢额投保（如过高的加成、明显偏离市场价格的投保金额等）是不能得到全部赔付的。

（6）船名或装运工具：海运需写明船名、转运也需注明；联运需注明联运方式。

（7）航程或路线：如到目的地的路线有两条，要写上自××经××至××。

（8）承保险别：必须注明，如有特别要求也在这一栏填写。

（9）赔款地点：除特别声明外，一般在保险目的地支付赔款。

（10）投保日期：应在开航前或运输工具开行前。

注意事项：

（1）投保申报情况必须属实。

（2）投保险别、币制与其他条件必须和信用证上所列保险条件的要求相一致。

（3）投保险别和条件要和买卖合同上所列保险条件相符合。

（4）投保后发现投保项目有错漏，要及时向保险公司申请批改，如保险目的地变动、船名错误以及保险金额增减等。

六、货物运输保险的索赔

（一）国内货物运输保险

当货物到达目的地时发现有损坏，可按以下方式处理：（1）请及时向保运通或者保险公司报案；（2）对货损进行拍照，包括外包装及具体的受损部位进行详细拍照；（3）要求运输公司出具货损报告；（4）先对货物进行初步检测，如确定损失较大，再尽快联系保险公司安排查勘定损。

被保险人在向保险公司申请赔偿时，应当提供下列单证：

（1）确定发生损失原因的证件。

（2）保险单、提货单或其他运单及发货单。

（3）救护保险货物所支出合理费用的单据。

保险公司在接到上述申请和单证后，即根据保险责任范围，迅速核定应否赔偿。有关赔偿金额，经与被保险人达到协议后立即赔付。

保险货物发生保险责任范围内的损失，如果根据法律规定或者有关约定，应当由第三者负责赔偿的，根据被保险人提出要求，保险公司可以按照本条款的有关规定先予赔偿。被保险人应当将追偿权转移给本公司，并协助保险公司共同向第三者追偿。

保险货物遭受损失以后的残余部分，应当充分利用，作价折归被保险人，并在赔款中扣除。

被保险人从获悉保险货物遭受损失的当天起，如果经过一年不向保险公司申请赔偿，不提出必要的单据、证件，或者不领取应得的赔款，即作为自愿放弃权益。

被保险人与保险公司如果发生争议，应本着实事求是的精神协商解决。双方不能达成协议时，可提交仲裁机构仲裁或法院处理。

（二）国际货物运输保险

当被保险人保险的货物遭受损失后，就产生了向保险公司的索赔问题。被保险人应按照保单的规定向保险公司办理索赔手续，同时还应以收货人的身份向承运人办妥必要的手续，以维护自己的索赔权利。

（1）损失通知：当被保险人获悉或发现保险货物遭损，应马上通知保险人，以便保险人检验损失，提出施救意见，确定保险责任，查核发货人或承运人责任。延迟通知，会耽误保险人进行有关工作，引起异议，影响索赔。

（2）向承运人等有关方提出索赔：被保险人或其代理人在提货时发现货物明显受损或整件短少，除向保险公司报损外，还应立即向承运人、受托人以及海关、港务局等索取货损货差证明。当这些损失涉及承运人、受托人或其他有关方面如码头、装卸公司的责任，应立即以书面向它们提出索赔，并保留追偿权利，必要时还要申请延长索赔时效。

(3) 采取合理的施救、整理措施：保险货物受损后，作为货方的被保险人应该对受损货物采取措施，防止损失扩大。特别是对受损货物，被保险人仍须协助保险人进行转售、修理和改变用途等工作。因为相对于保险人而言，被保险人对于货物的性能、用途更加熟悉，因此，原则上残货应由货方处理。

货物遭受损失属于保险责任的，可填写索赔清单，连同提单副本、装箱单、保险单正本、磅码单、修理配置费凭证、第三者责任方的签证或商务记录以及向第三者责任方索赔的来往函件等向保险公司索赔。索赔应当在保险有效期内提出并办理，否则保险公司可以不予办理。

扫二维码了解中国人民保险集团股份有限公司《国内水路、陆路货物运输保险》和《进出口货运保险》的保险条款、投保指南和索赔指南以及保之道网有关货运保险的介绍资料。

《国内水路、陆路货物运输保险》　《进出口货运保险》　保之道

任务实施

步骤一：了解货物运输保险定义与保险基本原则

货物运输保险是指承保运输中货物因自然灾害或意外事故所致损失的保险，属于财产保险的范畴，它是以运输过程中的货物作为保险标的。

步骤二：熟悉货运保险术语和货物运输保险种类

保险是一项专业性较强的工作，涉及许多专业术语。按货物运输方式可分为海上货物运输保险、陆上货物运输保险、航空运输货物保险、邮包保险以及联运保险。货物运输保险的期限多以一次航程或运程计算。凡在货物运输中具有保险利益的人均可投保，如货主、发货人、托运人、承运人等。

步骤三：掌握常见货运保险的保险责任、除外责任、保险期限

实习生陈洪敏了解到被保险人广东华大科技的货物使用的公路运输，投保的是美亚保险的陆运一切险。根据美亚版《陆上运输货物保险条款（火车、汽车）》，该保险承保保险标的物在运输过程中因外来原因所引致之物质性损害灭失。

步骤四：掌握货物运输保险的投保注意事项

货物到达西安后，签收货物的时候发现货物“计算机直接制版机”上盖和侧面都有摩擦、凹陷，收货人要求退货。被保险人广东华大科技应马上要求承运人对货损进行详细拍照并出具货损报告，同时通知保险公司派人去现场查勘，并请收货人公司采取保护措施防止或减少货物损失。

步骤五：掌握货物运输保险的索赔要求

对于类似广东华大科技货运出险问题，陈洪敏咨询了王经理需要提供哪些索赔资料才

能向保险公司进行索赔。王经理告诉陈洪敏一旦出现这种情形，需要被保险人及时收集提供索赔资料：（1）运单；（2）装箱单/发货单；（3）订购合同/销售发票；（5）货损签收记录；（5）承运公司出具的货损报告；（6）被保险人向承运方出具的索赔函；（7）索赔清单附详细计算说明；（8）货损照片；（9）检测报告；（10）维修费用清单；（11）被保险人的营业执照复印件等。

任务评价（见表 7－5）

表 7－5　　任务评价表

被考评人			考评任务	办理货物运输保险	
评价标准	具体内容	分值	自我评价（30%）	小组评价（40%）	教师评价（30%）
	了解货物运输保险的定义与保险基本原则	10			
	熟悉货运保险术语和货物运输保险种类	15			
	掌握常见货运保险的保险责任、除外责任、保险期限	25			
	掌握货物运输保险的投保注意事项	25			
	掌握货物运输保险的索赔要求	25			
合计		100			

项目小结

本项目主要讲述了货物运输合同和货物运输保险业务知识；货物运输合同的相关概念和当事人、分类、特征、订立原则及流程、履行及变更和解除法律规定；货物运输合同纠纷的基本类型，并提出了相应的处理方法；货物运输保险常用术语、保险种类，常见货运保险的保险责任、除外责任、保险期限，货物运输保险的投保注意事项和货物运输保险的索赔要求。

思考与练习

一、判断题

1. 货物运输合同以运输货物为直接目的，以运输行为为标的。（　　）

2. 按运输工具和方式不同，可分为一般货物运输合同和特殊货物运输合同。（　　）

3. 进口货物一批，投保一切险，货物在海运途中部分被火焚。经查，一切险中 11 种附加险并无火险。对此损失保险公司不承担责任。（　　）

4. 我国海运保险中的“一切险”承保所有的海上风险。（　　）

5. 某外贸公司按 CIF 术语出口坯布 1 000 包，根据合同规定投保水渍险，货在途中因为船舱内淡水管道滴漏，致使该批坯布中的 200 包遭水渍，保险公司应对此负责赔偿。（　　）

二、不定项选择题

1. （　　）是货物运输合同的标的。

A. 托运人　　B. 承运人　　C. 货物　　D. 运送行为

2. 货物运输合同当事人主要包括（　　）。

A. 托运人　　B. 承运人　　C. 收货人　　D. 保险公司

3. 根据运输的组织方式，运输合同划分为（　　）。

A. 旅客运输合同和货物运输合同　　B. 国内运输合同和国际运输合同

C. 单一运输合同和多式联运合同　　D. 海上运输合同和陆路运输合同

4. 一批出口服装，在海上运输途中，因船体触礁导致服装严重受浸，如果将这批服装漂洗后再运至原定目的港所花费的费用已超过服装的保险价值，这批服装应属于（　　）。

A. 共同海损　　B. 实际全损　　C. 推定全损　　D. 单独海损

5. 对不论由于何种原因，从被保险货物装上船舶时开始，不能在预定抵达目的地的日期起（　　）内交货的，负责按全损赔偿。

A. 6 个月　　B. 3 个月　　C. 1 个月　　D. 15 天

三、简答题

1. 简述货物运输合同订立程序。

2. 简述货物运输合同的一般内容。

3. 简述货物运输合同纠纷的类型及其处理方法。

4. 试比较海上货运保险的平安险、水渍险和一切险的承保责任范围。

5. 办理国际货物运输保险时，投保人填写投保单应注意哪些事项?

附录一 公路货运车辆超限超载认定标准（2018）

轴数	车 型	图 例		总质量限值（吨）
2 轴	载货汽车	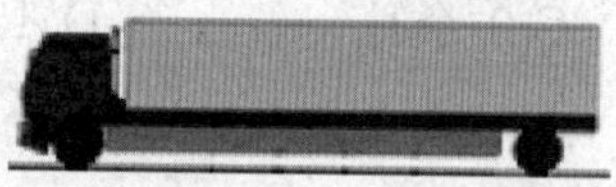	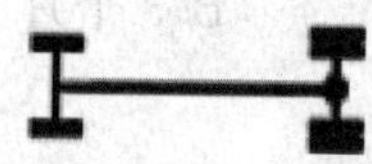	18
3 轴	中置轴挂车列车		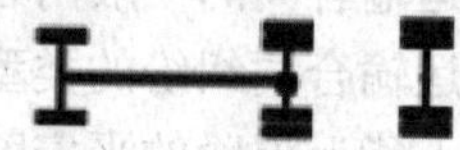	27
	铰接列车			
	载货汽车	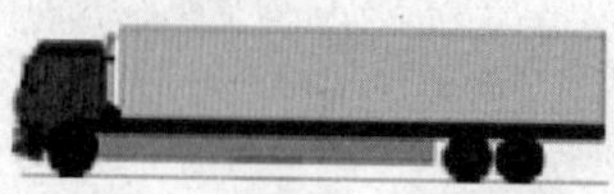	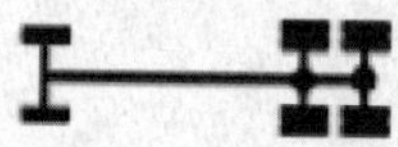	25
		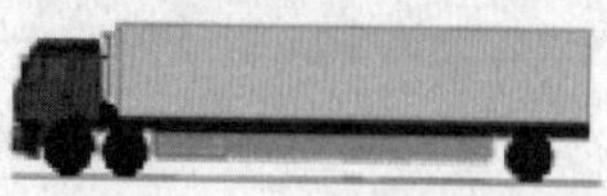	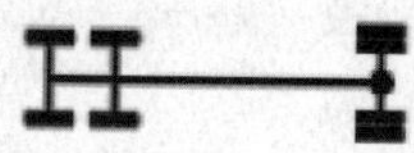	
4 轴	中置轴挂车列车		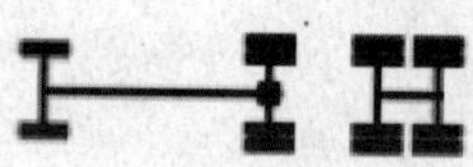	36

续前表

<table>
<tr><th>轴数</th><th>车 型</th><th colspan="2">图 例</th><th>总质量限值（吨）</th></tr>
<tr><td rowspan="4">4 轴</td><td>中置轴挂车列车</td><td></td><td></td><td>35</td></tr>
<tr><td>铰接列车</td><td></td><td>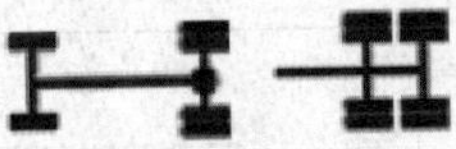</td><td rowspan="2">36</td></tr>
<tr><td>全挂汽车列车</td><td></td><td></td></tr>
<tr><td>载货汽车</td><td>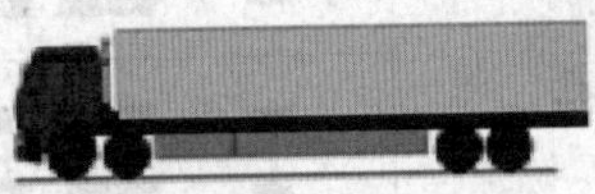</td><td>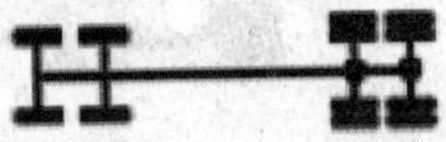</td><td>31</td></tr>
<tr><td rowspan="7">5 轴</td><td rowspan="2">中置轴挂车列车</td><td></td><td></td><td rowspan="2">43</td></tr>
<tr><td></td><td></td></tr>
<tr><td rowspan="3">铰接列车</td><td></td><td></td><td rowspan="3">43</td></tr>
<tr><td></td><td></td></tr>
<tr><td></td><td></td></tr>
<tr><td rowspan="2">全挂汽车列车</td><td></td><td></td><td rowspan="2">43</td></tr>
<tr><td>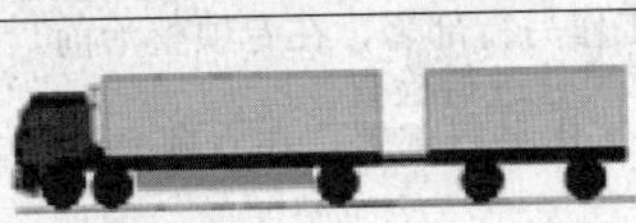</td><td></td></tr>
</table>

续前表

轴数	车型	图例		总质量限值（吨）
6轴	中置轴挂车列车		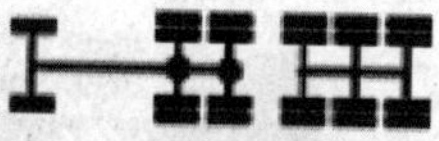	49
				46
				49
				46
	铰接列车			49
				46
			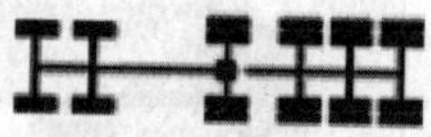	46
	全挂列车			49
				46
备注	1. 二轴货车车货总重还应当不超过行驶证标明的总质量。 2. 除驱动轴外，图例中的二轴组、三轴组以及半挂车和全挂车，每减少两个轮胎，其总质量限值减少3吨。 3. 安装名义断面宽度不小于425mm轮胎的挂车及其组成的汽车列车，驱动轴安装名义断面宽度不小于445mm轮胎的载货汽车及其组成的汽车列车，其总质量限值不予核减。 4. 驱动轴为每轴每侧双轮胎且装备空气悬架时，3轴和4轴货车的总质量限值各增加1吨；驱动轴为每轴每侧双轮胎并装备空气悬架、且半挂车的两轴之间的距离d ≥1 800mm的4轴铰接列车，总质量限值为37吨。 5. 图例中未列车型，根据《汽车、挂车及汽车列车外廓尺寸、轴荷及质量限值》（GB1589—2016）规定，确定相应的总质量限值。 6. 对于车货外廓尺寸超限行为，按照国家有关部门的统一部署，分阶段有步骤地推进。在部署工作开展前，暂不对外廓尺寸进行检查。 7. 危险化学品运输车辆违法超限超载的，由公安机关依据《危险化学品安全管理条例》第八十八条的有关规定进行处罚。 8. 运输鲜活农产品车辆违法超限超载运输的，通行收费公路时，该运次不得给予免收车辆通行费的优惠政策；通行非收费公路时，以批评教育为主，暂不实施处罚。 9. 载运标准集装箱的挂车列车的整治工作另行部署，在专项整治前，重点检查其车货总质量是否超过限载标准的行为，暂不对外廓尺寸进行检查。 10. 低平板半挂车运输普通货物的整治工作另行部署，在专项整治前，重点查纠其车货总质量超过限载标准和假牌套牌违法行为。			

附录二 空运收寄规格及封装要求

重量、尺寸

最大重量限度 28 千克，脆弱易碎、流质易溶物品为 10 千克。

最大尺寸在能装入 3 号邮袋为限。

最小尺寸长、宽、厚三面合计不少于 30 厘米，最短一面不少于 2 厘米。

封装要求

1. 应按照所寄物品的性质、大小、轻重、寄递路程远近和运输情况等，选用适当的包装材料妥为包装，以能防止：

（1）封皮破裂，内件露出。

（2）伤害处理人员。

（3）污染或损毁其他邮件。

（4）因寄递途中碰撞、摩擦、震荡或压力、气候而发生损坏为原则。

2. 柔软、干燥、耐压、不怕碰撞的物品，如衣服、鞋袜等，可以用布或多层坚韧的纸张包装。体积较大的布包或纸包，包外再用绳子作井字形捆扎。书籍、簿册等物品，如果用纸或布包装，捆扎前上下加夹厚纸板或木版，以保护内件，避免捆坏。

3. 不耐压、怕碰撞或容易污染其他邮件的物品，一般要用坚固耐压的瓦楞纸箱、钙塑箱、木箱或金属箱匣包装。木箱板的厚度不要少于 1 厘米，装箱时并注意下列各项：

（1）脆弱易碎的物品，如玻璃、陶瓷器皿和用这些器皿盛装的物品，内件与箱板之间要留出 2 厘米的空隙，用柔软物料充分填塞。箱内物品如果不止一件，还要分别用瓦楞纸、海绵、稻草等物裹扎，以防止运输途中碰撞损坏。

（2）流质或易溶物品，如药水、饮料、油类、蜂蜜等，要先装入完全密封的容器内，再装入箱匣。箱内上下四周空隙的地方，要用柔软而能吸水的物料充分填塞，所用容器如果是脆弱易碎物品，又不止一件时，容器本身也要分别一一裹扎。

(3) 油腻、腥味和容易返潮的物品，如火腿、咸鱼等要先用不透油的包皮如塑料袋套、蜡纸等妥为裹扎，再装入箱匣内。

(4) 有色的干粉末，如颜料、炭粉等，要比照流质易溶物品包装，也可以用纸袋装，再装坚厚纸匣，但匣内要用木屑废纸等填塞，并衬油纸、蜡纸等物，以防万一溶化，污损其他邮件。

4. 一般食品如糖果、糕点等，怕碰压的，要用坚固耐压的瓦楞纸箱、金属箱匣或木箱包装；不怕压的，可用布包装，但要先用塑料袋套、蜡纸等包好，以防溶化反潮、透油。

5. 农作物种子、粮食等，可以用箱匣或坚厚的布包装，或者先装入坚韧纸袋或坚固纸匣再加布皮；数量较少的，可以单独用厚纸袋或坚韧耐压的硬纸匣装寄。

6. 铁制的物品，如刀、剪、钩、锥等，要装箱匣，箱内空隙地方，还要用柔软的物料填满。

7. 金属器材和其他笨重物品，如机件、器械等，如果耐压，可以用厚布包装，再用绳捆住；如果不耐压，要装箱匣，箱内空隙处比照易碎物品妥为填塞。体积较大的，箱外还要用铁皮箍或塑料封装带捆扎，使用铁皮箍捆扎的，铁皮要紧贴箱板钉牢，不可使铁皮凸出箱体或有锋刃尖刺。

8. 不怕碰撞耐压的整体或整捆物品，凡边角粗糙、带有棱锋、钩刺或者有凸齿、咬口、有损坏邮袋或其他邮件可能的，如厚铁桶、轴承、钢索等要装箱匣，或者用厚布包住在用绳捆紧，或用铁皮捆紧；凡边角光滑、表面平整、不会损坏邮袋管等可用绳索布料等扎紧或缠绕结实。

9. 贵重物品，如手表、怀表、照相机、金银饰品、珠宝、贵重药材等要装坚固耐压的纸质或金属的箱匣或者木箱，箱内空隙的地方并用柔软物料妥为填塞，箱外再用坚韧的纸张包装，或者用布包缝。

参考文献

[1] 李佑珍. 运输管理实务. 北京：高等教育出版社，2016.
[2] 唐玉藏. 运输管理实务. 北京：机械工业出版社，2016.
[3] 弓永钦，张洋. 国际货运代理实训教程. 北京：机械工业出版社，2016.
[4] 季永青，江建达. 物流运输管理——理论、实务、案例、实训 . 2 版. 大连：东北财经大学出版社，2015.
[5] 杨茅甄. 集装箱运输实务. 3 版. 北京：高等教育出版社，2015.
[6] 朱强. 运输管理实务. 北京：中国人民大学出版社，2014.
[7] 丁天明. 运输管理实务. 北京：北京邮电大学出版社，2013.
[8] 关善勇等. 物流运输管理实务. 武汉：华中科技大学出版社，2013.
[9] 吴峻，张有志. 物流运输管理. 北京：中国人民大学出版社，2012.
[10] 仪玉莉. 运输管理. 北京：高等教育出版社，2012.
[11] 赵婷婷，万强. 运输作业与管理. 北京：中国传媒大学出版社，2011.
[12] 何柳. 物流运输管理实务. 青岛：中国海洋大学出版社，2010.
[13] 朱仕兄. 物流运输管理实务. 北京：北京交通大学出版社，2009.
[14] 王俭廷. 航空物流运营实务. 北京：中国物资出版社，2009.
[15] 夏秀艳，廖毅芳. 运输管理实务. 广州：广东经济出版社，2008.
[16] 龚纲要，蔡佩林. 外贸运输与保险. 北京：机械工业出版社，2007.

图书在版编目（CIP）数据

物流运输管理实务/王卫洁，范玉凤主编．—北京：中国人民大学出版社，2018.7
21世纪高职高专规划教材．物流管理系列
ISBN 978-7-300-25964-2

Ⅰ.①物… Ⅱ.①王… ②范… Ⅲ.①物流-货物运输-管理-高等职业教育-教材 Ⅳ.①F252

中国版本图书馆CIP数据核字（2018）第147852号

21世纪高职高专规划教材·物流管理系列
物流运输管理实务
主　编　王卫洁　范玉凤
副主编　韩世万　秦　蓁　牛国鹏　李中全　侯宝燕
Wuliu Yunshu Guanli Shiwu

出版发行	中国人民大学出版社		
社　　址	北京中关村大街31号	**邮政编码**	100080
电　　话	010－62511242（总编室）		010－62511770（质管部）
	010－82501766（邮购部）		010－62514148（门市部）
	010－62515195（发行公司）		010－62515275（盗版举报）
网　　址	http://www.crup.com.cn		
	http://www.ttrnet.com(人大教研网)		
经　　销	新华书店		
印　　刷	中煤（北京）印务有限公司		
规　　格	185 mm×260 mm　16开本	**版　　次**	2018年7月第1版
印　　张	19.5	**印　　次**	2018年7月第1次印刷
字　　数	466 000	**定　　价**	39.00元